马克思政治经济学批判的价值立场研究

On the Value Positions of Marx's Critique of Political Economics

黎昔柒 —— 著

图书在版编目（CIP）数据

马克思政治经济学批判的价值立场研究 / 黎昔柒著. — 北京：中央编译出版社，2024.6
 ISBN 978-7-5117-4719-8

Ⅰ. ①马… Ⅱ. ①黎… Ⅲ. ①马克思主义政治经济学－研究 Ⅳ. ①F0-0

中国国家版本馆 CIP 数据核字（2024）第 069237 号

马克思政治经济学批判的价值立场研究

责任编辑	李媛媛　高冀蒙
责任印制	李　颖
出版发行	中央编译出版社
网　　址	www.cctpcm.com
地　　址	北京市海淀区北四环西路 69 号（100080）
电　　话	（010）55627391（总编室）　　（010）55625173（编辑室）
	（010）55627320（发行部）　　（010）55627377（新技术部）
经　　销	全国新华书店
印　　刷	北京文昌阁彩色印刷有限责任公司
开　　本	710 毫米 × 1000 毫米　1/16
字　　数	369 千字
印　　张	23.25
版　　次	2024 年 6 月第 1 版
印　　次	2024 年 6 月第 1 次印刷
定　　价	90.00 元

新浪微博：@中央编译出版社　　微　信：中央编译出版社（ID: cctphome）
淘宝店铺：中央编译出版社直销店(http://shop108367160.taobao.com)　（010）55627331

本社常年法律顾问：北京市吴栾赵阎律师事务所律师　闫军　梁勤
凡有印装质量问题，本社负责调换，电话：(010) 55627320

国家社科基金后期资助项目
出版说明

　　后期资助项目是国家社科基金设立的一类重要项目，旨在鼓励广大社科研究者潜心治学，支持基础研究多出优秀成果。它是经过严格评审，从接近完成的科研成果中遴选立项的。为扩大后期资助项目的影响，更好地推动学术发展，促进成果转化，全国哲学社会科学工作办公室按照"统一设计、统一标识、统一版式、形成系列"的总体要求，组织出版国家社科基金后期资助项目成果。

全国哲学社会科学工作办公室

序

哈贝马斯在讨论人的认识与旨趣的关系时，认为人类的各种认识理论的特质受其认知旨趣所制约，理论研究者因为其认知旨趣不同致其理论具有不同的特质。他认为，马克思的理论的认知旨趣是人类解放，因此马克思的理论必然是以批判为导向的科学观。这种批判导向必然是以一定的价值立场为基准的。

列宁明确地提出了马克思的理论学说由三个部分组成：哲学（哲学唯物主义、辩证法和唯物史观）、经济学说和科学社会主义，并且认为马克思的经济学说是对整个马克思学说的"最深刻、最全面、最详尽的证明和运用"。由此可见，列宁也是认为马克思的经济学说是包含着一定的价值立场的。

正是在此种理论背景下，黎昔柒博士着力探讨和辨析马克思的政治经济学批判所蕴含的价值立场。他认为，马克思的政治经济学批判是从四个方面展开的。首先和首要的批判是对资本主义的经济关系和经济制度的批判，此种批判聚焦于资本家对工厂工人的经济剥削。这种经济剥削，一方面使工人生活贫困、处于非人的地位，违背了资产阶级启蒙思想家所主张的博爱原则；另一方面，它又造成整个社会生存的商品相对过剩，是造成生产过剩的经济危机的重要原因。其次，是对资本主义工厂生产产生的工人的异化劳动的批判。马克思借用黑格尔的异化概念，形象地描述了在资本主义大工厂中的产业工人的生产劳动不自主、不自由，受奴役和被剥夺了劳动者对劳动产品的所有权的状况。这违背了人的劳动应该是一种自主、自由的活动，劳动应该是一种个人的自我实现的体现人的真正本质和个性的活动的价值理念。其三是对资本主义经济伦理的批判。资本主义的经济伦理主要表现为：商品拜物教、货币拜物教和资本拜物教。它们虽然是在人类的经济活动中自发地形成的，但是它们被资本主义经济制度所肯定和颂扬，并且被推向极端。在资本主义经济活动中，此种唯利是图的道德人格一直被人们所恪守和尊奉。在现实的资本主义社会中，此种经济伦理如果不被传统的基督教伦理所遏制和缓和，而任其自由发展，人类社会势必会变成霍布斯所言的一切人对一切人的战争状态。其四，是对古典经济学理论的批判。古典经济学理论作为资本主义经济关系的理论表现，一方面为马克思的经济理论提供了有价值的理论资源，另一方面它们将资本主义经济关系经济制度视作为合乎人性的经济关系经济制度，又是为马克思所批判的。尤其是古典经济学理论以"人是经济人"的人性假设为前提。此种"经济人"的人性假设，一方面将人贬低为动物，人的多种多样的需要被化约为人的生理本能需要；另一方面，人的理性被化约为人的经济理性，即一种以最少投入获得最大产出的计算理性。人的理性仅仅剩下工具理性，人所具有的价值理性被舍弃了。然而，马克思认为，在工人看来，自由应该比面包更重要。人的自由而全面的发展才是人的真正追求。

由于在社会存在与社会意识的相互作用中，社会存在起着优先的主导的作用；所以在社会的发展和人的发展的相互关系中，社会的发展起先导的作用。在马克思看来，人的自由而全面发展的追求，只有在能够取代资本主义社会制度的更为理想的社会制度中才能实现。因此，从理论上论证这种理想的社会制度产生的可能性和必然性，在实践上指导工人运动通过奋斗去实现这种理想的社会制度，就成为了马克思毕生的使命。

马克思的理论学说是科学性和革命性的统一，这在国内理论界已成为一种常识性的共识。但是自恩格斯那里开始，就比较强调他们的理论学说的科学性一面。这种做法现在已经成为一种传统，流传至今。仿佛马克思的理论学说的尤其是其经济学理论的革命性方面已经不值得研究和过多的言说，而其科学性方面值得充分研究，这使得此类研究往往显得捉襟见肘。而马克思理论学说在当今世界的影响力更在其革命性方面。马克思理论学说的革命性方面最有价值的方面表现在他所持的价值立场上。对于其价值立场，在我国理论界呈现一种知道但又混沌模糊不十分清晰、了解但不系统的状况。黎昔柒博士在本书中的研究便是针对目前我国理论界的这种缺失。因此，他在本书中对马克思表达其所持价值立场的一些基本概念的含义作了更为清晰深入的解释，对于其所持价值立场的多个方面作出了较为系统全面的梳理和总结。

  此外，本书从观念史的角度，追溯了马克思政治经济学批判所持价值立场的历史渊源，考察了它对马克思之后的诸种社会批判理论所产生的影响，在所涉猎的知识领域广与博方面，也是值得钦佩的。当然，任何一种研究成果都不可能是完备的、完美无缺的，对此有待于作者本人或者他人在今后的研究中进一步推进。

龙佳解
2023 年 12 月 30 日于长沙岳麓山湖南大学

目 录

第一章 绪 论 ·· 1
　第一节 马克思政治经济学批判的价值立场界定 ················· 1
　第二节 马克思价值立场的出场方式 ······························· 8
　第三节 马克思政治经济学批判凸显的价值立场 ················ 16
　　一、"消灭剥削、共同富裕"：分配正义的新诉求 ·········· 16
　　二、"自由自觉"：人类实践特征的新认识 ···················· 19
　　三、"全面发展"：人类完善自身的新设计 ···················· 23
　　四、"共产主义"：未来社会的新设想 ························· 29

第二章 马克思价值立场的现实背景与理论辨析 ················· 38
　第一节 马克思价值立场的社会现实背景 ························· 38
　　一、马克思家庭及经历背景：无产阶级立场逐步凸显 ······ 38
　　二、资本主义经济制度问题：雇佣劳动制度矛盾深化 ······ 41
　　三、资本主义社会生产矛盾：社会劳动异化 ·················· 44
　　四、资产阶级与无产阶级对立：社会财富两极分化 ········· 47
　第二节 马克思价值立场的理论剖析 ································ 48
　　一、从批判旧世界中发现新世界 ································ 48
　　二、价值目标应超越于社会现实 ································ 55
　　三、价值立场必以价值观念前见为基点 ······················· 61

第三章 马克思价值立场的历史追溯 ··································· 69
　第一节 古希腊罗马时期的价值追问 ······························· 69

一、正义的生活：苏格拉底基于辩证法对美德的审视…… 69
　　二、作为和谐的正义：柏拉图基于相论对善的考察…… 71
　　三、作为最高原则的公正：亚里士多德基于理念论对善的研究…… 73
　　四、内心的宁静：伊壁鸠鲁自然约定论对快乐的探讨…… 75
　第二节　西方近代的价值反思…… 77
　　一、和平与正义：霍布斯社会契约论的价值诉求…… 78
　　二、自由与平等：洛克社会契约论中的价值反思…… 82
　　三、人民主权：卢梭社会契约论中的价值追求…… 87
　　四、人充分且合目的发展：康德政治哲学的价值批判…… 91
　　五、自由是精神之本质：黑格尔现象学的价值追问…… 94
　第三节　马克思对以往价值理念的传承和发展…… 97
　　一、马克思对古希腊罗马时期价值准则的继承…… 97
　　二、马克思对西方近代价值预设的承接…… 100
　　三、马克思对以往价值理念的超越…… 105

第四章　马克思价值立场在异化劳动批判中的显露…… 109
　第一节　被迫的"强制劳动"：价值立场在异化劳动中显露…… 109
　第二节　被对象"奴役"：价值立场在劳动结果异化中显露…… 113
　第三节　自主劳动"贬低为手段"：价值立场在类本质被抛中显露…… 116
　第四节　人与人"相对立"：价值立场在生产关系异化中显露…… 119
　第五节　劳动与生产资料的分离：价值立场在异化劳动形成中显露…… 122

第五章　马克思价值立场在拜物教批判中的表现…… 128
　第一节　马克思价值立场在商品拜物教批判中的表现…… 128
　第二节　马克思价值立场在货币拜物教批判中的表现…… 132
　第三节　马克思价值立场在资本拜物教批判中的表现…… 137

第六章　马克思价值立场在古典经济学批判中的呈现…… 141
　第一节　从虚构到事实：价值立场在理论前提反思中呈现…… 142

  第二节 从形而上学到辩证：价值立场在研究方式扬弃中
      呈现 …………………………………………………… 146
  第三节 从否定人到肯定人：价值立场在理论目的匡正中
      呈现 …………………………………………………… 162

第七章 马克思价值立场在生产关系批判中的体现 …………… 166
  第一节 "资本"与"劳动"：价值立场在支配与被支配
      对立中体现 …………………………………………… 167
  第二节 "利润"与"工资"：价值立场在经济利益对立
      中体现 ………………………………………………… 176
  第三节 "劳动力价值"与"劳动力创造的价值"：价值
      立场在不平等市场交换中体现 ……………………… 180
  第四节 "有产"与"无产"：价值立场在不公正分配中
      体现 …………………………………………………… 185

第八章 马克思价值立场对西方批判理论的影响 ……………… 193
  第一节 社会批判理论：霍克海默对马克思价值立场的继承 … 193
    一、对传统理论的批判 ………………………………… 194
    二、对马克思主义的继承 ……………………………… 198
    三、负载价值取向的批判 ……………………………… 202
    四、作为社会实践的批判 ……………………………… 206
  第二节 认知理论：哈贝马斯对马克思价值立场的传承 …… 209
    一、认识旨趣的提出 …………………………………… 210
    二、基于不同旨趣的三种认知 ………………………… 218
    三、批判是认知与旨趣的统一 ………………………… 220
  第三节 承认理论：霍耐特对马克思价值立场的承接 ……… 224
    一、伦理共同体预设 …………………………………… 225
    二、个人完整性主体间条件预设 ……………………… 230
    三、社会斗争的两种诠释模式 ………………………… 235
  第四节 马克思价值立场与西方批判理论家价值立场的关系 … 241
    一、马克思价值立场与西方批判理论家价值立场的内在
      关联 ………………………………………………… 241
    二、马克思价值立场与西方批判理论家价值立场的区别 … 251

第九章　马克思价值立场之于马克思主义理论建构的意义 ………… 255
　　第一节　赋予马克思主义以批判性 ……………………………… 255
　　第二节　赋予马克思主义人类解放目标与社会规律的统一 …… 269
　　第三节　赋予马克思主义理论研究与革命斗争的统一 ………… 280
　　第四节　实现思想史上的伟大变革 ……………………………… 289

第十章　马克思价值立场之于中国特色社会主义政治经济学的启示 …………………………………………………………… 306
　　第一节　价值立场与科学精神的辩证统一 ……………………… 306
　　第二节　正视现实与理论抽象的辩证统一 ……………………… 315
　　第三节　批判反思与借鉴吸收的辩证统一 ……………………… 322

结　语 …………………………………………………………………… 328

参考文献 ………………………………………………………………… 336

后　记 …………………………………………………………………… 357

第一章 绪 论

对资本主义的政治经济学批判是马克思一生所着力的重心。在此种批判中,马克思始终秉持坚定的价值立场。要揭示他的价值立场,就必须回答如下问题:如何理解马克思的政治经济学批判及其与资本主义批判之间的关系?价值立场中的"价值"作何理解?其与作为商品二因素的"价值",抑或剩余价值的"价值"是何种关系?如何理解马克思的价值立场及其与阶级立场之间的关系?马克思的价值立场是如何出场的?马克思价值立场出场方式与休谟问题是何种关系?如何理解资本主义社会异化事实与价值立场之间的关系?这一系列问题可以说是马克思经济伦理学或者马克思价值论的"原问题",其对于拓深马克思伦理学或者价值论,构建中国特色政治经济学具有极为重要的意义。

第一节 马克思政治经济学批判的价值立场界定

探讨马克思政治经济学批判的价值立场,涉及对"政治经济学批判""价值""价值立场"三个关键词的理解。这里主要尝试辨析"政治经济学批判"与"资本主义批判"之间的关系,揭示"价值"以及"价值立场"的概念,阐明"价值立场"与阶级立场之间的关系。

就政治经济学批判而言,它不是对资本主义政治经济学纯粹的理论反思,也不是单纯地对资本主义异化现实的揭露与斗争,而是对以资本主义生产方式为研究对象的政治经济学及与之相应的经济制度、异化现实的系统批判,并在此批判中构建了新的政治经济学,即马克思的政治经济学。资本主义政治经济学是伴随其生产方式的现实矛盾、阶级斗争一并发展的。① 马克思对资本主义政治经济学的批判是阶级斗争的形式之一，是与其对社会政治经济现实的批判合二为一的。此种批判并不是局限于"用词句来反对这些词句"②的批判，而是基于异化现实，结合劳动者生活真实状况，致力变革丑恶现实的批判。此种批判体现了科学性与革命性的辩证统一、事实与价值的辩证统一、理论与实践、解构与建构的辩证统一。实质上，马克思的政治经济学批判可以从"原本"视角与"副本"视角的批判两个层面来理解。"原本"视角的批判矛头指向资本主义经济制度及其相关体制，而"副本"视角的批判体现为对资本主义经济理论及其深层价值预设或者价值理念的反思。马克思正是从经济事实或者经济异化层面挖掘到了其背后潜藏的意识形态异化，才成体系地深刻揭示了资本主义内在矛盾，完成了唯物史观和剩余价值理论的伟大发现。

就价值立场中的"价值"概念而言，我们可以将它理解为与"事实"或者"诸是"相对而言的道德或者伦理意义上的"诸应是"。"诸应是"是一系列相对于事实而言的价值目标与价值准则，涉及价值主体对"诸是"的价值选择与价值判断。

从价值哲学对价值本源或者本质的探讨来看，其主要有如下观点：一是客观价值论，其认为价值存在于事物本身，是事物本身的属性。如英国的摩尔认为诸多事物本身就是善的或是恶的，价值是事物的固有属性。二是主观价值论，其认为价值存在于情感、精神或意识，是人的需要或欲望所指向的对象。如李凯尔特认为价值只能基于意义来评价与衡量；培里将价值归结为兴趣；罗素认为价值是一个相对的概念，他仅仅强调价值的主观性和多元性，而忽视价值的客观性和一元性。三是关系论的价值观，其将价值归结为主客之间的关系。马克思主义的价值观是其典型代表。四是广义价值论，其极大地拓展了价值的内涵，认为价值存在于一切事物或价值就是一切的事物。

价值立场中的价值与以上所揭示的价值有不同程度的区别，我们可以通过与其对照来粗略探讨。

首先，价值立场中的价值不同于客观论的价值。客观论的价值说认

---

① 〔苏〕卢森贝：《政治经济学史》（第1卷），郭从周等译，北京：生活·读书·新知三联书店1959年版，第1页。
② 《马克思恩格斯选集》（第1卷），北京：人民出版社2012年版，第145页。

为价值具有客观实在性,并认为价值是客观实在的东西,是物质的或事物所具有客观的本质属性。因此此种价值论论说的价值是独立于人的价值取向、价值判断与价值选择等价值行为的,或者说是即使不存在价值主体或其对价值原则、价值目标的选择等,价值依然依赖其客观性而存在。此种价值论可能导致对价值的认识绝对化,而为价值霸权主义提供了理论基础。而价值立场中的价值并未局限于事物的客观方面,它是从其与事实之间的关系而得以呈现的。它主要指人的道德或德性价值,人类社会的规范价值等,它必须借助于人们对事物所做出的价值判断与价值选择等价值意识而体现出来,它往往表现为人或整个社会的价值目标、价值尺度等。由此可见,它并非单纯指事物的客观的、本质的属性,而且,基于客观价值论所揭示的价值不足以阐明价值立场中的价值。

其次,价值立场中的价值不同于主观论的价值。主观价值论也可以表述为价值唯心论。其认为价值仅仅是由人的价值意识、价值选择或价值判断等因素所决定的。价值不属于客观世界,而是主观世界的一部分。其强调不同的人、组织和社会具有不同的价值观或价值原则。这就容易导致对价值的认识相对化,为价值相对主义或者虚无主义打开了大门。而价值立场中的价值虽然强调价值原则与价值目标,但其所强调的价值原则与价值目标都是相对于事实而言的价值意识,并不是脱离事实的价值意识。而且,价值立场也是相对于社会事实或历史发展趋势而体现出来的价值意识。

再次,价值立场的价值与广义价值论所论及的价值不同。随着传统价值论研究的逐步深化与拓展,国外诸多学者试图拓展以往学者对价值概念的传统界定,使之适用于生态系统,乃至一切复杂系统,而不仅局限于人类社会系统。关于此种广义的或拓展的价值,如罗尔斯顿(Holmes Rolston)称之为"前主观价值"(pre-subjective value)或"自然价值"[1];卡尔·波普尔称之为"客观价值"[2]。国内学者也试图对价值做出新的揭示,如张华夏教授提出了价值的三个形式定义。

---

[1] H. Rolston, *Are Values in Nature Subjective or Objective? in Environmental Philosophy*. R. Elliot and Arran Gare (ed.), London: Open University Press, 1983, pp. 142–144.

[2] 〔英〕卡尔·波普尔:《波普尔思想自述》,赵月瑟译,上海:上海译文出版社1988年版,第247页。

其一：
$$V_H = V_H(S,O)$$
其中，V_H表示人文价值，即人类为评价主体的价值。S表示人类评价者及其需要、欲望和要求。O是被评价对象，可以是任何事物、事件和行为等。

其二：
$$V_{l,I} = V_I(S_l,O)$$
其中$V_{l,I}$表示由生命系统定位的工具价值，V_I表示工具价值（instrument value）S_l表示生命自维系统（the lifeself），它包括人类、生物群体和生态系统等。

其三：
$$V_{l,I} = V_i(S_l,S_l)$$
其中$V_{l,I}$表示由生命系统定位的内在价值（intrinsic value）。这三个形式定义指出了传统价值论疏忽了价值关系的自反性，甚至排除了这个自反性，其广义价值论仍然是指主客的关系性质，但这个主体扩展到生命系统，而客体也可包括主体自身。[①] 另如，李德顺和朱葆伟将广义价值称之为"类价值"（quasi-value，即准价值）或"前价值"[②]。王玉樑基于实践论角度认为价值之本质在于使社会更加进步或美好，人民群众得以自由全面发展。[③] 此种价值论认为实践是检验价值的标准。另如，邬焜从自然本体的角度，认为就哲学层次而言，"价值乃是事物（物质、信息，包括信息的主观形态——精神）通过内部或外部相互作用所实现的效应"。[④] 此处的事物包含物质、信息和精神等，是一个极为宽泛的概念。这个关于价值的定义包括如下一些思想：一是价值不仅存在于主客关系中，而且存在于一切事物；二是价值作用不仅是单向的，而且包括双向或多向的；三是必须引起效应才是价值；四是价值有正、负、中性之分。以上所述的广义价值论不仅从客体相对于主体的视角来论述价值的内涵，还从主体相对于客体的视角来论述价值的本质。其不仅论及人

[①] 张华夏：《广义价值论》，载《中国社会科学》，1998年第4期，第25—37页。
[②] 朱葆伟：《机体与价值》，见吴国盛主编：《自然哲学》（第1辑），北京：中国社会科学出版社1994年版，第154页。
[③] 王玉樑：《论价值本质与价值标准》，载《哲学原理》，2003年第2期，第71页。
[④] 邬焜、李建群主编：《价值哲学问题研究》，北京：中国社会科学出版社2002年版，第25页。

及其所组成的人类社会的内在性价值,也论及了自然系统甚至信息的外在性价值。此种价值论在使价值论更为系统全面的同时,也使其距离人们通常所理解的价值概念愈来愈远。相对于价值立场的价值意义而言,广义价值论的价值在概念的内涵与外延方面远远大于后者。

最后,价值立场的价值与马克思经济学意义的价值不同,而且,它的侧重点也不同于马克思所阐明的关系论价值的侧重点。马克思经济学意义的价值与交换价值是就量的维度来界定价值的,其使用价值是指物本身及其有用性。这迥异于价值立场的价值含义。后者只从定性的视角来强调价值质的方面的规定,并强调基于主客关系来解读价值,而不将其视为物或其属性。马克思基于主客体之间的关系将价值理解为客体属性或功能对主体需要的满足。例如他论及商品时,认为其是"靠自己的属性来满足人的某种需要的物"。① 马克思指出此种需要的性质由"胃"这一生理需求所产生,还是由"幻想"这一精神需求所产生与问题本身没有关系。在针对这一句话所做的脚注中,马克思引用了尼古拉斯·巴尔本在《新币轻铸论。答洛克先生关于提高货币价值的意见》中的观点,即欲望包含了需要,欲望是指精神方面的,大部分物具有价值是因为它们能满足精神的需要。在对"使用价值"所做的脚注中,马克思引用了约翰·洛克在《略论降低利息的后果》中的观点,即任何物的价值都体现在其能满足必要的需要,或给人们的生活带来方便。② 马克思在此处所论及的价值主要是强调物或其自然属性对人的满足,是基于主客关系来探讨价值的内涵,或者说是基于人与自然之间的关系来界定价值。这与价值立场的价值的侧重点是不同的。价值立场的价值主要是基于人与人、人与社会之间的关系来界定价值。其主要体现为人的或社会的规范价值、超越价值或德性价值。

需要指出的是,有学者将马克思所论及的价值理解为主体性的价值,这与价值立场的价值也是不同的。如郁建兴③认为,由于马克思价值论所涉及的主客关系主要强调主体的对象性行为,而关系实际上体现为主

---

① 马克思:《资本论》(第1卷),北京:人民出版社2004年版,第47页。
② 马克思:《资本论》(第1卷),北京:人民出版社2004年版,第48页。
③ 郁建兴:《关于马克思价值概念的商榷》,载《哲学研究》,1996年第8期,第40页。

体性范畴。还有学者①认为，关系中的价值总是处于不断变化的主客关系之中，并因人而易，因此关系论者理解价值的关键转向了对人或主体的理解，或者说是关系论的价值指向了主体性。他们所理解的价值与价值立场的价值具有一定程度上的共同特质，即两者都未囿于一方（事实或价值，主体或客体）来理解或把握价值，而是基于两者之间或融合两者的视角来理解或把握价值。就其区别而言，他们所理解的价值主要是强调价值的主体性。而价值立场的价值是相对事实而言的价值，主要表现为相对于客观现实或其历史演进的价值目标或价值原则，或者主要体现为一种相对于现实社会的目的价值或德性价值。

除了以上对价值本质的理解之外，还有人们通常或日常所理解的价值，即人们通常将价值理解为有效用、有意义等。人们讲到一种事物的价值，往往是指该事物有用或有意义。这种情况下所理解的价值也不同于价值立场的价值，它不是一种相对于事实的价值准则或道德标准。

由上可知，价值立场的价值不能理解为纯客观的物质或其属性，也不能理解为纯主观的兴趣或欲望，还不能单纯理解为主客之间的关系或一切的事物或事件。价值立场的价值是相对于客观存在与客观事实的一种"应然"趋向或"应然"态势；是相对于个人生活与社会生活的一种"应然"目标与"应然"原则。此种"应然"目标与"应然"原则也可表述为道德目标或道德原则。价值立场的价值具有"属人"性质又超越于"属人"性质。它体现了人的价值需要、判断与选择，也离不开物质的条件或其属性的根本性支撑。它是内在于事实或事物、又超越了事物的，是事物"应该"的趋向或先导，或者是事物的可能性。

就立场而言，其是"人们观察、认识和处理问题的立足点。"② 因此，价值立场可以理解为观察、认识、处理"诸应是"问题的立足点。价值主体认为什么事情"应该"怎样，"应如何"，这实际上背后有利益关系或者有利益分配的问题。因此，价值立场与利益有内在关联，特别是与阶级利益有关。就此视角而言，价值立场可以理解为是站在特定阶

---

① 李德顺、龙旭：《关于价值和"人的价值"》，载《中国社会科学》，1994年第5期，第117页。

② 习近平：《深入学习中国特色社会主义理论体系 努力掌握马克思主义立场观点方法》，载《求是》，2010年第7期，第19页。

级利益的立场上，代表或者维护特定阶级利益①。

阶级立场涉及阶级的概念。在 1919 年，列宁于《伟大的创举》这一著作中讲到，不同的集团，由于在特定历史阶段、一定社会生产体系中的地位不一样，基于法律规定与生产资料的关系不一样，在社会组织中发挥的作用不一样，取得的社会财富不一样。由此，列宁提出，阶级就是指一个能够占有其他集团劳动的集团。② 那么，我们可以将阶级立场理解为"集团"立场，具体而言，是指以哪个"集团"为立足点，为哪个"集团"服务。

马克思主义政党的阶级立场就是坚持人民立场。2022 年 10 月，习近平总书记在中国共产党第二十次全国代表大会上的报告指出，"我们要站稳人民立场、把握人民愿望、尊重人民创造、集中人民智慧，形成为人民所喜爱、所认同、所拥有的理论，使之成为指导人民认识世界和改造世界的强大思想武器"③。他指出，"要始终把人民立场作为根本立场，把为人民谋幸福作为根本使命，坚持全心全意为人民服务的根本宗旨"④。2021 年 6 月，习近平总书记在主持中国共产党十九届中央政治局第三十一次集体学习时的讲话指出，"坚持'站在最大多数劳动人民的一面'"，"坚持'把屁股端端地坐在老百姓的这一面'"⑤。习近平总书记以上论述阐明了中国共产党秉持的价值立场就是人民立场。可见，"鲜明的人民立场、深厚的为民情怀、人民至上的价值取向是习近平新时代中国特色社会主义思想的根本特征"⑥。习近平总书记在庆祝中国共产党成立 95 周年大会上的讲话指出，"人民立场是中国共产党的根本政治立场，是马克思主义政党区别于其他政党的显著标志"⑦。

就马克思主义者而言，代表或者维护无产阶级、广大劳动人民的利益，就是马克思主义者最重要、最鲜明的价值立场。马克思主义者要持

---

① 骆郁廷：《论立场》，载《马克思主义研究》，2020 年第 9 期，第 16 页。
② 《列宁专题文集 论社会主义》，北京：人民出版社 2009 年版，第 145 页。
③ 习近平：《高举中国特色社会主义伟大旗帜 为全面建设社会主义现代化国家而团结奋斗——在中国共产党第二十次全国代表大会上的报告》，载《人民日报》，2022 年 10 月 26 日，第 1 版。
④ 《习近平谈治国理政》（第 3 卷），北京：外文出版社 2020 年版，第 136 页。
⑤ 《习近平谈治国理政》（第 4 卷），北京：外文出版社 2022 年版，第 64 页。
⑥ 本刊记者：《坚持人民立场和阶级立场的统一——访清华大学冯虞章教授》，载《马克思主义研究》，2018 年第 7 期，第 11 页。
⑦ 《习近平谈治国理政》（第 2 卷），北京：外文出版社 2017 年版，第 40 页。

守马克思主义立场,"就要坚持无产阶级阶级立场与人民大众政治立场的辩证统一"①。

就马克思政治经济学批判的价值立场而言,其是指马克思认识、研究和处理资本主义政治经济学及其反映的资本主义私有制度、异化现实等问题的道义立足点。

第二节 马克思价值立场的出场方式

接下来的问题是,马克思的价值立场在政治经济学批判过程中是如何呈现的?或者说是如何理解马克思价值立场的出场方式?一方面,笔者尝试通过对马克思价值立场的出场方式与归纳法、演绎法、经验主义认识论、唯理主义认识论之间的比较分析来揭示其本质特征;另一方面,基于事实与价值关系问题来阐明马克思价值立场出场方式的内涵。

马克思的价值立场出场方式不是单纯基于价值预设的逻辑推演,也不是纯粹对资本主义经验材料的抽象归纳。他是在对资本主义批判中朝着融合两种研究方式的中间道路推进,是一种克服唯物与唯心二元分立认识路线的可能性探索。

马克思的价值立场出场方式不同于对经验材料进行纯粹归纳、概括的方法。归纳法是收集事物的材料或资料进行分析和总结,从个别特殊的经验材料中总结或归纳出普遍性特征。归纳法以主客二分、事实与价值相分离为前提,是一种强调研究者保持价值中立以对研究对象的属性、特征实施不受研究主体影响的客观观察的经验主义研究方法。它的主要特征是坚持事实与价值相分离,以保证对事实认知的客观性、准确性。而价值立场出场方式是指对经验事实的解释甚至包括描述,它不仅仅依赖事实,而是介入了认知主体的价值取向与道德标准。马克思的价值立场出场方式是主体意识或主体价值尺度与作为相应对象化客体的经验事实的互动与互构。它超越了单纯的经验事实,也不是单纯的情感、欲望、兴趣或意志。

马克思的价值立场出场方式不同于从一般原理、公理出发的逻辑推理或演绎。逻辑推理强调作为推理前提的命题的公理性、真理性、普遍

---

① 徐国民:《马克思主义的阶级立场、政治立场及其辩证统一》,载《马克思主义理论学科研究》,2021年第1期,第33—40页。

的可接受性。逻辑推理与演绎一般基于不证自明的公理或前提，运用逻辑规则进行推理，做出必然性结论。它要求推理前提是无可置疑的。因此也是反对价值预设与价值批判的。马克思的价值立场出场方式是对其所面对的事态或经验事实进行价值意识或道德意识的选择或判断，是一种价值尺度或道德诉求与经验事实的"自然碰撞"。

马克思的价值立场出场方式不是纯粹的唯理主义认识论，也不是纯粹的经验主义认识论。唯理主义强调认知来源于理性、思想，其源头是先验的、天赋的。马克思的价值立场出场方式不是将认知定位为纯粹的理性或思想范围内的事情，而是认可事实与价值的"共谋"关系或渗透关系。唯理论以理性或逻辑作为认知的标准，而马克思的价值立场出场方式更为强调对"真实"与"正确"的统一追求。

经验主义强调认知的来源在于感觉、知觉等经验，其重视感知而忽略人的理性思维。马克思的价值立场出场方式在强调事实经验的基础之上也特别重视人的价值尺度或道德选择的介入，此种价值尺度或道德选择是研究者理性思维对事实经验的整理、沉淀。经验主义强调只有或然性的知识，否认必然性的知识。

可见，马克思的价值立场出场方式既未囿于唯理主义理性的泥潭，也未局限于经验主义的感知经验。它既不像唯理主义那样追求知识的普遍性，从而走向绝对主义，也不像经验论那样否认知识的必然性，进而否认真理，走向知识的相对主义。

就价值立场的出场方式而言，我们可以基于事实与价值关系视角来理解。事实与价值之间客观存在的关系并非是自休谟以来才出现的，但是两者之间的明确区分及其之间的关系作为一个问题而被提出、被质疑则源自休谟。

那么，休谟为何要提出这一问题？这一问题的实质是什么呢？休谟认为"是""应该"两个联系词有本质区别，分别表示不同的含义。"是"连接的关系及表达的意义与"应该"连接的关系及表达的意义是有区别的，这两者不是同一层次的问题。能否基于事实过渡到或推理出价值，或者是基于价值过渡到或推理出事实，便成了休谟关注的问题。

休谟区分了"是"与"应该"或者是"事实"与"价值"，此种区分源于他对理性与情感的区分。他认为"理证"与"概然推断"是知性的依据。知性考虑的有两种关系："观念的抽象关系";感性感知知觉的对象的关系。前者是抽象理证的推理领域;后者是感性的冲动、情感和情绪的领域。这两个领域有优先的关系,理性与情感"永远不能相互对立"①,理性应该是情感的"奴隶",是服务并服从于情感的,而情感是一个"原始的存在"。理性区别于情感的地方在于:理性的作用并不产生任何明显的情感或情绪,很少带来任何快乐或不快。② 而且,休谟认为理性是被动性原则,情感是主动性原则。理性的功能在于辨明真伪,真伪是观念与观念之间的符合关系。但凡不具备此种符合关系的东西是与真伪无涉的,因而不能成为理性探讨的对象。非常明显,情感、意志与行为都不具有此种符合或不符合关系,其本身都是自足的原始实在,也不需要其他情感、意志或行为的支撑,因此它们都与真伪无涉,与理性无涉。③ 休谟由此指出了理性与情感、意志和行为的区别,理性是与真与不真的判别相关的,是判断真伪的标准,是判断观念与观念之间的符合与不符合关系的。因此,理性的对象是相对应于真伪的。而情感和意志等不同,它们与真伪无关,是原始的或者"圆满自足的"。休谟还进一步说明了理性与情感、意志的区别。他认为理性或者科学是在观念的比较或观念的关系中发现的。休谟认为我们的高级理性能够发现恶或者德,此种发现设定道德是以另外的独立存在者为前提的,此种存在者奠基于意志与欲望,其与理性不仅在思维中,而且在具体现实中也可区分开来。④ 理性只能发现这些恶或者德,而不能产生它们。休谟进一步揭示了理性与道德之间的区别,道德与不道德必须借助"它们所引起的某种印象或情绪,才能注意到它们之间的差别。我们基于知觉或感觉可以判断道德的好坏,知觉或感觉不同于印象,而是观念。因此,道德宁可说是被人感觉到的,而不是被人判断出来的"⑤。在这里,休谟认为道德并非借助理性而得以产生,而是基于感知或感觉而得以被人们认知或判明的。这样他就对道德与理性的区别进行了严格的区分,此种区分也为"事实"与"价值"之间或者"是"与"应该"之间的区别奠定了

---

① 休谟:《人性论》(下册),关文运译,北京:商务印书馆1980年版,第454页。
② 休谟:《人性论》(下册),关文运译,北京:商务印书馆1980年版,第455页。
③ 休谟:《人性论》(下册),关文运译,北京:商务印书馆1980年版,第498页。
④ 休谟:《人性论》(下册),关文运译,北京:商务印书馆1980年版,第508页。
⑤ 休谟:《人性论》(下册),关文运译,北京:商务印书馆1980年版,第510页。

理论基础。

由休谟对事实与价值之间关系问题的阐发可知：

第一，休谟第一个系统阐明了事实与价值之间的本质区别。事实是基于"是"这个联系词所连接起来的关系及其所表达出来的意义，而价值是基于"应该"这个联系词所连接起来的关系及其所表达出来的意义。

第二，休谟并未完全否定事实与价值之间的内在关联。而是指出以往学者忽略了或混淆了二者之间的关系，并指出以往学者未能对两者之间的关系进行说明或者是合逻辑地进行推导或推理。

第三，休谟基于对理性与情感的分析揭示了价值判断或价值原则等价值因素与价值意识的来源。他认为情感本身是圆满自足的，而理性只不过是它的附庸或"奴隶"而已。因此，价值因素与价值意识最终的根源是情感而不是理性。但他指出理性可以"发现"价值因素。

此外，我们也可发现休谟提出事实与价值关系问题的局限性在于：

第一，休谟对于价值判断与价值选择等价值意识起源的探讨局限于他的"束知论"① 而不能自拔。他认为价值意识的最终来源是情感或者知觉、感觉等经验。理性只能"发现"价值判断与价值选择等。他对经验与理性两者如何导致价值的起源的说明并不充分，或者说是对两者之间的作用机制的说明并不充分。

第二，基于休谟极端的经验主义认识论，只能得出价值或道德的相对性，而否认其必然性或普遍性，但这明显与不同地域、不同社会阶段都存在的一般性的价值原则与价值取向是相悖的。

第三，虽然休谟提出了事实与价值关系之间的问题，但他未专门探讨此问题的解决方式，也未能就此问题做进一步的系统阐明，这是导致后继学者对此问题纷争不已的一个重要原因。

需要指出的是，以上所论及休谟问题的提出主要基于事实与价值关系的视角，而不同学者对休谟问题有不同层次与不同视角的理解。

就休谟问题本身的理解而言，康德、波普尔分别将休谟问题阐发为

---

① 休谟认为：当我对"自我"或"我自己"进行体验时，我总是会遭遇某种具体的知觉或其它的知觉，如冷热、爱恨、悲喜和苦乐等等。我在任何时候都是依赖于知觉而"抓住"我自己，因此，除了知觉之外我不能观察任何的事物，它们除了是一堆知觉之外什么也不是。

因果律问题①与归纳问题②，但他们主要强调对此问题的本体论与认识论的探讨，而未基于事实与价值之间关系的伦理视角来进行论述。由于本书着眼于事实与价值关系的伦理视域这一基本维度，因此，在此主要探讨普特南基于伦理学视域对事实与价值关系问题的理解。

普特南认为事实与价值二分问题、分析与综合二分问题都源于"休谟法则"，即人们不能基于"是"推出"应当"这一主张。普特南认为休谟是预设了"'事实内容'与'观念关系'之间的一种形而上学的二分法"③，这样，事实内容就是由"诸是"判断所组成的系统，而观念关系则是由"诸应是"所形成的系统，这两个系统之间不存在从一方到另一方的相互推理或推导关系。

普特南指出休谟的观念既具有图像性质，也具有非图像性质。④"观念"具有图像性质是指它能够代表"事实内容"，因为它能"摹写"它，此种"摹写"可以是视觉的、嗅觉的、触觉的、味觉的，等等。"观念"具有非图像性质，是指它能够包含情感或者说是能够与情感联系在一起。

普特南也指出休谟探讨的只是"个别的"价值术语，如"罪恶""美德"，等等，他并未将我们当今所用的"价值判断"引入独特术语，

---

① 康德认为休谟问题不在于因果概念是否正确，是否可用或是否不可或缺，而是其可否被理性先天地进行思维，或者说是此概念是否具有相对于经验对象而独立的可用性。他认为休谟问题的关键在于揭示因果律这一概念是来自理性还是经验，是否能独立于或超越于经验，或者说是因果律的起源问题。这一问题的解决必须深入研究"专职"于思维的理性的本性，必须通过深思熟虑以及符合理性的思想或言论来进行研究。康德发现因果概念远远不是知性思考事物的单一概念，而形而上学基本上就是依据此类概念而构成的。对这些概念的演绎使我们确知它们不是经验所"派生"的，而是基于"纯粹知性"而产生的。康德指出原因概念是一种纯粹形式的概念，它必须借助意识的综合联结作用，才能形成，原因概念所指的是属于经验的条件，而不是属于事物的条件。因此，概念对象的发现在于一个可能的经验中，而非其它地方。

② 波普尔揭示了休谟问题蕴含着相互矛盾的逻辑与心理两个维度的问题。就逻辑而言，是指基于重复事例能推导出其它事例，此种推导可否证明？就心理而言，是指以上推导蕴含着一种人们相信未来事例会出现的自信，或者说是人们相信其未出现的事例与已重复出现的事例会相一致，这是为什么？休谟对第一个问题的回答是否定的，而对于第二个问题，他认为是由于习惯或习性，我们才拥有"自信的期望"。波普尔认为归纳问题最中心的议题在于与试验陈述相关的普遍性定律的真假问题。他进一步提出了一个更深的问题：我们能以为"经历过的事例"就不成问题吗？它们真的先于理论吗？波普尔也说明了他研究休谟问题所得到的结论，即必须把所有的规律或理论看作是假设的、猜想的结果。

③ 〔美〕希拉里·普特南：《事实与价值二分法的崩溃》，应奇译，北京：东方出版社2006年，第15页。

④ 〔美〕希拉里·普特南：《事实与价值二分法的崩溃》，应奇译，北京：东方出版社2006年，第16页。

这使得事实与价值关系问题呈现出不同解读或某种差异。

普特南讨论事实与价值二分问题的理论基础是其内在的实在论。其内在实在论主张主要有如下方面：一是关于世界对象问题的理解与认识只能基于特定理论或特定描述的前提下才有意义；二是描述或论证世界为真的理论并非只有一个；三是真理是指合理的可接受性，是信念和经验之间的契合；四是这个世界存在诸种现实具体的人的观点，其蕴含着他们的利益欲求或价值目标。① 普特南立足于以上内在实在论的观点，从认识论、伦理学与科学哲学等视角对事实与价值的二分进行了批判。他认为事实判断与价值判断之间的二分问题并非是"象牙塔"里的问题，而是"生死攸关"的问题，而且认为不论是事实判断与价值判断之间的二分法，还是事实真理与价值真理之间的二分法，都已经"败坏"了人们关于价值推理以及关于对世界描述的思考，"妨碍"了人们对价值评价与事实描述之间缠结关系的厘清。

普特南认为休谟所揭示的"是"与"应当"的问题不仅蕴含了事实与价值的二分问题，还蕴含了分析与综合的二分问题，并且，事实与价值的二分问题与分析与综合的二分问题是平行的。他认可奎因（Quine）于1951年对逻辑实证主义关于事实与分析真理之间区分的颠覆性批判，而且接受他的主张，即存在诸多陈述，它们不能被归类为不是分析真理就是可观察的事实陈述，② 但是他也指出奎因完全否认区分分析真理和事实陈述之间的意义，这就将"婴儿与洗澡水"一起倒掉了。对于事实与价值的二分问题，普特南认为应该保留一种"有节制"的划分：存在着能详细说明的区分，即凭借"语词平凡地为真"的语言陈述或基于语言规则为真的语言陈述和这类陈述之外的陈述。"语词平凡地为真"的语言陈述主要是指基于逻辑规则为真，或者是凭借人工构造的语言规则为真；或者是通过与"观察句"对照而得以验证为真；等等。此种划分并非意指所有凭借"语词平凡地为真"的陈述之外的其他种类的陈述都属于休谟意义上的"事实陈述"或康德意义上的"综合陈述"。普特南在这里指出，分析陈述可以是一个"有节制"或必要的时候"有用"的

---

① 〔美〕希拉里·普特南：《理性、真理与历史》，童世骏、李光程译，上海：上海译文出版社2005年，第55—56页。

② 〔美〕希拉里·普特南：《事实与价值二分法的崩溃》，应奇译，北京：东方出版社2006年，第14页。

概念。因为一方面存在着大量陈述无法被简单归类为不是分析真理就是可观察的事实陈述；另一方面存在着一些既可归类为分析真理也可归类为可观察的事实陈述。

普特南认为卡尔纳普（Carnap）关于事实与价值的二分类似于将其强制放到"普罗克拉斯提斯之床"①（Procrustean's bed）。他批判了卡尔纳普将价值理论驱逐出知识领域或事实陈述领域的企图。他指出，卡尔纳普在未对具体伦理或价值概念进行任何仔细研究的情况下就简单地将规范伦理学贬斥为胡说。②普特南接下来举了一个例子来说明这一观点。他说假如一位历史学家描述一位皇帝是"冷酷的"。对于这一描述，卡尔纳普既无法将其定位为"价值判断"，也无法将其定位为"事实判断"，同样，他既无法将其定位为"观察术语"，也无法将其定位为"理论术语"。普特南指出卡尔纳普陷入困境的原因在于依据"什么是事实"这一狭隘科学图像，即将事实界定为单纯的观察或感觉所证实的东西。

普特南还从科学哲学的视角对事实与价值的二分进行了批判。他认为价值或规范本身就渗透于经验之中，而且，在科学实践中，价值规范是不可或缺的。科学中的融贯性、合理性、简单性等都是价值判断。

普特南对阿马蒂亚·森关于事实与价值问题的观点进行了阐发。这里的阐发是基于阿马蒂亚·森的福利经济学进行的。其认为阿马蒂亚·森成功抨击了事实与价值截然二分的理论基石：一是批判了理性具有纯粹的内部一致性或者是认同自利的最大化的观点；二是批判了可对人们的价值选择或价值判断进行量化的观点；三是批判了可将福利设定为货币收入的函数的观点。③普特南认为阿马蒂亚·森是用"能力方法"来实现对以上假设的批判的。此种能力在某种程度上，体现在一些长期受到"根深蒂固"的剥夺的人身上，他们能不再"忧伤"或"悲叹"，而是竭尽全力地从非常微小的享受或满足中获得乐趣，即将自己的价值尺度或价值目标降低，以适应自己基本无法改变的现实事实。普特南也赞成阿马蒂亚·森对"同质的量值"的价值的唯一性的否定，而认为价值

---

① 古希腊神话中的"魔鬼普罗克拉斯提斯铁床"，喻指不考虑客观规律、强制推行人为法则的做法，是僵化原则或僵化思维的代名词，把一切问题强行纳入一种单一视角。
② 〔美〕希拉里·普特南：《事实与价值二分法的崩溃》，应奇译，北京：东方出版社2006年，第25页。
③ 〔美〕希拉里·普特南：《事实与价值二分法的崩溃》，应奇译，北京：东方出版社2006年版，第62—68页。

是多元多向度的，诸如快乐、自由、权利、创造性或实际的生活条件等都是价值所蕴含有的内涵。就价值取向而言，普特南认为阿马蒂亚·森的"能力方法"是着眼于"公共讨论"，是价值的"局部"的有些"模糊"的排序，是对不同情景、不同团体良善生活组成部分的思考，是"对社会福利的一种理性的和人道的评价"①。

普特南还讨论了伯纳德·威廉姆斯（Bernard Williams）所提出的建立于事实与价值关系的"内在理由"与"外在理由"的区分，以及杜威和哈贝马斯等相关乎事实与价值关系的论题。总之，他认为他已经论证了"事实知识预设价值知识"这一命题。

以上探讨揭示了休谟并未否认事实与价值之间的内在关联，而普特南则深入论证了事实与价值之间的内在相关性。那么，我们可以基于以上结论，来阐明马克思价值立场的出场方式。其强调认知的来源一方面在于研究者的价值意识、价值取向、价值尺度、价值选择或价值判断；另一方面在于负载有价值意识、价值取向等的研究者对事实的感知或经验。这两个方面不是二元分立的，而是一而二、二而一的关系，两者相互作用构建成了认知的来源。

马克思的价值立场出场方式的目的就是基于社会实践的现实，追求人类社会的价值实现，追求个人的全面自由发展，追求人类社会的正义与和谐等。

价值立场出场方式是反思性、批判性的研究方式，是一种融入价值诉求而对客观存在、社会现象的反省。有时价值融入甚至是自然而然的、非自觉的，或者潜意识或无意识地潜藏在人们的理论研究与生活实践之中。

马克思的价值立场出场方式是研究者负载价值意识对经验事实的诠释。这里对经验事实的诠释不是保持价值中立对事实的解释，而是持有主体价值的意识对事实的解读，是诠释者与被诠释事实之间的互动与互构。笔者将马克思的价值立场出场方式的概念拟界定为：马克思在异化劳动理论、剩余价值理论和共产主义理论等研究中，将自身所持的价值尺度和价值目标等通过反思、评判等方式融入对资本主义经济事实的理解与判断，而对资本主义进行全面深刻批判的一种社会科学研究方法。

---

① 〔美〕希拉里·普特南：《事实与价值二分法的崩溃》，应奇译，北京：东方出版社2006年版，第73页。

其是马克思作为研究者与资本主义经济现实之间具有构成性、创造性特征的认知方式。其一方面强调价值目标和价值尺度是通过社会现实发展趋势与发展规律而呈现出来；另一方面强调研究主体在认识、诠释事实过程中本身不可避免地持有价值目标与价值准则。

需要指出的是，马克思的价值立场出场方式不是适用于一切研究领域的研究方法，它主要用于批判地研究人类社会现象。对于纯粹的自然科学研究而言，它基本上是不适用的。

第三节　马克思政治经济学批判凸显的价值立场

马克思对资本主义的批判融入了一系列价值目标与价值准则，这些价值预设是他追求的价值理想。此种价值理想主要体现为"消灭剥削、共同富裕""自由自觉""全面发展"和"共产主义"等价值尺度和价值目标。

一、"消灭剥削、共同富裕"：分配正义的新诉求

马克思的政治经济学批判过程始终贯穿着"消灭剥削、共同富裕"的价值诉求或价值目标。这是马克思关于分配正义的价值诉求。其主要体现在马克思的生产关系批判、拜物教批判、古典经济学批判和异化劳动批判之中。

就生产关系批判而言，马克思强调要消灭资产阶级剥削奴役工人阶级的私有制，要消灭资本主义社会生产资料分配的不平等、不公正的所有制形式，要消除有产者与无产者之间身份地位的不对等，要实现交换市场的公平正义等。马克思对生产关系的批判中蕴含了消灭剥削、消灭压迫的价值目标，这一价值目标也同时体现为实现广大人民群众的共同富裕。

马克思指出资本主义社会的私有制度是一种剥削人、奴役人的制度，是必须也必然被消灭、被取代的腐朽制度。此种私有制度在名义上是维护私人的财产权，但其实质是维护有产者的利益，并有助于其实现对无产者劳动的剥削。而且，此种生产资料私人占有制度本身成了一种有产者剥削无产者的前提条件或者"制度保障"。

在《共产党宣言》中，马克思与恩格斯指出，共产主义并非废除一

般的所有制,"而是要废除资产阶级的所有制"①。因为资产阶级的所有制是基于阶级对立的基础上建立起来的,是基于一些人剥削另一些人的劳动及其产品的基础上建立起来的。他们将共产主义理论简要概述为"消灭私有制"。马克思与恩格斯对此解释道:他们主张消灭或剥夺的并非是占有财产的权力,而是利用此种占有的财产去奴役他人劳动的权力。最后,他们讲道,共产主义革命就是要实现同一些人剥削压迫另一些人的传统所有制的决裂,而使城乡对立逐步消灭,阶级差别逐步消失,同时也使阶级对立的存在条件消失,社会成为自由人的联合体。在这里,马克思和恩格斯旗帜鲜明地提出要消灭剥削、消灭压迫,消灭城乡对立与阶级对立。质言之,此种阶级对立、城乡差别的消失也就是实现广大人民群众的共同富裕。

马克思认为资本主义社会的分配是不公平的,它一方面产生的是越来越富有的有产者;另一方面产生的是越来越贫困的无产者。有产者得到的是无产者所创造的剩余价值,而无产者除了得到维持自身生存的基本生活资料之外一无所有,甚至得到此种劳动机会都需要参加激烈的竞争才能获得。在《给〈祖国纪事〉杂志编辑部的信》中,马克思指出,所有的民族,不论其历史条件或环境怎样,它都要在实现生产力高度发展的同时,又实现每一个生产者个人最全面发展的经济形态。② 社会生产力的发展不是使资产阶级得到更多利润或剩余价值,而是实现或促进每一个生产者最全面的发展,从而实现共同富裕。

生产资料的占有数量不同在造成有产与无产之间区别的同时,还使两者之间身份地位出现巨大差距。在异化劳动批判中,马克思一方面用"宫殿"来比喻有产者的地位,另一方面用"棚舍"来比喻无产者的地位。马克思认为资本主义社会有产者与无产者之间地位的对立体现了一种赤裸裸的奴役与剥削关系。

马克思认为,劳动者出卖劳动力给资本家时的交换行为并不公平。此种交换实质上隐含着资本家对工人的剥削。因为在劳动市场上的交换是用交换价值来衡量的,而在生产过程中,劳动力的价值是作为使用价值而发挥作用的,它能创造超过自身价值的价值。资本家正是看中了劳动力价值与其实现的价值增值两者之间的价值差额,而到市场上去购买

---

① 《马克思恩格斯选集》(第1卷),北京:人民出版社2012年版,第414页。
② 《马克思恩格斯选集》(第3卷),北京:人民出版社2012年版,第730页。

劳动力的。

就拜物教批判而言，马克思揭示了资本主义社会对商品、货币与资本的崇拜现象，此种崇拜甚至渗透到人们的思想意识之中而成为一种固化的东西。马克思对拜物教的批判实质上是对资本主义社会无产者被剥削、被奴役现象的批判。此种批判隐含着马克思消灭剥削、实现人们共同富裕的价值预设。

就商品拜物教而言，此种崇拜意识的固化只不过是有产者对无产者剥削奴役的外在行为向内在意识与思想的转化，或此种人与人之间的剥削关系反映成了物与物之间的社会关系。马克思的货币拜物教批判是其商品拜物教批判的进一步深入，其揭示了货币成为奴役统治人的上帝。由商品拜物教的分析可知，货币拜物教不过是资本主义社会有产者剥削压迫无产者现实现象的反映而已，只不过是形式更为隐秘罢了。同样，马克思还揭示了资本变成了一种控制或压迫人们的社会权力。资本似乎具有了自主性或独立性，能自行增值。但马克思指出，资本的增值不过是工人所创造的超过自身基本生活资料的剩余价值，剩余价值率正好反映了资本对工人的剥削程度。

无论是商品形式，还是货币与资本形式，都是用物的形式遮蔽私人劳动的社会性质或者私人劳动者之间的社会关系，而不是致力于将其揭示出来。① 马克思将其拜物教的神秘性剖析出来，正是打开了资本主义社会拜物教的黑箱，使人们看清了其本质无非是有产者剥削无产者这种人与人之间关系的体现而已。毋庸置疑，这隐含了马克思消灭此种神秘性内在根源的价值取向。

就古典经济学批判而言，马克思深刻揭示批判了一些庸俗经济学家否认工人所创造的剩余价值，并站在资产阶级立场而为资本家对工人的剥削奴役行为进行狡辩的行为。例如，在论及劳动过程与价值增值过程时，马克思用讽刺的口吻揭示了这些庸俗经济学家的嘴脸。他指出这些教授们都是资本家所"雇佣"的，他们用一些"虚伪的遁词和空话"来遮蔽工人所创造的价值增值，而为资产阶级对工人所进行赤裸裸的剥削作狡辩。如果说庸俗经济学家为之竭力辩护的是有产者利益的话，那么，马克思致力实现的是无产者对社会公共生产资料的占有或社会生活资料

---

① 马克思：《资本论》（第1卷），北京：人民出版社2004年版，第91页。

的享有。这不是为少数人剥削多数人这一资本主义社会现实而辩护，而是为实现人们的共同富裕而辩护。

就异化劳动批判而言，马克思是基于有产者对无产者赤裸裸的剥削事实开始研究的。他指出工人生产愈多反而愈贫困、愈廉价、愈贬值，而且愈受自身的产品与资本的奴役。此外，马克思还指出工人的劳动是受折磨、受摧残的、被迫的强制劳动。工人的劳动成果不属于自己，而是属于他人。由这些工人被剥削的经济事实入手，马克思进一步揭示了其所蕴含的内在矛盾，即资本与劳动或工人与资本家之间的矛盾。这对矛盾发展到极端将会被否定而实现将来的必然形式——共产主义。马克思指出私有财产及其制度必将被扬弃，而最终会实现人性的复归或人对自身真正本质的占有，而生成真正的共产主义。

二、"自由自觉"：人类实践特征的新认识

马克思的异化劳动理论凸显了"自由自觉"的价值取向。他对异化劳动的批判是借助于"自由自觉"等价值预设进行的。他基于资本主义的经济事实出发，对其社会现实进行了描述，但此种描述不是一种单纯的客观描述，而是带有价值立场的诠释。马克思秉持"人生来是自由自觉的"的价值预设，揭露了资本主义工人劳作现实的异化和非人性。这样，基于此价值预设对资本主义社会现实的批判就构筑成了他的异化劳动理论。

在异化劳动理论中，马克思借助于共产主义的价值理想批判了资本主义异化的经济现实。他指出异化的或外化的劳动只是资本主义的经济事实，其中包含着劳动与资本或工人与资本家之间的对立。马克思认为应从对立或者矛盾的能动性来看待劳动与资本或有产与无产之间的对立。他指出，这两者是必然被扬弃、被否定的，最终将实现共产主义。共产主义也就是私有财产、异化劳动的积极扬弃。相对资本主义的异化现实，马克思将共产主义描绘为既"合乎人性"，也合乎自然，并且是真正解决了所有矛盾的理想社会。

在异化劳动理论中，马克思将自由自觉预设为人的类特性或类本质，这是对非异化劳动尺度的一种新认识。借助或参照这种类特性，他才能说明雇佣劳动的异化性质。

首先，"自由自觉"的劳动是马克思所标示的"非异化"劳动。"自

由自觉"的含义是相对于异化劳动的意义而得以说明的。异化劳动本身的辞源含义就蕴含着与非异化的自由自觉的对立因素,两者相互映衬而得以标示、得以显明。

就异化劳动本身的辞源意义而言,劳动本身就是一个中性词,体现不出褒义或贬义,异化劳动的价值立场或价值意蕴主要反映于异化一词中。就异化的词源而言,其来源于拉丁文"alienation"与"alienare"。"alienation"含有异化、外化和物被他人占有等含义;"alienare"含有异化、分离、转让和被异己力量统治或支配等含义。① 可见,异化中的异含有分离、不同、排斥和对立的意义,其含有在一定时期内,"何物"变化为"何物",并且,变化后的"何物"与之前的"何物"不同、甚至相互排斥和对立。可见,异化一词就蕴含了应然的价值立场与价值意蕴。

就异化的拉丁文含义而言,其解读蕴含了与自由自觉等价值相对的价值意蕴。一是指人的力量外化为物,此物逐步与其母体分离并形成对立;二是指物被其他人占有而不归自己所有;三是指权利从一个主体转让至另一主体;四是指主体与他者的分离;五是指被异己者统治或支配。这里异化所蕴含的意义都是与人的类特性自由自觉相悖逆的,这构成了相互对立的一对矛盾。

马克思对异化劳动的阐明正是借助了这些先前关于异化的辞源含义及其理论来进行说明的。如他认为劳动者与其劳动产品的异化正是一种"物化",劳动产品或劳动结果是劳动者所创造出来的,但是它反而逐步与劳动者相分离,并形成对立,最后成了劳动者的"主宰"或统治力量。因而,要进一步说明或论证异化的"不道德"或者对资本主义异化现象进行批判和抨击,马克思必须借助一种价值标准或道德原则。因为只有一种社会公认为普遍性的道德原则才能标立为反思批判异化现象的价值准则。马克思的异化劳动思想凸显了或选择了自由自觉这一非异化劳动的价值原则,来对比说明资本主义经济事实的异化。当然这两者既是一种对应关系,也是一种内在关系。自由自觉是异化劳动的必然趋势与价值选择,异化劳动是自由自觉的现实基础与现实依据。

就异化思想的演进而言,马克思批判继承了霍布斯、卢梭、费希特、黑格尔和费尔巴哈等关于异化的思想,并对"自由自觉"的含义做出了

---

① 〔德〕W. 舒芬豪尔曼·布尔:《民主德国〈哲学辞典〉》"异化"条目,见陆梅林、程代熙编:《异化问题》(下册),北京:文化艺术出版社1986年版,第455页。

具有新意的阐发。

霍布斯主要是在"权利转让"的意义上使用异化一词。他是基于人性本恶的价值预设出发的。他认为每个人都可能侵害他者，由此，人们便将其权力、人格，甚至意志转让给某个人或某个集体。此种转让促成了国家的诞生。① 随着国家的诞生，人们的权力意志和人格就相应异化而成为国家的工具或手段。卢梭深刻揭示了以上霍布斯所阐明的异化问题。他认为国家被权贵或世袭首领永远把持，他们将官职爵位视为自己的家财，将自己视为国家的所有者。他们将同胞视作奴隶，并将这些奴隶视作畜生而计量为他们的家产，② 甚至将自己视为神一样的万众之王。费希特是就哲学视域来研究异化的，他第一个将异化视为哲学范畴。他认为世界之本质是自我意识。相对于自我意识，他设定了"非我"。③ 两者是相互对立，而"非我"又是自我之扬弃或否定。黑格尔认为精神就其本质而言是自由的，此种预设构成了他的异化思想的成立依据。他的异化基本形式有三种：一是绝对观念基于抽象状态转化为自然状态；二是社会历史领域的客观精神对象化为社会制度及其他领域；三是作为个体的人的意识物化为其劳动产品。④ 费尔巴哈认为宗教的本质来源于人的本质。⑤ 人的本质的抽象化或异化就是人将自身的类本质移植到上帝身上，从而使自己成为被上帝摧残的个体。当人将自己的类本质在意识中客观化为一个与自身相异并置于自身之上的超自然存在，像奴隶般向它膜拜时，宗教便由此产生了。

马克思异化劳动理论与以上学者的异化思想具有一定的对应关系。如在霍布斯那里的"公民的权力、人格和意志发生异化"，到马克思那里就是"劳动结果、劳动行为、劳动者本质"发生异化；在卢梭那里是权贵们与首领们的统治与压迫，到马克思那里就是资本对劳动的统治与剥削；在费希特那里是"自我"与"非我"的对立，到马克思那里就是

---

① 〔英〕霍布斯：《利维坦》，黎思复、黎廷弼译，北京：商务印书馆2009年版，第131—132页。

② 〔法〕卢梭：《论人类不平等的起源和基础》，李常山译，北京：商务印书馆1996年版，第141页。

③ 〔德〕费希特：《全部知识学的基础》，王玖兴译，北京：商务印书馆2009年版，第21页。

④ 龙佳解、黎昔柒：《论马克思异化劳动理论的价值介入研究方式》，载《湖南大学学报（社会科学版）》，2013年第9期，第103页。

⑤ 《马克思恩格斯选集》（第1卷），北京：人民出版社2012年版，第135页。

工人与其生产产品、生产行为和类本质相互异化以及主体间的异化。

马克思也继承了黑格尔纯粹意识与现实意识的辩证思想以及费尔巴哈的宗教异化理论来论证自己的异化劳动理论。他认为黑格尔关于劳动创造人的思想体现了劳动的自由自觉特质。他指出黑格尔将劳动视为人自我确证的本质正是基于一般抽象概念的论说，而忽略了劳动也是人的外化或外化的人的外化，遮蔽了社会现实中的劳动的异化事实。黑格尔虽然揭示了劳动的积极意义，却有意回避现实劳动的消极意义，即劳动的异化现实或异化形式。由此，马克思指出黑格尔囿于其唯心体系，只是从观念上肯定了劳动的积极意义，即要转变以往人们关于劳动的消极观念、认识到劳动的积极作用，而此种转变了的劳动观念如何落实于实践，则在其理论研究的视野之外。

马克思在论证异化劳动时蕴含着自由自觉这一价值预设。他认为在雇佣劳动制度下，工人被迫丢失了自己的类特性而被贬低为实现他者价值目标的手段或工具。而且，异化现实遮蔽了人们对自由自觉的价值目标或价值准则的寻求。

由此，马克思认为应该去蔽，应该发掘或凸显人的类特性这一应然领域，以作为论证异化劳动的价值尺度或价值参照标准。

当然，马克思所揭示的类特性并非是异化劳动的绝对对立物。两者只有置于资本主义雇佣劳动语境之中，才能得以阐明。异化劳动的历史演进必然会扬弃和否定自身而实现人的类特性；异化劳动现实的自然发展也将愈来愈凸显人的类特性。在异化劳动理论的研究中，马克思并非单纯地阐释异化劳动，也并非单纯的阐释人的类特性，而是融合两者进行相互的论证与阐释。

就资本主义社会的现实情况而言，自由自觉的类特性主要表现为人们如何摆脱对剩余价值无休止地追逐的经济规律，或者是摆脱市场经济体制对人们的支配与控制，而使人们能够自由自觉地创造历史。

资本主义社会的经济规律主要表现为有产者对无产者所生产剩余价值的无偿攫取，而且，无产者不得不参与此种被剥削的生产过程。一方面是因为他们实质上成了资本实现增值的必要条件与前提条件；另一方面是因为他们面临被"饿死"的命运而不得不出卖自己的劳动力。那么，无产者又如何摆脱此种境况？如何自由自觉地创造属于自己的历史？

马克思对此回答道，只有革命才能推翻剥削阶级的剥削，只有革命才能使无产者成为新的社会基础。在《德意志意识形态》中，马克思与恩格斯讲到了革命的必要性。他们指出，要推翻剥削阶级，除了革命之外别无他法，而且无产者只有通过革命才能抛弃自己身上陈旧肮脏的东西而成为社会的新基础。① 他们还指出，历史的动力和宗教、哲学等诸多理论的动力也就是革命。②

当然，革命一方面是社会根本矛盾发展到一定程度的体现，另一方面是革命者主观能动性的体现。革命者在革命过程中对革命时期、革命方式和革命道路等方面的选择是自主的。革命者可以事先制定自身的革命计划、革命目标，并在革命过程不断地针对革命形势而调整战略战术，以实现推翻腐朽统治阶级的革命任务。

由此可见，无产者摆脱资本主义经济规律或摆脱市场经济体制奴役的过程，也就是他们自由自觉地创造新历史、新社会的过程。

后继学者对马克思的"真正自由的劳动""自由自觉的劳动"和"个人自主活动"这三个价值预设进行了比较研究，探讨了它们的内在关联，并着重指出了它们之间的区别。如杨建平③认为"真正自由的劳动"似乎只是《1844年经济学哲学手稿》中"自由自觉的活动"以及《德意志意识形态》中的"个人自主活动"的另一说法。但在前后期不同文本中的主体价值视域中，其具体含义和实际功能有明确区分。"自由自觉的活动"是马克思从"类本质"出发的先验设定；"个人自主活动"是人类历史各个发展阶段个人个性的活动方式的概括，这两个概念皆担当着主体价值尺度的方法论功能；"真正自由的劳动"是指一种价值理想，是以实现个性以及全面自由发展为目的的人类劳动。

三、"全面发展"：人类完善自身的新设计

在《1844年经济学哲学手稿》中，马克思通过人与动物的对比揭示了人的发展不是单向度的，而是能动的、多尺度的发展。他认为动物没有自我反思意识，不能通过区分自己的意志、意识与其对象，而将自己的活动、意志和意识作为自己意识的对象。动物只"生产"自身直接需

---

① 《马克思恩格斯选集》（第1卷），北京：人民出版社2012年版，第91页。
② 《马克思恩格斯选集》（第1卷），北京：人民出版社2012年版，第92页。
③ 杨建平：《马克思的社会批判理论在何种意义上具有人学旨趣——从马克思的经济学文本对人本主义马克思主义观的一种反驳》，载《南京社会科学》，2001年第4期，第21页。

要的东西，而且，动物只生产自身，只是按照自身的需要及其相应尺度来生产，它们不会生产超出以上尺度的东西。因此，动物与自身的生命活动是直接统一的，动物的活动是一种"片面"的活动，一种仅仅局限于肉体而被肉体支配的活动。

相对于动物，人具有意识与意志。因此，人能将自身活动对象化，可以按照自己的意志与意识来处理或改造对象世界，而且能创造新的对象世界。人除了满足自身需要之外，还能生产或创造更多的额外产品。人也能不局限于自身生理与自然环境等条件制约而进行活动。因此，人的活动是一种"全面"的、具有比动物丰富得多的活动形式与内容。马克思将人的活动称之为"全面的"生产、"真正的生产"，并能按照"内在尺度"来进行活动，而且，人能"自由地面对自己的产品"，并懂得"按照任何一个种的尺度来进行生产"①。在论及"私有财产的积极扬弃"时，马克思认为对人的本质的占有或感受不应理解为一种片面的占有或感受。而应该理解为以一种全面的方式，将自己视为一个整体的人而对自身本质的全面占有。② 他对这种"全面"占有进行了阐释：这种占有是人的所有感觉以及思维、直观、情感、愿望与活动等这些器官、情感及感觉同对象的关系，并依赖此种关系而对对象的占有。这种占有也是人的现实实现或者是人的本质规定与活动。这些活动的实现形式与内容是丰富多样的。

在《德意志意识形态》中，马克思对人的全面发展进行了较为完整的论述。他认为如果人们处于自然形成的社会之中，他们的共同利益与特殊利益之间就存在矛盾，或者说是，社会分工不是出于自愿，而是自然形成的，那么在此种情况下的劳动就还是异化的。而到了未来社会或自由王国，所有的人不具有特定的活动领域，都可在任何领域发展。③此时，整个的社会生产是由社会进行调节的，人们可以上午上山打猎，下午下水捕鱼，晚上还可以进行反思活动，这些活动可以根据人们自身的兴趣与爱好而进行。人们可以不局限于一种岗位或一种工作而进行劳动，也不会因受到社会分工的固定化而总是从事单调乏味的工作。

马克思认为随着人们活动范围的扩大，各民族原始的、封闭的生产

---

① 马克思：《1844 年经济学哲学手稿》，北京：人民出版社 2000 年版，第 58 页。
② 马克思：《1844 年经济学哲学手稿》，北京：人民出版社 2000 年版，第 85 页。
③ 《马克思恩格斯选集》（第 1 卷），北京：人民出版社 2012 年版，第 165 页。

方式、交往与分工都会消失得越来越彻底,各民族的区域历史也演变为世界历史。只有推翻或消灭此种现存制度及私有制,社会个体才可脱离地方性局限,而与全球的物质生产或精神的生产发生实际性的关联,才可获取全球性的、全面的生产能力或创造能力,获取主体间的依赖关系以及自然形成的全球化一起活动的最初方式。① 马克思在这里揭示了随着社会生产的发展,人们开始受到民族或封闭地域的奴役。后来,随着生产与交往的世界化,人们才可脱离此种封闭的地方性而与世界的精神和物质生产发生关系,才可获取世界的完整或全面的生产能力,才能拥有全面发展的机会与条件。

马克思认为在"虚假或冒充的共同体"内,人的全面发展只是局限或限制于统治阶级范围内个人的发展,或者说是,只因为人们是这一阶级的成员才会拥有全面发展的机会或条件。而在真正的共同体内,个体的才能得以全面发展的基础是自由的联合体,在此共同体中,个体才拥有真正的自由。② 在这里,马克思指出人全面发展的必要条件是真正的共同体,而不是冒充或虚假的共同体,而且,人的全面发展及其自由有内在关联,并且是统一于真正的共同体之中的。有了个人的自由发展,才会具备人全面发展的基础条件,有了人的全面发展,才会具有自由发展的前提条件。

马克思在《资本论》中也论及了人的全面发展,他认为,每个人的全面自由发展是更高级社会或共产主义的"基本原则"。资本家狂热地追求价值增值,肆无忌惮地压迫驱使人们为生产而生产,这样创造的生产力或物质条件基础,只不过是为人的全面自由发展准备物质前提,只不过是为未来社会或更为高级的共同体形式建立现实基础而已。③ 此种更高级的社会形式是以推进人的全面自由发展为基本准则的。

以上,马克思相对于资本主义的异化劳动,提出了人的全面发展的价值标准。这一价值标准可以就人的活动、人的社会关系、人的个性等方面来衡量。马克思这一价值原则的提出超越了以往的空想主义与浪漫主义的观点。他基于资本主义经济现实并致力于探讨实现这一价值理想

---

① 《马克思恩格斯选集》(第1卷),北京:人民出版社2012年版,第169页。
② 《马克思恩格斯选集》(第1卷),北京:人民出版社2012年版,第199页。
③ 马克思:《资本论》(第1卷),北京:人民出版社2004年版,第683页。

的现实可能路径,因此,这一价值尺度具有"巨大的历史感和现实感"①。马克思所揭示的人的全面发展一方面体现为其不能脱离人由自然与历史演进而带来的潜能;另一方面其蕴含着人的对象性关系及社会关系的全面性。② 在对象性关系中,人的本质得以确证或肯定;在社会交往关系中,人得以摆脱个人、地方性及民族的狭隘性。许崇正认为,马克思从古希腊哲学以及德国古典哲学中吸取了人的自由意识思想中的合理成分,又通过对工人状况和资本主义社会上层建筑弊病的了解以及在恩格斯的影响下,逐步萌发了人的全面发展思想。③ 他进一步概括了马克思以及恩格斯人的全面发展的四层含义:人能满足多种社会劳动的需求,并胜任多种社会职能;在履行社会职能时,人的先天与后天能力得以自由发展;社会成员的才能得以全面发展;个体与社会之间得以协调发展。④

综上,马克思关于人的全面发展这一价值尺度不是"无前提"的悬设,而是基于异化劳动理论之后的思想演进的必然,也是基于资本主义雇佣劳动现实而生发的价值诉求。马克思分析了资本主义以前及资本主义的经济发展及社会发展,他深刻揭示了以往人们在劳动中是一种被压迫、被异己力量所支配的劳动。此种现实的生产或劳动活动或方式,不可能使人拥有全面发展的机会与条件。而只有否定或推翻这种否定人、剥削人的社会及其制度,才能使人拥有全面发展的条件与基础。

就理论批判而言,对资本主义进行道德说教或者是单纯基于"意识"领域的批判是无济于事的,必须将理论从"天上"降到"人间",摒弃单纯形而上的意识批判,从现实出发,从经济事实出发来研究生活中、社会中"感性的"的人、"现实的"的人。由此,马克思基于异化事实而提出消灭奴役人、压迫人的私有制,实现人的自由全面发展。

我们可以对马克思所提出的人的全面发展的含义做如下理解:一是

---

① 吴向东:《论马克思人的全面发展理论》,载《马克思主义研究》,2005年第1期,第29—37页。
② 丁学良:《马克思的"人的全面发展观"概览》,载《中国社会科学》,1983年第3期,第128—131页。
③ 许崇正:《伦理经济学再论——经济选择与人的发展》,北京:中国财政经济出版社2001年版,第290页。
④ 许崇正:《伦理经济学再论——经济选择与人的发展》,北京:中国财政经济出版社2001年版,第294—295页。

拓展人的劳动或活动形式与内容的丰富性，使人的劳动或活动形式与内容具有更多选择性与可能性。二是使人与人之间的交往形式更为丰富，不仅仅局限于经济的交往或经济活动，而应发展人与人之间文化的、精神的等更高层次的交往，并创造人与人之间交往的多层次平台与机会。三是创造人的个性发展机会与平台，使人能最大程度地发挥自身特长而实现自我，挖掘自身潜能而有所作为。四是创造人在生活、学习和工作中实现自我的机会与条件。人的全面发展需要必要的物质基础、文化氛围、社会关系等多方面的条件。人的全面发展离不开这些相应因素的支撑。五是人的全面发展与人的自由发展是相辅相成并互为前提的。人的全面发展是相对于人的片面发展而言，但不是完全为全面而全面的发展。

当然，我们还需要说明人的全面发展在未来社会为什么能够实现，另外还需要说明人的全面发展这一价值预设的科学依据是什么。尤其是当今社会现代劳动分工日益细化的情况下，人的全面发展能否实现、如何实现等一系列问题。

人的全面发展在未来社会能够实现，一方面是由于人本身具有追求真、追求善和追求美的内在的或本能的冲动。人们正是通过对这些价值维度的持着追求而实现自己的不断完善与不断发展的。在理论求真方面，人们并非完全是为功利目标而付出巨大精力与时间去求得真理，他们恰恰是出自自身的不可遏制的好奇心、求知欲而不断地去追求真理的。对善的追求是与人类社会发展演化的历史而相伴随的，没有哪一个国家或哪一个社会阶段的主流意识形态不是以善作为价值取向的，它们都是从各个维度来构建善的价值体系。就个人而言，人们往往对善的认可与褒扬都是发自内心的，如孟子所讲的"不忍人之心""恻隐之心"就是如此。对美的追求也是人类社会非常重要的价值向度。"爱美之心，人皆有之"说明了对美的欣赏与追求是人本身具有的内在的东西。对真理的追求形成了人类社会的知识体系，对善的追求形成了人类社会的道德体系，对美的追求形成了人类社会所特有的审美体验或美感以及美学知识。这些维度组成了人所需要的绝大部分知识或技能，对此价值目标的不懈追求也就是人不断实现全面发展的过程。

另一方面，人的全面发展在未来社会能够实现是由于人类社会发展的现实需要。现实社会的知识信息是不断更新的，人们处于一个知识信息大爆炸的时代。这需要人们不断地学习、消化吸收新的信息与新的知识。现实社会的伦理道德也不断面临着新事物与新问题的挑战。这要求人们在面对、处理这些伦理道德问题的时候必须用新眼光、新思维和新方法来对待这些新事物。现实社会的技术和技能的发展使得人类社会的活动范围、生活方式、交往形式等发生了巨大变化,这就要求人们掌握更多的技能并促使人们进行更为广泛的交往。

此外,人的全面发展在未来社会的实现是由于人类社会处理人与自然之间关系的需要。人类社会对于自然规律的探索与了解愈来愈深入,在空间方面的探索也得到不断拓展。这使得人类社会不再可以将人与自然界之间的关系简单地视为利用与被利用的关系,我们要用新的眼光和新的思维来认识自然,也要用新的眼光与新的思维来认识自我。这本身就是人不断完善、不断发展自我、形成自我认识的过程。

马克思主义为人的全面发展这一价值预设的成立提供了科学依据。马克思在《1844年经济学哲学手稿》中揭示了人的发展是能动的、多尺度的发展;在《德意志意识形态》中,马克思认为未来社会的人可在任何领域内发展;在《资本论》中,马克思认为每个人的全面自由发展是更高级社会的基本原则。恩格斯在《反杜林论》中指出,自然界、人类的历史和人们的精神活动不仅是相互联系的,而且也是在不停地运动与变化着的。① 因此,人的发展也是如此,是不断地生成与发展的过程。恩格斯在《路德维希·费尔巴哈和德国古典哲学的终结》中指出,一切社会的历史演进都是由低级到高级无穷发展进程中的暂时阶段。② 因此,人的发展也是由低级到高级不断演进的过程。

就当今社会而言,虽然劳动分工日益细化,但是这并非与人的全面发展完全相矛盾、相对立。在劳动分工日益细化的条件下,人的全面发展是能够实现的。一是劳动分工的细化为劳动者提供了众多劳动机会与劳动工种。随着当今社会科技的发展与人类本身的演进,新的劳动门类与职业阶层层出不穷,人们不仅要从事以往不存在的新职业,而且部分劳动者也成了以往不存在的新的职业阶层的劳动者。二是劳动分工的细化提高了整个社会的生产效率,为生产满足社会所需要的生活资料与生产资料所需时间减少了,大大节约了劳动时间。实质上也是为人们从事自己爱好的事业或工作,或者是完善自身提供了大量业余时间与物质条

---

① 《马克思恩格斯选集》(第3卷),北京:人民出版社2012年版,第395页。
② 《马克思恩格斯选集》(第4卷),北京:人民出版社2012年版,第223页。

件和基础。三是劳动分工的细化本身就是某一方面技能或知识的深入发展或拓展，对于爱好钻研这一方面的劳动者来说，这恰恰为他们提供了发展自身、完善自身，实现自己追求与价值目标的机会或平台。

当然，劳动分工日益细化与人的全面发展在特定条件下也可能成为一对矛盾。这就需要人们在自身的发展过程中合理处理两者之间的关系，并在把握利用自然、社会发展规律的基础之上，来建立相应的合理的社会制度，并丰富物质条件以促进人的全面自由发展。

四、"共产主义"：未来社会的新设想

马克思对共产主义这一未来社会的建构，首先是通过批判"粗陋的共产主义"而进行的。他指出此种共产主义想把那些不能被一切人都占有的那些东西都消灭，它们甚至把才能也抛弃掉了。此种共产主义的生存目的在于直接占有物质资料，并且提倡"否定个性"、否定人性的卑鄙的"公妻制"。马克思指出此种共产主义所抱有的只是嫉妒较富裕的私有财产，并希望将这些私有财产平均分配的思想。这种粗陋的共产主义只是嫉妒与基于想象的最低水准出发的平均主义的实现。① 马克思进一步指出这种共产主义只是用抽象否定的方法来否定整个文化与文明，它并未超越私有财产的水平。

马克思也指出此种共产主义的优势在于他们认识到了必须扬弃人的自我异化，并向自身还原或复归。但是由于他们局限于私有财产的束缚，而未能认识到私有财产的积极性、人的需要所体现的人的本性。由此，马克思提出了自己对于共产主义的认识，他认为共产主义是自我异化和私有财产的积极扬弃，是内在于人的活动之中，是人的目的性的体现，是对人的本质的占有，是朝向人的本性或人性的完全的、自觉的复归。这种复归是在以往的生产或物质条件下自然"生成"的。此种共产主义是人与人、人与自然之间矛盾的"真正解决"，是自由与必然、个人与社会、现象与本质等之间矛盾的"真正解决"。此种共产主义，作为完成了的自然主义等于人道主义，而作为完成了的人道主义等于自然主义②。共产主义的内涵是基于对私有财产的扬弃而"生成"的，是将人作为目的而向人性完全的自觉的复归，是各种对立矛盾的"真正解决"，

---

① 马克思：《1844年经济学哲学手稿》，北京：人民出版社2000年版，第79页。
② 马克思：《1844年经济学哲学手稿》，北京：人民出版社2000年版，第81页。

是历史之谜的"真正解答"。

马克思认为世界历史是由人的劳动而生成的，是伴随着人的自然生成的过程。由此，共产主义也是如此。它是资本主义否定封建社会这一否定之否定，它是人性的复归与人类解放过程中必然要经历的现实的社会发展阶段，是在下一个历史发展阶段或未来必然要实现的价值目标或价值准则。① 但是共产主义本身并非人的发展目标，也并非是人的社会形式。共产主义是历史发展的必然，是现实发展的将来。共产主义不是"悬设"的一个目标，也不是一种抽象的社会形式，而是实实在在的事物发展的必然，是由现实基础生成或生长出来的，或者说是基于私有制客观矛盾的发展而生成或实现的共产主义。在马克思《政治经济学批判。第一分册》中，他也说明了这一观点。他指出作为更高级的生产关系，它的物质或存在条件在资本主义社会的胚胎里成熟以前是不可能出现的。资本主义社会所孕育的生产能力，同时也在创造着处理或解决此种矛盾的物质条件，② 这些物质条件是促使共产主义社会出现的前提基础。

在《共产党宣言》中，马克思认为资本主义社会的生产或工业进步，促使工人联合起来形成了"革命联合"，这样联合起来的工人就成了资产阶级的"掘墓人"。因此资产阶级的灭亡与无产阶级的胜利是必然性的。马克思进一步指出共产主义并非是以那些热衷于世界改革的理论家所发现或发明的理论或原则为依据的，③ 而是对"眼前"社会上所发生的历史运动或"现存"阶级斗争的"表述"。

马克思认为共产主义就是要废除或消灭私有制，这里消灭的财产不是指个人依靠自己劳动所挣得的财产，也不是废除构成个人自由活动、获得个人独立基础的财产。而是将资本变为公共的全体社会成员所拥有的财产，只是将财产的社会性质改变，而使其失去阶级性质。在共产主义社会中，财产只是扩大、丰富和提高人们生活的一种工具。④ 可见，在共产主义社会中，财产的功能发生了变化，不再是资本主义社会中的压迫、支配工人以获取剩余价值的工具和手段，而是服务于人的全面自

---

① 马克思：《1844年经济学哲学手稿》，北京：人民出版社2000年版，第93页。
② 《马克思恩格斯全集》（第31卷），北京：人民出版社1998年版，第413页。
③ 《马克思恩格斯选集》（第1卷），北京：人民出版社2012年版，第413页。
④ 《马克思恩格斯选集》（第1卷），北京：人民出版社2012年版，第415页。

由发展的工具与手段。

马克思认为作为未来社会的共产主义允许人们占有生产资料并占有社会产品，但不允许他们利用这些生产资料或社会产品来奴役或压迫他人或侵害他人的劳动权力。① 共产主义允许个人占有财产，认可个人占有财产的所有权或物权，但是它坚决反对、剥夺的是人利用财产去剥削其他人的这种行为与权力，它要求铲除的是人利用财产去剥削压迫他人的这种政治或经济制度及其现实。

在《共产党宣言》的最后，马克思指出共产主义就是一个人们组成的联合体，其中每个成员的自由发展构成了其他所有人自由发展的前提或条件。② 这里指明了共产主义社会的人是自由发展的人，而且他们之间的关系是联合体各个成员的自由发展构成了其他人自由发展前提基础这样的一种社会关系。因此，这是一个和谐社会、一个互助社会、一个有着高尚情操的人所组成的社会。

马克思在《哥达纲领批判》中阐释了共产主义。他认为这一阶段不再使个人奴隶般的服从社会不公的分工，而且这一阶段的脑力劳动与体力劳动之间的区分也消失。个人的劳动不再是为了生存或繁殖后代，而是生活的"第一需要"。这个高级社会中的人是得到全面发展的人，其社会生产力也得以充分发展，整个社会财富创造的动力与能力都得以充分发挥之后，资本主义社会有产者的狭隘眼光也会被摒弃，此时，整个社会的财富分配就能实现"各尽所能，按需分配"③。马克思揭示了共产主义社会的分配制度，在那时，人本身得到极大发展，生产力得到极大提高，人们超越了资产阶级的狭隘眼光，达到了极高的道德境界。这个时候，就实现了共产主义的分配制度，可以按照自己的需要来进行生活资料或生产资料的分配。

在《1857—1858年经济学手稿》的《货币章》中，马克思通过三种社会形态的划分揭示未来共产主义社会的特征。这三种社会形态的发展轨迹是从以人的依赖关系为基础的社会形式演进到以物的依赖关系为基础的社会形式，最后发展到这样的阶段，即社会成员得以全面与具有自由个性发展的阶段，在此阶段的社会生产力也成为并从属于社会成员所

---

① 《马克思恩格斯选集》（第1卷），北京：人民出版社2012年版，第416页。
② 《马克思恩格斯选集》（第1卷），北京：人民出版社2012年版，第422页。
③ 《马克思恩格斯选集》（第3卷），北京：人民出版社2012年版，第364—365页。

共有的财富。① 在这里，马克思所论及的共产主义是指人的个性自由全面发展的阶段，个人的生产能力是属于社会的财富，而不是属于资本或资产阶级的财富。个人的生产能力是用来增进社会公共财富与福利，而不是用来奴役其他人或为特殊阶级服务的工具与手段。

在《货币章》中，马克思论及了与"单个人的独立生产"相对而言的"共同生产"或者说是共产主义社会的生产。"共同生产"中单个人的劳动一开始就必然不是特殊劳动，而是一般劳动。此种劳动预先具有的"共同性"，决定着个人对产品的参与。而且，此种共同性体现了劳动者所生产的产品一开始就被理解为是许多人所共同享有的，具有社会性的一般物品。最先在生产过程中发生的交换是基于社会需要或价值目标而进行的，此种交换并非是进行交换价值的交换，而是体现为社会个体参与了社会的产品领域。② 这里，共同性是生产的前提，单个人的具体劳动一开始就设定为社会劳动，单个人用自身的劳动所交换而来的并非单纯的具体商品，而是人们共同劳动而生产出来产品的共同消费的一定比例。

在《货币章》中，马克思还论及了"共同生产"中计划使用或节约时间的问题。他认为在社会劳动或生产过程中必须合目的并且正确分配劳动时间，才可顺利实现社会生产。而且劳动时间的节约和不同生产部门及生产阶段有计划的分配仍然是首要经济规律。③ 未来社会只有合目的地、合理地分配或计划自己的生产时间，才能实现社会的全部需要。在《1857—1858 年经济学手稿》中，马克思论述了劳动时间的节约，他认为真正的节约，即劳动时间的节约，是生产费用降到最低，此种节约也是在发展生产力，是在发展消费能力，或者说是在发展个人的才能。对生产时间的节约，也就是人们自由活动时间的增加，这使社会个体拥有了充分发展的前提条件，而且，社会个体的充分发展又会相应提升社会生产力而促进社会生产的发展并极大地增进社会财富。④

在《资本论》中，马克思"设想"了一个"自由人联合体"。这个联合体的成员基于社会性的公共生产资料来组织并进行生产，他们自觉

---

① 《马克思恩格斯全集》（第 30 卷），北京：人民出版社 1995 年版，第 107—108 页。
② 《马克思恩格斯全集》（第 30 卷），北京：人民出版社 1995 年版，第 122 页。
③ 《马克思恩格斯全集》（第 30 卷），北京：人民出版社 1995 年版，第 123 页。
④ 《马克思恩格斯全集》（第 31 卷），北京：人民出版社 1998 年版，第 107—108 页。

将诸多人构成的社会劳动能力当作一个劳动力来使用。① 这个联合体中的生产资料是公有的，人们自觉地参加生产劳动，他们不是为谋私利而进行劳动，而是为社会进行公共劳动。他们的劳动产品也是社会公有的产品。他们的劳动时间按照合理比例进行"有计划"的分配。此种劳动时间也是计量他们消费或占有社会劳动份额的尺度。

关于马克思所论及的共产主义，有不少学者对其进行了解读。张奎良认为马克思所理解的共产主义除了是指一种实体平台之外，还指哲学视域中意义、价值和境界；其核心在于人类社会矛盾的真正解决，异化的消除，人的本质的真正回归；共产主义具有可操作性，可通过扬弃私有财产而实现；共产主义存于历史唯物主义所认同的社会价值尺度或价值原则的具体实践中，存于特定的现实行动与斗争之中。② 有学者对以上观点进行了质疑，认为其从根本上将马克思所论及的共产主义理解为一种"理想"，此仅仅只是就"未来意义"上对共产主义的理解。这是不全面的。而应该"从现实运动的意义上来理解共产主义"③，将共产主义看作是现实运动。这里主要是基于共产主义的现实性视角而进行的探讨。但在前者的论述中，我们也能看到其蕴含有现实意义。如其指出了共产主义是"实体性的平台""具有可操作性"、存在于社会政治伦理的实践并内存于现实的改革与斗争之中，等等。由此，将其指认为仅仅只是从"未来意义"来理解共产主义是有失偏颇的。

后来，张奎良基于统一实体境界、形上境界和实践境界的视域又对马克思所阐释的共产主义进行了论述。实体境界是指要达到完善的社会制度，必须经历漫长而艰难的过程；形上境界是指对人的本质的真正占有，社会生活中各种矛盾的最终解决，并需要人类全部历史来打造；实践境界是指共产主义在现实活动中的当下。④

当然，单纯地将马克思的共产主义思想视为真理或科学的体系，或

---

① 马克思：《资本论》（第1卷），北京：人民出版社2004年版，第96页。
② 张奎良：《马克思共产主义思想的哲学意蕴》，载《哲学研究》，2003年第4期，第35—39页。
③ 许斗斗：《论共产主义运动的现实性和过程性——兼与张奎良先生商榷》，载《哲学研究》，2004年第1期，第20—24页。
④ 张奎良：《三维境界的合一：马克思言说的共产主义》，载《社会科学战线》，2004年第4期，第33—39页。

将其视为纯粹信仰都是对它的背离，并且只能使我们失去它。① 前一种认识把共产主义当作一种理想或目的，而不注重将其看作是"现实"的运动或实践。这里是将共产主义孤立化、抽象化、片面化和终极化，使共产主义失去了现实的土壤。后一种认识将共产主义当作一种纯粹的实在运动或现实斗争。这也使共产主义失去了价值功能或导向功能，混淆了其作为最高纲领与最低纲领之间的区别。

就马克思而言，他以上四个方面的价值预设对应着相应的资本主义社会发展的事实，他正是基于这些价值预设来诠释资本主义经济事实的，同时，他也是基于资本主义经济事实而凸显出这些价值目标与价值准则的。

其一，马克思秉持"消灭剥削，共同富裕"的价值预设诠释了资本主义的剩余价值事实，并构建出了剩余价值理论。

在《资本论》中，马克思认为剩余价值完全是由工人的劳动所创造的，同时他认为资本家的管理劳动和生产资料都不能创造剩余价值，这也是一个客观事实。对这一问题的揭示正是马克思介入了自身价值目标与价值原则而对资本主义经济事实所进行的诠释。

在探讨"劳动过程与价值增值过程"时，马克思提出并回答了两个方面的设问：一个方面是资本家所提供的生产资料能否创造剩余价值，即工人难道不需要凭借资本家所提供的生产资料能够凭空创造和生产商品吗？资本家提供给"无产"的工人生产资料的行为不正是一种"莫大的服务"吗？资本家的此种服务不应得到报酬吗？② 另一个方面是资本家难道没有进行劳动吗？他们的劳动难道不也形成价值吗？对于此两个方面的设问，我们可以认为马克思从两个方面进行了回答。一方面，马克思借用了马丁·路德在《给牧师们的谕示：讲道时要反对高利贷》一文中对"服务"批判而进行了回答。他认为高利贷者提供给其他人的"服务"不过是抢劫和盗窃这些损害其他人的犯罪行为而已。马克思认为无论资本家提供了何种"服务"，其不过是使使用价值发挥作用而已，而且，工人本身为资本家提供了更大的服务。另一方面，马克思揭示了劳动力价值与其在劳动过程中创造的价值是不同的量，③ 两者具有价值

---

① 荆学民：《关于马克思主义和共产主义信仰的理论思考》，载《马克思主义研究》，1999年第5期，第60—68页。
② 马克思：《资本论》（第1卷），北京：人民出版社2004年版，第224页。
③ 马克思：《资本论》（第1卷），北京：人民出版社2004年版，第225页。

的差额。资本家正是看中了这个可以创造价值的量才去购买劳动力。因此，资本家再怎样劳动，付出多少劳动，其实都是为自己劳动，并未失去什么。而工人却是为资本家劳动，因为他即使劳动一生也所剩无几。

马克思所论及的剩余价值是工人在剩余时间所创造的价值，是工人所创造的价值超出资本所支付的劳动力价值而形成的。而且，剩余价值并未归工人所有而是被资本家占有才称之为剩余价值。就资本家而言，其参与管理劳动并投入生产资料，这产生了价值，但资本家并未吃亏或使自身的价值遭受损害，而是得到了超过自身价值的价值，而且，资本家投入劳动与资本只是为了得到工人所创造的剩余价值，因此，资本家并未创造剩余价值，他的管理劳动及其生产资料也未产生或创造剩余价值。其所创造的所有价值包括工人的剩余价值都被资本家全部占有，因此，资本家只是为自己生产，他们创造的价值永远归自己所有。

其二，马克思秉持"自由自觉活动"的价值预设诠释了资本主义的劳动异化事实，并构建出了异化劳动理论。

在异化劳动理论中，马克思是秉持价值尺度而对资本主义经济事实进行批判的。他首先基于资本主义"当前的"经济事实，描述了工人的状况。他们的生产能力与其拥有的财富、所创造的价值与其本身的价值都是成"反比例"的，而且，人的生产是按照生产商品的"比例"而进行的。显而易见，马克思在这里所描述的一系列比例关系是一种数量关系，此种数量关系是基于资本主义经济事实的经验材料归纳而来的。此种归纳不是纯粹价值中立的科学描述，而是渗透着马克思本人的价值判断与价值选择的，其价值取向在于论证雇佣劳动者失去自由而处于多方面异化的处境之中。这既体现了他对雇佣劳动者的困苦、被压迫和被剥削弱势地位的同情，也体现了他对自由、平等与正义等价值准则与价值目标的不懈追求。

马克思将资本主义经济事实判断为一种工人与其产品之间相互异化的价值事实。他也运用异化或外化的劳动来表述这一事实，甚至指出对异化劳动这一概念的分析，也就是对雇佣劳动现实的分析。他讲到，"我们分析了这一概念，因而我们只是分析了一个经济事实"[①]。可见，马克思在分析资本主义经济事实时，是将其作为异化的事实来分析的。此种

---

① 马克思：《1844 年经济学哲学手稿》，北京：人民出版社 2000 年版，第 59 页。

异化正是马克思对资本主义经济现实所做的价值选择与价值判断的结果。也只有渗入对雇佣工人现实处境及雇佣劳动制度的不平与义愤，马克思才会得出劳动的异化这一确切判断。

其三，马克思秉持"人的全面发展"的价值预设揭示了资本主义固定劳动分工的事实，并提出了消灭固定劳动分工思想。

在《德意志意识形态》中，马克思描述了固定分工的事实。他指出，当分工出现之后，任何人都被强加了一定或特殊的工作范围，只能在此范围内从事固定的工作，如果他脱离此种范围或行业，他将会失去生活资料①而不能生存下去。马克思借助于人应该全面发展的这一价值预设将资本主义固定劳动分工视为片面的，不合理的。基于此，他认为只有人们自己控制了自身的和整个社会的生存条件，才能消灭固定劳动分工，从而实现人的全面发展这一价值目标。

其四，马克思认为共产主义是自我异化与资本主义私有财产及其制度的扬弃，他秉持"共产主义"价值预设揭示了资本主义经济和生产关系的内在矛盾，批判了为资产阶级进行违心辩护而歪曲历史事实的庸俗经济学家。

在对巴师夏和凯里的经济学批判过程中，马克思借助于资本主义最终将会被共产主义所替代的价值选择或价值判断对其经济学所体现的经济事实进行了崭新诠释。他一方面指出他们的经济学未能从历史发展的事实来揭示其所应得出的观点；另一方面批判了他们对资本主义生产关系及其经济体制的违心辩护。此种批判彰显了马克思的经济学不仅是基于经济事实及其历史发展的总结归纳，而且，在其中融入了马克思所做的——资本主义最终将会被共产主义所替代——这一与他们经济学观点截然相反的价值判断。

马克思认为巴师夏和凯里都试图批判资本主义社会以往的经济学，并力图基于资本主义经济矛盾或生产关系中的冲突来论证其和谐性。他指出，"他们两人从事写作的民族环境是完全不同的，甚至是相反的，但却驱使他们产生了同样的意向"②。他们经济学的价值取向在于证明资本主义社会生产关系的和谐性，从而抹杀其生产关系的对抗性，并通过此种途径来为资本主义制度的正当性辩护。

---

① 《马克思恩格斯选集》（第1卷），北京：人民出版社2012年版，第165页。
② 《马克思恩格斯全集》（第30卷），北京：人民出版社1995年版，第4页。

马克思认为巴师夏和凯里是非历史和反历史的。凯里把美国人的普遍性当作普遍性；巴师夏的普遍性则是无视一切国家之特殊性的普遍性。凯里收集了大量材料，但并不是为了认识其内在精神，而是当作无差别的死的材料来处理，并将其用于论证自己的理论目的，论证他基于美国人的立场而抽象得来的观点，而且他对这些材料并未采取"批判"的态度。而巴师夏所采用的材料是虚构的，这些事实在任何时间、任何地点都从未发生过。马克思在这里点明了凯里虽然收集了众多事实，但未能把握其精神实质，未能介入内在的与社会发展趋势相切合的价值判断与价值选择，而是迷恋为资本主义社会辩护。巴师夏并未基于历史事实来证明自己的结论，因此马克思将其斥为陈词滥调。

关于雇佣劳动、利润和工资之间的关系，巴师夏和凯里认为雇佣劳动与工资是固定的，而利润是具有冒险性质的，是变动性的。他们以此证明工人无权分得利润，应安于一种相对于资本家的从属地位。马克思一方面基于历史批判维度对其进行了驳斥。他认为雇佣劳动及其工资的历史生成及演变说明了其本身是变动的，是不断发展演化的，而并非像巴师夏和凯里那样认为它们是永恒固定的。另一方面，马克思指出了他与巴师夏、凯里持不同观点的内在原因在于两者所持的价值取向与价值准则不同。巴师夏和凯里通过认定雇佣劳动与工资的固定性来论证资本主义的永恒性，来证明工人无权得到生产利润，而只能得到维持生存的工资。马克思在这里揭示了巴师夏和凯里的价值取向在于为资本主义不公正、不平等的经济制度辩护，并奢望工人能安于一种永恒的从属地位。与之相反，马克思的价值取向在于为遭受剥削的工人而辩护，他所持有的价值原则在于实现社会公平公正分配的共产主义社会。

可见，这里的本质区别不在于历史的经济事实与现实材料，而在于两者所持的价值尺度与价值追求不同。马克思抱着对资本主义雇佣劳动的批判态度，秉持实现共产主义的价值目标，由资本主义雇佣劳动产生的历史事实归纳出劳动本身的普遍性，也得出了雇佣劳动是以往劳动形式的否定而且自身也将必然被否定的结论。

由上可知，马克思在诠释资本主义经济事实时，他的价值目标在于为工人阶级说话，在于维护工人阶级的利益，而不是为资本家剥削奴役无产者的行为辩护。马克思关于最终实现共产主义的价值目标也体现出了他的阶级立场与阶级意识。

第二章 马克思价值立场的现实背景与理论辨析

在言明价值立场及其出场方式的内涵之后,我们接下来要探讨的是它的成立依据。价值立场出场方式旨在阐明研究者在认识或把握社会事实时如何融入自身价值意识这一论题。当然,对于此处所指的研究者,我们必须区分自然科学的研究者与人文社会科学的研究者。前者在研究过程中往往尽力保持"价值中立"或"价值无涉"而试图揭示自然规律;后者在研究过程中必然要融入自身价值目标、价值尺度、价值立场进行探索。人文社会科学的研究者为什么必然会融入自身的价值意识或进行价值判断或价值评价,这是本章尝试探讨的问题。

第一节 马克思价值立场的社会现实背景

马克思价值立场的形成与其家庭成长背景有关,也与他所处的资本主义社会现实问题的倒逼相关。他对资本主义批判是基于他的价值目标、价值准则等价值立场而进行的。这些价值立场不是他的主观臆想,而是基于他自身的家庭背景、成长经历,以及资本主义生产活动、经济制度和社会财富的分配等方面的社会事实、社会实践所做出的价值预设。

一、马克思家庭及经历背景:无产阶级立场逐步凸显

马克思政治经济学批判的价值立场萌发于他自身的社会生活经历,也与他遭遇的理论问题有关。从他的人生经历来看,马克思出生于拉比

(Rabbi)① 世家。他祖父马克思·列维是特里尔的犹太律法学家。② 父亲希尔舍担任特利尔市律师协会的主席。实际上，自16世纪以来，特利尔市几乎所有的"拉比都是马克思的先辈"。而马克思的母亲罕丽达家族"数世纪以来一直都是拉比"③。可以看出，马克思父母世家都与犹太律法工作有关。法律的价值取向在于维护、保障民众权益的公平，在于弘扬社会正义、公正。可以设想，对社会公平、公正、正义的价值取向的维护是马克思主要先辈及其家庭成员的使命与担当，那么，生活在此种家庭环境中的马克思，不能不受其影响。可以说，马克思坚定不移地为人类福祉而奋斗牺牲的价值目标，与他的家庭环境对他的熏陶与影响是不可分离的。他的一生的价值诉求正是萌生于此。

马克思在特里尔中学的毕业作文《青年在选择职业时的考虑》较为集中地体现了他的价值目标以及对价值目标的理解与思考，也体现了他价值观的初步形成。在此文中，马克思主要讨论了青年如何进行价值选择以及依据什么进行价值选择的问题。实质上，他探讨的是关于人生的价值目标、价值选择与价值准则问题。就价值目标而言，马克思认为，这一人类的"共同目标"就是使人自身与人类"趋于高尚"。他指出，臻于完美的价值目标就是"为人类工作""为人类的幸福""为同时代人的完美""为大多数人带来幸福""为人类而牺牲自己""为大家做出牺牲"。当然，此处所言明的价值目标还只是一个方面。马克思还指出，人需要在利他的同时实现自身的完美，也就是说，为实现共同价值目标工作，因而自身也变得高尚的人才是最伟大的人。就价值选择而言，人们如何达至这一目标？这就涉及人必须去"选择"、去"权衡"、去找到实现目标的途径。那么，如何去选择呢？马克思认为，要听从"最深刻的信念"或者说是"内心深处的声音"。当然，在选择的过程中，马克思认为会遇到一系列问题。比如，内心的声音被"幻想""浮想"遮蔽，而未能得到理性的指导，或者是在追求过程中发现自己开始"厌恶"这

---

① 拉比是希伯来语的音译，原指口传律法的教师。他们需要接受正规的犹太教宗教教育，主要从事研究、解释、传授犹太教教律和教义，也负责裁决关于教律的争议问题，执行教规，主持宗教仪式。
② 〔德〕弗·梅林：《马克思传》，樊集译，北京：人民出版社1965年版，第6页。
③ 〔英〕戴维·麦克莱伦：《马克思传》（第4版），王珍译，北京：中国人民大学出版社2016年版，第4页。

一目标。再比如，虚荣心或者被名利蒙蔽、不当的欲念也会"召唤"人们走向并非自身真正想朝向的目的地。此外，我们的体质以及我们自身的能力，都是我们在选择过程中需要慎重考虑的因素。就价值准则而言，马克思认为，要依据"内心的声音""理性的约束""经验""深入的观察""体质的承受能力""持续的热情""能力的胜任"等准则来选择价值目标。他指出，"安静"可以成就伟大壮丽的事业，可以生长出成熟果实。

自投身新闻出版业后，马克思的文章体现了爱憎分明的价值立场。马克思着手写作莱茵地区议会辩论的文章时，他发现每一个阶层都有自己的"独特立场"，而且，对于每一个阶层而言，"自由"的价值准则或者价值目标似乎变成了这些阶层的"个体特征"。这样的话，是无法达成价值立场的一致的。马克思论述了法律与自由之间的关系，他指出，法律不应成为束缚自由的工具，也不应成为"个别人的任性"，而应该是人们生活的"自觉反映"①。由于要写作关于盗窃林木法的文章，马克思不得不研究莱茵地区的经济问题。他认为，作为国家，应该反对富人对穷人的掠夺，此种价值取向或者价值原则是国家应遵守的"惯例"。如果一个国家、社会是公正的，那么，一些财产永远也不会成为特定人的私有财产。在此阶段，马克思开始关注社会经济现实问题。他自己也提到，他第一次要对物质利益这一"难事"发表意见。实际上，马克思认识到了贫穷必然是政治问题，也必然是社会问题。但还未将无产阶级视为一个崭新的社会阶级，而是将其视为不公正经济制度下的"无辜受害者"。

《莱茵报》被查封后，青年黑格尔派的价值取向出现分歧。以布鲁尔·鲍威尔为代表的青年黑格尔派分子逐步远离德国政治运动，逐步放弃革命的立场，而走向"纯理论"批判。而马克思对德国政治革命持乐观态度。在理论斗争方面，他欣赏、赞同费尔巴哈持唯物主义思想对黑格尔的批判，同时也指出，费尔巴哈过于强调自然，而关心政治太少。相对于费尔巴哈和黑格尔的理论旨趣，马克思将自己的批判转向一种"社会历史"维度。他借助于对"实际的"政治制度分析，展开了对黑格尔关于观念与现实之间相互分离的观点的批判。由此，可以看出，马

---

① 〔英〕戴维·麦克莱伦：《马克思传》（第4版），王珍译，北京：中国人民大学出版社2016年版，第38—39页。

克思基于对黑格尔和费尔巴哈的理论批判,发现了理论应该着力关注、研究、揭示的资本主义社会现实维度。马克思批判了黑格尔的"市民社会"是脱离了现实社会的概念或者观念,他指出,参与直接劳动、被剥夺了所有财产的"人们"是整个市民社会的基础。就对费尔巴哈的批判而言,马克思认识到了宗教或者神不过是人的本质的异化而已,其不存在独立性,是依赖于社会经济环境或者社会现实而存在的。因此,宗教"不值得"批判,或者说,宗教没有批判价值。真正值得或者需要批判的是"社会现实"。在此,马克思未能明确提出"无产阶级"这个概念,但是其内涵与无产阶级的含义是一致的。这见证了马克思开始萌生的无产阶级立场。

1843年10月,马克思到达巴黎。他一方面通过参加法国工人协会,了解了"市民社会"的现实状况;另一方面,他基于理论研究揭示了作为社会解放力量的无产阶级。在《〈黑格尔法哲学批判〉导言》一文中,马克思确立了无产阶级立场。具体而言,马克思探讨了无产阶级的缘起、无产阶级成为解放力量的可能性、如何实现人的解放等问题。就无产阶级的缘起而言,马克思指出,他们是由于工业运动的兴起导致社会解体而形成,特别是由于中产阶级的解体而形成。除此之外,还有贫民和农奴也是他们的自然来源。① 就无产阶级解放人类社会的可能性而言,马克思认为,这个阶级只有与整个社会"魂魄相同""亲如兄弟""汇合起来""混为一体",成为整个社会的"代表",或者说是这个阶级的要求与权利就是这个社会"本身"的要求与权利,基于此,人民的革命也就与这个阶级的解放"完全一致"了。只有以上条件成熟了,才能实现人的彻底、普遍的解放。② 就如何实现人的解放而言,马克思指出,要实现哲学与无产阶级的结合,才能实现人的解放。无产阶级是解放理论或者哲学理论的物质担当,而哲学理论是无产阶级的指导思想。只有正确的哲学思想才能指导无产阶级革命取得胜利,也只有无产阶级接受、消化、内化革命的解放理论,理论才能变为才能真正实现人的解放。

二、资本主义经济制度问题:雇佣劳动制度矛盾深化

马克思所秉持的价值尺度在一定程度上是通过他批判资本主义社会

---

① 《马克思恩格斯文集》(第1卷),北京:人民出版社2009年版,第17页。
② 《马克思恩格斯文集》(第1卷),北京:人民出版社2009年版,第14—15页。

腐朽雇佣劳动制度而体现出来的。他主要对德国的腐朽制度"开火"、对资本主义的私人占有制度"开火"，凸显出了自己公平正义等的价值诉求和价值准则，并提出资本主义雇佣劳动制度最终将被"炸毁"，走向共产主义。

马克思对德国现实制度进行了旗帜鲜明的批判。他说德国的现实制度是应受到鄙视而且是已经受到鄙视的状态。因此，一定要向德国的制度"开火"。马克思认为德国的现实制度虽然低于历史的水平，但仍然是批判的目标。这正如一个罪犯的道德水准低于普通人的道德水准，但仍然是刽子手处置的对象一样。对德国现实制度的批判并非仅仅依赖于不讲理性的激情，而是用满怀着激情的理智来指导批判。此种对现实的批判不是仅仅停留于分析和揭示，而是消灭现实制度的武器，此种批判的目的在于消灭敌人。在这里，马克思进一步指出，批判只是一种工具或手段，其不再是目的本身。它所持有的情感是愤怒，它要做的事情是揭露。① 这里阐明了马克思对德国现实制度的批判不是单纯为了批判而批判，而是一种推翻腐朽制度、消灭敌人的工具。尤为重要的是，马克思的批判是渗透情感的批判。此处的情感不难看出是马克思对尘世困难的深刻同情，对德国社会现实制度的痛恨。因此，他提出此种批判的主要目的在于对现实不平与黑暗制度的揭露。

马克思描述了德国社会的丑恶现实：不同层次及不同部门的人们承受着相互之间施予的压力；整个社会普遍性的沉闷不堪；整个人民表现出自大而又自卑的狭隘性；政府只是在"维护着一切卑劣事物"；心胸狭窄和心地不良的人与人之间处在猜忌和对立状态；统治者的身价与其统治的人数成正比等。因此，马克思认为应对其进行"搏斗式"的批判，其目的在于打击敌人。他提出应竭力使人们意识或感觉到自身的压抑，从而使现实的奴役更为沉重；应使人们承受的耻辱公之于天下，从而使耻辱更为耻辱；应将德国的各个领域视为其羞耻部分进行描述，并对其僵化的社会关系"唱一唱它们自己的曲调，迫使它们跳起舞来"②。在这里，马克思强调要公开揭露德国的现实丑恶，公开描述德国社会的耻辱，使受压迫的人们意识到自己被压迫、被愚弄的地位与状况，而且要逼迫敌人也意识到耻辱。这样才能达到人民所希望的"不可抗

---

① 《马克思恩格斯选集》（第1卷），北京：人民出版社2012年版，第4页。
② 《马克思恩格斯选集》（第1卷），北京：人民出版社2012年版，第4—5页。

拒的要求"。

马克思也指出对此种现状的斗争也是对"旧制度公开的完成"的斗争，他认为德国制度是一种"时代错乱"，"它公然违反普遍承认的公理"①。在这里，马克思并未说明这一"公理"作何指，但在行文中，我们可以发现马克思是依据对德国现状与英法两国现状的对比来说明德国现状的腐朽的。他讲到，在英法两国，其问题在于"政治经济学或社会对财富的统治；在德国，问题却是国民经济学或私有财产对国民的统治"②。在这里，马克思在一定程度上言明了以上所讲的"公理"，其意义在于"社会"统治或控制财富，而不是私有财产或资本家对国民的统治或控制。更进一步，马克思在这里也蕴含着他所持守的价值准则，即对社会公平公正的内在追求。需要指出的是，由于此时马克思尚未对英法社会的资本主义制度进行深入研究，此种对英法资本主义经济制度的肯定看法后来通过深入研究才发生了转变。

在《1857—1858年经济学手稿》中，马克思借助于"劳动与其客观条件之间的分离"这一对矛盾揭示了"私人交换制度"这一经济现实与未来社会这一价值理想之间的内在关联。马克思认为"私人交换制度"被未来制度取代是资本主义社会发展的必然规律。"私人交换制度"是未来社会的基础与胚胎，而未来社会制度是"私人交换制度"内在矛盾的产物，也是其必然发展趋势。

马克思揭示了"私人交换制度"下的等价交换实质上是不平等的，因为此种制度下的生产过程体现为一种占有他人劳动的过程。此种占有实际上是有产者对无产者的宰制，其形成基础就是劳动者的劳动能力与其客观条件相分离，劳动者与其客观条件的关系变成了与他人的财产或资本之间的关系。马克思认为，要"使劳动重新把劳动的客观条件当作自己的财产，就必须有另一种制度来取代私人交换制度，这种私人交换制度，像我们已经看到的，造成对象化劳动同劳动能力的交换，因而导致不通过交换而占有活劳动"③。取代私人交换这一现实的未来社会是对它的否定和扬弃。未来社会不存在私人交换的那种不平等、不公正交易，而是一种公平公正的社会经济制度。此种未来社会的交易制度体现了马

---

① 《马克思恩格斯选集》（第1卷），北京：人民出版社2012年版，第5页。
② 《马克思恩格斯选集》（第1卷），北京：人民出版社2012年版，第6页。
③ 《马克思恩格斯全集》（第30卷），北京：人民出版社1995年版，第505页。

克思一贯秉持的价值诉求。

"共产主义"的价值预设是马克思基于资本主义生产方式内在矛盾及经济危机等事实而预设的关于未来社会的价值目标。在《共产党宣言》中,马克思描述了工人反对资产阶级的斗争的事实。在雇佣劳动制度下,无产者攻击资本主义的生产关系,也攻击资产阶级的生产工具,毁坏机器、烧毁工厂。随着资产阶级之间竞争逐渐加剧以及经济危机的发生,这使无产者的生活愈来愈不稳定、失去了保障。这样,无产者就逐渐成了资本主义社会的掘墓人。在《资本论》中,马克思也指出掠夺与垄断是资本发展的必然趋势,在资本主义制度下,与资本大鳄减少的趋势相对应的是贫困、奴役程度的加深。随着资本主义生产方式本身所产生的无产者的反抗日益增长,资本主义外壳最终将不能容纳生产方式内在的矛盾,从而不可避免地被炸毁。

三、资本主义社会生产矛盾:社会劳动异化

马克思基于资本主义社会的异化劳动现实,揭示了劳动者的自由自觉的价值目标与价值准则,并通过对异化劳动内在矛盾、异化劳动矛盾的发展趋势等问题的分析,揭示了此种矛盾最后的解决方式——实现共产主义。

在《1844年经济学哲学手稿》一文中,马克思通过资本与劳动这一内在矛盾的剖析揭示了异化劳动必然会被否定,而共产主义社会必然会实现的发展趋势。在他所揭示的这一未来社会的含义中,渗透着马克思所持有的公正与自由等价值取向与价值原则。

马克思揭示了未来社会这一价值目标不是完全脱离资本主义经济土壤的抽象社会或抽象制度,也不是人们头脑中的主观臆测,而是私有制度内在矛盾的必然发展趋势。他认为劳动与资本这一对矛盾的发展是未来社会得以生成的现实依据。他基于异化劳动中工人与非工人的对立引申出了对私有财产的分析,得出了私有财产包含"作为劳动的私有财产"与"作为资本的私有财产"之间的关系。这一矛盾中"作为劳动的私有财产"是指工人的劳动体现为他自己或者是资本家所有的一种私有财产,即一种异己的生产活动,在生产过程中,劳动者成为了一种单纯的抽象存在,而沦为"绝对的无"或"现实的非存在";这一矛盾中"作为资本的私有财产"丧失了一切自然的、社会的规定性,而只具有

在不同自然与社会中的同一性。马克思指出劳动和资本的此种对立一旦达到极点，就必然是此种矛盾发展的"顶点、最高阶段"①，即异化劳动的被否定或未来社会的实现。马克思认为私有财产包含能动的主体性劳动与客体化资本之间的对立，这是扬弃超越私有财产本身而走向未来社会的内在动力。他认为未来社会是人对异化的否定，也是对人真正本质的占有或对人性社会的复归。未来社会的形成是基于以往社会的经济发展而生成的，此种形成过程是一种从不自觉到自觉的演进历史，是"通过人"占有自身本质的一个扬弃过程，是一种符合"人性"的过程。

在以上所揭示未来社会的含义中渗透着马克思的价值判断与价值诉求。一方面，马克思认为未来社会是一个非异化的社会。未来社会的劳动不是体现为一种异己的劳动，也不是体现为能被别人无偿占有或任意支配的一种私有财产。另一方面，马克思认为未来社会是劳动者占有"自身本质"的社会。这里的"自身本质"毋庸置疑是指他所揭示的人的类本质，即自由自觉的类特性。由此可见，其所揭示的未来社会蕴含着自由自觉的价值取向。

需要指出的是，马克思对"自身本质"或类本质的理解源于费尔巴哈的术语。在费尔巴哈那里，类本质的含义还可被解读为主体间以爱为前提的善良关系、自我的实现以及和谐的生活等。这都反映了他们对于未来社会的价值诉求与价值理想。

由上可知，"自由自觉"的价值预设是马克思基于资本主义异化劳动事实而预设的人类活动价值原则。关于异化劳动的事实，马克思主要从雇佣劳动制度下的工人与其劳动结果的异化、工人与其劳动行为的异化、工人与其类本质的异化、人与人之间的异化四个方面进行了说明。就工人与其劳动产品或劳动结果的异化而言，工人在与其劳动产品打交道时，不是作为劳动结果的主人，而是作为被产品奴役的奴隶。为了占有或消费自己的劳动产品，工人必须被强迫着或不自愿地参加劳动。就工人与其劳动行为的异化而言，他在劳动生产中不是享受劳动过程，不是通过劳动生产来实现自我价值，而是在劳动中感觉到自我折磨与自我摧残。因此只要强制性的压迫一停止，工人就会逃避劳动。工人在生产劳动之外的活动中才会感觉到自己是作为一个具有自主性的人而存在。

---

① 马克思：《1844年经济学哲学手稿》，北京：人民出版社2000年版，第67页。

就工人与其类本质的异化而言，工人在劳动生产中仅仅是实现了作为生物肉体的生存目的，而不是实现自身自由自觉的类本质。工人的劳动生产沦为实现肉体生存的纯粹手段，而不是为实现人之为人这一目的本身的活动。工人的劳动生产只是片面性地实现自身，而不是能够自由自觉地全面实现自身的活动。就人与人相异化而言，马克思主要描绘了工人与其他人之间的异化，或者说是工人与资本家之间的异化。他指出两者之间的关系是对立的、异己的，此种对立如果达到极端就会导致整个关系的消亡。

马克思认为资本主义社会的劳动者由于机器大工业生产、雇佣劳动制度等方面的原因，沦为机器的附庸，变为机器的零件，长年累月进行单调的劳动，而缺乏自我完善、自我发展，全面发展的机会。劳动的片面化在很大程度上是资本家为了追求利润而造成的。资本家为了追求利润，会尽量提高工人的劳动强度，延长他们的劳动时间。这样不可避免导致工人将自己最主要的精力投入到养家糊口的机器般的劳动，而致使自己没有发展自身、提升自己的时间与空间。马克思指出，此种劳动片面化发展，最后会导致工人运动的高涨，最后推翻雇佣劳动制度，而走向"新的联合"。

"全面发展"的价值预设是马克思基于资本主义固定的劳动分工或雇佣劳动片面化发展的事实而预设的人类发展的价值目标与原则。在《德意志意识形态》一文中，马克思描述了分工的历史事实，并指出以往的分工事实给我们提供了例证。如果人们还处于自然形成的社会中，如果社会个别与普遍性的利益还是分裂的，如果分工并非自愿而是自然形成的，那么，人所从事的工作就会与人本身相异化。就此而言，人的劳动分工范围就会被囿于或局限于固定的特殊领域之内，人们所从事的劳动范围是外界强力加于他的，而且，人们不能超越这个劳动范围。在此种范围内劳动的人们只会得到片面的发展，而不能实现全面的发展。

马克思引用了欧文《在曼彻斯特的六篇演讲》（1837）中的描述，说明了资本主义社会劳动者片面发展的社会现实，揭示了劳动者必须得到全面发展的价值目标与价值准则。他指出：欧文描述了资本主义现实社会工人"被置于极端绝望的境地"——他们大部分人享受不到健康、家庭的天伦之乐、闲暇以及童年时有益健康的户外游戏；他们失去了"真正的生活乐趣"。欧文分析了此种结果的造成并不是"个别人"的原因，这是"遵从"自然规律而发生的，这是伟大社会革命得以进行的必要前提条件与准备。① 此种必要的准备阶段将向着更为完善的社会组织发展演进，并实现"新的联合"。在论证此种"新的联合"的过程中，马克思虽然指出此是顺应自然规律的，是社会革命爆发的必要前提，但是，他也相应阐明了此种"新的联合"所蕴含的价值取向，即人们应该享受到"天伦之乐"与"闲暇"，应该享受到"真正的生活乐趣"。

四、资产阶级与无产阶级对立：社会财富两极分化

社会财富两极分化的矛盾是马克思批判资本主义社会的中心主题。他认为资本家掌握的资本是他们剥削压迫工人的工具与手段。资本家利用此种工具不断地积累自己的财富，而工人不可避免地越来越贫困。② 资本家逐渐成了资本与财富的化身，而工人逐渐沦为被剥削与被压迫的单纯工具。

"消灭剥削、共同富裕"是马克思基于资产阶级利用其所控制的生产资料剥削无产阶级、造成贫富差距极大的社会事实而预设的价值目标。在马克思研究资本主义经济学的早期，他就提出要基于经济事实出发来进行理论研究。他描述了在资本主义条件下，工人越来越贫穷而资本家越来越富有的社会事实。工人的劳动为富人生产出了"奇迹般的东西"并使他们拥有"宫殿"，而工人自身沦为赤贫者，只能蜗居"棚舍"。

在1846年《马克思致帕维尔·瓦西里耶维奇·安年科夫》一信中，马克思通过对蒲鲁东的著作《贫困的哲学》的批判揭示了资本主义经济现实与平等社会的价值诉求之间的内在关联。他指斥蒲鲁东割裂了平等这类价值诉求与社会现实运动之间的关系，蒲鲁东不仅借助"虚构"和"想象"来论证其固定僵化的平等观念，而且还自行发明分工、信用和机器等概念来论证此种平等观念。③ 马克思指出蒲鲁东停留于抽象的平等的价值世界，而脱离了其之所以能成立的现实经济基础。

在《资本论》中，马克思描述了资本对劳动的剥削事实。在探讨绝对剩余价值的产生时，马克思揭示了资本家利用延长工人工作日这一手

---

① 《马克思恩格斯全集》（第31卷），北京：人民出版社1998年版，第109—110页。
② 此种贫困往往通过通货膨胀而显现出来，工人表面上得到的工资数额越来越大，实质上，它的购买力越来越低，因此他们并不能过上舒适、有尊严的生活。
③ 《马克思恩格斯文集》（第10卷），北京：人民出版社2009年版，第47页。

段来进行剥削的事实。在探讨相对剩余价值的产生时，马克思揭示了资本家利用劳动过程中社会与技术条件的变革来促进生产方式的改变，从而提高生产力以缩短工人必要劳动时间并攫取其剩余价值的事实。另外，马克思还描述了资本家毫无拘束地剥削工人，并且在法律上不受限制的事实。劳动者因为被剥夺了道德与身体方面正常发展与生活的条件而处在萎缩状态，而且这些劳动者未老先衰并很早就由于过度劳动或患职业病而死亡。由此，马克思指出，资本家或人格化的资本就如吸血鬼一样，要从工人那里吮吸他们的剩余劳动，他们吮吸的活劳动越多，他们的生命就会越旺盛。

在资本主义制度下，资本家由于拥有财富，演变成为成功、有德性、勤劳的代表，拥有了耀眼的光环，而工人演变成为低贱、懒惰和没有德性的化身。这都是随着资本对劳动的占有而与之俱来的现象与结果。此种两极分化发展到一定程度，工人最终就会成为这个异化社会的"掘墓人"。

第二节　马克思价值立场的理论剖析

马克思基于资本主义经济事实的客观描述，同时嵌入价值追求这一超越领域或应然世界对其进行了诠释。此种诠释体现了研究者的价值判断与价值选择必然生发于现实的经济事实之中，而经济事实的发展趋势必然朝向普遍性的价值目标与价值准则。马克思价值立场出场方式不仅被诸多学者的研究所触及，而且，伦理学与价值哲学关于休谟问题的观点、社会批判理论、现象学和诠释学等理论也为此价值立场提供了理据。

一、从批判旧世界中发现新世界

对资本主义这个旧世界进行严厉批判，推翻旧世界的统治并建立无产阶级政权是马克思坚定的价值取向。马克思一贯认为要改变的是资本主义异化的苦难，不是仅仅停留于抽象的批判或单纯的道德说教。在对资本主义这个旧世界的批判中，马克思加入了自身的价值取向与价值原则。他的批判是针对资本主义异化事实而进行的价值批判，他在对旧世界的批判中坚守道德准则，他的价值批判是结合资本主义事实批判的批判。通过这些批判，马克思创建了人类解放理论，阐明了共产主义这一伟大理想。

马克思在批判旧世界中发现新世界，体现了他关于资本主义政治经济事实与价值取向相统一的理论建构。马克思在对资本主义的政治经济批判中，一方面紧扣资本主义社会的政治经济事实，另一方面坚定指向并执着追求公平、正义和自由等为价值诉求的社会理想。他在处理经济事实与未来社会之间的关系时，并非是将其看作截然二分的两条线索，而是基于事实中内在矛盾的揭示与分析，来呈现未来社会的必然趋势，以实现两者之间的内在融合。当然，他所描画的未来社会也是蕴含着他的价值目标与价值准则的。比如在《1861—1863年经济学手稿》一文中，马克思在批判"重农学派"经济学时，指出他们将资本主义社会及其生产方式看作永恒的、必然的东西，而忽略了其仅是人类社会历史发展中的一个阶段性的、暂时性的东西。他正确指出资本主义生产方式只是在特定时期与特定条件下的事物，它必然要走向未来社会或更高级的社会形式。他认为"重农学派""把生产的资本主义形式变成生产的一种永恒的自然形式。对于他们来说，生产的资产阶级形式必然表现为生产的自然形式……他们把社会的一个特定历史阶段的物质规律看成同样支配着一切社会形式的抽象规律"①。可见，"重农学派"将此种现实生产方式视为所有历史阶段都具有的生产方式，这抹杀了经济事实与未来发展趋势之间的区别。此种观点的价值目标在于论证资本主义生产方式的永恒性与完善性，甚至试图证明其是自然而然的，这与马克思一贯持有的价值取向是相违背的。

马克思对资本主义社会现实的生产关系批判是借助于公平公正等价值预设进行的。他指出资本主义现实生产关系的内在矛盾是其私有制所固有的资本与劳动之间的矛盾，这一矛盾在现实中表现为资本家与工人之间的矛盾。资本家无休止地狂热追逐攫取工人剩余劳动时间所创造的剩余价值，而工人在精神、心理和身体等方面都受到压迫奴役，在经济上受到剥削。马克思不仅在早期《1844年经济学哲学手稿》的研究中翔实描述了这些资本主义现实生产关系的矛盾，也在晚期《资本论》的研究中列举了大量事实来证明这一矛盾。这一矛盾在社会现实中就表现为资本家与工人在地位上的不对等，在财产分配方面的不公平以及在交换

---

① 《马克思恩格斯全集》（第33卷），北京：人民出版社年版2004年版，第15页。

过程中的不公正等。

基于人与人之间应该是平等关系的价值预设，马克思揭示了有产者与无产者之间在身份地位上的天壤之别。在私有制度下，无产者越来越沦为"廉价的商品"，越来越"贬值"。他们在为有产者建造并使其高居"宫殿"的同时，他们自己只能委身于"棚舍"。马克思在这里言明了有产者所拥有的地位恰恰是无产者牺牲自己的地位而得以形成的。马克思还将无产者与有产者之间的关系比喻为教徒与上帝之间的关系。教徒的低贱只是上帝高贵的反衬而已，无产者与有产者之间的身份地位正是如此。

基于人与人之间应该公平公正地分配社会生活资料的价值预设，马克思揭示了资本家与工人在财富分配方面的极端不公平和不公正。工人付出劳动愈多，占有的社会财富反而愈少。甚至就劳动本身而言，都需要工人付出极大努力以及极不规则的中断才能占有。① 马克思揭示了资本家无偿占有的资本利润实质上是工人所创造的剩余价值这一事实。在资本主义分配制度下，"劳动者被剥夺了劳动条件，这些条件集中在少数个人手中，另外一些个人对土地拥有排他的所有权"②。马克思指出，只有在劳动采用雇佣劳动的形式、生产资料采用资本的形式的前提下，"价值（产品）的一部分才表现为剩余价值，这个剩余价值才表现为利润（地租），表现为资本家的赢利，表现为可供支配的、归他所有的追加的财富"③。马克思在这里强调了资本家对剩余价值的占有是一定历史条件下的资本主义雇佣劳动制度所特有的分配制度。他是从资本主义私有制的内在机理及其历史发展规律视角下来揭示资本主义所特有的不公平与不公正的。

基于人与人之间的交换应该是公平的价值预设，马克思揭示了资本家与工人之间的交换是极不公平的。马克思对于公平的理解不是纯粹或绝对地将其理解为形而上学的"永恒公平"。他对此种僵化的"永恒公平"进行了批判，他指出此种对公平的认识是形式主义的，并不能为人们提供更多的知识。马克思认为应该从特定的经济关系方面来研究商品的交换过程，从而揭示其具体的表现形式。他深刻揭示了资本家与工人

---

① 马克思：《1844年经济学哲学手稿》，北京：人民出版社2000年版，第52页。
② 马克思：《资本论》（第3卷），北京：人民出版社2004年版，第995页。
③ 马克思：《资本论》（第3卷），北京：人民出版社2004年版，第998页。

交换的不公平源于表现为交换价值的劳动力价值与表现为使用价值的劳动力价值之间的差额。资本家正是看中了两者之间的差额，才购买劳动力的。实际上，工人出卖自己的劳动力一方面是因为自己不占有劳动条件，另一方面是迫于生计而不得不将自己作为商品出售。

在《国际工人协会成立宣言》中，马克思在阐释工人反抗资本主义腐朽势力的方式时，指出了工人运动应遵循正义等价值准则来进行批判与斗争。马克思指出工人阶级在寻求与实现解放过程中的责任在于洞悉"上层阶级"所掌控的国际政治的秘密，监督他们的外交活动，用一切方法反对他们，不能抵制的时候就揭露他们，并竭力"使私人关系间应该遵循的那种简单的道德和正义的准则，成为各民族之间的关系中的至高无上的准则"①。全世界无产阶级联合起来的道德与正义成为斗争的价值准则或道德尺度，只有借助这些价值准则或道德尺度才能有力揭露与批判资本主义腐朽势力分裂国际工人运动的图谋。

马克思以上对资本主义的现实批判中运用了价值批判方式。他借助辩证法，将资本主义现实与他所秉持的价值尺度、价值取向等结合起来，在认清两者之间本质区别的基础之上，借助于两者之间的张力而实现了对资本主义现实的深刻批判。

马克思正是基于对资本主义全方位的深刻批判，构建出了人类解放理论，并阐明了共产主义理想。

马克思的人类解放理论以探讨社会演进发展一般规律的历史唯物主义为理论基础。人类解放理论在马克思的思想体系中占据核心地位，并起到了提纲挈领的作用。② 在这里，我们主要是考察其与马克思价值批判方式的相关内容，并尝试厘清价值批判方式在马克思人类解放理论中所起的作用。

马克思依据社会历史发展规律揭示了无产阶级的历史地位及其责任担当。他强调无产阶级必然要成为资产阶级的"掘墓人"，并建立属于自己的政权而实现人类的全面解放这一价值目标。反过来，此种无产阶级的历史使命与价值目标又是对现实社会发展与演进的规制与描画。现实社会的具体发展只是体现了此种价值目标或无产阶级责任担当或其追

---

① 《马克思恩格斯全集》（第21卷），北京：人民出版社2003年版，第15页。
② 刘同舫：《马克思人类解放理论的叙事结构及实现方式》，载《中国社会科学》，2012年第8期，第4—23页。

求的价值目标的一种特殊或具体的形式。由此可知，在马克思历史唯物主义中，其所阐释的现实社会的"实然"状态与未来社会的"应然"状态是在"社会历史的发展运动中"达到统一，或者说是马克思人类解放理论实现了真理性与价值性的统一。

这一历史唯物主义原理构成了马克思基于价值批判方式来解决资本主义社会将向何处去的问题——马克思人类解放理论所蕴含的内在的价值取向与社会现实之间关系——的理论基石。

基于这一理论基础，马克思进一步指出人类解放主要涵括三个方面：政治、社会和劳动的解放。此处所提出的三种解放实际上就是他关于人类社会发展的三个价值目标，或者说是判断人类社会发展或解放程度的价值尺度或价值标准。

就政治解放这一价值目标而言，马克思认为政治解放就是国家从"一般宗教中解放出来"①。他揭示了从封建社会到资本主义社会所实现政治解放的意义所在：推翻了封建腐朽的专制统治，使市民社会与政治国家区分开来，重新确立了个体与政治国家的关系。社会解放是市民社会革命及其结果，是异化的旧社会的解体，就这一价值目标而言，它是在实现政治解放这一前提条件之后才能实现的价值目标。马克思认为资本主义社会关系或人与人之间的关系表现为物的关系或者是表现出物的规律性，此种社会关系是一种丧失人性的异化关系，是建基于资本主义私有制之上的。所以，资本主义社会解放的主题就是消灭私有制，并创造出一个"联合体"来代替资本主义旧的市民社会。就劳动解放这一价值目标而言，其是对社会解放的深化与补充，因为社会解放只是一种客观力量的解放，它还未能涉及主体及其主体性的解放。马克思认为应该"消灭劳动"②，即消灭那种异化的、消极的、奴役人的雇佣劳动，而实现人的自由劳动，并使人在劳动中实现自己自由自觉的发展与完善。

需要指出的是，这里的劳动解放归根结底是实现人在劳动中的自由自觉，人在劳动中将自己视为目的，而不仅局限于作为一种达到目的的手段。这样的劳动解放是人的本性与本质的证实，是资本主义异化劳动的扬弃。因此，劳动解放也就与人类解放达到了高度的一致，具有相同的本质特征。

---

① 《马克思恩格斯文集》（第1卷），北京：人民出版社2009年版，第28页。
② 《马克思恩格斯文集》（第1卷），北京：人民出版社2009年版，第573页。

共产主义所需实现的是人的"个性自由",这是马克思一贯坚持的价值立场。早在研究异化劳动时期,他就指出人在本质上或者说人的类特性就是"自由的有意识的活动"。此种类特性是人之所以区别于动物的典型特质。动物与其本身的生命活动是直接一致的,动物不会思考、认识或追求价值领域的东西,而人时刻离不开对价值领域的追求与思考。人具有的此种价值意识就与动物区分开来,人因此也就能将其本身视作对象化的东西,由此,人才是"类的存在物",或者说人才是"有意识的存在物"①。马克思在《德意志意识形态》中对人的"自由个性"的内涵进一步进行了阐释,他认为人要成为自主的主体,就是指人能自由的选择自己的生活方式、劳动手段以及劳动领域或范围。因此必须消除资本主义不公正、不平等的分工形式,必须消除狭隘的主体间交往方式,必须消除落后生产手段的制约。马克思指出要达到或实现这一自由自主状态,需要两个条件,一是满足物质条件或物质基础;二是满足制度条件,即建立公有制。

共产主义社会是基于人的依赖性社会发展到物的依赖性社会,再进一步发展演化而形成的社会状态。② 马克思指出人的依赖性社会完全是自然而然形成的,人们只是在狭窄的、孤立的地域进行生产或发展。物的依赖性社会则是人通过占有物而占有社会权力,再通过社会权力而占有人、支配人的社会形态。而共产主义社会也称之为"自由人的联合体"或自由王国。在这一阶段,物质交换达到全面发展的状态,物质生产能满足人们多方面的需要,人类的能力得到全方位的发展,社会生产能力与生产条件是属于整个联合体的。

马克思还提出共产主义社会是个人全面发展的社会。他提出个人应该向完整的个人这一方向发展,而且,任何人的职责与使命就是全面发展自己的一切能力。马克思还进一步揭示了共产主义社会是个人充分发展的社会。马克思认为个人的充分发展会作为最大的生产力反作用于劳动生产力的发展。马克思认为这个社会真正的财富就是所有个人能力的充分发挥,人的能力的充分发挥是最大和最根本的财富。

以上所论及的共产主义构成了马克思人类解放理论的价值目标,它在理论上建基于历史唯物主义,在实践中通过政治解放、社会解放以及

---

① 《马克思恩格斯全集》(第3卷),北京:人民出版社2002年版,第267页。
② 《马克思恩格斯文集》(第1卷),北京:人民出版社2009年版,第52页。

劳动解放等多重形式的解放来实现。实现共产主义是一个整体性的历史巨变，其不仅是物质基础等器物层面的转变，也是价值取向、价值准则与价值理念的转变。

以上人类解放理论的三个价值目标既表现为人类社会发展的价值取向与价值目标，也构成了马克思价值追求或价值理论的一个完整体系。这一价值体系不仅勾画出了个人的充分、自由发展，而且描画出了整个社会的公正公平发展的价值诉求。这一系列有层次的价值目标构筑成了马克思人类解放理论的价值系统或价值目标。没有这一价值体系的支撑，就没有马克思的人类解放理论。此种价值体系，不仅是马克思对他之前诸多思想家的思想政治理论中对自由平等价值追求的继承，而且是在此价值体系基础之上的融合创新。

恩格斯在《家庭、私有制和国家的起源》中也借用摩尔根对"文明时代"的评断对共产主义社会进行了描述。他认为，社会发展到一定程度，人类的理智就能够控制社会财富，而不是受到它的奴役。在共产主义社会中，社会利益高于个人利益，而且，两种利益将达到一种"公正而和谐"的关系。人类最终的价值目标也不再是对财富的追求了。恩格斯引用摩尔根《古代社会》中的话对共产主义这一未来社会进行描述：管理民主，权利平等，教育普及与社会中的博爱[①]，它们是未来发展阶段的更高级社会的主要特征。此一阶段是古代氏族社会中自由、平等和博爱等价值诉求之于更高级形式之上的回归或复活。恩格斯在这里的立场与观点表明，人类社会必然将从"野蛮时代"进化到"文明时代"或共产主义社会。共产主义社会构成了人类社会演进的价值目标或价值取向。而且，民主、平等、博爱、自由等价值不仅构成了共产主义社会的价值原则，也构成了现实社会所应追求的价值取向。

由此可见，马克思主义人类解放理论离不开价值批判，价值批判方式构成了其人类解放理论形成的方法论基础。价值批判方式对于人类解放理论的作用在于其对资本主义异化现实的价值导向、价值评判与价值规范作用。价值导向作用体现于自由、平等、公正等一系列价值目标对于现实社会合理健康发展的引导作用；价值评判作用体现于马克思主义依据其价值尺度对资本主义异化现实进行了严厉的批判；价值规范作用

---

① 《马克思恩格斯文集》（第 4 卷），北京：人民出版社 2009 年版，第 197—198 页。

体现于马克思主义建立了人类解放最高的价值准则或价值目标。马克思主义也正是借助于这一价值准则与价值目标来描画未来社会的雏形，叙写心中对共产主义这一远大理想无法抑制的憧憬。

二、价值目标应超越于社会现实

社会理论研究在其价值目标方面应该是从理论层面来揭示社会现实的不足，同时确立现实社会应该朝向、应该为之奋斗、为之追求的理想社会，或者是从理论层面来批判现有社会理论的不足，从而确立未来的理想社会。

社会理论研究者在其理论中所树立的价值原则是评判现实社会的价值尺度，也是批判现实社会不足之处的价值准则。他们借助于这些价值准则来对社会现实的不足进行批判。如卢梭认为良心是万无一失的价值尺度，相对于社会现实而言，它能评判出什么是道德与正义的，或者是非道德与非正义的。康德则认为善良意志是行为的绝对价值尺度，依据每个人的善良意志可以评判出社会现实的善恶美丑。

当社会理论研究者预设某种价值时，往往是针对自身所处的社会现实或社会事实进行的，其所预设的价值目标与价值原则一般都是对社会现实或社会事实的超越。这可看出，在价值的预设过程中蕴含着社会现实这一"定在"，也蕴含着其超越性的"未在"，或者说是现实社会蕴含着"既定性"与"超越性"的内在矛盾。此种既定性表现为：当基于历史视角来看待社会理论研究者所预设的价值尺度与价值准则时，我们会发现，特定时代以什么为正价值或负价值，尊崇什么、忌讳什么，都是在特定历史长河中演变而成的。如果我们基于现实视角来看，现实生活中也存在着特定价值观念或价值系统，其不仅体现在人们相互之间思想文化的交流碰撞中，也体现于人们日常生活实践之中。以上两种视角所揭示的价值尺度或价值原则，就构成了价值预设的"既定性"。

社会理论研究者预设的价值既具有"既定性"，同时也具有"未定性"。此种"未定性"表现为社会理论研究者预设的价值目标、价值尺度等伴随着社会实践而不断深化与拓展的过程。在社会交往及实践活动中，有越来越多、越来越丰富的价值对象进入社会理论研究者的视野，这使社会理论研究者的价值评价对象、评价原则相应发生变化，新的价值关系、价值思想及其所构成的价值观系统，不断地产生与拓展，并上升到一个新水平。① 这里的价值体系伴随着社会实践的深化发展或拓展体现了社会理论研究者预设的价值的"未定性"。此种"未定性"的内在原因在于作为价值对象的社会现实存在本身就是一种"不是其所是",社会现实总是不断地超越当下存在,超越具体的当下现实。社会现实存在本身就是一种朝向"未来"的开放性存在,而且是永远处于"未定"状态,或者说基于"未来"的价值取向或价值原则作为参照系来规定自身意义的存在。由此,社会现实的本真状态就蕴含着对自身的超越性内涵。

此种超越性过程也表现为社会现实的一种否定性发展过程。社会现实的发展过程总是表现为从肯定到否定,再到否定之否定的这样一个扬弃过程。社会理论研究者在设定社会价值目标时,是基于社会现实并高于社会现实的。如果现实社会的发展达到或实现了这一目标,就会重新确立新的价值目标。因为社会理论研究者在很大程度上总是表现为对社会现实状况的不满足或不满意,这一系列的不满意或不满足促使社会理论研究者超越社会现实来设定价值目标,如果社会现实的价值目标实现了,又会陷入新的价值需求中。由此可见,这一过程就表现为一个社会理论研究者对社会价值诉求不断否定的发展过程。

社会理论研究者在研究过程中一般会预设一定的价值目标与价值尺度,一方面是对社会现实进行价值评价所必须具备的价值尺度或价值原则;另一方面是关于理想社会与社会发展的价值取向或价值期望。社会理论研究者预设的价值目标与原则在很大程度上是反映社会现实的发展方向或历史趋势的,是经过社会发展过程中长期的历史沉淀形成的,也是得到整个社会所认同并承认的。这一系列的价值预设不仅能深刻影响或作用于社会现实,还担当着社会研究者对社会现实进行价值选择与价值判断的价值坐标。

社会理论研究者在其理论中树立或持守价值目标和价值尺度是希望借此对社会现实进行某种或某个方面的批判,而实现对现实社会的超越。因为具体的或特殊的社会现实相对于普遍性的一般性的价值目标与价值原则而言,必定是有所差别或天壤之别的。立于普遍性一般性价值目标与价值原则的基础之上对社会现实进行针砭有助于揭示现实社会的不足

---

① 孙伟平:《价值论转向——现代哲学的困境与出路》,合肥:安徽人民出版社 2008 年版,第 148 页。

与缺陷,有助于现实社会朝着合理的价值目标演进发展,有助于价值准则在现实社会中得以持守或传承。

如果社会理论研究者及其理论囿于社会现实而不能自拔,或者只是停留于社会现实之中,其将陷入"事实盲"。此种"事实盲"一方面体现为社会理论研究者及其理论全面或全盘认同当下社会现实,其对于当下现实社会所体现出来的消极现象,甚至腐朽丑恶现象也保持沉默,不表示愤怒,不对其进行批判,不与之进行斗争,甚至还与之同流合污;另一方面体现为社会理论研究者及其理论只追求现实的实惠与利益,放弃了对理想社会的追求,而沦落为纯粹的功利主义或拜金主义。此种"事实盲"还体现为社会理论研究者及其理论失去对社会现实及社会事实的反思能力与批判能力,甚至沦为现实腐朽力量或丑恶现象的支持力量与辩护士。

马克思对资本主义的政治经济批判是融入价值意识或者价值目标、价值准则的批判。他在把握、诠释资本主义经济事实时不是价值中立或价值无涉的,而是负载着特定的价值目标与价值尺度。在此反思过程中,马克思实现了资本主义社会经济现实这一"实然"与其未来发展趋势这一"应然"的相结合、相统一。马克思政治经济学的价值批判方式是"实然"与"应然"的对立统一。"实然"是就事物现存的状态或实在的状态及其发展趋向而言的;"应然"是就人们对事物或者事实的价值判断而言的。价值批判方式不是将"实然"与"应然"截然二分,而是在认识到两者区别的基础之上的融合。就"实然"与"应然"的对立而言,"实然"主要强调事物的客观规律性、本身的规律性,强调事物在自身的作用下发展演进。而"应然"强调事物应该怎样,这里介入了人的主观判断,价值尺度与道德标准。因为单纯就事物而言,它只会按其自然规律发展进化。而有人参与到事物中就必然带入了人的价值意识。这就给事物的发展带来更多的可能性。"实然"是就事物的本身来看本身;"应然"是就人的视角来看事实本身。卢卡奇在阐明无产阶级的立场时,也体现出了他对于"实然"与"应然"对立统一的认同。他认为,"无产阶级的自我认识同时也就是对社会本质的客观认识。追求无产阶级的阶级目标同时也就是意味着自觉地实现社会的、客观的发展目标"[①]。无

---

① [匈]卢卡奇:《历史与阶级意识》,杜章智译,北京:商务印书馆2011年版,第236页。

产阶级对自我的认识包含对自我价值取向或价值目标的认识，此种认识也就是对社会发展客观事实或现实趋势的认识。如果将社会的客观发展视为"实然"，那么无产阶级的阶级目标就可视为"应然"，这两者统一于无产阶级的革命运动之中。

一切历史的、先进的社会理论家及其理论，都是基于对落后理论或腐朽思想、对社会现实的丑恶进行无情的批判与揭露而阐明自己的先进价值观或进步理论的。马克思亦是如此，他通过对德国黑暗现实及其腐朽制度的批判，揭示了公平公正的价值准则。在《〈黑格尔法哲学批判〉导言》中，他对当时德国社会的宗教进行了批判。他认为对宗教的批判是对现实批判的胚芽。① 宗教的苦难也就是尘世的苦难，而且宗教本身体现为对尘世苦难的反抗。对宗教的批判也就是对于依靠宗教来慰藉心灵的现实世界的批判。因此，抛弃了宗教，人们才能得到尘世的幸福；抛弃了宗教，人本身才能作为有理性的或有独立性的人来进行思考和行动；抛弃了宗教，人们才能围绕着自身或"自己现实的太阳"来运转。

马克思认为在宗教被抛弃之后，剩下的"历史任务"就是对现实的批判，即确立"此岸世界"的真理，或者说是揭露"非神圣形象"的异化现象。这是哲学的迫切任务。此种对现实的批判包含有对法、神学和政治的批判等。

马克思基于对德国法哲学的批判，揭示了实现"人是人的最高本质"这一价值目标的理想社会。他认为对德国法哲学及其国家哲学的批判，"触及"到了德国当代问题的中心。德国法哲学及其国家哲学是与德国现实保持在同一水平的德国历史，德国人民必须将此种历史"归入"其现存制度。并且，不仅要批判此种现存的制度，也要批判此种制度的"抽象继续"。马克思批判了"德国的实践政治派"停留于对抽象哲学的纯形式批判，而没有将德国的现实纳入批判的范围。另外，他也指出德国的"理论政治派"未能认识到哲学本身就是属于这个现实世界的。因此，不能将对哲学的批判与对现实的批判割裂开来，仅仅局限于此任何的一个方面都不是真正的批判。

马克思进一步将批判的矛头集中指向了德国法哲学与国家哲学的系统代表——"黑格尔法哲学"。他认为对此种思想的反思，也是"对现

---

① 《马克思恩格斯选集》（第1卷），北京：人民出版社2012年版，第2页。

代国家和对同它相联系的现实所作的批判性分析"①。马克思认为此种法哲学是"不切实际"的思维，是不顾"现实的人"的思维，此种思维的形成是由于现代现实的国家抛弃了"现实的人"，而仅仅凭借"虚构的方式"来满足现实的人。

此外，马克思在异化劳动理论中基于对资本主义经济现实的批判，阐明了异化劳动的四种表现形式。他还通过对异化的本质与根源的探讨，揭示了资本主义社会中资本与劳动这一内在的根本的矛盾，并且指出这一矛盾的发展必然使私有制覆灭而实现共产主义。

马克思也说明了以上批判所需要的方法。他指出，对思辨的法哲学的批判"只有用一个办法即实践才能解决"②。此种实践是一种"有原则高度"的实践，是一种要达到的"人的高度"的革命。马克思认为对哲学的批判与对现实的批判不同，对现实的批判只能依靠现实的力量来进行。而哲学理论的批判也能作用于现实，那就是此种理论一旦被人民群众掌握，或者说是彻底地说服了人民群众，就能转化为现实的力量而完成对现实的批判。马克思认为理论的彻底性在于其"抓住了事物的根本"，在于承认"人是人的最高本质"，这都可归结为一个"绝对命令：必须推翻那些使人成为被侮辱、被奴役、被遗弃和被鄙视的东西的一切关系"③。马克思在这里提出的对德国理论及现实的批判蕴含有内在的价值原则或价值尺度，他称之为"有原则的高度"或"人的高度"。此种价值原则承认人应该作为人的最高本质，也就是承认人应该作为目的。马克思将这一价值原则具体化，即人不能被侮辱、被奴役、被遗弃和被鄙视，人只能作为目的，而不能作为单纯的工具或手段。

马克思在这里宣告了"人是人的最高本质"这一价值取向或价值准则，这一价值准则或价值追求要求"否定私有财产"，要求享受社会的公平公正，并达到人的"完全回复"。马克思正是借助这一价值准则与价值取向，才能证成对德国社会腐朽现实批判的可能，并确立起了对社会现实批判所应达到的价值目标。

同理，其他社会理论研究者也是基于自己的社会理想，来批判以往的腐朽思想与社会制度、社会现实。比如，洛克通过对罗伯特·菲尔麦

---

① 《马克思恩格斯选集》（第1卷），北京：人民出版社2012年版，第8页。
② 《马克思恩格斯选集》（第1卷），北京：人民出版社2012年版，第9页。
③ 《马克思恩格斯选集》（第1卷），北京：人民出版社2012年版，第9—10页。

君权神授说的批判,构建了自己的政治理想。罗伯特·菲尔麦竭力论证君王的权力来自上帝,国王的王位应该是世袭的这一观点,他无非就是为腐朽的神权与落后的封建世袭制度进行辩护,忽视、遮蔽丑恶的社会现实。而洛克认为人生来就是自由、平等和独立的。他将国家及其权力的来源建立于社会契约之上,并认为政府应保护人民的财产权、人身权等各项权力。如果统治者不能保护人民的这些权力,人民就可以进行革命来推翻统治者。这样,洛克既彻底批判了封建社会君权神授的观点,也为未来社会的发展指明了价值目标。

再如,老子提出的"小国寡民"的社会理想就是针对当时社会现实诸种问题而阐发出来的社会价值观。在老子所处的先秦时期,随着社会文明的演进与智慧的开启,社会现实生活中出现了诸多违背"自然"的现象,人们欲望的膨胀引发了人与人、国与国之间的矛盾与冲突,而且过分严酷的社会制度使人性受到压迫与扭曲,已严重伤害人们的身心健康与生存环境。由此,老子提出了他的社会理想:人们永远定居在一处地方,过着彼此孤立,自给自足,没有矛盾与纷争,自由自在的生活。质言之,老子的价值取向在于预设一个社会理想来凸显现实社会的诸种不足与诸种病态。①

另如,明清时期的黄宗羲经历了亡国之恨,他基于对腐朽封建制度种种弊端的批判阐明了自己对未来社会的价值诉求。首先,他批判了封建的人治社会,而提出"有治法而后有治人"的思想,他认为好的制度和法律远远大于个人的作用。因为它可以制约君主而使其不能为所欲为。其次,他还批判了"严取宽用"的封建科举制度,他指出此种制度一方面将大量的有用之才弃于科举之外,如屈原、司马迁、董仲舒等都是如此。另一方面则是宽于任用使其位不能得其人,人不能尽其才,而造成社会与人才的双重浪费。由此他提出应采取多渠道取才,合理考察等举措来革新科举制度。再次,他批判了当时社会进行土地剧烈兼并的丑恶现象,明确主张恢复井田,主张工商皆本。总之,黄宗羲在批判封建社会现实的过程中,揭露了其种种弊端并对理想社会进行了大胆的构想。②

---

① 冯达文、郭齐勇主编:《新编中国哲学史》(上册),北京:人民出版社2004年版,第58—59页。

② 冯达文、郭齐勇主编:《新编中国哲学史》(下册),北京:人民出版社2004年版,第195—197页。

三、价值立场必以价值观念前见为基点

社会批判理论总是研究者用来认识或解释社会现象的,对社会现象的认识或解释是研究者的价值体系加于社会事实的过程。一方面,被解释的社会现象是人们的行为或意识,具体的人的行为与意识总是按照具体的价值系统运行的,每一个行为者都会有自身的价值判断与价值尺度;另一方面,进行或从事解释的研究者也是渗透或持有自身的目的价值或内在价值尺度的,他们会根据自身所持的价值准则,对社会现象进行价值判断。因此,不论是社会实践的行为者,还是社会行为的认知者或解释者,都具有自身内在的价值预设或价值尺度、价值目标。

法兰克福学派、现象学和诠释学研究者揭示了社会批判理论的"价值观念前见"的观点。法兰克福学派的核心代表霍克海默、哈贝马斯、霍耐特和阿尔布莱希特·韦尔默(Albrecht Wellmer)等对马克思的价值批判方式进行了揭示。① 韦尔默认为马克思在其批判理论中预设了价值规范,此种预设的价值目标或价值尺度是非强制性的,是相互承认的关系中体现出来的。他认为马克思将黑格尔的实践理性范畴转向了一种批判反思。正是由于此种批判的转向,"马克思理论的规范性假设也决定了它的历史视野与实践含义。尽管如此,马克思仍然保留了两个更深层次的黑格尔式的预设:首先,在理论化开始前,理论所采用的实践理性概念就已经存在于它的对象的构成中,于是,理论的可能对象的条件已经被包含在理论的规范假设中了;其次,对所有人的自由的预期不可能是一种理想的设定,而毋宁说是这样一种预期,它只有作为对内在于历史过程的意义的解释才能被合法化,而只有通过肯定特殊利益才能理解这种意义的现实化"②。韦尔默认为马克思所标立的价值尺度内蕴于其理论对象的构成或历史演进之中,我们对实现此种价值诉求的理解不能脱离其所处的具体语境。

就现象学而言,研究者在认知过程中所持的立场既可表现为依据具有普遍性的价值系统或者是一套规则所建立的假说,也表现为研究者自

---

① 霍克海默、哈贝马斯、霍耐特关于这一方面的探讨详见"价值批判方式对西方批判理论的影响"一章。
② 〔德〕阿尔布莱希特·韦尔默:《后形而上学现代性》,应奇译,上海:上海译文出版社2007年版,第5页。

身对事实的感知或体验所构成的特殊视角。此种特殊视角不是在认知过程中应消除或能够消除的东西，而是理解得以发生之事的基础与条件。因此，在认知事实或经验时，价值的反思是认识活动必然性的基础与条件，是理解得以发生的前提或语境。海德格尔在解读人的存在时就将人对自身的理解或解释视为自身存在的一个必要环节。这揭示了社会事实在本体论意义上就蕴含着价值判断与价值认识等价值意识。他指出，"此在的存在中包含有自身解释。在寻视操劳地揭示'世界'之际，操劳活动本身也被一道视见"[1]。人的存在必然要依据人对自身或生活世界的理解与把捉。这阐明了价值主体的存在必然依据其对自身或周围世界的价值判断与价值选择或者是必然依据历史演进所生发或伴随着的文化价值系统这一参照系。

在讨论"操心与自身性"这一论题时，海德格尔也揭示了"操心"是此在存在的必要因素或"组建"环节。这从存在论意义上阐明了人对自身或他者的理解、解释或者说是对自身或周围世界的价值判断、价值选择等价值意识是人之存在的必要因素或必要环节。海德格尔指出，"从生存论上说，只有在本真的能自身存在那里，亦即只有在作为操心的此在存在的本真性那里，才得掇取出自身性来。自身的持续常驻被臆想为Subjectm的稳定性，其实它只有从操心出发才能廓清"[2]。人的本真的、自身性的存在只有依托于或基于"操心"才能证成，可见，"操心"也就成了人之存在的必要前提。

海德格尔认为，"操心不需要奠基在某个自身中，而是生存性作为操心的组建因素提供出此在自身持驻的存在论建构"[3]。就操心的本身而言，也并非是自足自立的，而是使此在得以"持驻"的"组建"因素。因此，"操心"就与人的存在"合二为一"了，对人的存在的理解或"操心"，也就是人的存在的必然向度了。

同理，对事物的理解与认识也是一样，事物并非是孤立地存在着的，而是依托于人对它的理解、领会和筹划而得以认识或理解的。而

---

[1] 〔德〕马丁·海德格尔：《存在与时间》，陈嘉映、王庆节译，北京：生活·读书·新知三联书店2006年版，第356页。

[2] 〔德〕马丁·海德格尔：《存在与时间》，陈嘉映、王庆节译，北京：生活·读书·新知三联书店2006年版，第367页。

[3] 〔德〕马丁·海德格尔：《存在与时间》，陈嘉映、王庆节译，北京：生活·读书·新知三联书店2006年版，第368页。

且，人对事物的理解、领会、筹划恰恰是事物的存在论意义上的组建环节或必要前提。海德格尔认为，"某某事物作为它所是的东西能在其可能性中得以把握。筹划活动开展出种种可能性亦即开展出使事物成为可能的东西来"①。因此，就存在论意义而言，事物得以成立或被认识也离不开人的"筹划"活动，而且，恰恰是人对事物多样可能性的"筹划"使事物成为其可能。此种可能性"筹划"就是人的价值判断和价值选择。

海德格尔认为，将某某东西作为某某东西进行解释时，这在其本质上是通过"先行具有""先行视见"和"先行掌握"来起作用的。解释并非对先行给定的东西进行无前提的把握。"任何解释工作之初都必然有这种先入之见，它作为随着解释就已经'设定了的'东西是先行给定的，这就是说，是在先行具有、先行视见和先行掌握中先行给定的。"②海德格尔指出他在此处所论及的"先入之见""先行具有""先行视见"和"先行掌握"等等，都是指"筹划的何所向"③。筹划的方向所指正是筹划者的价值目标与价值原则所在，因此，人在将某物作为某物进行解释时，他是渗入或介入了价值目标与价值原则等价值意识来进行解释的。

以上，海德格尔基于生存论视角证成了人的存在或事物的存在都离不开人的理解或"筹划"活动。此种理解或"筹划"活动实质上包括人对自身或事物的价值判断、价值选择等价值意识方面的行为。因此，对于人类自身、社会事实或社会事物的价值判断、价值选择等也是其得以存在或得以"组建"的必然因素或必要环节。

现象学另一代表人物舍勒基于对康德的批判阐明了价值预设在理论建构中的基础性作用。他认为康德的道德哲学是建立在价值预设之上，并借助价值预设来进行其形式主义伦理学的建构的。舍勒指出康德道德哲学或道德思想蕴含诸多理论预设，有的理论预设是康德自己表述出来的；还有的是他未能表述出来的。此种他所未能表述的理论预设则是康

---

① 〔德〕马丁·海德格尔：《存在与时间》，陈嘉映、王庆节译，北京：生活·读书·新知三联书店2006年版，第369页。
② 〔德〕马丁·海德格尔：《存在与时间》，陈嘉映、王庆节译，北京：生活·读书·新知三联书店2006年版，第176页。
③ 〔德〕马丁·海德格尔：《存在与时间》，陈嘉映、王庆节译，北京：生活·读书·新知三联书店2006年版，第177页。

德所认为自明的或无须论证的预设，而且，此等预设也是近代以来所有哲学思想共同具有的价值预设，是他从英国经验主义与理想心理学家那里未加检验而吸收过来的。①

当然，舍勒认为康德道德哲学最根本的预设就是纯粹的、普遍有效的人类理性。他认为康德正是基于这一纯粹理性的理论预设，以科学明察的方式阐释了他的道德哲学。当然，舍勒并不赞同这一价值预设，而是认为康德这一价值预设"实际上是属于在普鲁士历史上的一个特定时期里的一个在种族上和历史上有限的民族伦理（Volksethos）与国家伦理（尽管在这个伦理中包含着优异与卓越）"②。舍勒自己的质料的价值伦理学正是基于对这一价值预设的批判而形成的。

就诠释学而言，汉斯-格奥尔格·伽达默尔（Hans-Georg Gadamer）继承了海德格尔上述思想，并提出了"哲学诠释学"（die philosophische Hermeneutik）。伽达默尔的"哲学诠释学"致力于探讨人类理解行为的基本条件，并试图揭示人与世界的根本关系。在此探讨中，他揭示了人在对自身或对社会现象、社会事实的理解过程中，是介入或渗透了人的价值意识的。而且，他自己也指出他的"哲学诠释学"是有价值取向与价值原则的理论体系。

伽达默尔将海德格尔所论及的"先入之见""先行具有""先行视见"和"先行掌握"等视为"前见"或"前理解"。它是历史赋予解释者的，是历史提供给解释者的特殊"视域"（Horizont），是解释者基于某个立足点所看到的东西。解释者或理解者的任务在于扩大自身视域而实现与他者的视域融合。在此种融合之中，历史与现今、主体与客体、自我与他者构成了一个统一整体。这也就是伽达默尔所阐释的诠释学核心概念——"效果历史"（Wirkungsgeschichte）。他认为理解总归是被理解的东西的存在。他将理解渗入或介入了被理解的东西，也就意味着将价值意识介入了对社会事实与社会现象等被理解的东西。因为，人在理解中必然带有自身的价值判断与价值选择等价值意识。

---

① 〔德〕马克斯·舍勒：《伦理学中的形式主义与质料的价值伦理学》（上册），倪梁康译，北京：商务印书馆2011年版，第32页。
② 〔德〕马克斯·舍勒：《伦理学中的形式主义与质料的价值伦理学》（上册），倪梁康译，北京：商务印书馆2011年版，第2—3页。

伽达默尔在论及"教化"① 时揭示了人们在考察与研究过程中是介入价值意识的。他认为"教化"的普遍性意义在于：只有我们对艺术作品或者过去的"他者"具有"事先的接受性"，才能精确地考察和研究这些事物。他进一步揭示了此种"事先的接受性"，即"存在着一种对于自身的尺度和距离的普遍感觉，而且在这一点上存在着一种超出自身而进入普遍性的提升"②。考察与研究过程中的"自身尺度"和"超出自身而进入普遍性"的东西，在很大程度上恰恰是人类理性才能把握的价值尺度、普遍性的价值准则。只有依据人类自身所秉持的价值尺度、普遍性的价值准则才能合理准确地认识社会现象或社会事物。

伽达默尔认为自我理解恰恰需要借助于被理解的他物，而且，自我理解是在被理解的他物身上得以实现的。自我理解不能仅仅视为一种理解行为或理解活动，而是包含着被理解的他物的统一性或同一性。③ 这里言明了理解者只有与其理解的对象结合起来才能实现或完成理解的过程。理解不是指单纯的理解行为，也不是指单纯的理解对象，而是此种行为中多重因素的结合。在理解过程中，作为主体的理解者介入了被理解的对象之中，或者说是被理解的对象介入了主体的理解行为中。因此，理解者的价值判断与价值选择也必然介入对被理解对象的理解行为之中。由此，伽达默尔也相应指出，即使是在纯粹现象学的分析中，它也不存在孤立的知觉或者孤立的判断。④ 他还指出，"理解"与"解释""涉及人与人之间以及人与世界之间的一般关系"⑤。我们不能孤立地看待"理解"与"解释"，而是要"具身"于人与人之间、人与世界之间的语境中来看待"理解"与"解释"。

---

① 伽达默尔认为其首要意义是指人类发展自己的天赋和能力的特有方式。而在中世纪时，教化是指人是按上帝形象创造的，因此人在其灵魂中就带有上帝的形象，并必须在自身中去造就此种现象。见〔德〕汉斯-格奥尔格·伽达默尔：《诠释学Ⅰ：真理与方法》，洪汉鼎译，北京：商务印书馆2010年版，第20—21页。

② 〔德〕汉斯-格奥尔格·伽达默尔：《诠释学Ⅰ：真理与方法》，洪汉鼎译，北京：商务印书馆2010年版，第30页。

③ 〔德〕汉斯-格奥尔格·伽达默尔：《诠释学Ⅰ：真理与方法》，洪汉鼎译，北京：商务印书馆2010年版，第142页。

④ 〔德〕汉斯-格奥尔格·伽达默尔：《诠释学Ⅱ：真理与方法》，洪汉鼎译，北京：商务印书馆2010年版，第139页。

⑤ 〔德〕汉斯-格奥尔格·伽达默尔：《诠释学Ⅱ：真理与方法》，洪汉鼎译，北京：商务印书馆2010年版，第414页。

就伽达默尔"哲学诠释学"本身而言，其也具有鲜明的价值取向。伽达默尔指出，诠释学并非一门仅仅限于理解他人意见的技艺理论，其蕴含这一因素——"在理解某物或某人的时候都要进行自我批判。"① 它是一种哲学反思，反思"对一切自然和社会的科学—技术统治所设置的界限"②。伽达默尔认为这就是真理，面对近代的科学概念来捍卫这一真理，就是诠释学最重要的价值取向之一。他还认为我们不能忽视以下事实：关于人类社会的真正目标的争论，或关于我们的历史传统与未来的认识，都指示着一门知识，这门知识并非传统的科学知识，但其"引导着一切人类的生活实践，并且正是在这种生活实践有意关心科学的进步和应用时起引导作用"③。由此可见，这门知识并非是价值无涉的，而是与人类社会的真正价值目标、历史的未来认识息息相关的，而且，这门知识还肩负着对人类生活实践的价值导向功能。

诠释学认为自然现象能独立于人而自足存在，而社会现象不然。由此，对自然现象的认识或理解可以有不受价值目标或价值尺度影响的客观研究方法。而社会现象本身不能脱离人，因为参与社会实践的人是依照自身的文化意义或价值系统对自然条件或客观因素进行演绎而形成社会现象的。所以就社会现象的本质而言，其主要由文化意义或价值系统构成。因此，要理解和把握社会现象，不能单纯采用自然科学模式的客观观察，而必然要嵌入研究者的演绎。由此，研究者的价值预设及其价值介入的诠释就必不可少，并且其构成了理解和把握社会现象的一个必要前提。因为理解或把握某种社会现象是研究者和研究对象之间的对话和沟通，是一个双方视阈相互作用不断演绎的双向过程。在这一过程之中，既没有主客的严格划分，也没有单纯客观的了解。只有通过双方的"视阈融合"才可达至理解。因此，实证主义者将自然科学研究模式普遍化，用来研究社会现象，其主张所谓价值中立的社会研究实际上是不存在的。

同时，诠释学认为，理解或把握某种社会现象不单是知识论上技术

---

① 〔德〕汉斯-格奥尔格·伽达默尔：《诠释学Ⅱ：真理与方法》，洪汉鼎译，北京：商务印书馆2010年版，第147页。
② 〔德〕汉斯-格奥尔格·伽达默尔：《诠释学Ⅱ：真理与方法》，洪汉鼎译，北京：商务印书馆2010年版，第148页。
③ 〔德〕汉斯-格奥尔格·伽达默尔：《诠释学Ⅱ：真理与方法》，洪汉鼎译，北京：商务印书馆2010年版，第313页。

或方法的问题，而且也是存在论维度的问题。因为了解社会现象的过程便是一个社会现象。社会现象是由研究者和研究对象两者的价值系统和文化意义构成的，而社会价值系统在很大程度上是通过语言来建构和传递的。语言具有共通性和互为主观性的意义，此种意义不但使人际间的沟通成为可能，同时也构成了人类的社会生活。我们用语言描述社会世界的时候，也是在创造此社会世界。所以，我们所使用的语言并不纯然是一种工具，仅仅用来描述一些独立而客观的社会现象，它同时也是构成社会现象的一个要素。因此，我们通常所描述的社会事实可以理解为一种"制度性的事实"。它们实质上由语言、价值系统和文化意义等构成。在社会研究中不存在像实证主义者所认为的无须使用演绎理解，仅凭具有共通性和互为主观性的感觉感知和验证的"社会基本现象"。

从了解社会现象的过程也是一个社会现象的视角出发，社会研究不仅是在知识论上对社会世界的了解和认知，同时也是一种道德维度的实践，一种宏观层面的道德实践，即研究者个人对群体、社会或国家的义务和言责，其中包括对各种社会流行价值观的批判。① 因此，社会研究实质上是研究者的一种道德实践，价值预设的研究方式也就必不可少。它恰恰体现了研究者个人的道德责任感和道德担当精神。

由上可知，在一种对人的行为或社会现象进行研究时，以上种种理论体系都是从某种不证自明的观点出发，此种不证自明的观点往往表现为研究者对人性或某种初始社会状态的价值目标或价值尺度。此类价值目标与价值尺度在研究者所建构的理论体系中起到了理论基点的作用。正是基于此种价值目标与价值尺度，他们开始对社会状态或社会现象进行分析、说明和解释，从而形成自己的理论体系。

价值目标与价值尺度也是一种对个体、社会或人与人之间关系状态进行价值评价或价值判断的参照系。对社会现象进行研究，离不开对其进行价值判断，而价值判断需要一种合理的公认的价值准则。由此，在社会理论研究中，诸多价值目标与价值尺度被设立以作为社会现象的参照系。就个体而言，一般的人性价值预设有善、恶、自觉、原罪、自由或不自由等；就人与人之间的关系而言，一般的价值预设有平等、互利、承认、尊重、团结、猜疑、敌视、竞争等价值预设；就整个社会而言，

---

① 阮新邦：《批判诠释与知识重建——哈贝马斯视野下的社会研究》，北京：社会科学文献出版社1994年版，第3页。

一般的价值预设有正义、公平、公正、战争状态、和谐等。

就理论本身而言，并不存在价值中立的纯粹理论，一般来说，理论在形成之前就负载着人们对问题探索的兴趣与追求，并且，人们对事实的观察与考察也是渗透着价值判断与价值选择的。另外，在理论的描述过程中也是负载着价值的，因为理论的语言组织或声音传播等都是经过人类几千年的积累与沉淀的，这里头蕴含着人类进化过程中相伴而随的文化价值系统或价值选择。由此可见，价值是理论中内在的东西，价值是理论的坐标与基础。每一种理论所蕴含的价值目标与价值准则也就构成了它的价值坐标与价值尺度。

以上探讨的社会理论研究必定是以某种价值观念前见为基点的，以往思想家正是借助于价值观念前见而证成自己的理论体系的。此种价值观念前见既体现为社会理论研究者及其理论的价值取向，也体现为社会理论研究者为现实社会所树立或所持守的价值原则。

第三章 马克思价值立场的历史追溯

价值立场是在现实经验中不能被证实的价值信念、价值信仰等价值观念,是马克思政治经济学批判的必要条件。马克思政治经济学批判的价值立场具有深厚久远的理论渊源。探讨古希腊罗马时期苏格拉底、柏拉图和亚里士多德等的价值理念,梳理西方近代霍布斯、洛克、卢梭、康德和黑格尔的价值预设,有助于厘清西方伦理学和政治哲学关涉的价值目标、价值准则的发展脉络,有助于深入揭示马克思价值立场与其的内在关联。

第一节 古希腊罗马时期的价值追问

古希腊罗马时期关于价值立场的思想观点都奠基于自身的本体论、认识论基础之上。一般是以"至善""好的生活"等为价值指向,并对其辅以理论的推理论证。但是在具体的论证起点、论证方法方面有所不同,如有唯物主义的,也有唯心主义;有理智主义的,也有行为主义的;有基于感觉知觉进行论证的,也有从理性认识出发进行论证的等等。

一、正义的生活:苏格拉底基于辩证法对美德的审视

公元前6世纪左右,希腊人便开始独立思考探寻宇宙的本原问题。他们提出了水本原说、无定说、气本原说、火本原说等一系列学说来解释世界。到公元前5世纪,智者们开始怀疑之前自然哲学的独断,而对形而上学逐渐失去兴趣,开始关注人及其社会关系问题。他们提出了一些著名命题,如普罗泰戈拉提出的"人是万物的尺度"[1],高尔吉亚提出

---

[1] 北京大学哲学系、外国哲学史教研室编译:《西方哲学原著选读》(上卷),北京:商务印书馆1981年版,第54页。

的"无物存在"①，塞拉西马柯提出的"不正义比正义的生活更可取"②等等。智者学派的思想观点存在虚无主义、主观主义倾向，在哲学史上引起较多争议。他们否认认识的可能、批评传统道德、抨击宗教信仰、批判国家及其法律。这迫使哲学、道德、政治组织和习俗等不得不为自身存在的合理性进行辩护。

智者们提出了苏格拉底无法回避的问题。回应此种挑战也是他必然要肩负的责任。他以激发人们对理性和德性的尊崇，对正确思维方法的持守，对正义生活的追求为己任。苏格拉底对正义的生活的论证离不开他的辩证法。黑格尔认为苏格拉底的辩证法主要体现在如下方面③：首先，就其"方法一般"而言，有两个方面的理解，一是从具体事例发展到普遍原则，使潜于意识的概念得以明确呈现；二是使被认定的、固定的被意识接受的观点思想瓦解，并使其与具体事例相矛盾。其次，就方法特点而言，一是引导人们思索自己的责任；二是引导人们思索确定正当的东西、自在自为的美和真等普遍原则。最后，就方法环节而言，一是唤醒人们的思想，在他们信心动摇之后，引导他们去质疑他们自身的前提，去寻求肯定答案；二是助产婆术，即帮助已潜藏于每个人意识之中的思想出世，或者说是揭示具体事物的普遍性，揭示普遍认定的东西蕴藏的对立面；三是使人们理解自己掌握的东西是相互矛盾的，所得到的结果与出发点是相反的，于是使其意识发生混乱或者产生困惑，由此产生认真努力求知的欲望与冲动。

正义的生活是苏格拉底不懈探索追求的核心问题。可以基于以下方面来理解这一价值追求。其一，正义的生活奠基于人们对德性的追求。苏格拉底可以说是完成了西方哲学的第一次转向。④ 他将古希腊自然哲学对世界本原的探究方向，转向了对人与社会伦理问题的关注。具体而言，他扭转了在他之前关于真理的探究方向，也使价值哲学具有了坚实

---

① 北京大学哲学系、外国哲学史教研室编译：《西方哲学原著选读》（上卷），北京：商务印书馆1981年版，第56页。
② 〔美〕撒穆尔·伊诺克·斯通普夫、詹姆斯·菲泽：《西方哲学史》（第7版），邓晓芒等译，北京：中华书局2004年版，第45页。
③ 〔德〕黑格尔：《哲学史讲演录》（第2卷），贺麟、王太庆译，北京：商务印书馆1960年版，第55—65页。
④ 常永强：《从苏格拉底转向看伦理学的性质与功能》，载《伦理学研究》，2021年第5期，第63页。

的本体论基础。苏格拉底对正义的生活的追寻，不是像智者学派一样基于独断，而是基于逻辑的推理与演绎，来论证正义的生活是什么，如何过正义的生活。因此，正义的生活有赖于对德性知识的厘清与追求。就德性而言，其一方面是指关于善恶的知识；另一方面是指内在的永恒的善。① 其二，正义的生活与"认识你自己"有内在关联。正义的生活始于正确地、透彻地认识自身，始于自己具有正确的世界观、价值观和人生观。过正义的生活还需要尊崇理性，不断反思自己，借助于智慧与思维认识灵魂的德性与功能，追求道德洞见或者伦理知识。其三，关于正义的生活的知识是一种智慧。它不是一种制作器物的技艺，而是一种人们依据自身明辨是非的判断，依据自身确定的生活目标以及基于自身的理性反思、自身的实践经验，并将自身才能禀赋合理运用于适当事物的智慧。就技艺而言，它具有价值中立性，可以行善，也可能作恶。而作为智慧的知识，关于正义生活的知识必然本然地具有内在的善。苏格拉底认为知行是必然合一的，它们之间具有内在的因果联结关系，如果一个人真正拥有关于正义的知识，那么其行为必然是正义的。② 苏格拉底提出知识就是至善，究其实质，他是将信念、信仰、意志等纳入了真知的范畴或者领域，这样才能保证真知真行，确保知行合一。

二、作为和谐的正义：柏拉图基于相论对善的考察

柏拉图伦理学建基于他的"相"论或者理念说。理念的原意是动词"看"的意思，在早期自然哲学家那里也指"形状"或者"型相"。柏拉图将其引申为"心灵之眼所看到的东西"③。就其本质而言，它是自在自为的，无须依靠他者而存在，先于、脱离和独立于事物而存在；它是实体，具有实在性，不是虚无；它是实在的模型或者模式，或者说是万物原始、永恒和超越的原型；它是不变的、永恒的，不会因自身或者他者原因而消失。理念构成一个有理性、有条理的宇宙。最高的理念是善，

---

① 田书峰：《苏格拉底论德性的双重本性》，载《现代哲学》，2021年第6期，第73—74页。
② 田书峰：《"人该如何生活"作为苏格拉底伦理学的核心问题》，载《北京师范大学学报（社会科学版）》，2019年第6期，第111—120页。
③ 编写组：《西方哲学史》（第2版），北京：高等教育出版社2019年版，第49页。

或者称之为逻各斯,也就是宇宙的目的。① 柏拉图用分割线的隐喻对世界及知识进行了分层。他将"发现真知"的过程划分为四个层次:第一层次是作为事物的"影像"及与之对应的作为思想类型的"想象";第二层次是事物及与之对应的信念;第三层次是数学事物及与之对应的思想;第四层次是善或者相以及与之对应的知识。第一层次和第二层次属于可见世界,属于意见层面;第三层次与第四层次属于理智世界,属于知识层面。此处的隐喻揭示了宇宙的目的就是至善,也揭示了人应追求的德性目的。

柏拉图在《理想国》一书中讨论了正义的概念。他将正义分为两个方面:一是国家之正义,即"人各专司一事。而尤以治国者与军士商人三者之各司其事为最要"②。此处讲的正义是一个国家的统治者、护卫者、生产者之间协调合作、各司其职,服从统治者的管理,就达到了国家的正义。二是个人的正义,即"理由执统治权。怒与欲为被治。且怒与欲均诚意退让。谓此权当属诸理由。而决不离次以叛其统治者"。"此三者调和共济"③,这样可称之为正义。此处的"怒"是指人的胆量或者勇敢的德性,或者说是指激情;"欲"是指人的欲望;"理由"是指理智、理性。此三者之中,"理智"是基于理性来控制和统治"激情"与"欲望"的中枢。只有三者达至和谐统一,才能谓之为正义。有学者认为,柏拉图对于正义的论证存在一些问题:一是关于论证的前提与结论而言,其对城邦正义的定义已经蕴含于苏格拉底的城邦创建原则之中;二是就论证方法而言,其运用的类比隐喻方法具有不对称性,或者说是其可行性值得商榷;三是就论证结果而言,柏拉图的正义理念与个体正义是二元分立的。④ 当然,柏拉图的正义理论不可避免受到其历史视野、理论基础的局限,但他对正义的不懈探索,为后来学者的进一步研究提供了坚实的理论基础。

质言之,柏拉图对正义的探讨是与其对真理的探讨联系在一起的。

---

① 〔美〕梯利、伍德:《西方哲学史(增补修订版)》,葛力译,北京:商务印书馆2004年版,第66页。
② 〔古希腊〕柏拉图:《理想国》,张竹明译,南京:译林出版社2014年版,第130—131页。
③ 〔古希腊〕柏拉图:《理想国》,张竹明译,南京:译林出版社2014年版,第132页。
④ 罗跃军:《柏拉图〈理想国〉中的正义观辨正》,载《哲学研究》,2012年第8期,第71页。

正义问题是社会生活社会行为是否适当或者适宜的问题，这就涉及对一个人或者一个集体的行为进行判断的问题，也就涉及谁适合担任判断者、用何种价值准则进行评判的问题。因此，正义问题归根结底是一个求真的真理问题。① 柏拉图实质上通过对正义的追问，陷入了真理困境，但是从长远来看，其促使人们在正义问题上进行不懈追问，并逐步深入。

三、作为最高原则的公正：亚里士多德基于理念论对善的研究

正如上文所述，柏拉图在追问正义的过程中遇到了真理困境。这也是他的弟子亚里士多德尝试要解决的问题。亚里士多德承接了柏拉图的永恒不变的相或者理念，但是将其赋予经验性，而不再将它视为纯粹超验的。由此，他将柏拉图天上的理念"降到"了人间。亚里士多德提出，理念不在事物之外，而是存在于或者内在于事物，两者是结合在一起的，是一体两面的。感官世界不再理解为"实在"世界的模仿或者影子，而就是"实在"的世界。基于此，亚里士多德所理解的善、公正以及民主等价值概念不再是纯粹超验的，而是与经验、实践紧密相关的。

就整体而言，亚里士多德对善的考察是一种目的论的伦理学。他认为"所有事物都以善为目的"②。目的或者幸福与选择构成了人的活动的两个基本方面。亚里士多德正是基于对人的活动以及实现活动这两个前提的诠释来建构伦理学。人的活动是其灵魂合乎理性的实践；人的实现活动是实现其目的的活动，即成为其之所是的活动，也是展现其所存在的活动。人的活动都以某种善为目的。最高的善或者目的就是好的生活或者幸福。

就德性的含义而言，古希腊人最初用德性来形容武士的高贵的行为。如荷马史诗里德性基本上用来指代勇敢。到后来，它被用来指卓越公民的美德及品质，并逐步延展到统指人、生物、器物的优点。就亚里士多德来看，他认为德性就是对人出色的实现活动的称赞，或者说是使一个事物状态好并使其实现活动完成得好的品质。因此，德性是相对于非逻

---

① 谢文郁：《正义与真理——柏拉图〈理想国〉的问题、方法和思路》，载《中山大学学报（社会科学版）》，2017年第2期，第177—190页。

② 〔古希腊〕亚里士多德：《尼各马可伦理学》，廖申白译，北京：商务印书馆2017年版，第2页。

各斯的欲望而言的。由于灵魂有逻各斯与非逻各斯两个部分，德性也分为由教育而成的理智德性与由习惯养成的道德德性。① 理智德性进一步可以划分为理论理性的德性与实践理性的德性，前者指智慧，后者指明智。德性不同于能力，后者是自然赋予的，而前者需要实践才能获得。所以人们一般是谴责德性或者恶，而不谴责能力。德性与感情不同。德性是在先的考虑以及主动选择，而感情不然。亚里士多德还指出，德性是指人们在感情和实践事物方面做得相对于我们自身的适度的那种品质。他认为德性以选择为前提条件，只有正确的选择才可能达至善的目的或者说是具有德性。而且，选择是出于选择者的意愿的，还是经过选择者的考虑的。

就幸福的含义而言，亚里士多德将其理解为人的目的、人可以实践的最高善。他将人的生活分为三种：一是追求肉体享受的、动物式的享乐生活；二是追求荣誉与德性的政治生活；三是人的灵魂的有逻各斯的部分的合德性的实现活动，即幸福生活，也称之为沉思的生活。② 亚里士多德认为，过着沉思的生活并具有智慧的人是最幸福的，是第一好的。如果有可能，人有幸中等财富，能摆脱物质需求的纷扰，应该去过沉思的生活。他认为，幸福是人的最好的实现活动，具有"半人半神"的意味，因此虽可实践，但只有少数人能达到。亚里士多德还提出了第二好的生活，即道德德性的活动，是属于人的生活，人只要关怀自身的完善，就可实施，是人们努力可获得的生活。他指出，幸福不是靠运气可以得到的，而是要经过不断地，合乎德性的努力，才能达至的。

就公正的含义而言，亚里士多德认为其是贯穿所有德行的最高原则，是最为完全，"是交往行为上的总体的德性"③。公正不仅可以运用于行为者自身，也可以运用于其所打交道的人。所以可以说，公正是对他者的善，其所增进的是他人的利益。"总体的公正通过对法的遵守在规范的来源方面统领着诸道德德性，具体的公正通过对外在善的适度标准的把

---

① 〔古希腊〕亚里士多德：《尼各马可伦理学》，廖申白译，北京：商务印书馆2017年版，第36页。
② 〔古希腊〕亚里士多德：《尼各马可伦理学》，廖申白译，北京：商务印书馆2017年版，第9—10页。
③ 〔古希腊〕亚里士多德：《尼各马可伦理学》，廖申白译，北京：商务印书馆2017年版，第143页。

握从判断标准和目标追求两个方面统领着诸道德德性。"① 亚里士多德讨论了具体的公正。② 一是分配的公正。体现在荣誉、钱物或者其他可以析分的共有财富分配方面。二是在私人交易中能够起到矫正作用的公正。不论是分配的公正还是矫正的公正，都与适度、平等相关。因为公正必然是适度的和平等的。如果不适度、不平等，造成一方过多，或者过少，那么，其结果就是不公正了。三是回报的公正。其是指不折不扣地回报。回报的公正也就是以善报善，以善来回报一种美好恩惠。亚里士多德认为人们的需要产生了交易，由于交易的需要又产生了作为中介物或者衡量尺度的货币。如果没有交易，就不会有社会的形成，如果没有平等就没有交易，如果没有衡量尺度，也就没有平等。因此，公正与平等是内在相关的。四是政治的公正。其是指自足的共同生活、通过比例或者在数量上达到平等的人们之间的公正。公正存在于其相互关系可以由法律来调节的人们之间的交往中。一个社会存在法律，也就意味着存在不公正。因为法律是以公正与不公正之间的区分为基础的。一个治理者，如果是公正的，就会致力于为他人而工作，而不会得到多少好处。因此，对于治理者，必须赋予荣誉以及尊严。政治的公正又分为自然的公正与约定的公正。自然的公正是对所有人都有效的，是不可变更的。而约定的公正的对象都是具体的事情。这里，亚里士多德所讲的自然的公正是指自然规律，它是永恒的、无法改变的。约定的公正是人为制定规则体现出来的。一条公正规则与具体的公正行为是普遍与个别之间的关系。因此规则是一，公正的行为是多。亚里士多德认为公正与否，还与一个人的意愿有关，公正与否取决于是出于行为者的意愿还是违反行为者的意愿。

四、内心的宁静：伊壁鸠鲁自然约定论对快乐的探讨

伊壁鸠鲁生活于希腊政治及伦理没落、而罗马帝国的统治也未使现实变得更加美好的时期。外部生活环境的不如人意使人们转向内心去寻找失去的生活，寻求道义的伦理生活。伊壁鸠鲁哲学正是在此种社会现

---

① 陈庆超：《公正何以为"一切德性的总括"——亚里士多德公正观的内在理路探析》，载《道德与文明》，2021年第2期，第89页。
② 〔古希腊〕亚里士多德：《尼各马可伦理学》，廖申白译，北京：商务印书馆2017年版，第144—169页。

实情况下应运而生的。伊壁鸠鲁对快乐的探讨建基于他的本体论与认识论。此三者是内在相关，一以贯之的。

就其本体论而言，伊壁鸠鲁认为宇宙是无限的、没有止境的。这里的意思是：一方面宇宙包含的形体无限多；另一方面其包括的虚空无限广。他提出此观点的原因在于，如果形体无限多，而宇宙有限的话，则形体就无法容身了；如果形体数量有限，而宇宙无限的话，那么形体就会胡乱散开，无法聚积。伊壁鸠鲁认为在形体当中，有复合物及其组成复合物的元素或者原子。元素或者原子是不可分的、不变化的坚固物体。原子数量是无限的，在形状方面是有限的，但是形状的数量是数不清的。原子与虚空是永恒的，原子的运动是没有起点的，它们有的是直线运动，有的是偏离直线，还有的因为相互冲撞而后退。① 原子的运动撞击形成了原子团，这些原子团、原子的排列形成了生物、动物等世间万物。人类也是由于原子碰撞的偶然的产物。具体而言，伊壁鸠鲁认为万物的产生有三个原因②：一是必然性，即先天的原子结构；二是偶然性，即影响我们的环境；三是我们自身的主体作用。

就其认识论而言，伊壁鸠鲁提出，首先必须弄清楚词语的确定含义。只有在此基础上，才能将词语联系到实际事物上，对照感觉或者理智的直觉，来观察万事万物，来判断人们的各种意见、想法。伊壁鸠鲁指出，要以感觉和感触作为获得最可靠的确信的认识根据。③ 如上述论及的形体是通过感觉证明了的。感觉也是推理的基础。伊壁鸠鲁认为，视觉是由于影像流入眼睛形成的，思想也是由于影像流入心中造成的。当具体事物进入或者流入我们时，我们不仅看见其形状，还想到它们的形状。这里对事物的认识过程是原子振动或者撞击造成的。心灵或者感官认识得到的影像，都是具体认识对象的形式或者性质，这是由于不断地重复而留下的印象而产生的。

就伦理学而言，伊壁鸠鲁阐述了以快乐为目的的道德学说。他基于自我意识的个别性，认为人的目的就是一种哲人境界，一种"不动心"，

---

① 北京大学哲学系、外国哲学史教研室编译：《西方哲学原著选读》（上卷），北京：商务印书馆1981年版，第160—167页。
② 许欢：《伊壁鸠鲁伦理学中的必然性、偶然性和道德责任》，载《哲学动态》，2021年第12期，第105—114页。
③ 北京大学哲学系、外国哲学史教研室编译：《西方哲学原著选读》（上卷），北京：商务印书馆1981年版，第168页。

一种脱离恐惧与欲望的精神的自持与平静，一种"精神的安然不动""圆满无亏的、纯粹的自我享受"①。一方面，伊壁鸠鲁将快乐规定为善的道德标准，但是此种快乐是需要通过"思维的涵养""理性的考量"的快乐，或者说是一种高度修养的、自觉的快乐。因此，个别人的或者个别事物的快乐，必须基于全体视角来考量。另一方面，伊壁鸠鲁将享受规定为善的道德原则，同时也将福祉、精神的欢畅作为原则。伊壁鸠鲁还考察了死亡与快乐之间的关系。他认为，"死与我们毫无关系"②。因为当我们存在的时候，死亡对于我们而言是不存在的，而当我们死亡后，我们又不存在于世间了。伊壁鸠鲁提出，"谨慎是最高的善"③。此种善要借助于哲学才能得以实现。因为没有谨慎、美德和正义，就不可能幸福的生活。伊壁鸠鲁认为幸福生活与哲学相关，他认为一个人在年轻的时候，不能耽搁对哲学的研究，在年老的时候，也不能对其厌倦。一个人的一生应努力去寻求幸福之道。可见，伊壁鸠鲁规定的快乐生活恰恰是一种保持心境宁静、神圣而严正的生活，需要顺乎自然的生活，也是有节制的、淡泊的生活。此种道德诫命承认肉体快乐，也承认心灵愉悦。其是一种积极的、运动的快乐，也是一种安静的，或者说是一种精神安于自身的内在的满足，不执着任何事物的、消极的快乐。

第二节　西方近代的价值反思

从西方近代思想史的演进来看，霍布斯社会契约论中和平与正义的价值立场、洛克关于自由平等是人的本来状态的价值立场、卢梭社会契约论中人民主权的价值立场、康德关于人充分且合目的发展的价值立场、黑格尔关于自由是精神的本质价值立场等构成了马克思政治经济学批判的价值立场的理论渊源。以往哲学家在形成自己理论时自觉或不自觉地采用了某种价值预设。这里选取几位哲学家构建自己理论时所运用的价值理念梳理如下。

---

① 〔德〕黑格尔:《哲学史讲演录》（第3卷），贺麟、王太庆译，北京：商务印书馆1959年版，第79页。
② 〔德〕黑格尔:《哲学史讲演录》（第3卷），贺麟、王太庆译，北京：商务印书馆1959年版，第87页。
③ 〔德〕黑格尔:《哲学史讲演录》（第3卷），贺麟、王太庆译，北京：商务印书馆1959年版，第80页。

一、和平与正义：霍布斯社会契约论的价值诉求

霍布斯被称之为近代第一个政治思想家。他的社会政治理论基础由互为关联、层层递进的三个部分组成：自然状态说、自然法学说和社会契约论。他将人类社会的自然状态预设为一切人反对一切人的战争状态；在自然法学中，他预设了价值理性与追求和平等价值原则；在社会契约论中，他预设了正义与善的价值取向和价值原则。这一系列关于人类社会的价值判断和价值评价等形成的价值意识构成了他的社会政治理论基石。

就人类社会的自然状态而言，霍布斯对"战争状态"进行了阐释：此种"战争状态"是每一个人对每一个人的战争；此种战争既体现于人们的实际行动中，也体现于人们依赖战争进行争夺的信念和信仰之中。因此这种"战争状态"既是战争的行为，也是人们对其一种普遍认可的思想意识。就时间视域而言，此种"战争状态"就是指没有和平保障时人们内在的战争意识。

在此种"战争状态"下，产业由于其成果不稳定而无法存在，也不存在土地的耕种、通过海运进口的商品、舒适的建筑物、移动与拆卸的便利工具、地理知识、时间记载以及文艺文学等知识，甚至社会也不存在。尤为可怕的是人们总是处于暴力死亡的恐惧中，人们的生活是孤独与贫乏的，其行为是极为残忍的。

霍布斯从经验的视角对此种"战争状态"进行了论证。他举例进行了证明：他说到，假如一个人外出旅行，他就会带上武器或者是结伴而行；在就寝之前，他会把门闩好；甚至即使自己在房子里面也会将箱子锁上。霍布斯在这里设问到："带上武器"表明了他对国人是什么看法？"闩好门"表明了他对同胞是什么看法？"锁上箱子"又表明了他对子女仆人是什么看法？这都无疑表明了人类的天性致使人与人之间"相互离异"与"相互侵犯"。

霍布斯相信整个世界绝不会普遍性地出现此种"战争状态"，但他认为在现实中的许多地方的人们就是这样生活着的。他列举了美洲诸多地方野蛮民族的小家庭就是这样生活的。他们并未组成政府，他们的协调取决于自身的自然欲望。另外，在和平政府生活的人们在遭遇战争之后，也会沦为此种无公共权力使之畏惧的"战争状态"的生活。

霍布斯认为就具体视角而言，此种"战争状态"在哪一个时期都未存在过，但一切时代的国君与最高权力者之间都是基于其独立性地位相互敌视、相互猜忌而保持着相互斗剑的姿势，并用武器指向对方。他们在其边境上构筑碉堡、架设枪炮，并派遣间谍进行刺探。

霍布斯指出在此种"战争状态"下只存在两种主要美德，即"暴力与欺诈"①，而不存在公正与不公正。因为不存在社会公共权力的地方就不存在法律，而没有法律就不存在公正与不公正。公正与不公正不是个人心理的功能，也非个人体质的属性，因此在一个人独居的时候它不会类似于感觉与激情一样体现于一个人的身上。公正与不公正是属于"群居"人的性质。公正产生于：不存在财产与统治权力，不存在财产的你我之分，而且每个人所拥有的财产就是他所能捍卫的财产这样的一种社会状态之下。② 这里的公正是指一种没有私有财产与私有财产制度的社会状态，或者说是一种没有一个阶级对另一个阶级的统治，不存在私有的财产与权利，每一个人都能得到他所能得到的并能持有的东西的状态。

陈建洪将霍布斯所预设的战争状态归纳为两种形式。一是无政府的自然状态，即一切个人与个人之间的战争状态；二是国与国之间的敌对状态。他认为施米特（Carl Schmitt）复活了霍布斯的自然状态。施米特着重阐发了霍布斯第二种形式的自然状态。他认为国与国之间弥漫着相互的警惕和敌对，因此每个国家都必须依靠自己的力量来保全自身。施米特认为不存在解决此种国与国之间自然状态的方法，因此国与国之间的敌对状态就成了人类政治生活的宿命。③

质言之，霍布斯关于战争状态的预设是基于他的人性本恶的价值判断的。他认为人类天性中三种造成争斗的缘由是竞争、猜疑和荣誉。④ 竞争表现在脑力和体力方面的竞争，他指出虽然某些人在体力与脑力方面都强过另外的一些人，但不见得他们就一定能获得比弱者更多的利益。

---

① 〔英〕霍布斯：《利维坦》，黎思复、黎廷弼译，北京：商务印书馆2011年版，第96页。
② 〔英〕霍布斯：《利维坦》，黎思复、黎廷弼译，北京：商务印书馆2011年版，第97页。
③ 陈建洪：《论霍布斯的自然状态学说及其当代复活形式》，载《学术月刊》，2008年第6期，第64—69页。
④ 〔英〕霍布斯：《利维坦》，黎思复、黎廷弼译，北京：商务印书馆2011年版，第92—94页。

就体力而言，最弱的人也能通过运用"密谋"或者"联合"来征服强者。就脑力而言，一般人都认为自己要比其他人强。就人类本性而言，不管他们承认有多少人在口才与学问等方面比自己要好，但是他们总是不会相信有很多的人能有自己这样聪明。这就证明了人在脑力的分配上是平等的，因为对于任何东西分配均衡的验证，最大的支持证据不过于是每个人都满足于自己所得的一份。所以就以上分析而言，不论是从脑力，还是体力，人所拥有的这些能力都是"十分相等"的。

此种能力的平等就会相应产生目的与欲求的平等。两个人欲求达致或获取同一个目标，而他们不能同时拥有时，这两个人就会成为相互对立的敌人。人们的目标一般在于保全自身，或使自身快乐，在此目标实现的过程之中，人们都力图征服另一方。

人们之间力图征服对方的想法就产生了相互之间的"猜疑"。在此种情势下，自身得以保存的方法莫过于采取武力或机诈"先发制人"来控制他所能控制的人，直到这些被控制的人不能对自身产生危害为止。这是被允许的。但是也有人以征服与控制为乐，如果征服超过了自身保全的限度，那么，那些被征服、被控制的人也不能只依靠防卫来生存下去了。

每一个人都欲求得到名誉，都渴望他人对自身的价值评价、价值判断和自身对自身的评价与判断相一致。如他遭到歧视或鄙视，那么，他将会侵犯或加害于人，以使轻视他的人做出对他更高的估计或评价。

以上造成争斗三个方面的原因分别有自身的目的。人们之间的相互竞争是为了获得利益；相互之间的猜疑是为了获得自身的安全；人们对荣誉的追求是为了获得其他人对自身的认同与尊敬。

可见，缺乏一个社会的共同权力而使人们慑服时，人们便处于"战争状态之下"[1]。

就自然法学而言，霍布斯预设了追求平等、追求和平的价值原则。他指出人们由于畏惧死亡、欲求舒适并希翼通过诚实劳动而实现价值目标，便都倾向于认同与追求和平。由此，理性就设定了自然律或自然法则：第一自然律就是："寻求和平、信守和平"，并利用所有可行的方法

---

[1] 〔英〕霍布斯：《利维坦》，黎思复、黎廷弼译，北京：商务印书馆2011年版，第94页。

来保护自己。① 第二自然律就是：社会个体在必要时会为达到和平和自我保护的目标而愿意放弃对所有事物的权利，此种自由权利的放弃程度在自我与他人之间是彼此对等的。② 因为如果每一个人都保持有凭自身意愿和欲望等去做任何事情的权利，那么，就会永远处于"战争状态"之中。

霍布斯认为社会个体对一事物权利的放弃实质上是让他人能顺利地享受此事物的权利。因为任何人对任何事物都具有自然权利，他放弃此种权利只是使别人在行使此种权利时不受自己的妨碍。作为社会的个体在转让或放弃他的权利时，一般是希望受让方将某种权利或利益回让给他。此种放弃或转让的行为是自愿的，而所有人的自愿行动全是希望得到对自身有利的某种好处。③ 此种权利之间的相互转让就是"契约"。

在社会契约论中，霍布斯预设了诚信与正义的价值取向和价值原则。他探讨了契约的内涵：一是阐述了"信约""践约或守信""失信""赠与"的内涵；二是阐述了"明确的"契约和"推测的"契约的界定；三是认为在转让中，其所转让的权利可在现在或之前转让，也可在未来进行转换；四是非常明晰地论述了经院学派关于"相宜的应得"与"相称的应得"之间的区分；五是阐释了解除"信约"的两种方式，即履行和宽免。霍布斯指出"不以强力防卫强力的信约永远是无效的"④。因为语词的力量太弱，不足以保证"信约"的履行，保证其履行的"助力"因素有两个，一个是食言者对于后果的恐惧，另一个是讲求信任的光荣与骄傲。

霍布斯还推理出了第三自然法，即必须履行所定的信约。他认为这一自然法中包含着正义的源泉。因为没有信约就没有权利的转让，这样每个人对一切事物都有权利，于是也就没有任何行为是非正义的。但是在订立"信约"之后，失约就是非正义的。强制的权力或公共的权力能

---

① 〔英〕霍布斯：《利维坦》，黎思复、黎廷弼译，北京：商务印书馆2011年版，第98页。
② 〔英〕霍布斯：《利维坦》，黎思复、黎廷弼译，北京：商务印书馆2011年版，第98—99页。
③ 〔英〕霍布斯：《利维坦》，黎思复、黎廷弼译，北京：商务印书馆2011年版，第100页。
④ 〔英〕霍布斯：《利维坦》，黎思复、黎廷弼译，北京：商务印书馆2011年版，第106页。

保证"信约"的履行，它也就构成了正义或非正义的前提条件。正义就是"将每人自己所有的东西给予自己的恒定意志"①。正义的性质在于守约，而信约的有效性在于强制人们守约的社会权力建立之后才会开始，所有权也是由此开始。正义或不义用于人时，是表示其品行是否合乎理性，用于行为时，是表示其具体行为是否合乎理性。

当人们将自己所拥有的权力交予一个人或一个组织时，或者借助于投票将全体人的意志转化为一个意志时，这就是真正的统一，即借助契约而将众多人的意志集中为一个国家意志。这也就是"利维坦（Leviathan）"或人间上帝的诞生。

综上，霍布斯关于自然状态、自然法和社会契约的研究就是对人类社会价值世界或价值领域的研究，也就是对善与恶的研究，或者说是一个社会的价值尺度、价值原则和价值取向的研究。霍布斯对于人由于竞争、猜疑和荣誉造成争斗；人的能力的平等；人生来具有理性等人性的价值预设正构成了其社会理想或未来社会的伦理与理论基石。他正是基于这些对人性的价值预设，进一步论证了人与人或国与国之间的敌对状态，再基于这一自然状态，阐明了他关于自然法等价值预设。最后顺理成章地证成了"利维坦"，即国家的产生。

二、自由与平等：洛克社会契约论中的价值反思

洛克的《政府论》上下两篇体现了其主要政治思想。上篇是对罗伯特·菲尔麦君权神授说批判性的解构，而下篇则是对自身政治理论的建构。在批驳君权神授说时，洛克主要是批判了罗伯特·菲尔麦所认为的——国王的权力是直接来自上帝的，而且国王的王位是应该世袭的——腐朽观点。洛克在否认统治权力来自上帝的同时，他必须回答"这一政治权力到底来自何方"这一问题。由此，他通过自然状态或本来状态、自然权利、自然法以及社会契约等价值判断与价值预设来进行说明与论证，其中他关于自由平等的自然状态的价值预设是最为基本的价值判断。

罗伯特·菲尔麦认为人类并非是生来就具有自由的，因此他们没有选择自己的统治者及其统治方式的自由权利；君主所拥有的一切权力都是绝对的、专制的和神授的；奴隶决不能享有订立契约的权力。洛克指

---

① 〔英〕霍布斯：《利维坦》，黎思复、黎廷弼译，北京：商务印书馆2011年版，第109页。

出，这些观点在"《圣经》或理性"中都找不到依据；对这些观点的论证只不过是"一根用沙粒做成的绳子"；① 这些观点对于专门以妖言惑众为能事的人有用，并可以麻痹人们的精神、蒙蔽人们的眼睛，而在那些明眼人看来则一无是处。

　　罗伯特·菲尔麦认为由于人们生来隶属于他们的父母，因此是不能够自由的。这样，人们就没有政治权力，而政治权力就绝对归属于君主了。洛克对此种观点进行了批判，他指出政治权力是人们运用自身的"理性"通过"计议"和"同意"而形成的。他认为罗伯特·菲尔麦将"父亲的身份"与"君王的权力"混为一谈，并不合逻辑地从"父亲的身份"过渡到了"君王的权力"。另外，罗伯特·菲尔麦自始至终也未说清楚"父亲的身份"是什么或者如何界定。

　　洛克进而对罗伯特·菲尔麦一系列关于反对"人生来就是自由平等"的观点进行了逐一反驳。洛克指出罗伯特·菲尔麦认为亚当是神所创造而具有主权的观点是站不住脚的，因为，即使亚当是从上帝那里取得生命也不与"天赋自由"这一假设相违背，而且，即使亚当存在时，也并无相应的政府、臣民等存在。亚当的产生与其统治权之间并不存在必然的联系，况且，上帝所赐予亚当的权力并非是统治权，而是与一切人类相同的权利。此外，洛克还批判了罗伯特·菲尔麦的如下观点：一是亚当由于夏娃对其的从属而享有的绝对的、君主的统治权；二是亚当由于具有父亲身份而具有政治的权利；三是统治权起源或根源于父权与财产权；四是亚当的统治权通过"授予""许可"或"继承"而进行转移；五是亚当的君权能全面地、完整地、正当地被承袭者所继承；六是亚当的嗣子生出来就是君王，其他人就是臣民；七是国家权力来自神的规定，政治权力的继承人只能是亚当的后裔。基于对罗伯特·菲尔麦的批判，洛克认为：一是亚当并非借助父亲身份或者上帝恩赐而获取对子女的统治权力的；二是亚当不享有将此种权力在其继承人当中传承或使其世袭的权力；三是继承人对此种统治权力的继承或世袭无自然法与明文法的相关规定；四是亚当的长房后裔是何人是无从考查的。② 这样，

---

　　① 〔英〕洛克：《政府论》（上篇），瞿菊农、叶启芳译，北京：商务印书馆2011年版，第1页。
　　② 〔英〕洛克：《政府论》（下篇），叶启芳、瞿菊农译，北京：商务印书馆2011年版，第1页。

洛克通过对罗伯特·菲尔麦的详尽批判，驳斥了其作为立论基础的"君权神授学"及其对"天赋自由"观点的否定。

在《政府论》的下篇中，洛克基于对政治权力起源的追溯，建构了自己的政治理论。他指出任何试图基于亚当的父权或统治权来论证政治权力的根源的研究方式是"不可能"的。洛克认为要探讨政治权力的起源必须基于人类的自然状态这一价值预设进行来说明或论证。他正是基于对人类自由平等自然状态的价值预设这一基石，来阐明政治权力的来源的。

洛克将自然状态设定为自由与平等的状态：一方面是指人们不用在其他人的许可或意志下而处理他们自己的财物并实施他们自己的行为。此种行为也是他们自己认为合适的、自己自愿的在自然法规定的范围内而进行的活动。另一方面，以上人们所处的状态也是一种平等状态，人们之间的所有权力都是相辅相成的，并不存在一个社会个体的权力多于另外一个社会个体的权力。① 人与生俱来就无差别地具有同等有利条件，并具有相同的身心能力，而不是一种有上下之分的从属关系或一方制约另一方的受制关系。除非在人们契约中的意志使一个社会个体或群体凌驾于另一个社会个体或群体之上，或者采取明确的委任方式给予其毋庸置疑的统治权。

洛克还引用了胡克尔（Richard Hooker）的观点来支持这一自然状态的论证。胡克尔也认为人类的自然平等是不容置疑的，这是人与人之间产生互爱义务的基础，并且，基于此进一步建立其他的种种责任，从而引申出正义与仁爱这些重要的价值准则。

洛克认为此种自由状态不是放任自由的状态。尽管社会成员有处理他自己的人身或财产的自由权力，但不能毁灭他自身或者他自己的财产，除非此种"毁灭"比保存它具有更高贵的用途。

此种自由状态并非完全的绝对的自由，而是被自然法所支配的自由。这里自然法体现为人类理性，它"教导"人们：你们都是独立的、平等的，你们不能侵犯他者的自由、生命和财产。② 在自由状态中，人与人

---

① 〔英〕洛克：《政府论》（下篇），叶启芳、瞿菊农译，北京：商务印书馆2011年版，第3页。
② 〔英〕洛克：《政府论》（下篇），叶启芳、瞿菊农译，北京：商务印书馆2011年版，第4页。

具有平等的能力，在自然社会中享有或共享一切；人与人之间没有等级区别与从属关系来使自己毁灭；每个人都必须保全自身，不能擅自改变自身的地位，而且应该尽其所能地保存或保全其他人。

为了规制人们不进行相互侵犯，并使人们都遵守自然法，自然法在自然状态下就交给每一个人去执行，去惩罚违反自然法的人。因为，在完全平等的状态下，任何人都没有享有高于其他人的地位与权力，所以人人都可以执行自然法。

洛克在这里指出了人们在惩罚时并不是绝对任意地依据感情或自发意志来处理违反自然法的人。而是只能依据"冷静的理性和良心"，按照其所犯罪行的程度来施以处罚，主要目的在于纠正与禁止违法的行为。由于犯罪分子违反理性或自然法时，其就摒弃了代表理性或公道的自然法，而这些自然法规则正是上帝所设定的致力于保障人身安全的价值规则或价值尺度。① 在这里，洛克求助于"上帝"来说明"理性和公道"这一价值尺度的来源。实际上，"上帝"是无从寻觅的，所以，这里的"理性和公道""良心"等都只是洛克基于人类本来就是自由平等这一自然状态而确立的价值预设。

洛克认为肯定有人会站出来反对此种人人都有执法权的自然状态。因为如果人们自己成为自己的案件审判者是不合理性的，人都有自私或自利的本性，这可能使人偏袒自己或自己的亲戚朋友。还有的会居心不良，意气用事或报复他人而过度惩罚有过错的人。这样结果就会不可避免地引发混乱或纷争，由此，"公民的政府"相对于此种自然状态就应运而生了。

洛克指出，所有人都是自然地处于此种自然状态之中的。此种自然状态在人们同意成为特定政治社会的成员之前，历来就是如此。② 这里，他认为自由平等的自然状态是自然而然存在的，它在时间上先于政治权力或统治权力出现。

需要指出的是，洛克与霍布斯的社会契约论在具有相同点的同时，也具有较大区别。这些区别又是与作为两者的理论基础的价值预设息息

---

① 〔英〕洛克：《政府论》（下篇），叶启芳、瞿菊农译，北京：商务印书馆2011年版，第5页。
② 〔英〕洛克：《政府论》（下篇），叶启芳、瞿菊农译，北京：商务印书馆2011年版，第10页。

相关的，不同的价值预设推导出了不同的理论体系。

曹宪忠指出了洛克与霍布斯的社会契约论有八个方面的不同。其中与价值预设相关的有如下方面：一是在人与人之间的关系方面，霍布斯认为人与人之间的关系类似于狼与狼之间的战争关系，而洛克认为人与人之间的关系是平等自由的和平关系；二是在人的价值取向方面，霍布斯所追求的价值目标是生存下去，而洛克所追求的价值目标是实现自由；三是在国家层面的价值目标方面，霍布斯认为国家的价值取向就是使人们过上和平生活，而洛克认为国家的价值取向在于保障人们的生命、财产、自由和健康等的权利；四是霍布斯认为国王或君主不需遵守社会契约的规定，而洛克在此方面持与之相反的观点。五是在人民是否拥有反抗与革命的权力方面，霍布斯持否定观点，而洛克持肯定的观点。六是在国家的政治形式方面，霍布斯主张君主专制制度，而洛克主张君主立宪制度。①

欧阳英认为霍布斯社会契约论与洛克社会契约论之间的标志性区别在于霍布斯认为公民让渡的是权利，而洛克认为公民让渡的是权力。就两者之间的区别而言，权利是享有某物的资格，而权力是指影响或控制他人的能力。就其相同点而言，权利是依赖于权力的，是拥有某种权力的体现。②

陈德中也揭示了霍布斯社会契约论与洛克社会契约论之间的区别。他认为权力即正义是霍布斯的法则，而绝对权力之绝对不正义被洛克视为导致战争状态的根本原因。正义得以持续或获得稳固制度保障的条件在于如下两个条件得以满足：一是"霍布斯条件"，即一种超越各竞争群体的统一的威慑力量或者称之为最低限度的至上权力；二是此种威慑力量的使用要满足基本正当性的要求或者称之为最低限度的必要道德。③

那么，以上两者最根本的区别是什么？是否源于两者的价值预设不同？笔者认为在以上所论及的几个方面的不同之中，最为根本的是两者关于自然状态的设定不同。霍布斯所阐明的人与人之间的狼的关系，实

---

① 曹宪忠：《社会契约理论：霍布斯与洛克之不同》，载《文史哲》，1999年第1期，第104—109页。
② 欧阳英：《现代民主的发生机制与本质——由霍布斯与洛克社会契约论差异引发的思考》，载《哲学研究》，2005年第9期，第100—106页。
③ 陈德中：《"霍布斯条件"与"洛克条件"——论二者何以构成讨论正义问题的规范空间》，载《哲学动态》，2011年第2期，第70—77页。

质上体现出了他的人性本恶的价值预设。这一价值预设构成了他的政治思想体系的基点。正是因为人性之恶导致了人与人之间的争斗、猜忌等战争状态。由此就需要理性来"设定"自然法，需要人们将自身权利转让给一个人或一个组织而形成国家来维持和平。霍布斯认为由此形成的国家或君主是超越于社会契约之上的，是不必遵守契约的规定的，而且他认为订立契约之后的人们也没有革命或反抗君主的权力。洛克所预设的自然状态是一种平等自由的状态。但为了保全人们的财产、人身安全等权利，人们必须遵守自然法。当然他认为自然法类似于人的理性，是自然而然的或天赋的。他也不否认自然状态之中存在战争状态，但此种战争状态是由于人人都充当自然法的裁判者、执行者而产生的。由此，人们便需要放弃自然法的裁判与执行权力而订立契约，建立国家或政府。洛克认为君主也必须遵守契约，而且，他认为人们有反抗推翻暴君的权力。

由上可知，两者基于不同的价值预设构建出了不同的甚至是相互对立的政治理论体系：霍布斯主张的是君主专制政体；洛克主张的是君主立宪政体。吕大吉就此指出，罗伯特·菲尔麦的君权神授理论是持有为斯图亚特王室查理一世的政治权力辩护的价值目标而构建的。霍布斯批判罗伯特·菲尔麦的君权神授理论而主张社会契约论，也是为了论证斯图亚特王室或者是克伦威尔政权的合法性。但洛克认为霍布斯的社会契约论成了"专制主义的导言"，因此必须对其进行批判。他将霍布斯所阐发的自然状态重新设定为自由平等、天赋人权这一价值预设。并由此推导出与霍布斯截然不同的政治理论体系。[①]

三、人民主权：卢梭社会契约论中的价值追求

卢梭是18世纪启蒙运动的卓越代表，法国大革命的先驱。他认为人是生而自由平等的，正义与道德的原则在于人的良心。这些关于人的本性的价值预设构成了其整个人权理论的基础。

就像霍布斯与洛克一样，卢梭的社会契约论也是基于自然状态这一基点逐步推导演绎而得以证成的。他认为此种状态是基于人性与道德而设定的原初状态，但其不仅仅是一种价值设定，还是一种历史事实。人

---

① 吕大吉：《洛克的政治学说简论》，载《哲学研究》，1979年第8期，第68—74页。

性的倾向就是自爱或关怀自我的，也可以说是自由的。由于人性生而自由，因此其具有自我选择权与自我决定权的自然权利，而且，由于每一个人同等的享有此种与生俱来的自由，这就体现出了人与人之间的平等价值。卢梭认为人是生而自由的，是其他一切的主人，此种人人都具有的自由是基于人的本性而产生的。人的本性的第一个法则就是维持自身的生存，所以人的本性第一个关心的事就是对自己的关心。如果一个社会个体成长到具有了理智，能够维护自身的生存并具有相应的判断能力时，他就成了自己的主人。① 卢梭将自由归结为人性的产物，也就是说自由是人性所与生俱来的本性。人性的首要法则就是要维持生存，当人达到一定年龄时，能够选择判断自身生存的方式时，也就成了自己的主人。

虽然自由来自人性，但在实际生活中人们并未拥有真正的自由，而是处于"枷锁"之中。这是因为自由遇到了自己的敌人——强力（force）。人们服从强力类似于服从物理的力量，是不得已而为之。所以是被迫的服从，是不自愿的服从，此种服从就与被一些人所称之为义务的东西相差甚远了。所以强力所导致的只是人们放弃自由、放弃自我而被奴役或被压迫。这样，人与人之间的平等的价值原则也被破坏。

基于自由平等两个价值原则，卢梭进一步分析了权利转让的悖理与荒谬。就一个人为了生存将其自由权利转让给其他人而言，他认为此种转让在德性方面是无效的、不合人性的或者说是悖理的。因为自由是自身本性、自身意志或自身的基本规定性，放弃它就是对自我的放弃。就全体人民为了生存将其自由权利转让给其他人而言，他认为此种转让是荒谬的，因为得到权利者不仅不能保护或供养人民，而且还需要人民供养他们。人民的付出远远超出他们的所得，而且，人民为了一些"虚假"或"并不存在的"利益而放弃了自己最可宝贵的自由。

卢梭所论及的自然状态中的人与自然人的含义不同，自然状态中的人是自由的、平等的和独立的，但他们又处于无时不在的奴役与压迫之中。而自然人是指处在孤立状态而不从属于社会的人。自然人只涉及心理因素与非历史的因素，而自然状态的人涉及社会因素与历史因素。自

---

① 〔法〕卢梭：《社会契约论》，李平沤译，北京：商务印书馆2011年版，第4—5页。

然人在历史上或现实中实质上并不存在,只是思维设定的状态。① 卢梭正是借助于自然状态与自然人的概念论证了奴隶及其奴隶专制制度的后天形成性或偶然性,从而反驳了亚里士多德所认为的奴隶是天生的思想,捍卫了人生而自由平等的思想。②

就卢梭看来,自然状态就是非道德的状态或者说是未获得道德属性的状态,因此人们对此不满,就会结合为一个共同体。人类在"自然状态"的生存之中遇到种种障碍已经超过作为个人为了自身生存所能运用的力量,由此,人们寻求一种结合或联合的形式,以其共同的力量来保护自己的人身与财产安全,这正是社会契约所需要解决的根本问题。③由此,卢梭基于"人是生而自由与平等的"这一价值预设论证了国家只能是人民自由协议的产物。如果人民的自由权利被剥夺,人民就有反抗或革命的权利,国家的主权在于人民,而民主共和国是最好的政治体制。

这里国家主权在于人民的思想就是卢梭的人民主权思想,其致力于论证如何构建一个保障人民自由与平等的理想社会。这实际上构成了卢梭政治思想的核心。

卢梭认为自由平等的未来社会或理想社会必须依照"公意"来建立或治理。因为只有"公意"才能按照人民共同的福祉来指导国家的诸种力量。不同的或相互冲突的利益如果未能达成一致,那么,社会的联系与建立就是不可能的。只有共同的、一致的利益的存在,社会的建立才是可能的。人民主权是"公意"的运作,此种主权是不可转让的。④ 卢梭认为个人的意志一般趋向于自私,而"公意"总是趋向于人与人之间的平等。

因为"公意"是整个人民的意志,而非一部分人的意志,所以公意的运用,即人民主权是不可分割的。基于此原理,卢梭批判了格劳秀斯的政论观点,他指出格劳秀斯绞尽脑汁地剥夺人民的权利,而将其奉献给国王⑤,这是因为人民无权派谁去担任大使、教授或发放年金给他们。

---

① 〔法〕爱弥尔·涂尔干:《孟德斯鸠与卢梭》,李鲁宁等译,上海:上海人民出版社 2003 年版,第 61 页。
② 刘时工:《专制的卢梭,还是自由的卢梭——对〈社会契约论〉的一种解读》,载《华东师范大学学报(哲学社会科学版)》,2014 年第 1 期,第 40—46 页。
③ 〔法〕卢梭:《社会契约论》,李平沤译,北京:商务印书馆 2011 年版,第 18—19 页。
④ 〔法〕卢梭:《社会契约论》,李平沤译,北京:商务印书馆 2011 年版,第 29 页。
⑤ 〔法〕卢梭:《社会契约论》,李平沤译,北京:商务印书馆 2011 年版,第 30 页。

卢梭认为"公意"始终是公正的，而且其永远以公共的福祉为价值取向。"公意"只考虑共同的利益，是集体意志的总和。如果人民在充分了解情况的前提讨论问题，就会产生公意。如果一部分人形成小集体，其意志只是小集体的意志，而不是"公意"。如果一个国家内形成了众多小集体，那么在投票时，就不再是人手一票了，而是有多少小集体就有多少票了。其结果也不再是"公意"的体现了。① 如果某一个小集体胜过其他的小集体，结果就是个别意见占据上风，"公意"就被遮蔽了。

卢梭认为国家只是一个道德人格，其生命在于其成员的组合。国家需要一种强制力以便按照最有利于全体成员的方式来推动和支配各个组成部分。此种权力受到"公意"的指导时，就是人民主权。真正的"公意"就其目的与本质而言是公正的，其必须来自全体，适用于全体。如果它倾向于特定目标，就必然失去其公正性。"公意"的成立不在于其所得到的票数，而在于人们共同的利益。人民主权的所有行为都是真正出于公意的一切行为，其将同等地对待一切公民。此种主权行为由于奠定于契约之上因而是合法的；由于对所有的人都是一样因而是公平的；由于除了公共福利之外没有其他目的因而是有益的；由于它有共同与最高权力作保障因而是巩固的。由此可见，人民主权的权力不会超过而且也不能超过公共约定的界限，而且，每个人都可自由处理社会契约下的财产与自由。②

卢梭认为即使一个国家濒于崩溃而以破烂不堪的形式苟存，即使社会联系的纽带在所有人心中断裂，即使私利无耻地披上公共福祉的外衣的时候，"公意"也不会消失或败坏。因为它是牢固的、纯洁的。③ 即使每个人都想使自身利益与公共利益脱离开来，但是他们也会发现他们根本无法做到。

卢梭与洛克同为古典契约政府理论的代表，并都受到了霍布斯的深刻影响。就两者的相同点而言，其主要体现于论证的思路方面。他们都是基于自然状态的价值预设来揭示其所处状态的非道德性，并由此论证了——人们为了得到和平生存或财产等其他方面的权利，而转让自身的

---

① 〔法〕卢梭：《社会契约论》，李平沤译，北京：商务印书馆2011年版，第32—33页。
② 〔法〕卢梭：《社会契约论》，李平沤译，北京：商务印书馆2011年版，第34—37页。
③ 〔法〕卢梭：《社会契约论》，李平沤译，北京：商务印书馆2011年版，第116—117页。

权利或权力给一个人或一些人而形成国家——这一政治理论观点。卢梭与洛克所设定的自然状态都是强调自由平等这一价值原则。

相对于洛克而言,卢梭在自然状态中未强调人的独立性,而是在订立契约之后才指出此点。其次,卢梭认为人应该将其所有权利转让给政府,再由政府来确证其权利。这就涉及立法、执法的公正与正义如何得以保证的问题,而且,人们转让出自身权利之后,对政府无可制约。最后,在权力制约方面,① 卢梭主张集权,但其很容易导致官僚主义或专制,而且,卢梭诉诸提高道德水平是不可能真正遏制官僚主义和专制统治的弊端。

四、人充分且合目的发展:康德政治哲学的价值批判

就康德的历史哲学与政治哲学而言,其主要内容集中收录于他的《历史理性批判文集》之中。此文集的第一篇"世界公民观点之下的普遍历史观念"阐明了人类自然秉赋得以充分并且合目的发展的思想。这在一定程度上为马克思的人的全面自由发展的价值预设奠定了理论基础。

康德是将此命题置于自然规律或必然性与人的自由意志或偶然性之间来进行论证的。在"世界公民观点之下的普遍历史观念"的开篇,康德就指出,自由意志表现为人类的行为,它总是被普遍性的自然规律所决定着的。而历史研究则试图揭示人类行为整体性的合乎规律的进程。虽则就个别人而言,其行为看起来杂乱无章,但是就全体物种而言,人类的秉赋虽然漫长却是不断发展的。② 康德认为人类的努力就整体而言,既不是如动物那样完全地凭本能,也不是完全依据预定的规划而实施的。但是其发展有一个人们不知不觉的"自然目标"在引导着,这就像自然律一样,需要自然界产生一位类似于开普勒或牛顿一样的人物来揭示此种"自然计划"。

接下来,康德提出了一个命题:"一个被创造物的全部自然秉赋都注定了终究是要充分地并且合目的地发展出来的。"③ 在这里,"被创造物"

---

① 胡云乔:《洛克和卢梭的契约政府理论比较》,载《北京大学学报(哲学社会科学版)》,2001年第6期,第80—87页。
② 〔德〕伊曼纽尔·康德:《历史理性批判文集》,何兆武译,北京:商务印书馆1990年版,第1页。
③ 〔德〕伊曼纽尔·康德:《历史理性批判文集》,何兆武译,北京:商务印书馆1990年版,第3页。

显然是指被"上帝"所创造的东西，不仅包括人类，还包括动物与自然界等等。这些全部被创造物所拥有的自然禀赋都终究要充分地、合目的地发挥出来。康德依据动物的解剖试验对其进行了论证，因为对所有动物的解剖证明了其器官一定会发挥特定的功能而完成其特定的目的。康德也指出，如果不承认这一点，那么我们只会拥有一个无目的性的大自然，完全充满偶然性的大自然，而理性的线索则被遮蔽了。

康德接着提出了另外一个命题，他指出人是唯一有理性的被创造物，人的自然禀赋的发展必然借助于理性而在人身上发展出来，此种发展不是在具体的各个人身上体现出来，而只能在全物种身上发展出来。① 理性是一种能力，它致力于使人的能力与目标超越于他的自然本能。理性的运用没有固定界限，它不仅借助于本能，而且需要尝试、训练和教导，来实现从初级认识阶段到高级认识阶段的飞跃。人类自然禀赋的发展要发挥到充分与它的目标相称的阶段，这是人类观念中应该奋力争取的价值目标，它需要一系列无法预计的世代的发展。

康德认为大自然将理性及其为基础的自由意志赋予人类时，这就意味着人类必须依靠自己来创造自己的一切。诸如人类自身生活感到愉悦的快乐、自身的智识和智慧、善良的品性等都是自己所创造出来的东西。人类从野蛮社会演进到成熟状态的社会，再到幸福生活状态阶段，这都是人类自身努力的结果。虽然人类作为具有理性的类别，但是他们都不可避免地要走向死亡，"然而这个物种却永不死亡而且终将达到他们的禀赋的充分发展"②。

那么，人类禀赋又是借助于何种手段得以充分发展的呢？康德的回答是人类在社会中的对抗性。此种对抗性或者称之为人类非社会的社会性。此种对抗性一方面体现为人类"介入"社会的倾向；另一方面又体现为人类脱离社会的倾向。人要介入社会或使自己社会化，是因为他在社会集体之中感觉自己超越了自然的人，感觉自身得到了实现或自身禀赋得到了发展。人要脱离这个社会是因为自己有非社会单独化的倾向，他希望按照自己的意志来处理一切事情。这样人就会遭遇诸多的阻力，

---

① 〔德〕伊曼纽尔·康德：《历史理性批判文集》，何兆武译，北京：商务印书馆1990年版，第4页。

② 〔德〕伊曼纽尔·康德：《历史理性批判文集》，何兆武译，北京：商务印书馆1990年版，第6页。

此种阻力激发着人的全部能力,促动着他去克服偷懒情绪,并由于虚荣、权力或贪婪的驱使而去挣得一席之地。这样一个过程就是人类由野蛮进入文明的过程,人类的全部能力也就是这样逐步发展起来的。如果没有大自然赋予人类的不合群性、虚荣心、占有欲和控制欲,那么,人类所有的"优越的自然禀赋就会永远沉睡"①。

康德认为人类自然禀赋只有在"普遍法治的公民社会"之中才能得以发展。此种社会是具有最高的自由意志,最彻底的对抗性的社会,与此同时,此种自由的范围又具有最精确的规定。此种社会也可称之为具有完全正义的政治制度的社会。人们在此社会中的生存发展,就犹如森林之树木。正是由于每一棵树都致力攫取其他树木的阳光与空气,这就迫使彼此都努力去超越对方,并获得美丽挺拔的身姿。② 可见,人类社会的文化、艺术及其美好的秩序都是源自人类所具有的非社会性。人正是由于自身的逼迫而规制自身,同时借助于强制而使自身的能力得以充分发展。

康德指出,上述社会的建立是最困难的问题,但是直到最后才能被人类所解决。因为人作为一种动物,必然具有自私自利的倾向,虽然希望有法律来规制自由,但是都希望自己能被排除在法律的规定之外。康德认为如果具备了一部完美的宪法、足够的经验和接受这一切的善意这样三个条件,那么,"普遍法治的公民社会"最终是能够建立起来的。

康德认为伟大的国家共同体或各民族联盟的国际政府在历经多次改造性的革命之后也是能够实现的。此种共同体或国际政府是人类自由而充分发展的基地。

如果我们留意宪法及法律、国际关系的优缺点,我们会发现其优点会使各民族得以繁荣昌盛,其缺点会使其覆灭,但其覆灭之后,又会留下"启蒙的萌芽",此"萌芽"会通过革命运动而使人类得以发展和进步。康德指出,就长远看来,人类在其中表现为通过努力最终达致这样一个阶段,大自然所赋予他们的所有"萌芽,都可以充分发展出来"③,

---

① 〔德〕伊曼纽尔·康德:《历史理性批判文集》,何兆武译,北京:商务印书馆1990年版,第8页。
② 〔德〕伊曼纽尔·康德:《历史理性批判文集》,何兆武译,北京:商务印书馆1990年版,第9页。
③ 〔德〕伊曼纽尔·康德:《历史理性批判文集》,何兆武译,北京:商务印书馆1990年版,第20—21页。

而其使命也可在大地上得以实现。

综上，康德关于人类充分且合目的的发展的价值预设是他为人类的演进及进化所设定的价值目的，但是我们可以进一步发现，这一价值预设背后有康德思想中更为根本的预设——自由意志与理性的预设。康德正是在自由意志与理性之间的张力中来阐明这一价值预设的。

五、自由是精神之本质：黑格尔现象学的价值追问

黑格尔的思想对马克思影响至深，其主要体现在黑格尔关于自由是精神的本质、劳动创造人本身以及辩证法思想等方面。在这些思想之中，自由作为精神的本质这一价值预设又是贯穿于其中的。正是因为人具有自由意志才使其自由发展、自由创造而成就为人本身；正是由于自由是精神的本质，才能推动逻辑成为正反合的矛盾运动过程。

黑格尔认为精神具有两种内涵：其一是狭义的精神，它指客观精神或群体性的精神，如社会意识、时代和民族精神等等；其二是广义的精神，它指一切意识活动，如绝对精神、自我意识和社会意识等等，它与广义的意识的内涵是一致的。① 笔者在这里所论及的精神是指广义的精神。

黑格尔认为自由就是不依靠他物，或者是不受外在力量的压迫，或者是不牵扯他物。精神能够自己将自己二元化，能够自己乖离自己，这都是为了能够发现自己或回复到自己，这就是自由。当精神回复到自身时，就是其自由的实现。精神也只有在思想里才能达致自由。在感觉中，我们是被决定的而非自由自主的，如果我们对于我们的感觉产生了意识，那么我们就是自由的了。意志里包含有我们的目的与兴趣，因此是自由的，但是在此目的或兴趣之中，总是蕴含着外在的，我们所追求的东西，因此又是不自由的。但在思想里，所有的外在性都不见了，消失了，精神在此是绝对自由的。②

黑格尔所理解的自由不是僵化单纯的绝对自由，也不是纯粹具体的相对自由，而是这两种理解的统一，同时，他将自由理解为不断发展的

---

① 贺麟、王玖兴：《译者导言：关于黑格尔的〈精神现象学〉》，见〔德〕黑格尔：《精神现象学》（上卷），贺麟、王玖兴译，北京：商务印书馆1979年版，第18—19页。
② 〔德〕黑格尔：《哲学史讲演录》（第1卷），贺麟等译，北京：商务印书馆1959年版，第30页。

过程。他认为具有生命与精神的事物总是拥有自身的冲动与发展的，其包含有诸多阶段或者环节在其自身之内。

黑格尔进一步将世界历史归结为自由意识的进展。他论证到，就柏拉图而言，他的思想体系中找不到自由的性质、恶的缘起和神的旨意等。而且，他认为柏拉图也不熟悉关于自我"本身的"独立性或自主性这一观点。就一个人本身或就其本质而言，其生来就是自由的这一观点，是柏拉图、亚里士多德和西塞罗都不知道的。而只有基督教教义才首次揭示：个人人格具有无限绝对的价值，在上帝面前所有人都是平等自由的。但是，此观点还是未能进一步揭示自由构成人之为人或人的本性的观点。① 黑格尔认为这里所揭示的不断演进的自由意识不仅推动了历史的伟大革命，而且构成了一个世界历史的进程。

黑格尔认为劳动在人之为人的过程起到了积极的关键作用。他在分析主奴关系时，揭示了劳动在奴隶自我意识形成中的关键性作用。奴隶在形成自我意识的过程中，有恐惧的环节与劳动的环节。劳动的环节是对恐惧环节的否定。在奴隶对主人的恐惧意识中，他的意识还未意识到其自身的"自为"存在，而是通过劳动才使他的意识回归自身。面对主人，奴隶感到自己是"外在的"东西，在恐惧中他感到自为存在是未能实现的或潜在的，而在劳动中，自为存在变为他固有的了。这样他意识到自身就是自在自为存在着的。这就是奴隶自己重新发现自己的过程。② 此外，黑格尔在探讨哲学史时，也提到那个时代所具有的理性，并非瞬时得来，也并非基于时代的基础上生发出来，而是一种"工作"的结果，是人类过去所有时代"工作"的成果。③

黑格尔是马克思之前最为系统地阐明辩证法这一合理内核的哲学家。在《逻辑学》探讨"本质性或反思规定"这一章中，他探讨了矛盾的概念及内涵。他认为本质性规定包含有其他规定，此种包含关系不是其对外物的关系，但其独立时又是排斥其他规定的，此种本质性规定在排斥其他规定的同时也将自身的独立性排斥出去了。这个本质性规定

---

① 〔德〕黑格尔：《哲学史讲演录》（第1卷），贺麟等译，北京：商务印书馆1959年版，第55—56页。
② 〔德〕黑格尔：《精神现象学》（上卷），贺麟、王玖兴译，北京：商务印书馆1979年版，第146—149页。
③ 〔德〕黑格尔：《哲学史讲演录》（第1卷），贺麟等译，北京：商务印书馆1959年版，第8页。

就是矛盾。① 黑格尔认为同一、差异和对立之间的过渡就是矛盾，此种过渡也就是真理，或者说是所有事物本身自然而然即矛盾，② 此种观点表达出了事物的真理与本质。

黑格尔对同一与矛盾进行了比较，他认为矛盾是比同一更为深刻和本质的东西。同一是单纯僵化的规定，而矛盾是所有运动与生命力之源泉，一切事物因为蕴含矛盾，其才会具有运动与发展的动力。黑格尔既批判否定了那些断言没有任何矛盾的东西的观点，也批判了那些将矛盾置于主观反思之中的观点。因为这些观点将矛盾视为偶然性的"病态发作"。由此，黑格尔指出，矛盾必然存在于一切经验、现实和概念之中，其是本质规定的否定物，运动就是矛盾的表现或者说是运动就是实在的矛盾本身。黑格尔认为物之具有生命是因为其蕴含矛盾，自在的肯定物本身就是否定性的，其能超越自身而引起自身的变化。③ 如果一物本身之中不具有矛盾，那么，其就不会是一个生动的统一体，并且会以矛盾的形式而消灭。

黑格尔批判了表象这种外在的反思。他揭示了表象只注意到事物对立的两种规定，而未能将其把握为事物两个方面的"过渡"。黑格尔认为就任一规定、具体事物或者概念的本质而言，其都是有区别或者可以进行区分的环节的统一，也是否定的统一，这些环节借助于本质区别而过渡为矛盾的环节。④

黑格尔基于意识自由阐明了自由是一个不断发展的过程，世界历史也不过是自由意识的进展过程。他借助于主奴关系阐明了奴隶自我意识的产生，揭明了劳动使人成为有自我意识的人的思想。这些思想的产生和形成又是与其辩证法思想内在关联的。黑格尔关于运动过程、事物内在联系、矛盾等思想构成了上述思想的逻辑线索。这些都为马克思创建异化劳动理论、历史唯物主义乃至剩余价值理论奠定了方法论基石，马

---

① 〔德〕黑格尔：《逻辑学》（下卷），杨一之译，北京：商务印书馆1976年版，第55页。
② 〔德〕黑格尔：《逻辑学》（下卷），杨一之译，北京：商务印书馆1976年版，第65页。
③ 〔德〕黑格尔：《逻辑学》（下卷），杨一之译，北京：商务印书馆1976年版，第66—67页。
④ 〔德〕黑格尔：《逻辑学》（下卷），杨一之译，北京：商务印书馆1976年版，第68—69页。

克思的伟大发现正是基于黑格尔思想中合理的内核而得以证成的。

第三节　马克思对以往价值理念的传承和发展

西方古代及近代对于价值目标、价值准则等价值理念及其相关理论前提的探讨，为马克思关于政治经济学批判的价值立场的论述提供了丰富的理论资源。马克思不仅消化吸收了西方思想史的本体论、认识论等关于价值论的理论前提，也承接了诸多价值理念，并对其进行"升级改造"，形成了基于唯物史观、唯物辩证法等为理论基础的价值立场。

一、马克思对古希腊罗马时期价值准则的继承

从整体来看，马克思不仅继承了古希腊罗马时期关于公正、平等、正义、自由等诸多价值准则，而且也承接了那一时期的朴素唯物主义及实践哲学思想的精华。后者正是前者的理论基础或者理论前提，只有掌握运用后者，才能合理、科学地阐明前者。

就马克思政治经济学批判的价值立场的理论前提而言，他坚持了唯物主义本体论和辩证法的认识论。从西方思想史来看，此种本体论和认识论肇始于古希腊时期。

其一，马克思继承了古希腊罗马时期的唯物主义思想。从马克思唯物主义思想的形成过程来看，伊壁鸠鲁原子论对他的影响极大。在他走向唯物主义的心路过程中，最先产生深刻影响的，恰恰是伊壁鸠鲁的原子偏斜运动，一种"能动的唯物主义"[1]。正是因为原子发生偏斜，才有原子之间的碰撞，才有现实世界的产生。这就将现实世界的万事万物和原子这个世界的本原联系起来，来唯物地解释这个世界。此种解释最大的特点在于将"主动性"或者"能动性"赋予了客观世界的原子，这样就实现了主体性与客体性之间的辩证统一。如果抛弃原子的"能动性"，那么对世界的解释，将走向纯粹的机械论或者宿命论；如果抛弃原子的直线运动，那么，对世界的解释将成为自说自话，走向相对主义或者主观主义。

---

[1]　白刚、那玉：《马克思〈博士论文〉：古希腊哲学思想通向〈资本论〉的桥梁》，载《马克思主义与现实》，2022年第2期，第75页。

其二，马克思继承了古希腊时期的实践哲学思想。马克思实践哲学与亚里士多德的实践哲学有内在关联。马克思对道德实证论的批判、作为社会劳动的实践观以及作为革命行动的实践观，可以追溯至亚里士多德。麦卡锡（George E. McCarthy）认为，马克思关于"实践与理论"的概念与亚里士多德的"政治智慧"与"政治行动"概念具有共通性。马克思关于实践的概念跟亚里士多德的"技艺""制作"概念具有极为相近的含义。① 相对于亚里士多德的"伦理—政治"实践哲学，马克思开拓了"劳动—社会"实践理论。他将亚里士多德界定为非人活动的劳动，提升为人类普遍的本质活动；使劳动阶级而非精英贵族成为实践的主体；将实践纳入社会领域，而非局限于伦理政治领域；用社会解放、人类解放取代了传统的政治解放。由此构筑了"劳动（实践）—社会共同体—人的社会本质—社会革命—人类解放"② 的实践理论。有学者指出，马克思基于实践出发，考察了类的演进史，确立了人民群众的历史地位，由此对古典伦理政治理想进行了批判③，并将革命性纳入其内涵，将其政治解放提升至全人类的解放，体现了个体价值目标与人类价值目标的统一，也实现了事实与价值的辩证统一。质言之，马克思赋予了实践、劳动、劳动者、社会价值目标等核心概念不同于古代哲学家所赋予的内涵，形成了自己的建基于唯物史观的实践理论体系。马克思将财产一方面被定义为纯粹的物质对象，另一方面也被定义为一种人与人之间的社会关系或者阶级关系，因此，财产的运用与管理就成了公共问题或者社会问题。在此过程中，实践也就转变为一种具有道德性质的社会活动。实践的内容就不再局限于体力或者脑力的活动，而是将革命行动、社会行动纳入其中。由此，社会关系的解放、人类解放就成了马克思政治经济学批判的价值取向。

其三，马克思继承了古希腊罗马时期的整体观。马克思将社会总体视为有机整体的观点与亚里士多德的有机整体观点相关。基于对社会与个体、伦理与道德、理性与德性之间的统一认识，对道德的伦理客观性

---

① 〔美〕乔治·麦卡锡：《马克思与古人——古典伦理学、社会正义和19世纪政治经济学》，王文扬译，上海：华东师范大学出版社2011年版，第75—76页。
② 丁立群：《马克思与亚里士多德：实践理论范式的转换》，载《哲学研究》，2020年第6期，第26—33页。
③ 齐勇：《实践哲学古典理想的继承与超越：从亚里士多德到马克思》，载《社会科学辑刊》，2020年第4期，第39—46页。

与政治真理的共识,马克思与亚里士多德将伦理学、政治哲学、经济学统一了起来,形成了一块理论"整钢"。马克思曾使用亚里士多德的潜能与现实的概念来论证生产与消费之间的关系。同时,他引用了亚里士多德关于人是"政治动物"①的观点,当然马克思认为人更加是"社会动物"②。在此处,马克思基于亚里士多德的《形而上学》,尝试构建一种分析政治经济学的总体性方法,以批判以往研究生产、分配、交换和消费之间关系的方法论。基于对亚里士多德关于需求的人类学及其对科学的理解,马克思形成了自己的伦理认识论,完成了对资本主义的批判。

其四,马克思继承了古希腊罗马时期的价值观。此种承接主要体现在两个方面,一方面是马克思对伊壁鸠鲁自由观念的承接;另一方面是马克思对亚里士多德正义观的扬弃。

就自由观而言,马克思对伊壁鸠鲁原子论蕴含的自由意识观点给予了高度评价。伊壁鸠鲁将原子偏斜运动的原因归结于原子本身,归结于原子内因。此种原子理论不同于德谟克利特的原子理论,摆脱了物质运动机械论或者宿命论的窠臼。此种观点也构成了偶然性、可能性与能动性的形而上学理论前提和"自由、自我意识的伦理前提"③。由此,基于科学视角的原子论与基于价值论的自由观念结合在一起。作为原子的个体摆脱了自然规律的"命运的束缚",拥有自己决定自己命运的自由。马克思认为伊壁鸠鲁的哲学原则是"自我意识的绝对性和自由",并将他称之为"最伟大的希腊启蒙思想家"。有学者认为,马克思阐发的巴黎公社的政治民主就是"希腊自由理想的复活"④。此种自由理想是基于人类普遍潜能的充分发挥,以超越个体对自身利益的追求。

就正义观而言,马克思正义观与亚里士多德正义观之间具有内在关联。亚里士多德关于人的社会性观点、人的政治本质的观点、形式与物质的形而上学观点以及理论性、实践性和技能性知识的分类观点,对马克思的理论都具有极大影响。马克思的社会哲学与亚里士多德伦理学及本体论之间也存在着相通性。马克思的政治经济学批判隐含一种对希腊

---

① 《马克思恩格斯选集》(第2卷),北京:人民出版社2012年版,第684页。
② 马克思:《资本论》(第1卷),北京:人民出版社2004年版,第379页。
③ 〔美〕乔治·麦卡锡:《马克思与古人——古典伦理学、社会正义和19世纪政治经济学》,王文扬译,上海:华东师范大学出版社2011年版,第42页。
④ 〔美〕乔治·麦卡锡:《马克思与古人——古典伦理学、社会正义和19世纪政治经济学》,王文扬译,上海:华东师范大学出版社2011年版,第153页。

城邦与亚里士多德哲学传统的批判性因素的回归。① 就正义的本质而言，其关涉社会关系的性质、人的个性发展、自我意识形成、人的潜能在一个自由理性社会中实现的可能性。就此看来，马克思与亚里士多德具有共同的问题域，也就是他们共同面临的真正的问题："什么是幸福？什么是人类生存的真正目标？"② 有学者指出，马克思依赖亚里士多德理论在范围上"极广"，在程度上"极深"。③ 这主要体现在以下几点：一是从人的哲学之基本方向到关于存在的本体论；二是从唯物论和自然观到人与自然潜能的观念；三是从物理学到形而上学；四是从社会目的论到社会正义论。其中尤为突出的是关于分配正义、伦理判断以及实践活动的问题，而且，关于这些问题的认识论框架及其伦理难题都源于古希腊思想家。

就价值论而言，马克思与亚里士多德都认为其是一种政治及经济知识的形式。从前者来看，真理的标准是导向善、幸福的东西；就后者而言，真理的标准是导向意识的解放以及人性化的东西。两者都认为真理不是由意识与现实之间的关系来决定，而是由行动过程来决定。④ 马克思与亚里士多德都认可的社会价值目标是自然的人性化以及人的自然化，是人类生存整体性与和谐的回归；是人返回自身，由自在存在转变为自为存在。而这一社会价值目标的现实内容都潜藏于人的奋斗与创造之中。

二、马克思对西方近代价值预设的承接

基于上述关于西方近代思想家价值理念的梳理，我们可以发现霍布斯、洛克、卢梭、康德与黑格尔等思想家在构建自己的理论体系或者在对社会现象或社会行为进行研究时，都自觉或不自觉地介入了自己的价值准则或价值目标。而且，这些价值预设往往是他们理论得以奠基建构的内在支撑。他们恰恰只有借助于此种价值预设才能证成自己的观点。

---

① 〔美〕乔治·麦卡锡：《马克思与古人——古典伦理学、社会正义和19世纪政治经济学》，王文扬译，上海：华东师范大学出版社2011年版，第79页。
② 〔美〕乔治·麦卡锡：《马克思与古人——古典伦理学、社会正义和19世纪政治经济学》，王文扬译，上海：华东师范大学出版社2011年版，第87页。
③ 〔美〕乔治·麦卡锡：《马克思与古人——古典伦理学、社会正义和19世纪政治经济学》，王文扬译，上海：华东师范大学出版社2011年版，第119—120页。
④ 〔美〕乔治·麦卡锡：《马克思与古人——古典伦理学、社会正义和19世纪政治经济学》，王文扬译，上海：华东师范大学出版社2011年版，第147页。

霍布斯是依据人性本恶的价值预设描画了一个人与人之间相互争斗、相互猜忌的自然状态的社会。自然状态中的人们都想保全自身，并且人们具有自然赋予的理性。他们为了保全自身，寻求和平而在相互之间进行权利的互换来订立契约。此种人与人之间契约的订立就是每个人都愿意将自己所放弃的权利转让给特定个人或群体组织，当然，这是在其他人都认可并都愿意转让的情况下进行的。① 此种个人的权利放弃并转让之后，所有的人就都统一于一个人格之中。这样便形成了一个国家或城邦。由此可见，霍布斯的政治思想体系摒弃了"君权神授说"，摧毁了封建制的理论基础。其理论体系的论证是基于其数学或几何方法而进行的，此种方法强调演绎推理。他认为其是"唯一可以给我们以确实而普遍的知识的方法"②。他的论证方法基于一个价值预设的原点，并运用理性从这一原点开始进行推理、演绎而行进到契约的订立，再到国家的创造。霍布斯论证了国家不是源自神创，而是源自人们之间的契约。

同理，洛克基于人生来就是自由平等的这一价值预设逐步构建成了他政治理论。他认为人们为了保全自己的生命、自由与财产，保证相互之间不进行侵犯，就订立契约而形成国家。洛克关于国家形成的论证也是基于推演方法的。他将价值领域的知识及思想置于推演的范围之内，并认为价值知识能具有数学的精密性。他认为这是因为价值所表达事实或事物的精密性是人们完全能感知或知晓的。洛克认为人们为了达到这一目的——争论双方都依据各自的成文法来做出对争论的判断——创立政治社会或国家。国家的创立必然要经过人们的同意，基于此，洛克对君主专制制度进行了批判，君主专制与市民社会是"不相调和的"③。君主兼有立法、行政权力，就会没有公共的法官公正地进行判决，就会没有公共的法规可以遵守，公民就成了专制君主的奴隶。洛克认为人们组建成为的国家是经过人们同意并认可的。因为人是生而自由、平等的，要将他们置于或受制于一个人的政治权力之下是不行的，除非得到他们的同意。此种同意的前提条件是谋求人与人之间的舒适、安全及和平。

---

① 〔英〕霍布斯：《利维坦》，黎思复、黎廷弼译，北京：商务印书馆2011年版，第131—132页。

② 〔美〕梯利、伍德：《西方哲学史（增补修订版）》，葛力译，北京：商务印书馆2004年版，第296页。

③ 〔英〕洛克：《政府论》（下篇），叶启芳、瞿菊农译，北京：商务印书馆2011年版，第54页。

这样形成的国家就成了一个整体或共同体。作为一个整体的行动是一致的，并具有较大的力量。基于以上论证，洛克提出了立宪君主制。他认为一个国家有三种权力：制定或公布法律的权力；执行法律的权力；宣战、媾和以及订立条约的权力。这些权力应该由一特定的机关来掌握。立法权则由民选的议会来掌握。

卢梭是基于天赋自由平等的价值预设来论证其社会契约论的。他认为虽然自由平等是天赋的或人的本性，但在现实生活中，人们并未享有真正的自由平等，而是由于"强力"的压迫或奴役处于"枷锁"之中。因此，人们不会满足于此种境况，便订立契约，结合成一个共同体，并以共同的力量来保护自己的人身与财产安全。卢梭认为共同体的建立与治理必须基于"公意"而进行，公意就是人民的共同的福祉或者整个人民的意志，是不可分割、转让，并永远是公正的。只有基于公意，才能建立起自由平等公正的共同体，才能实现人民的主权。

康德基于人充分并且合目的的发展这一价值预设的展开，逐步论证了国家共同体是如何形成的。康德认为人的活动具有合目的的特点，并且被普遍性的自然规律所决定，但是人的秉赋是在历史长河中不断发展着的。正是因为人类发展的合目的性，其秉赋必然要充分地发展起来，才能达致他的目的。此种发展不是指个体的发展，而是指人类整个物种的发展必然会达致充分。人一方面是孤立独立的，另一方面又是有社会化倾向的，在这对矛盾中，人就不断地得以充分发展。康德认为，人的充分并合目的的发展只有在普遍法治的公民社会或者最终建立的国家共同体中才能实现。

就康德的伦理学而言，他基于纯粹理性所设想的"善良意志"阐明了人们应该追求"更高的理想"或超越"个人的意图"。他认为道德的严肃性和纯洁性是第一位的东西。基于此，他提出了责任这一概念，并将其具体分为对自己或者对他人的责任等四个类别。康德这一责任的提出实质上是道德的立法，他进一步提出道德的绝对命令，并对其基于形式、质料和整体三个方面进行了阐释，质言之，这些道德命令就是主体间交往的无上道德命令，或最基本的价值规则。

就康德的国家学说而言，他是基于人具有天赋自由平等权力，并有选择自己行为准则的理性能力这一基点开始演绎自己的国家学说的。他认为人为了实现自己的自由就必须尊重其他人的自由。而国家的价值取向就在于保证人民的自由与权利。康德认为以往关于国家论证所依据的价值预设有很大的任意性，其将国家当作经验性的概念，并依据历史学或人类学等理论来分析。他认为这一理路行不通，所以将国家看作是先天的法权概念。康德认为人都有自私的倾向，所以必须组建成国家来保障自由与和平，以及此种自由与和平的制度。国家是法权律则下一群人的集合。康德认为一方面法制国家不要求统治者必然是一个道德良好的人，因为对此的希望往往会导致专制统治，但统治者必须遵守法律不得任意统治；另一方面，法制国家要求公民成为一个遵守法律的好公民。

黑格尔认为自由是精神的本质，自由是一个发展过程，自由意识的进展构成了世界历史的进程。他在探讨主奴关系时，还阐明了劳动创造人的思想，并在探讨逻辑思想时阐明了矛盾的观点。这些思想一方面是基于意识或精神自由的价值预设的，因为精神具有自由的特质，才会超越自身而不断发展演变；另一方面是基于辩证法思想的。这些思想被恩格斯视为"珍宝"，而马克思也是基于这些思想而发挥出自身的异化劳动理论和生产方式矛盾体的思想等等。

就黑格尔的价值论而言，他基于价值预设与现实生活之间的辩证运动来处理两者之间的关联，并将价值预设演化为现实社会主体间的价值规范。他认为具体的现实是普遍性价值的实现，而普遍性价值正是通过具体化、现实化而实现自身的普遍性的。他对价值预设演变为现实社会中主体间的规范的必然性进行了说明。他指出"抽象的善"或者"精神的主观性"是欠缺客观意义的"完全无力的东西"。为了摆脱此种"空虚性"以及"否定性"的痛苦，就"产生了对客观性的渴望"①。这样主观的善和客观的或者自在自为的存在就结合起来，就成了"伦理"。黑格尔的"伦理"一方面承担了主观的形式与意志的自我规定，另一方面也承担了"自为的实存"。"伦理"是这两方面的结合或者统一。黑格尔认为客观伦理取代了普遍性的善，客观伦理借助于无限形式的主观性，而成为具体的或特殊的实体。由此，特殊实体在自身内部预设了差异，而此类差异是借助于概念得以规定的。正是基于此类差异，伦理获取了特定的内容，此种内容是必然性的，并超越于主观偏好而存在的，此类

---

① 〔德〕黑格尔：《法哲学原理或自然法和国家学纲要》，范扬、张企泰译，北京：商务印书馆2009年版，第185页。

差异也体现为自在或自为存在着的规章制度。① 由此可见,"抽象的善"或预设的价值就扬弃为主体间的社会性规范。

可见,价值预设是一种相对于客观存在、客观事实预先设定"应然"态势、"应然"趋向的研究行为;或者相对于个人生活、社会生活预先设定价值尺度、价值目标的理论研究或社会实践行为。因此价值预设是一种强调相对于事实而言价值的预先设定,强调价值与事实具有内在关联的基础之上的本质区别。

价值预设中的价值不能理解为纯客观的物质或其属性,也不能理解为纯主观的兴趣或欲望,还不能单纯理解为主客之间的关系或一切的事物或事件。价值预设中的价值是相对于客观存在与客观事实的一种"应然"趋向或"应然"态势;是相对于个人生活与社会生活的一种"应然"目标与"应然"原则。此种"应然"目标与"应然"原则也可表述为道德目标或道德原则。价值预设中的价值具有"属人"性质,又超越于"属人"性质。它体现了人的价值需要、判断与选择,也离不开物质的条件或其属性的根本性支撑。它是内在于事实或事物,又超越于事物的,是事物"应该"的趋向或先导,或者说是事物的可能性。离开了或脱离了个人或社会的具体生活世界或具体事实,就无所谓价值。

依据以上对价值预设中的价值的理解,可以将价值预设的概念初步拟定为:人们在理论研究或生活实践过程中,相对于客观存在、客观事实预先设定"应然"状态、"应然"趋势;或者相对于个人生活、社会生活预先设定价值目标、价值准则的行为。此种行为也表现为人们相对于客观存在、社会现象或个人生活的价值判断、价值选择和价值意识的活动。

马克思对价值理念的阐释被诸多学者揭示。比如,麦卡锡②认为马克思所有的工作包括政治经济学批判都是建基于他的基本价值立场的。事实上,他所有的认识论与方法论都在道德价值视野的范围之内,而且,这一方式从他研究政治经济学开始一直持续到了政治经济批判的成熟时期。另如,R. G. 佩弗也认为马克思虽然未能给一种成熟道德理论提供哲

---

① 〔德〕黑格尔:《法哲学原理或自然法和国家学纲要》,范扬、张企泰译,北京:商务印书馆2009年版,第188页。

② George McCarthy, "Marx's social ethics and critique of traditional morality", in *Studies in Soviet Thought*, Issue 28, 1985, p. 177 – 199.

学基础，但他的政治经济批判展示出了一种道德观，此种道德观一直相对持续地贯穿于他的著作中。他认为马克思并未停留于异化劳动或剩余价值等概念的研究领域，而是蕴含着更为深刻的价值目标与价值尺度，如自由、平等、自我实现以及伦理共同体等。马克思并未停留于功利主义地诠释资本主义，也并未追求满足某种欲念或需要，而是着眼于人的自尊与善等德性价值的。① 还如，в. п. 图加林诺夫认为马克思的批判是充满着爱与恨、激情与轻蔑、恐惧与赞赏的，是对资本主义世界的价值评判与价值批判，而不是像斯宾若莎那样不带价值目标或价值尺度地阐释自身的理论与思想的。②

马克思对西方近代价值理念的承接主要体现在他对资本主义政治经济学的批判之中。他将价值预设融入了他的论证过程中。一是在对资本主义生产关系的批判中呈现了其经济社会"资本"与"劳动""利润"与"工资""劳动力价值"与"劳动力创造的价值""有产"与"无产"之间的不平等关系。此种不平等生产关系的现实存在，凸显了马克思对于平等、公正、正义的价值诉求。二是在对资本主义商品拜物教、货币拜物教和资本拜物教的批判中，呈现了劳动阶层对于物质以及精神的匮乏，凸显了对平等、分配正义等价值理念的追求。三是在对古典经济学的批判中，揭示了其虚构的理论前提、形而上学的方法论、否定人的理论目标，呈现了"人为目的本身"的价值追求。四是在对异化劳动的批判中，揭示了资本主义的工人劳动是被迫的"强制劳动"、劳动者被劳动对象"奴役"、劳动"贬低为手段"、人与人之间的对立关系等异化现象，凸显了平等、公正、正义、人的尊严、人作为目的等价值准则。

三、马克思对以往价值理念的超越

马克思承接了以往价值理念的精华，并赋予其特有内涵。此种独特内涵与马克思关于唯物史观、剩余价值理论的两大伟大发现有内在关联。唯物史观为马克思的价值立场提供了本体论、认识论的哲学理论基础，

---

① 〔美〕R. G. 佩弗：《马克思主义、道德与社会主义》，吕梁山等译，北京：高等教育出版社2010年版，第35页。

② 〔苏〕в. п. 图加林诺夫：《马克思主义的价值论》，齐友等译，北京：中国人民大学出版社1989年版，第31页。

而剩余价值理论为马克思价值立场奠定了科学的理论基础，也使马克思的价值立场具有了批判揭露资本主义异化现实的意义。

从本体论维度看，马克思的唯物史观为其价值立场奠定了理论前提。恩格斯将唯物史观界定为"现实的人及其历史发展的科学"①。就其历史演进而言，马克思唯物史观的发展过程具有三个阶段，体现了三种范式。② 一是哲学批判范式。其致力于揭示人类社会发展的规律"是什么"。二是政治经济学批判范式。其致力于揭示唯物史观"为什么"能够为社会实践服务。三是人类学研究范式。其致力于揭示世界历史的理论使命。质言之，唯物史观将唯物主义贯彻到人类社会历史领域，用物质范畴来解释人类的演进史，具体而言，用生产力、生产关系（经济基础）、上层建筑三个层面及其矛盾运动来解释人类社会的发展史。此种观点不仅是彻底的唯物主义，而且融入了辩证法思想，形成了辩证唯物主义与历史唯物主义之间的内在结合。就唯物史观的阐释原则而言，其致力于将社会历史过程的本质，从思想、观念以及精神的领域，转入人们的现实生活，并将占据统治地位的观念世界祛魅"为意识形态的神话学"③。唯物史观揭示了"潜藏"于意识背后，起决定作用的物质世界，打破了唯心主义的"迷梦"，破除了意识对物质世界的统治，使"上帝"无处遁形，恢复了人作为目的本身的尊严与意义。由此，唯物史观就与人的价值立场、价值理念联系起来，并成为后者的理论基础。

就认识论而言，唯物辩证法坚持以人的认识活动各因素的辩证运动来揭示认识本身，为理解价值立场或者进行价值判断提供了认识论前提。列宁曾指出，辩证法就是马克思主义的认识论。马克思的认识论可以理解为他的文本及其体现出来的思想观点蕴含的，与认识本质、认识来源、认识标准和认识目的等问题相关的理论。马克思的认识论与实践具有内在关联。人类社会的实践是人类获取知识的来源，是验证知识真理性的标准，是认识的工具或者手段。对于马克思的认识论，不同学者具有不同观点。有学者认为，马克思带来的"认识论变革的实质是马克思以政

---

① 叶汝贤：《现实的人及其历史发展的科学——深入解读〈德意志意识形态〉所阐发的唯物史观》，载《哲学研究》，2008年第2期，第10—18页。
② 曹典顺：《唯物史观理论演进的研究范式》，载《中国社会科学》，2019年第8期，第4—23页。
③ 吴晓明：《唯物史观的阐释原则及其具体化运用》，载《中国社会科学》，2019年第10期，第98—115页。

治经济学批判的理论方式实现了对于历史性现实运动本身的把握"①。具体而言，一是超越了近代认识论关于认识主体与认识客体二元分立的认识框架，而以"表现—意义"关系来取代。也就是说，马克思在探讨商品、货币等范畴时，不是着眼于讨论此种范畴涉及的主客之间的符合关系，而是致力于揭示其历史意义。二是不再拘泥于内在思维与外在物质世界之间的对立维度来探讨问题。一方面，马克思对经济范畴的运用与经济历史情境的呈现是"融合"在一起的；另一方面，马克思并不直接描述经济"现实运动"，但其范畴体系又恰好呈现了现实运动。三是马克思的认识路线无须预设特定的"认识论"作为自身政治经济学批判的理论基础。因为马克思一直贯彻、持守"历史性"原则，基于范畴的"前后相继"，来认识资本主义生产方式。将此种接续性的范畴放至历史视野下来考察，由此，其就具有了"价值意义"与"价值取向"。基于此，对马克思认识论的建构，具有"重要的政治意义"②。实际上，马克思并未将科学抽象的知识之"真"作为自己唯一的知识理想，而是尝试超越自然科学与人之科学的对立关系，去揭示具有历史辩证的、自我否定结构的"科学本身"。此种辩证否定，也就是对资本主义政治经济学的批判，或者说是对资本主义自我否定的呈现。

就剩余价值理论而言，其为马克思价值立场提供了经济学维度的理论论证。剩余价值是马克思政治经济学批判的核心范畴。剩余价值蕴含了马克思政治经济学批判主要的研究对象、研究方法与研究结论。在对剩余价值的研究过程中，马克思掌握了政治经济学研究的不同方法。他强调经济现实对于经济范畴的优先性，并且，基于政治经济学代表性人物以点带面展开经济思想史的探讨。③ 马克思关于剩余价值理论的科学确立体现在《1857—1858 年经济学手稿》之中。在此手稿中，马克思剖析了资本与雇佣劳动之间的对立，揭示了资本主义生产方式的运动规律，

---

① 吴猛：《马克思政治经济学批判中的认识论变革——兼论阿尔都塞对〈资本论〉的认识论建构》，载《哲学研究》，2021 年第 2 期，第 18—29 页。
② 张盾：《马克思哲学革命中的认识论问题——以康德和黑格尔为背景》，载《哲学研究》，2021 年第 3 期，第 5—15 页、第 44 页。
③ 胡莹、卢斯媛：《〈剩余价值理论〉与马克思主义经济思想史的研究方法》，载《思想教育研究》，2021 年第 9 期，第 48—54 页。

为无产阶级反抗剥削、推翻雇佣劳动制度提供了理论武器。① 质言之,马克思基于劳动二重性、商品二因素以及可变资本与不变资本之间的区分等理论观点及其理论体系构建,科学地呈现了其价值诉求。他将理论的科学性、真理性与价值观结合起来,使价值目标、价值准则具有了坚实的经济学理论基础。

---

① 张雷声:《从异化劳动论到剩余价值论——马克思经济思想的科学变革》,载《马克思主义研究》,2022年第3期,第1—8页。

第四章 马克思价值立场在异化劳动批判中的显露

早期马克思讨论了异化劳动与私有财产之间的关系，提出了异化劳动的四个规定性，或者说是异化劳动四个方面的表现形式，即工人与其劳动产品、工人与其生产活动、工人与其类本质、人与人之间的异化。他对资本主义雇佣劳动制度下异化现象的揭示、鞭挞与批判，不是停留于表面的、粗陋的道德评判，而是通过对异化现象内在根源和本质内涵的探讨与挖掘，来深刻揭示资本主义的内在困境与尖锐矛盾。

第一节 被迫的"强制劳动"：价值立场在异化劳动中显露

在论述异化劳动四个规定性的过程中，马克思有侧重、有主次地表述了异化劳动的四个规定性。这四个规定性具有内在逻辑关系。马克思在论述第三个规定性，即人与自身与生俱来的、自由自觉的类本质相互异化时，马克思很明确地说道：要基于异化劳动的前两个规定性推导出其第三个规定性。[1] 可见马克思在这里说明了第一个与第二个规定性，即工人与其产品、工人与其行为相异化，是更为基础或更为重要的规定性，是第三个规定性的前提基础。

在论述异化劳动的第四个规定性时，马克思是这样引出人与人之间的异化关系的。马克思说道，工人与自身的生产产品、自身的生命行为、自身的类本质相互异化的直接结果就是人与人之间相互异化。[2] 在这里，马克思认为第四个规定性是前三个方面异化劳动规定性所导致的直接结

---

[1] 马克思：《1844年经济学哲学手稿》，北京：人民出版社2000年版，第55页。
[2] 马克思：《1844年经济学哲学手稿》，北京：人民出版社2000年版，第59页。

果。也就是有了前三个规定性作为基础或前提条件，才会产生第四个规定性。这里说明第四个规定性只是前三个规定性所衍生出来的结果。

由此可见，在这四个规定性中，第一和第二个规定性是最为基础的。那么，第一和第二个规定性之间是否具有主次之分呢？

马克思认为第一个规定性是从人与其产品或资本的关系方面来考察的，而第二个规定性是从劳动本身或生产行为方面来考察的。他认为第一个规定性是第二个规定性产生的结果。有了第二个规定性才会产生第一个规定性。马克思指出，生产者与其劳动结果或劳动产品的对立或异化，是源于生产行为本身的。① 只有生产活动的异化才会导致生产者与其生产产品的异化。因为，产品或劳动结果只是生产行为所产生出来的，是生产活动或行为的总结。劳动产品表现为生产行为或活动的外化，那么活动或行为本身就是具有能动性的。劳动对象或劳动结果的异化只是劳动行为本身的异化或外化的体现。只有生产行为本身的异化才会产生活动产品的异化，劳动产品的异化只是体现或总结了劳动行为的异化。可见，在马克思关于异化劳动的四个规定性中，最为基础并起着决定性作用的是第二个规定性，即工人与自身劳动行为或生产活动的异化关系。

马克思将此种异化了的生产行为或劳动活动称之为一种"异己"的、"外在"的行为。因为工人在劳动中，是"否定"自身、"感到不幸""受折磨""遭摧残""不舒畅""不自在"的自我牺牲的劳动。并且，连工人的劳动本身都是属于别人的，而非属于自己的能动性劳动。工人只有在运用自身动物机能如吃、喝时，才感觉到自己是自由的、自觉的活动。② 而在工人进行生产或劳动时，自己的感觉是实现非人的动物机能。

在马克思与恩格斯合著的《共产党宣言》中，他们也对无产者或工人异化的生产行为进行了揭示。他们讲道：工人仅当其找到工作时才能够生活或生存下去，而且，仅当其劳动能力能使资本家的资本实现增值时才会有人提供工作机会给他们。这时，工人就成了不断地出卖自己或与资本家不断地进行交换的商品或货物。由于机器的大量使用及社会分工不断深化，工人失去了独立生存或生活的性质。他们必然要依赖其他人或与机器一起运作才能生存下去。他们也就成了机器的附庸或零件，

---

① 马克思：《1844年经济学哲学手稿》，北京：人民出版社2000年版，第54页。
② 《马克思恩格斯文集》（第1卷），北京：人民出版社2009年版，第159—160页。

他们也只需要进行极为单调简单的操作。这样，他们就成了有产者的奴隶，时刻受到他们的奴役或压迫，也受到了机器、监工的奴役与压迫。[①]无产者失去了自身的独特个性，失去了自身的独立人格，失去了自身的自由自主性，而成了纯粹的工具或资本家发家致富的条件。只是他们的工资有所区别而已。马克思和恩格斯在这里对无产者境况的描述，也是对其异化行为的揭示。首先，工人只有出卖自身的劳动力才能活下去，而且，只有在自己的劳动能够给资本家带来更多利润的情况下才能被资本家所雇用。其次，工人本身沦为一种商品或等待着被利用的物品。所以，工人本身不再作为主体性的、有特质的、有个性品质的人，而是作为物、可交换的可量化的商品。再次，工人成为机器的附属物或"零件"，在劳动过程中只是被动地发挥着附带的作用，而且是从事着没有创造性、趣味性的劳动。最后，工人成为有产者的奴隶，被资产阶级奴役，而且，失去个性的、独特性的工人成了劳动的工具和手段。

在《资本论》中，马克思也描述了工人的异化境况。他写道，工人是资本家财富的创造源泉，但是其本身不可能实现发家致富的价值目标，因为他们已经被剥夺了发家致富的手段，而成为有产者实现发家致富的工具。在工人找到工作或进行生产时，他们本身就作为资本组成部分被资本家占有。所以，在此过程中，工人的劳动成果成了自身之外的他人所占有的产品。工人的劳动也并入了他人所有的产品之中。[②] 这里揭示了工人虽然是财富的创造者，也能通过自身的劳动创造财富，但是这些财富并非自己能够拥有，而是被剥夺，成了资本家的资本。这些资本反过来成为了奴役工人的敌对力量。

就马克思异化劳动的本质而言，有诸多学者进行了探讨。哈贝马斯认为异化劳动就是人变为了物而失去了主体性或自主性，人被像物一样对待[③]。而且，他认为异化劳动是马克思剖析资本主义社会的出发点[④]。他指出异化劳动并非形而上的抽象演绎，而是资本主义社会现实的体现，是一种异化状况的揭示，这正是马克思经济批判的前提条件。伯特尔·

---

① 《马克思恩格斯文集》（第2卷），北京：人民出版社2009年版，第38—39页。
② 马克思：《资本论》（第1卷），北京：人民出版社2004年版，第658页。
③ 〔德〕尤尔根·哈贝马斯：《理论与实践》，郭官义、李黎译，北京：社会科学文献出版社2010年版，第341页。
④ 〔德〕尤尔根·哈贝马斯：《理论与实践》，郭官义、李黎译，北京：社会科学文献出版社2010年版，第307页。

奥尔曼①（Bertell Ollman）基于内在关系哲学方法分析了马克思异化劳动的本质，他认为，在论证工人与其劳动行为异化时，马克思将"非异化劳动"的本质内涵设定为"积极""自由"和"肯定自己"的劳动，并将其作为论证异化劳动的理论参照点。柯梯·R. 克里思滕森②（Kit R. Christensen）对马克思和费尔巴哈关于异化劳动的理解进行了研究。他揭示了费尔巴哈是基于完整的自我意识，而凸显异化劳动的本质的，而马克思是基于自由自觉的、种的能力，而凸显异化劳动的本质的。王若水③认为马克思异化劳动的本质是一种从自身分离出的力量，逐渐与自身疏远，而成为异己的、并支配、统治自身的力量的过程。

综上可见，马克思的异化劳动本身是指雇佣工人的异化劳动过程，这一过程不是指自主自觉地发挥自身能动性的劳动，也不是指劳动的结果，而是指雇佣工人被压迫、被剥削或者为他人劳动的行为本身。

需要指出的是，马克思在《1844年经济学哲学手稿》中也讲到异化的对象不仅仅包括工人，还包括资本家。如他在论及地产时指出，作为资本的地产不仅表现为对工人阶级的统治，也表现为对所有者本身的统治。④ 可见资本主义生产方式下的处于对立地位的工人和资本家都是被资本奴役的对象。这也是资本主义生产方式内在矛盾的体现。

也有学者指出马克思所阐发的异化劳动本质还没有一致公认的解答。W. 彼特·阿基保尔德（W. Peter Archibald）认为，尽管关于马克思的异化劳动理论研究有大量文献，但令人遗憾的是，关于异化劳动是什么的观点很少有被一致认同的。他通过检视以往关于马克思异化劳动理论的研究，试图揭示异化劳动的主要问题，并指明异化劳动研究的未来方向。⑤ 他认为研究异化劳动应解决如下问题：马克思在其理论研究中的方法、研究的基本单位或基本元素、异化劳动的本质和来源等。

---

① 〔美〕奥尔曼：《异化：马克思论资本主义中人的概念》，王贵贤译，北京：北京师范大学出版社2011年版，第162页。

② Christensen, Kit R. "Marx, Human Nature, and the Fetishism of Concepts", *Studies in Soviet Thought*, Vol. 34, No. 3, 1987, pp. 135–171.

③ 王若水：《谈谈异化问题》，载中国社会科学院哲学研究所《国内哲学动态》编辑部编：《人性、人道主义问题讨论集》，北京：人民出版社1983年版，第397—398页。

④ 马克思：《1844年经济学哲学手稿》，北京：人民出版社2000年版，第46页。

⑤ Archibald, W. Peter. "Using Marx's Theory of Alienation Empirically", *Theory and Society*, Vol. 6, No. 1, 1978, pp. 119–132.

第二节　被对象"奴役":价值立场在劳动结果异化中显露

以上所探讨的是工人的劳动本身或生产行为本身的异化,这一行为所产生的结果便是商品、产品,或者说是货币、剩余价值、私有财产和资本等。这些商品或社会财富都是无产者的剩余劳动创造出来。但他们所能得到的只是维持自身生存或繁殖后代的基本生活资料或生存资料,而且只有在得到"劳动的必要对象"或工作后,才能得到生活资料。这种劳动本身也需要工人付出"最大的努力和极不规则的中断"才能占有。

马克思是将劳动结果的异化作为资本主义生产方式下的经济事实来描述的。他看到资本主义社会中工人生产劳作愈多,所创造的财富愈多,自身反而愈来愈贫穷,愈来愈一无所有,愈来愈贬值。工人所生产的对象或产品,逐渐具有独立性,而且逐步强大,不再依赖自己的创造者和生产者,而成为一种与自身创造者相异己的力量,来奴役、压迫和剥削工人。

那么,人为什么会被自身所生产的产品或商品所奴役呢?马克思认为工人的劳动耗费越多,其生产的东西或社会财富也越多,与之相应,其亲手创造的反对自己的异己力量就越大,这意味着其所创造的东西,作为与他相异的东西在他之外而成为独立的、敌对的力量。马克思对此种异己力量进行了追问,他指出它不可能是自然界,不可能是神,而"只能是人自身"①。马克思认为此种"人自身"就是资本家,是由工人与劳动之间的生产关系所生产出来的,而且,他指出私有财产也是工人与自然界、与自身之间关系的产物。他进一步指出,整个的人类奴役制就包含在工人与生产的关系之中。② 因此,这揭示了工人被自身所生产的商品奴役的根本原因。当然,在研究政治经济学的早期,马克思还只是较为粗略地论述了此种劳动的异化形式。但在此之后,马克思关于私有财产、商品、货币、剩余价值等方面的分析都反映了他并未放弃这一问题。而是将这一问题逐步深入推进,并逐步将其揭示出来。

---

① 马克思:《资本论》(第1卷),北京:人民出版社2004年版,第60页。
② 马克思:《资本论》(第1卷),北京:人民出版社2004年版,第62页。

在《1844年经济学哲学手稿》中，马克思论及了私有财产与异化劳动之间的关系。对于马克思关于两者之间关系的观点，Т. И. 奥伊则尔曼认为，就历史起源而言，异化劳动是私有财产得以产生的原因；而就概念形成过程而言，私有财产是异化劳动得以产生的缘由，异化劳动是私有财产概念演变的结果。而且，他认为马克思特别考虑到在资本主义社会中二者之间的关系不再是单方面的简单关系，而是一种相互作用的复杂关系。马克思的研究是从结果到原因的追溯，得出的结论是私有财产是外化劳动的产物和结果。因此，异化劳动是私有财产的直接原因是从历史起源来看的。但是，必须把产生私有财产的异化劳动的原始形式和异化劳动后来同私有财产一起存在和发展的历史形式区别开来。没有这种区别，也就不能理解为什么扬弃一定历史阶段的私有财产同时意味着扬弃异化劳动。①

马克思认为商品就是依靠自身属性来满足或实现人们欲望及需要的物品。② 因此人们如果要吃、穿、住、行的话，必然要进行消费，要购买不同的商品。人们的吃、穿、住、行是自身所必需的生理需要是人不可或缺的需要。如果人们的生活资料不能得到满足，那他将不能生存。可见生活资料是人生存所必需的商品。

工人一般除了拥有自己的劳动能力之外，是一无所有的。他们只能依靠出卖自身的劳动能力才能换取生活资料以维持生存。因此，工人必然要劳动，要为资本而劳动，或者说是为了生存下去必然要出卖自己的劳动力。

这样，工人就被对商品或生活资料的必然需要和本身的生存欲望所束缚而必然成为资本的奴隶。社会总资本或社会的总产品本身也是工人所创造的，因此，工人就成了自己生产的商品或劳动对象的奴隶。

既然用来交换的商品都是社会劳动的结晶，是劳动时间的消耗。那么一无所有的工人只能用自己的劳动或劳动时间去换取生活资料、使用价值或商品。可见，工人的劳动是必然的，是不可逃脱的。在这个意义上，工人是受制于自己所生产的商品或生活资料的，或者是说工人是被自己的劳动对象所奴役的。

---

① 〔苏〕Т. И. 奥伊则尔曼：《马克思〈1844经济学哲学手稿〉中的异化劳动》，见陆梅玲、陈代熙编选：《异化问题》（上册），北京：文化艺术出版社1986年版，第303页。
② 马克思：《资本论》（第1卷），北京：人民出版社2004年版，第47页。

就货币而言，马克思认为简单商品形式是货币形式的胚胎。在金子起到一般等价物的作用的时候，一般价值形式就转化为货币。在《资本论》关于"积累和扩大再生产"的探讨中，马克思指出，货币只是剩余价值相继转化而成的东西。对于此种货币资产的处理，马克思认为资本家有两种可能的处理途径：一是不断将其追加到生产资本中以实现剩余价值的增值；二是进行货币资本的贮藏以获得利息。马克思指出，在资本主义信用制度下，这些资本聚集在银行等资本家手中而成为货币资本，其不再是被动的东西，而是"能动的，生利的东西"①。正是由于货币具有此种增值能力，甚至"自行"增值的能力，这使它具有了独立性或能动性，而成为具有"主体"意味而"宰制"劳动者的东西。而劳动者正是陷入对货币不断膨胀的追求欲望之中而被其奴役。

在论及剩余价值率转化为利润率时，马克思指出，剩余价值借助于利润率转化为利润形式的方式不过是生产过程中"主客体颠倒"的进一步发展。在探讨"相对剩余价值的生产"的"协作"时，马克思指出，工人是作为独立的、单个的人与资本家或资本发生关系的，而工人之间并未发生关系。工人之间的协作是在生产过程中才开始的，在此过程中，他们已不属于自己了。他们一旦进入生产过程就被并入了劳动。因此，作为相互协作的人，作为生产有机体的肢体，他们本身不过是资本的一种特殊存在形式，工人所发挥出来的生产力也不过是资本的生产力。②工人所创造的剩余价值，即在生产过程中对劳动的剥削——也正是上述过程的进一步发展——成为"资本本身的增值"，用预付资本所获得的利润来表示。马克思指出，尽管利润率与剩余价值率的量有区别，但究其实质都是相等的同一个东西。而且前者只是后者的一种转化形式，而后者是前者的表现形式而已。但在利润率这个形式中，剩余价值的起源与存在的秘密被遮蔽、被抹杀了。而且，资本与劳动之间的矛盾在剩余价值中赤裸裸地暴露出来。在资本与利润之间的关系之中，似乎是资本自行增值或资本表现为一种对自身的关系。但此种情况是如何发生的，似乎成了资本本身所固有的秘密。③

在现代社会中，消费者被消费品"奴役"，消费者往往借助于消费

---

① 马克思：《资本论》（第2卷），北京：人民出版社2004年版，第553—555页。
② 马克思：《资本论》（第1卷），北京：人民出版社2004年版，第386—387页。
③ 马克思：《资本论》（第3卷），北京：人民出版社2004年版，第53—57页。

行为来实现自我、确证自我。鲍德里亚①在一定程度上深化了马克思关于异化消费的理论研究。他认为消费主体或消费者成了符号秩序，认为他们不再是马克思主义意义上的异化或被剥夺的主体，而主体的内涵已成为结构性的或者是语境性的东西。因此在消费社会中不再具有同一性的主体，同一的相互异化也不存在。有学者认为马克思从消费方面批判了资本主义的异化现象，并对马克思与鲍德里亚关于资本主义社会的消费批判进行了对比研究。如许斗斗②认为马克思从历史视角揭示了消费活动所蕴含的资本主义的异化劳动与剥削关系，而鲍德里亚从消费活动透视出符号化社会的另一种异化关系，从而展示了另一纬度的资本主义的社会批判。王晓升③认为鲍德里亚研究分析了马克思的异化理论，其不足主要体现在他忽略了人必然要与自然发生关系，由此而忽略了劳动或生产活动在人类历史中的奠基性地位。

第三节 自主劳动"贬低为手段"：价值立场在类本质被抛中显露

马克思在讨论异化劳动的第三个规定性时，探讨了人与自身本质的异化问题。他从几个方面说明了人的类本质。首先，人对自己属于的类以及与自己不同的类都有一种感觉或意识。人能认识到或者能感觉意识到自己是一种特殊的能动性的类，是一种不同于植物、动物的类。其次，人在实践过程中，是把自然界或劳动资料作为自身的实践对象而与人区分开。这样在实践中人就把劳动对象当作不同于自身的类，如生产原料或工具等。

在此基础上，马克思揭示了一个种的类特性就是其"生命活动的性质"，而人的类特性在于"自由的有意识的活动"。在这里，马克思认为人或人类的生命活动的特质应该是自己做主、自己决定的能动性活动，而不应是自我折磨、自我牺牲的被迫劳动。

---

① 〔法〕让·鲍德里亚：《消费社会》，刘成富、全志钢译，南京：南京大学出版社2008年版，第198页。
② 许斗斗：《消费现象的社会批判——对马克思与波德里亚之消费理论的比较分析》，载《马克思主义与现实》，2004年第6期，第71页。
③ 王晓升：《评鲍德里亚对马克思主义劳动概念的批判》，载《苏州大学学报（哲学社会科学版）》，2009年第1期，第1页。

马克思还从人类与动物的区别进一步说明了人的类本质。他认为动物不能将自己与自己的生命活动区分开来，或者说是把自身生命活动当作自己意识或认识的对象。动物是直接依据自身的本能或直接的欲望而活动的，它们与自己的生命活动是直接的"融为一体"的。而人类不同，人类的活动是自身意识或意志控制的对象，而不是由本能直接控制的或者与本能合为一体的对象。马克思认为正因为人有意识、有思想，所以才能成为类的存在。人有不同的、诸多的意识或想法，这是人作为类存在的基础。因为假如人没有自己的意识，那将会与动物一样也没有自己的类的感觉、意识或认识。

人不仅能改造世界，而且能创造自己的对象世界。人能够用各种"尺度"来创造多种多样的产品、生产资料等，甚至能创造自己的生活方式。人还会用审美的观点来改造或生产对象世界。人在改造世界的过程中具有自身能动性，能发挥自身多方面的长处，能克服自然环境和自身生理的局限来创造对象世界。但是动物只能局限于自己的或自己幼崽的直接需要或肉体需要。它们的活动只是维持自己的生命或繁殖后代，而不会生产其他对象。

基于以上对人的类本质的认识，马克思认为资本主义社会的雇佣劳动正是一种异化了的劳动，是一种类本质被抛弃的劳动，或者说是人与自身的类本质相异化的劳动。

马克思认为人的自主劳动应该是一种人实现自我的享受，是对自身的一种肯定，是一种自由自在的、自由发挥的活动。这样的人的活动是人类本质的体现，也是人活动的目的本身。但在雇佣劳动制度下的生产活动反而使人背离这种类本质的活动，背离这种目的本身，而变为工人维持自身生存的活动。这就与动物的活动相一致了。人自己的生产活动也就是满足自己的生命生存、繁殖后代或者自己直接需要的活动。因此，人的活动也就变成了一种满足自己需要的手段或工具。

那么，马克思为什么将自主劳动或自由的、有意识的劳动视为人的类本质呢？

马克思指出自由而有意识的活动就是人的类特性或类本质。因为人能够将自身的劳动变为自身意志或意识对象，并通过劳动来证实自身的能力或实现自己的目的。而动物的活动不具备此种特征，它们基本上只是处于无意识状态或只是单纯地被感性的欲望或目标所驱使。人恰恰是借助于劳动来创造对象世界或改造自然界以证成自身是具有意识的存在物。①

在《德意志意识形态》中，马克思也讲到，当人开始进行劳动生产时，人本身就将自身与动物区分开来。人在生产自身的生活资料时，也是生产自身的物质生活本身。而且，"个人怎样表现自己的生活，他们自己就是怎样。因此，他们是什么样的，这同他们的生产是一致的——既和他们生产什么一致，又和他们怎样生产一致"②。这就言明了劳动生产决定着人是什么样的人，或者说是人通过劳动生产过程中反映出了其是什么样的。可见，人正是在劳动生产过程中证成了自身的类本质。

在《资本论》中，马克思也阐释到，虽然蜘蛛的活动与织工的劳动相似，但其本质区别在于人类参与劳动之前，就在自身头脑中形成了劳动结束后所应得到的结果。这个结果在此劳动过程开始时就已经在劳动者的表象或观念中存在。劳动者不仅使自然物发生变化，而且，还通过自然物来实现自身的目的。这个目的是他心中明了的，并决定着其劳动方式的。劳动者在劳动过程中必须使自身意志服从于这个目的。③ 这里马克思阐明了有意识的劳动是人区别于动物活动的本质特性，而且人也正是通过劳动来有意识地实现自身的目的。

恩格斯在《自然辩证法》中论述了劳动在从猿到人的转变过程中所起的作用。他指出，劳动"是一切人类生活的第一个基本条件，而且达到这样的程度，以致我们在某种意义上不得不说：劳动创造了人本身"④。恩格斯论述了猿在活动中逐步实现直立行走，使手得到了自由。他指出手不仅是劳动的器官，还是劳动的产物。他指出语言也是基于劳动而产生的。正是由于语言与劳动两者的推动，猿脑才逐步进化到人脑。由此，恩格斯指出，人类社会区别于猿群的特征就是劳动。⑤ 他认为人与其他动物最终的本质区别在于：动物只是利用外部自然界，或简单地通过自身的活动引起自然界产生变化，而人能支配自然界，使自然界来为人的目的服务。恩格斯认为造成此种本质区别的原因就是劳动。⑥

薛德震与杨昭认为马克思在考察人的本质时，首先就抓住了劳动，

---

① 马克思：《1844年经济学哲学手稿》，北京：人民出版社2000年版，第57页。
② 《马克思恩格斯选集》（第1卷），北京：人民出版社2012年版，第147页。
③ 马克思：《资本论》（第1卷），北京：人民出版社2004年版，第208页。
④ 《马克思恩格斯选集》（第4卷），北京：人民出版社2012年版，第988页。
⑤ 《马克思恩格斯选集》（第4卷），北京：人民出版社2012年版，第378页。
⑥ 《马克思恩格斯选集》（第4卷），北京：人民出版社2012年版，第383页。

并且认为劳动是人区别于动物的本质属性,是人类生存与发展的第一个前提,因而也是唯物史观科学思想体系的逻辑起点。① 而且,他们进一步认为,马克思正是基于人与自然之间的关系抽象出了生产力与生产关系的概念,并以此为理论基石构建了唯物史观的逻辑体系。

就马克思本人及其他学者的论述可知,劳动不仅是人类得以生存与发展的首要前提,而且也是人得以成就自身的原因。人正是通过劳动才与动物逐步区分开来,而证成人之为人的独特本质。而且,马克思在《1844年经济学哲学手稿》《德意志意识形态》和《资本论》等文献中都提到人类的劳动是蕴含意识的,有目的的劳动,而且指出此种劳动是人本质属性的体现。

马克思在论述此种人的本质属性时,体现了他对人性自由这一价值取向的追求。他往往将人的有意识的劳动视为自由的劳动。在论述异化劳动时,他指出劳动本身应该是自由地发挥自身的体力与智力的活动,应该是感到自在的活动,应该是自愿的活动。在《德意志意识形态》中,马克思提到,共产主义社会的人们可以在"任何"部门发展,可以"依据自身兴趣"来从事不同的工作。他们可以在不同的时间从事不同的工作,并可以避免单一的工作或固定化的工作方式。在《资本论》中,马克思指出了劳动过程的简单要素就包括有目的的活动。此种劳动的目的性体现了人们在劳动中的自主性与自由的价值选择。有学者指出异化劳动阻碍了此种劳动自主性与自由选择。哈利·布里格豪斯②(Harry Brighouse)指出人类社会所具有的公共性或人性必然要求他们借助于创新活动与多元活动或多元要素追求自我实现,但是多种形式的异化劳动阻碍了此种自我实现。

第四节 人与人"相对立":
价值立场在生产关系异化中显露

马克思认为人与其劳动产品的异化、人与其劳动行为的异化、人与

---

① 薛德震、杨昭:《马克思关于人的学说与费尔巴哈的人本主义》,见中国社会科学院哲学研究所《国内哲学动态》编辑部编:《人性、人道主义问题讨论集》,北京:人民出版社1983年版,第151页。

② Harry Brighouse, "Should Marxists care about alienation?", *Topoi*, Vol. 2, Issue. 15, 1996, pp. 149 – 162.

其类本质的异化的直接结果就是人与人之间的异化。因为当人与自身相对立或相异化的情况下，人也会与其他人对立或相异化。人与自身这三个方面的异化关系也是适用于他人的类本质、他人的产品、他人的劳动活动的。

马克思认为，他人的类本质也是自己的类本质，只要人与自身类本质相异化的话，也相应地会与其他人的类本质相异化。即整个人都与类本质相异化，或类本质与整个人都是相异化的。这说明在资本主义雇佣制度下的人都是异化的。那么，他们之间的关系也就是相互异化的关系。

马克思还认为，一般而言，人与自身之间的关系要借助于人与他人之间的关系才能够表现出来，也只有借助于人与他人之间的关系才能实现。[①] 这一方面显示了马克思是从整体上来理解和认识人与人之间的异化的，所有个人的全面异化归根结底是整个社会的异化，整个社会的异化也是表现为人与人之间的异化；另一方面，马克思是从普遍联系的观点来看人与人之间的异化的，在社会生活中具体的人总是处在特定历史条件和环境中，也处在相互交错的社会关系中，他们必然要进行各种社会交往与经济交换。由此，人总是社会的人，总是感性的人。在资本主义生产条件下必然是异化的人，而且，表现为人与人之间的异化，表现为人与人之间的纯粹经济关系。另外，人对自身异化的理解与认识也要通过与其他人的相互交往或相互比较才能实现。人具有自身异化的意识，恰恰是基于对其他人超越自己或自我实现行为的认识或理解。只有在社会或集体生活中，人才会逐步形成人与人之间关系的认识。

在《1844 年经济学哲学手稿》中，马克思并未用足够的笔墨或系统严密的论证来探讨人与人之间异化关系这一问题。但在该手稿关于类本质的第 40 个注释中，可以看到人与人相互异化的一个依据。这里讲到，真正的人、真正的生活是以相互之间的爱为前提条件的，或者说是以友谊与善为前提条件的。爱、友谊和善等价值准则或价值尺度都是类的自我感觉，即将个人归属于群体这种能动的意识。[②] 这虽然讲的是费尔巴哈的观点，但马克思正是依据他所阐发的人与人之间应该是友爱的、善

---

① 马克思：《1844 年经济学哲学手稿》，北京：人民出版社 2000 年版，第 55 页。
② 马克思：《1844 年经济学哲学手稿》，北京：人民出版社 2000 年版，第 201 页。

良的关系①而判定雇佣劳动生产条件下的人与人之间的相互异化关系。

在马克思看来,人与人之间的异化最主要表现为工人与资本家之间关系的异化,或者说是无产阶级与资产阶级之间关系的异化。马克思认为工人"生产"出了资本家,或者是说"生产"出了"劳动的主人"②。随着资本主义社会的发展,整个社会的对立简单化了,而且,日益分裂为两个相互敌对、相互对立的阶级。资产阶级作为资本主义力量的代表,他们使以往受人尊崇或令人敬畏的职业及其职业的从业人员都变为雇佣劳动者,即领取工资的并被资本家出钱招雇的工具,这正是资产阶级与雇佣劳动者之间异化关系的体现。以往不同的"神圣"职业都变成了依靠出卖劳动力来换取生活资料的雇佣劳动者。以往整个社会的复杂关系,主要变成了资产阶级与无产阶级的对立关系。

另外,马克思认为,资本主义社会的家庭关系都变了味。他讲到,资本使以血缘关系为基础的家庭关系也变成了金钱关系。③ 在雇佣劳动制度下,纯粹的金钱关系取代了温情的血缘关系或亲情关系。

马克思分析了资本主义的信用关系。在信贷关系中,可信任的人、诚实的人是"有支付能力的人"④。信任不再是指代一个人的内在品质和美好德性了。在人与人之间的信任关系中"隐藏着极端的不信任"和虚伪。一个人是否被认为讲信任,在资本主义现实社会中是由其归还债款的能力来衡量判定的。信任由一个道德的词汇变成了隐含非道德因素的词汇。一个人的品质或德性的标准变成了他的"支付能力"与"还债能力"的大小。马克思指出,就信贷关系而言,人并不能取消或消灭货币,而是人本身成了货币,或者说是人与货币融为一体。因此,人的人性、个性及道德本身都成了可以买卖的物,成了与货币融合于一体的物。⑤ 所以,在信贷关系中,放款人与贷款人之间的关系不是表面的真正的信任关系,而是赤裸裸的经济关系或金钱关系。

最后,马克思论述了劳动力的买方与卖方之间的关系。就劳动者一方而言,他们一是一无所有,不具备实现自己劳动的条件;二是他们有

---

① 这里的提法可参见马克思的《1844年经济学哲学手稿》注释40,北京:人民出版社2000年版,第201页。
② 马克思:《1844年经济学哲学手稿》,北京:人民出版社2000年版,第61页。
③ 《马克思恩格斯选集》(第1卷),北京:人民出版社2012年版,第403页。
④ 马克思:《1844年经济学哲学手稿》,北京:人民出版社2000年版,第168页。
⑤ 马克思:《1844年经济学哲学手稿》,北京:人民出版社2000年版,第169页。

出卖自己劳动的自由。就资本家而言，他要把自己占有的货币变为资本就只能或必须在商品市场上购买到自由的工人。这就形成了劳动力的买卖市场和劳动力的买卖关系。马克思认为此种关系并非自然而然的关系，也并非是所有历史发展过程中都共有的社会经济关系，而是以往社会历史演进的结果，是多次经济革命的结果，是一系列腐朽陈旧的社会生产方式不断被否定的产物。① 这里可见，马克思对人与人之间异化关系的观点发生了微妙的变化，一方面是他没有用道德的说教或控诉来揭示这种人与人之间买卖的异化关系；另一方面，马克思也未频繁地使用异化这样的概念或术语来给这种劳动力买卖关系的现象定位，而是近乎冷峻地将自己的情感隐藏起来，把这种人与人的异化关系归结为一种历史发展的必然。

关于资本主义社会人与人之间的异化有学者进行了研究。如科索拉波夫曾指出，资本家只是一种人格化资本或资本的执行职能，正如工人只是人格化劳动或劳动执行职能一样。此种劳动对工人来说是一种痛苦，而对资本家来说，是增加财富的实体。可见，有产者对无产者的宰制就是物、"死劳动"或产品对"活劳动"或劳动者的压迫与奴役。

第五节　劳动与生产资料的分离：
价值立场在异化劳动形成中显露

上面阐述了马克思对劳动异化四个方面的阐释，这四个方面比较完整地揭示了资本主义生产条件下的异化现实与异化规律。那么，异化劳动是如何形成的？或者说，它的根源是什么？上面分析得出，马克思认为异化劳动四个规定性中最为根本的是人的劳动行为的异化。劳动活动的异化构成了其他三个方面异化的基础，其他三个方面的异化需要由这一方面来说明或规定。因此，首要的是分析人的行为或劳动活动的异化根源。

关于马克思所提出异化劳动的根源，有诸多学者基于对马克思异化理论的不同解读，从不同维度提出了独到观点。如 И. С. 纳尔斯基认为，在《资本论》的完成稿中，异化劳动的深刻根源和前提都得到了揭示。

---

① 马克思：《资本论》（第1卷），北京：人民出版社2004年版，第197页。

这些根源和前提就是起源于劳动的一分为二，即辩证地分为抽象劳动和具体劳动，这个过程早在商品生产开始出现的时候就发生了。① 商品生产使劳动本身"分裂"为具体劳动和抽象劳动。具体劳动反映了人与自然的关系，而抽象劳动反映出了社会生产关系。具体劳动是指劳动的个性，而抽象劳动表现了劳动的实质或共性。具体劳动能否转化为抽象劳动，有赖于商品交换的实现。如果商品交换不能实现，具体劳动就得不到社会的承认，具体劳动就不能还原为抽象劳动，因而商品生产者的抽象劳动也不能实现。于是，具体劳动与抽象劳动的对立形成了异化劳动的根源。另如，Ю. Н. 达维多夫认为物的生产同时也是特定的人与人之间关系的生产。社会劳动过程蕴含了物的自然规律的影响与作用以及主体间社会规律的影响及作用。就自然规律而言，劳动体现为物与物之间相互作用的过程，其具有特定的物理结构，并且受到自然规律的支配与控制。就社会规律而言，劳动具有一定的社会属性或社会功能，其功能与属性由其所处的社会语境所构建。可见，劳动的社会规律与自然规律之间的矛盾与对立构成了异化劳动的根源。还如，达维多夫认为异化劳动的根源在于劳动的积极方面与消极方面的分裂。积极劳动是一种创造性的、自我实现的劳动；消极劳动是一种破坏创造力的、变态的、畸形的劳动。邓晓芒认为马克思所揭示的异化的根源在于社会分工，此种社会分工表现为人的精神与肉身、精神活动与生产的生命活动之间分离。②

以上学者分别基于劳动过程中所蕴含的具体劳动与抽象劳动、自然规律与社会规律、积极方面与消极方面、脑力劳动与体力劳动等二元分立的矛盾揭示了异化劳动的根源。他们一般是基于辩证法来分析异化劳动的根源的。这些观点在一定程度上反映了异化劳动的普遍性特质，但与马克思异化劳动理论的出场视域及其对异化劳动起源的具体分析有一定偏差。他们忽略了马克思是基于资本主义私有制内在矛盾——劳动者与其劳动资料所有权之间的分离——来阐发与揭示异化劳动的根源的。

就异化劳动与私有财产之间的关系而言，马克思在青年时期就作了深刻阐释。他认为异化劳动导致私有财产或者私有制，后者是前者的

---

① 〔苏〕И. С. 纳尔斯基：《马克思理论遗产中的异化问题》，见中国社会科学院哲学研究所《国内哲学动态》编辑部编：《异化问题》（上册），北京：文化艺术出版社1986年版，第323页。

② 邓晓芒：《劳动异化及其根源》，载《中国社会科学》，1983年第3期，第155页。

"产物""必然后果"。私有财产或者私有制发展到一定阶段，就与异化劳动成为一种"相互作用"①"互为表里""相互拱卫"的关系了。马克思认为异化劳动的概念主要强调人的活动的外化或异化，而私有财产的概念主要强调人对财产的占有，同样，他认为"占有表现为异化、外化"，反过来，"外化表现为占有"②。可见，异化劳动与私有财产之间的关系也体现为异化与占有之间的关系，此两两相对的概念只不过是同一种关系不同方面的体现。可见，马克思揭示了异化劳动与私有财产的同一性。私有财产只不过是异化劳动的积累。马克思认为私有财产的最初形式是地产，而只有地产发展到工业资本时，劳动才作为一般劳动得到社会的承认，到这个时候，"私有财产才能完成它对人的统治"③。马克思异化劳动与私有财产制度具有内在关联。商德文④认为异化劳动是马克思基于其与资本主义私有制之间的关系而得以理解与认识的，基于这一层关系来解读异化，给予了异化概念不同于以往理解的新含义，而并不是局限于道德或自然历史的观点去解读异化劳动问题。

当然，除了阐释异化劳动是私有财产的成因之外，马克思还从其他角度探讨了私有财产的缘起。在《资本论》中，马克思进一步对私有财产的来源进行了追问。在探讨"资本积累"时，他批判了资本主义经济学用类似于神学的"原罪"来解释私有财产的起源。他指出私有财产的缘起并非可以像资本主义经济学那样用"奇闻异事"或乏味的"儿童故事"来进行阐明。马克思认为在私有财产真正的形成史上，"征服、奴役、劫掠、杀戮，总之，暴力起着巨大的作用"⑤。因此，私有财产不是像资本主义经济学那样"田园诗"式的东西。

马克思分析了资本主义私有财产的形成与产生的前提条件，即两种不同的商品占有者相互对立与接触：一方面是货币、生产资料与生活资料的占有者；另一方面是劳动力的占有者。前者购买后者的劳动力来实现自身占有的价值的增值；后者与生产资料分离成为自由的劳动者。这里的两极分化形成了资本主义生产的基本条件。马克思认为资本关系是

---

① 马克思：《1844 年经济学哲学手稿》，北京：人民出版社 2000 年版，第 61 页。
② 马克思：《1844 年经济学哲学手稿》，北京：人民出版社 2000 年版，第 63 页。
③ 马克思：《1844 年经济学哲学手稿》，北京：人民出版社 2000 年版，第 76 页。
④ 商德文：《论马克思经济异化理论的形成及其特点》，载《北京大学学报（哲学社会科学版）》，1981 年第 1 期，第 21 页。
⑤ 马克思：《资本论》（第 1 卷），北京：人民出版社 2004 年版，第 821 页。

以劳动者与其劳动实现条件的所有权的分离为条件的。资本关系的创造过程就是劳动者与其劳动条件的所有权分离的过程。此过程使生活与生产资料转化为资本,也使直接劳动者转化为雇佣工人。由此可见,原始积累或原始的私有财产的形成就是生产者与生产资料之间分离的历史过程。① 马克思指出在私有财产得以形成或资本家阶级得以形成的推动作用因素之中,首要的因素就是"大量的人突然被强制地同自己的生存资料分离,被当作不受法律保护的无产者抛向劳动市场。对农业生产者即农民的土地的剥夺,形成全部过程的基础"②。

在分析生产资本的循环时,马克思指出私有财产的来源或资本的积累是由于生产出来的剩余价值演变为资本或剩余价值资本化。生产的扩大或再生产的资本是由原有资本价值加上此种资本运动所积累起来的资本的价值的构成。③ 作为私有财产的化身,资本家的生产不是为了商品本身,也不是为了商品的使用价值或其他人对商品的消费,他们是为了生产一个超过预付资本的价值余额。他们也只有用他们预付资本中可变资本的价值与工人的劳动能力进行交换,并剥削工人剩余劳动时间或剩余劳动价值,才能使他们所交换得到的价值变成丰厚的资本利润。此种有产者对无产者的占有就使生产者变为雇佣工人,而使有产者变为资本家。④ 由此可见,资本家对利润的追逐也是异化劳动的形成基础,资本家的利润或他的资本的增值必然来自对工人剩余劳动的剥削。他们迫使工人为自己生产更多的剩余价值。马克思也指出,资本或资本家所进行的生产对于他们所累积起来的或者说对象化在商品中的"死劳动",是异乎寻常地节约或吝啬的。而对于生产工人或者"活劳动"的浪费,是异乎寻常地超过以往各种社会形态的生产方式,其不但非理性地耗费血与肉,还非理性地耗费大脑和神经。⑤ 可见,资本不会顾及劳动者的辛劳与血汗,而只会按资本的价值规律来使自身增值。这里增值的资本与原付资本就构成了扩大或再生产的资本,即私有财产的起源与形成。

---

① 马克思:《资本论》(第1卷),北京:人民出版社2004年版,第822页。
② 马克思:《资本论》(第1卷),北京:人民出版社2004年版,第823页。
③ 马克思:《资本论》(第2卷),北京:人民出版社2004年版,第93页。
④ 马克思:《资本论》(第3卷),北京:人民出版社2004年版,第49—50页。
⑤ 马克思:《资本论》(第3卷),北京:人民出版社2004年版,第103页。

需要指出的是，一个人参与或进行何种活动是由他的动机或需要驱动的。工人的异化劳动也是由他们的动机或需要驱动的。工人本身是一无所有的，唯一拥有的是可以出卖的劳动能力。而工人要生存下去或繁殖后代的话，必然需要必要的生活资料。这就使工人只能通过劳动力市场出卖自己的劳动力，以换取自己必要生存条件。出卖自己劳动力是工人为资本进行劳动的开始，也是工人异化劳动的开始。在上面也分析了资本家的异化，因为在工人为自己的生存而"苦恼"时，资本家也在为自己"死钱财的赢利而苦恼"。资本家的机器等生产资本只要与工人相脱离就会变成废铁，不但不能生产出利润，而且，整个固定资本也会迅速地贬值。因此，资本家必然要到劳动力市场上去购买自己生产所需要的劳动力，组织生产、进行生产。

就异化劳动与价值立场之间的关系而言，马克思基于唯物史观视角，凸显了价值目标与价值选择在异化劳动研究中的核心地位。在马克思异化劳动理论研究中，有学者揭示了马克思的价值取向与价值准则，在一定程度上涉及了马克思的价值批判方式。杨适[①]认为异化劳动概念是马克思对前人学说的批判继承和根本突破。异化劳动理论将人类社会的发展奠基于生产劳动这一基础之上，并借助于对异化劳动理论的扬弃而实现自身发展。这一认识与理解为马克思创建唯物史观奠定了一定理论基础，也使马克思发现了唯物史观的基本线索。韩庆祥[②]认为异化劳动概念具有社会历史因素，也具有价值因素。在马克思异化劳动理论中，他将人、人性以及人的意义等价值因素放在异常重要的位置，并结合资本主义生产过程中的异化现实来考察论述。卞绍斌认为，马克思异化劳动理论来源于费尔巴哈人本学，带有浪漫主义色彩。由此，马克思的异化劳动批判只是一种外在的价值批判，[③] 是一种基于"价值悬设"而对资本主义异化现实所进行的批判。张之沧认为，从马克思对劳动异化和资本奴役的批判，到对工厂劳动条件和剥削后果的抨击，都表明马克思对资本家、统治阶级暴行所表现的无限愤慨和对美好世界的热切渴望，证

---

① 杨适：《关于评价马克思〈一八四四年经济学哲学手稿〉的一些问题》，载《中国社会科学》，1981年第6期，第67页。
② 韩庆祥：《关于马克思异化劳动理论的几个问题》，载《北京大学学报（哲学社会科学版）》，1988年第5期，第66页。
③ 卞绍斌：《唯物史观：纯粹实证科学还是哲学的社会批判学说——马克思社会批判理论辨析》，载《理论探讨》，1998年第6期，第55页。

明他是站在全人类立场上和人性人道立场上批判资本主义的。① 此种批判凸显了他的价值理念与价值目标在异化劳动理论构建中的重要支撑作用。

---

① 张之沧等：《西方马克思主义伦理思想研究》，南京：南京师范大学出版社 2008 年版，第 290 页。

第五章 马克思价值立场在拜物教批判中的表现

马克思拜物教批判的主旨在于揭示以商品、货币或资本为形式的物具有了人性、社会性,具有了人或远远超越于人的能量与力量,此种力量不仅使人像崇拜神一样崇拜它,而且迫使人们像崇拜神一样崇拜它。马克思拜物教的具体形式主要有商品拜物教、货币拜物教和资本拜物教三种。这三者虽具有独立性,但又是一个系统整体,具有内在关联。

第一节 马克思价值立场在商品拜物教批判中的表现

在《资本论》的第一章,马克思详尽考察了商品。通过对商品的分析,发现了如果在商品中抽掉使用价值,即抽出那些使劳动产品成为使用价值的物体的组成部分或形式,那么,商品的一切可以感觉到的性质都隐匿了。商品就只剩下"幽灵般的对象"——无差别的人类劳动的积累。就此视角而言,所有的商品"都只是一定量的凝固的劳动时间"①。接下来,马克思在这一章的第二个部分揭示了这两种价值的来源。也就是商品中蕴含的抽象劳动与具体劳动。抽象劳动生产出的是商品的价值,而具体劳动生产出的是商品的使用价值。因为使用价值作为具体的、可感觉到的性质是没有什么神秘性的,而价值表现出了商品的社会性或人类劳动。在商品的价值中,不存在物质的东西,不论你如何观察或分析作为物的商品,你不可能在其中发现价值或价值物。可见,当商品作为价值时总是神秘而不可捉摸的。② 这里,马克思通过对商品的考察,区

---

① 马克思:《资本论》(第1卷),北京:人民出版社2004年版,第53页。
② 马克思:《资本论》(第1卷),北京:人民出版社2004年版,第61页。

分了商品的使用价值和价值；并进一步揭示了商品具有物又超越于物、能够感觉到又超越于感觉的神秘性质或特征。马克思用"形而上学的微妙"和"神学的怪诞"来描绘资本主义的商品拜物教现象。

马克思认为当劳动的产品成为商品时，就产生了商品的"神秘"性质。他对此种神秘性质的根源进行了分析。就商品的使用价值而言，物的有用性使商品成为使用价值，或者说是商品具有满足人们需要的属性使商品成为使用价值。商品的使用价值就是商品体本身。使用价值正是商品的质的规定性。商品的使用价值本身没有包含神秘因子，不会产生商品的"神秘"性质。

而就商品的另一个规定性价值而言，一方面商品的价值在于人体的大脑、神经、肌肉和感官等消耗，马克思将其称为"生理学上的真理"。这些都是可感觉的消耗，并没有什么神秘的地方。另一方面，规定商品价值的是生产商品所花费的时间。这些时间是可以度量的，不可能产生什么神秘性质。质言之，商品的价值规定都是商品量方面的规定，都可用数量来衡量，不是商品神秘原因的来源。

那么，劳动产品一旦采取商品形式就产生神秘性质的来源是什么呢？马克思指出此种神秘性质来自商品形式本身。① 他认为人类的劳动具有等同性，此种等同性被劳动产品的物的形式所取代，或者说是人类劳动的时间耗费被劳动产品的价值形式所取代。劳动者之间的生产关系或社会关系被生产的商品或产品的社会关系所取代。可见，商品形式使商品或劳动产品的物的性质取代了生产劳动的主体间性质，商品物的属性似乎具有天然的社会性质。而且，商品形式使处于劳动者之外的商品之间的关系取代了劳动者与社会总劳动之间的关系。以上取代关系使劳动产品转化为商品，并使商品成了可以感觉得到的又超乎感觉的具有社会属性的物。这里，马克思对商品拜物教的根源从几个方面进行了说明：一是商品这种物的形式负载了人类在劳动过程中所耗费的脑力和体力；二是商品这种物的形式负载了人类劳动过程所花费的时间。这样，商品就取得了人们本身劳动的社会性质。因此，商品形式和它的价值关系"只是人们自己的一定的社会关系"。②

商品变成了具有独立性的、赋有生命的东西，它们不但自己之间相

---

① 马克思：《资本论》（第1卷），北京：人民出版社2004年版，第89页。
② 马克思：《资本论》（第1卷），北京：人民出版社2004年版，第90页。

互发生关系，还与人之间发生关系。这样就形成了拜物教。马克思把此种拜物教性质的来源归纳为"生产商品的劳动所特有的社会性质"①。劳动产品具有社会性质，一方面是因为私人劳动产品的总和构成了社会总产品，社会总产品只能来自不同的私人劳动产品；另一方面是因为私人劳动的社会性质只有通过私人之间的相互交换才能得以实现。正是由于私人产品的相互交换，产品与产品之间、产品占有者与产品占有者之间才能发生关系。因此，私人劳动的社会关系就"表现为人们之间的物的关系和物之间的社会关系"②。这里归根结底是由于劳动产品作为价值而表现出来的就是人们生产它们所耗费的劳动时间。这种生产某种产品所耗费的社会必要时间，是私有劳动者交换自己产品的内在尺度或自然规律。

与之相应，诸多学者探讨了马克思的商品拜物教。如考茨基认为马克思的商品拜物教是指商品具有超自然的神秘性，而且此种神秘性使商品的性质不易识别，甚至不能认识；纳尔斯基认为马克思的商品拜物教是指人们之间异化的社会关系在意识中的物化；莫里斯·A. 菲诺基亚罗认为马克思的商品拜物教是一种蕴含神秘性质的关于商品认识、理解或感觉的现象，此种认识、理解和感觉似乎意味着形而上学或神秘主义；唐正东认为马克思拜物教批判理论揭示了资本主义生产过程的内在机理，如此等等。

马克思商品拜物教批判之所以重要的原因在于它揭示了物与物之间的关系背后隐藏着人与人之间的关系。如莫里斯·A. 菲诺基亚罗（Maurice A Finocchiaro）研究了马克思的商品拜物教理论③；他认为马克思的商品拜物教是一种似乎蕴含有神秘意味的关于商品认识、理解或感觉的现象，这种关于商品的认识、理解或感觉似乎意味着形而上学、神学或神秘主义，也似乎意味着对优良品质自我实现的阻碍。马克思所揭示的资本主义经济特点，即生产出来的商品的首要意义是用来出售的，而不是归生产者所使用的。生产者可以通过商品交换而得到生活的必需品。因此，商品是人们之间交换关系的纽带。此种交换关系的基础也就是商

---

① 马克思：《资本论》（第1卷），北京：人民出版社2004年版，第90页。
② 马克思：《资本论》（第1卷），北京：人民出版社2004年版，第90页。
③ Maurice A. Finocchiaro, "Fetishism, Argument, and Judgement in Capital", *Studies in Soviet Thought*, Vol. 38, No. 3, 1989, pp. 237–244.

品的价值。而商品的价值是由生产该商品的社会必要劳动时间所决定的。这样,商品中的交换关系也就是人们生产劳动时间的交换关系的必然推论。商品价值体现了有形的、现实的人们之间的社会关系。这也就是商品拜物教之所以重要的原因。

考茨基对马克思的商品拜物教进行了形象说明。劳动者的产品或商品具有了神的性质或能力,或具有了一种超自然的神秘性。此种神秘性质不仅难于认识,甚至不能理解。此种拜物教性质也只有借助于马克思的深刻揭示才被人们予以理解与把握。① 伊·谢·纳尔斯基也阐释了马克思的商品拜物教的内涵,他认为异化的意识就是商品拜物教②,或者说是主体间异化关系于意识中的体现或呈现。因此,商品拜物教不仅表现在意识形态,如道德、宗教、法律等方面的异化,还表现在日常生活行为方面的异化等。昆汀·刘易斯（Quentin Lewis）认为诸多学者假定商品拜物教是马克思资本理论的实质,这种理论观点是有疑问的。他通过对马克思在伦敦生活的物质世界的"考古",认为商品拜物教理论的形成建基于他的日常实践,包括日常购物、烟草的消费以及在伦敦博物馆研究的结合。③ 有学者从商品拜物教视角透视了马克思对生产的批判。唐正东④认为马克思的商品拜物教批判是对资本主义生产过程内在机制的透视,马克思凸显了劳动者在生产过程中不仅肉体上被异化,而且在观念意识上也接受和认同了异化的或物化的现实。袁恩桢⑤认为,商品内在的劳动社会性质表现为劳动产品本身的物的性质或天然属性,商品拜物教的根源就在于生产商品的劳动所特有的社会性质。

综上可知,商品拜物教的实质是商品生产者个体的私人劳动转化为社会总劳动的一部分,此种个体与社会之间的劳动关系已不为商品生产者个体所掌握,反而成为支配商品生产者个体的一种异己力量。所以对

---

① 〔德〕考茨基:《资本论解说》,戴季陶、胡汉民译,北京:九州出版社2012年版,第11页。
② 〔苏〕伊·谢·纳尔斯基:《异化与劳动》,冯申译,长沙:湖南人民出版社1987年版,第131页。
③ Quentin Lewis, "Shopping with Karl: Commodity fetishism and the materiality of Marx's London", *Archaeologies*, No. 6, 2010, pp. 150 – 166.
④ 唐正东:《马克思拜物教批判理论的辩证特性及其当代启示》,载《哲学研究》,2010年第7期,第5页。
⑤ 袁恩桢:《从异化到商品拜物教——重读马克思的商品拜物教理论》,载《毛泽东邓小平理论研究》,2007年第6期,第8页。

于商品的崇拜实质上是对此种关系的崇拜。

第二节 马克思价值立场在货币拜物教批判中的表现

马克思在政治经济学批判中关于货币拜物教有一个逐步深入的阐发过程。在研究经济学早期,马克思主要是直接描述了货币拜物教的一些表面形式,而未能基于资本主义经济运行或商品交换的内在规律来进行揭示。他在《詹姆斯·穆勒〈政治经济学原理〉一书摘要》中揭示了货币作为中介是人或社会行为的异化,其具有了独立性质。他指出货币统治着人,并成为人们顶礼膜拜的神明或上帝。他在《1857—1858年经济学手稿》中指出货币与其他各种商品有本质区别的同时,自身也成了与其他商品并列存在的交换价值,并且,货币与劳动者之间形成一种异化关系。在《政治经济学批判。第一分册》中,马克思既阐明了货币与社会权力、社会关系之间的内在关联,也揭示了"货币的颠倒"现象,即货币由原来作为手段的东西变成了目的本身。在《资本论》中,马克思通过价值形式的历史考察阐明了货币的起源,揭示了货币与商品的内在关联。他最后阐释了货币拜物教与商品拜物教的内在同一性,并指出前者不过是后者更为明显的形式而已。

在《1844年经济学哲学手稿》中,马克思描述了货币拜物教的现象:货币被当作"万能之物",货币是"勇敢的马尔斯(古罗马神话中的战神)",是"永远年轻韶秀、永远被人爱恋的娇美的情郎",是"有形的神明"①。马克思还引用歌德与莎士比亚的诗句来阐释货币的本质。货币不仅能买到生活资料,还能买到美女和"有头脑的人"。货币决定着人的本质和特性,它能使"卑贱变成尊贵","懦夫变成勇士",而且,货币成了人的本质和特性。货币的特性就是货币占有者的特性与本质力量。货币是人的需要与对象之间的中介或牵线人,也是人们之间及其各民族之间的牵线人。货币能把人们心目中的观念或想象变成感性的、现实的对象,因此,货币是具有创造力的。货币能颠倒或混淆人和事物的性质。②它能使"黑的变成白的""丑的变成美的""错的变成对的",

---

① 马克思:《1844年经济学哲学手稿》,北京:人民出版社2000年版,第140—142页。
② 马克思:《1844年经济学哲学手稿》,北京:人民出版社2000年版,第140—143页。

能使"异教联盟,同宗分裂",能使"窃贼得到高爵显位"。

在《詹姆斯·穆勒〈政治经济学原理〉一书摘要》中,马克思指出,货币的本质是人们进行劳动产品交换过程中的中介,是人或社会活动的异化而成为具有独立性的物质的东西的属性,此种属性也是货币的属性。① 人自己的愿望、活动,与他人的关系不再是依赖自己或他人的力量,而是依赖异己性的中介。这样,人的奴隶地位就达到极端。因为中介是统治着人并使人得以间接体现的真正权力,货币也就成为真正的万能的上帝。"对它的崇拜成为目的本身。"② 马克思在这里阐释了作为中介的货币的拜物教,货币使人成为奴隶。人要通过货币才能表现出来,货币是这种表现的真正权力。货币成为上帝,成为人们顶礼膜拜的目的本身。如果同货币相分离,物就不会有任何的价值,物的价值必然要通过货币才能表现出来。由此,货币是私有财产的异化的本身,"是排除了私有财产的特殊个性的抽象"③,是人的异化的类活动。基督是人的异化,而货币也是人的能力或者劳动的异化。

在《1857—1858年经济学手稿》中,马克思关于货币的探讨较多,不仅专辟章节来论述货币,而且在这同一部手稿中多次论述货币。体现了货币的研究在此手稿中的突出地位。

马克思基于商品与价值的关系揭示了货币的内涵。他认为商品的社会关系表现为价值,就经济方面而言,体现出了商品的质的规定性。就商品的价值而言,商品的一切物的性质或自然的属性都被抽象掉了。由此,作为价值的商品就是货币。④ 商品的质的方面,或商品的价值是可以等分的。只有依赖商品的这种性质,商品才能交换。因此,商品的交换价值也是货币。这不仅使商品能计量、比较,而且可以相互转化。

马克思认为货币与其他各种商品有本质区别,并具有相对的独立性,而且货币是自身也成了一种商品并与其他商品并列存在的交换价值。⑤

---

① 马克思:《詹姆斯·穆勒〈政治经济学原理〉一书摘要》,见马克思:《1844年经济学哲学手稿》(附录),北京:人民出版社2000年版,第164—165页。
② 马克思:《詹姆斯·穆勒〈政治经济学原理〉一书摘要》,见马克思:《1844年经济学哲学手稿》(附录),北京:人民出版社2000年版,第165页。
③ 马克思:《詹姆斯·穆勒〈政治经济学原理〉一书摘要》,见马克思:《1844年经济学哲学手稿》(附录),北京:人民出版社2000年版,第166页。
④ 《马克思恩格斯全集》(第30卷),北京:人民出版社1995年版,第89页。
⑤ 《马克思恩格斯全集》(第30卷),北京:人民出版社1995年版,第94页。

伴随生产劳动的社会化，货币的权能也随之增长。交换关系成为一种外在于劳动者的独立权力或力量，它不依赖于劳动者。它由以前作为促进生产发展的一种途径转化成了一种与劳动者异化的关系。生产与交换也成为一对矛盾，即生产在何种程度上依靠交换，那么，交换就在何种程度上鄙弃生产，而且，纯粹的产品与以交换价值为形式的产品之间的矛盾也在相应程度上加深。这些矛盾的对立与发展使得货币具有了"先验的权力"①，而非货币本身造成了此类矛盾与对立。马克思在这里指出了资本主义生产的社会化发展，货币取得了越来越大的权力。货币的出现似乎是为了促进生产的发展，但最后发展成了一种与生产者异化的关系。生产者越来越依赖货币，而货币越来越与生产者远离。商品的使用价值与价值之间的对立也越来越明显。这都使得货币获得了"先验"或者与生俱来的权力。

马克思认为货币的内在规律在于：它的目的是借助于对自身的否定扬弃而得以实现的。它相对于商品而言具有独立性，并与商品相敌对，这样其由交换的手段或中介而演变为目的本身。货币使商品与交换价值相互分离，而使商品能转化为或交换为交换价值，并且使交换发生分裂而使其顺利进行。货币使物物交换或直接的商品交换过程中的对立与矛盾普遍化，并在此过程中来克服此种矛盾与对立。劳动者对交换的依赖程度等同于交换相对于劳动者的独立程度。② 货币只能通过同商品的交换来"否定"自己，从而实现自身的目的，即得到使用价值或使自身增值。货币本身是作为商品交换的手段而发展起来的，但是发展到最后变为了人们追求的目的本身。人占有货币或交换价值，就具有了支配其他人和社会财富、社会资本的权能。人们在自己的衣袋里装着"社会权力和自己同社会的关系"③。

在雇佣劳动条件下，普遍性的交换成了每一个人的生存条件，普遍交换或相互联系已经成为与人本身异化的、独立的东西——物。④ 因此，物的关系取代了人与人之间的关系。人对物的占有，或者是人以物的形式占据着社会的权力。个人只有取得货币的形式，才能获得并确证自己

---

① 《马克思恩格斯全集》（第30卷），北京：人民出版社1995年版，第95—96页。
② 《马克思恩格斯全集》（第30卷），北京：人民出版社1995年版，第100—101页。
③ 《马克思恩格斯全集》（第30卷），北京：人民出版社1995年版，第108页。
④ 《马克思恩格斯全集》（第30卷），北京：人民出版社1995年版，第109页。

的社会权力或社会财富。

马克思认为"货币存在的前提是社会联系的物化"①。这是因为一个人为了获得商品必须把自己的货币抵押或付给别人。在这种情况下,人们之间所体现出来的不是对人的道德、品质或人本身的信赖,而是对物的信赖,或者是对货币的信赖。这是因为物或货币是人们之间的物化的关系,是物化的交换价值,是人们相互之间生产活动的关系。

在货币作为流通手段被它作为交换价值所取代时,其所处的奴仆地位就演变成了高高在上的万能统治者。货币成了万物的结晶或代表着商品的天上存在,而商品演变为代表货币的"人间的存在"②。

马克思区分了"致富欲望"与"追求特殊财富"的欲望。首先两者的目的是不同的,"致富欲望"是追逐货币,货币是其欲望的唯一对象。这就是"万恶的求金欲"。而"追求特殊财富"的欲望是追求特定商品的心理倾向或心理愿望,如现代人对高档轿车、智能手机、品牌服饰等的追求欲望。马克思认为,货币一方面表现为致富欲望的对象,如许多人纯粹地追求拥有更多的金钱;另一方面表现为致富欲望的源泉,因为货币的万能形象能满足人们太多的欲望,从而货币成了欲望本身,成了致富欲望的代表。但是,在没有货币的环境下,人也会具有"追求特殊财富"的欲望。可见,致富欲望是社会历史演进的产物,它不是与社会历史相对立或相敌对的自然的产物。③ 货币是人们追求的对象。只有在货币发展到一定程度的时候,才有致富欲望的产生,因此货币也是致富欲望形成的前提条件。致富欲望与"追求特殊财富"的欲望是不同的两个概念,致富欲望与货币不能分离,而"追求特殊财富"的欲望不需要货币作为前提条件。

在《政治经济学批判。第一分册》中,马克思一方面阐明了货币与社会权力、社会关系之间的内在关联;另一方面揭示出了"货币的颠倒"。他认为人们可以将社会权力或社会关系借助于货币形式揣在口袋里④。因为货币作为物品或劳动产品代表着社会权力,这样拥有劳动产品的人也就具有了社会的权力。而且,此种社会权力被私人控制运用。

---

① 《马克思恩格斯全集》(第30卷),北京:人民出版社1995年版,第110页。
② 《马克思恩格斯全集》(第30卷),北京:人民出版社1995年版,第172—173页。
③ 《马克思恩格斯全集》(第30卷),北京:人民出版社1995年版,第174页。
④ 《马克思恩格斯全集》(第31卷),北京:人民出版社1998年版,第316—317页。

就社会关系而言，其借助于货币而体现为外在于劳动产品所有者的关系。此种社会关系也与个人失去了任何的内在联系，而表现为一种偶然的或与自身外化或异化的关系。

货币体现着人与人之间的社会关系、社会财富、控制人的社会权力。这种社会的、公共的东西变成了私人所有的东西。货币所体现出来的社会关系具有抽象的、一般的性质，而与占有它的个人没有任何关系。因此，货币与占有它的人表现为一种偶然关系，也是一种外在关系。马克思所指出的"货币的颠倒"是指货币由原来作为手段的东西变成了目的本身。货币使其他的商品都降级。货币的出现从性质或时间上都后于商品，但是货币的地位远远超过了商品。商品是贸易的自然材料，而货币是贸易的人为材料。

货币成为纯粹抽象的财富，它不具备任何使用价值，它的所有者与它的任何个人之间的关系也都消失了。个人拥有的货币代表着他的抽象人格或个人权力，此种抽象人格与其具体或特定个性是相矛盾或相对立的，货币给予私人权力以普遍性质，[1] 而使私人权力转化为普遍性的社会权力。货币的权能得到了无限扩大与膨胀，以致成了普遍性的权力。

在《资本论》中，马克思基于商品二重性探讨了货币的起源。他指出商品具有自然形式与价值形式的二重性。此种价值形式是因为商品作为同一的社会单位或社会劳动而得以呈现出来的。因此，价值对象性是基于商品与商品的社会关系而表现出来的。[2] 商品所具有的此种与其使用价值形成鲜明对照的价值形式或价值对象性就是货币形式。马克思基于简单的或偶然的价值形式、扩大的价值形式和一般的价值形式的分析，揭示了货币形式的产生。他指出一般等价形式是价值本身的一种形式，其可属于任何的一种商品，其是被其他的一切商品"排挤"出来而获得客观固定性和一般的社会效力的。等价形式与此种独特商品的自然形式结合在一起，就使此种商品成了货币商品。[3] 此种商品在商品世界中就起到了一般等价物的社会职能，并成为其社会独占权。

马克思对此进一步分析到，商品占有者只有使其商品与另外的作为一般等价物的商品相互对立，才可使其商品作为价值，才能使彼此之间

---

[1] 《马克思恩格斯全集》（第 31 卷），北京：人民出版社 1998 年版，第 339 页。
[2] 马克思：《资本论》（第 1 卷），北京：人民出版社 2004 年版，第 61 页。
[3] 马克思：《资本论》（第 1 卷），北京：人民出版社 2004 年版，第 86 页。

发生交换关系。货币就是交换过程的必然产物。随着交换的扩大与加深，商品本身所潜藏的使用价值与价值之间的矛盾发展起来，为了顺利实现交换，需要此种矛盾在外部表现出来，这就要求商品价值有一个独立的形式，即货币。由此，商品也二重化为商品与货币两种对立形式。① 由于商品交换的日益发展，商品价值也发展成为一般人类劳动的化身，并用货币形式表现出来。

马克思指出货币并非是一种单纯的符号或人们随意想象而来的产物，而是与其他商品一样只能借助于其它商品来表现自身的价值量，并且，货币本身的价值与商品的价值一样，也是由生产它的社会必要劳动时间决定的。而且，货币与商品一样都是一切人类劳动的直接化身。由此，马克思指出，货币的魔术就是由此而来的。货币拜物教的谜也就是商品拜物教的谜，只不过表现得比商品拜物教更为"耀眼"罢了。②

第三节　马克思价值立场在资本拜物教批判中的表现

马克思政治经济学对资本主义社会的资本拜物教进行了揭示。在《1844年经济学哲学手稿》中，他初步阐明了资本的本质，指出资本已经变成了控制或支配他人的社会权力，甚至成了"人的生命"。在《资本论》中，马克思探讨了货币转化为资本的过程以及资本本身的形成及其运行过程。基于此，他揭示了资本拜物教形成的内在机理在于资本似乎能自行增值。但质言之，这只是被资本主义生产关系与其交换规律所遮蔽的假象而已。资本的增值归根结底源于工人所创造的剩余价值，而且，全部现存的资本也不过是剩余价值的一部分而已。

马克思对资本拜物教的批判是基于资本的历史形成和发展过程来进行批判的。通过对资本形成历史及其本质的考察，马克思完成了对资本拜物教的批判。

在《1844年经济学哲学手稿》中，马克思主要揭示了资本的概念或本质，指出资本变为了控制或支配他人的社会权力，甚至成了"人的生命"。他认为资本是对他人劳动成果或劳动产品的私有权力。他还摘录了

---

① 马克思：《资本论》（第1卷），北京：人民出版社2004年版，第106页。
② 马克思：《资本论》（第1卷），北京：人民出版社2004年版，第113页。

亚当·斯密关于资本的论述：资本是一种购买的权力，是对他人劳动及其劳动产品的控制权力或支配权力。马克思指出这种权力并非来自资本家的个人或其个人的特性，而仅仅是因为他们"是资本的所有者"①，或者说此种权力来源于资本主义的生产关系。马克思进一步指出资本还是劳动者"积蓄的劳动"。在这里，他用亚当·斯密的话对资本进行了初步界定：给资本所有者带来利润的资本才叫资本。② 在讨论"资本的积累和资本家之间的竞争"时，马克思还引用李嘉图的话对资本的本质进行了描述："人的生命就是资本"③。

在《资本论》中，马克思探讨了资本的形成及其运行过程，揭示了资本拜物教形成的内在机理，并且阐明了资本拜物教与货币拜物教之间的内在关联。他认为商品流通或者贸易是资本的起点或它得以产生的历史前提。④ 他还指出，货币就是商品流通过程的最后的产物，这个货币就是资本的最初形式。正是经过商品市场、劳动市场与货币市场的交换过程或流通过程，货币就转化为了资本。

马克思认为作为货币的货币与作为资本的货币这两者之间的流通形式是不同的。前者的流通形式表现为 W—G—W；后者的流通形式表现为 G—W—G。在后一种流通形式当中，货币转化为商品，商品再转化为货币，此种流通过程中的货币就转化为了资本，并成了资本。用马克思的话说就是："按它的使命来说，已经是资本。"⑤

而且，他指出此流通形式的循环动机或价值目的就在于获取交换价值本身。⑥ 因为这一流通过程中原来的预付货币增加了一个增加值，这一增值额或超过原来价值的余额即剩余价值。因此可见，在这一流通过程中，原来的预付资本不仅得以保存，而且添加了剩余价值而实现了增值。此种运动就使价值转化为资本。

马克思认为在这一流通过程中，货币占有者变成了资本家。资本家的钱袋就是货币的出发点与复归点。资本家的主观目标就是价值增值，只有他的唯一动机变为愈来愈多地占有抽象财富时，他才作为资本家或

---

① 马克思：《1844年经济学哲学手稿》，北京：人民出版社2000年版，第21页。
② 马克思：《1844年经济学哲学手稿》，北京：人民出版社2000年版，第22页。
③ 马克思：《1844年经济学哲学手稿》，北京：人民出版社2000年版，第32页。
④ 马克思：《资本论》（第1卷），北京：人民出版社2004年版，第171页。
⑤ 马克思：《资本论》（第1卷），北京：人民出版社2004年版，第172页。
⑥ 马克思：《资本论》（第1卷），北京：人民出版社2004年版，第175页。

作为人格化的资本。他的目标不在于获取一次利润,而是谋取利润的无休止运动。① 马克思也将此种现象描述为"绝对的致富欲"或"价值的追逐狂"。

在这一流通过程中,马克思指出资本既是货币又是商品。质言之,价值在此过程之中成了一个主体,它不断地在货币形式和商品形式中变换,改变着自身的量,而使剩余价值与其原价值区分开来,自行地增值着。它生出剩余价值的运动也就是它的自身运动,它的增值也就是自行的增值。它所获得的创造价值的能力也就是因为它是价值。马克思生动描述了资本"自行增值"的本性:"它会产仔,或者说,它至少会生金蛋。"②

马克思还通过"劳动力的买与卖"的过程揭示了资本增值归根结底是源于工人的剩余劳动时间所创造的剩余价值。他揭示了资本与剩余价值之间的关系。他认为剩余价值一开始就是作为总产品的一部分价值而存在的。如果总产品通过交换而变为货币,那么资本价值就取得了自己最初的形式,剩余价值也改变了自己的最初形式。由此,资本价值与剩余价值都变成了货币额,并都转化成为了资本。③ 马克思指出,这里资本化了的剩余价值没有一个价值原子不是由工人的无偿劳动所创造的。

马克思认为在货币转化为资本时是符合交换规律的,但是此规律只要求彼此的交换价值相等,而从来不要求彼此的使用价值相等。正如劳动力价值与劳动力所创造的价值之间的关系,后者是在劳动力消费中产生的,而不是在交换过程中产生的。因此,在货币转化为资本时,产品是属于资本家的,而且这些产品的价值既包括预付资本也包括剩余价值。因此,马克思指出,全部的预付资本不论其来源如何,都会转化成为积累的资本或资本化的剩余价值或利息。④ 他还进一步指出,"全部现存的资本"不过是积累起来的或资本化的利息,都是来源于剩余价值的一部分。

马克思分析了资本拜物教的机理。他指出资本家为了追求价值增值,"肆无忌惮"地迫使人们不断地"为生产而生产"。资本家只有作为人格

---

① 马克思:《资本论》(第1卷),北京:人民出版社2004年版,第178—179页。
② 马克思:《资本论》(第1卷),北京:人民出版社2004年版,第180页。
③ 马克思:《资本论》(第1卷),北京:人民出版社2004年版,第669页。
④ 马克思:《资本论》(第1卷),北京:人民出版社2004年版,第678页。

化的资本时才受到"尊敬"。他们作为人格化的资本而具有绝对的致富欲,并不断地进行资本积累,即对社会财富世界进行征服。资本积累既扩大了剥削人的数量,也扩大了资本家对无产者的统治。① 马克思认为资本主义生产的发展不仅创立了一个"享乐世界",还借助于投机与信用开辟了"千百个突然致富的源泉"。在资本主义生产发展的一定阶段,"习以为常的挥霍""炫耀富有"成为取得信贷的必要手段,"奢侈"也成为资本的交际费用。资本家财富的增长与其对无产者的榨取程度、迫使无产者放弃享受的程度是成正比的。因此,资本家挥霍的背后总是隐藏着最肮脏的贪欲与最小心的盘算,他们的挥霍仍然与资本积累同时增加,② 两者并不矛盾。马克思还揭示了资本的魅力在于它合并了财富的两个原始要素,即劳动力与土地。由此资本便获得了一种超越或扩张的能力,此种能力使资本能将它积累的要素扩展到超出其本身大小所确定的范围,或者说是超出体现资本存在的、已生产的生产资料的价值与数量所确定的范围。③ 因此,资本并非是一个固定的量,而是一个能够超越自身的量,一个富有弹性的、不断增值的量。而且,它就像商品流通形式 G—G′ 一样,似乎能"自行"增值,这就是资本拜物教形成的内因。

马克思的资本拜物教不仅揭示了资本的人性,而且揭示了资本相对于人的超越地位,它促逼人膜拜它。费彻尔认为,资本的生产成了一种反常颠倒的形式④,人们不是依靠自身力量征服控制自然,而是必须借助资本或货币的力量来征服控制自然。资本既表现为主体性质活动着的劳动,也表现为劳动的积累或结果。这样资本成了生产的主客融合体,具有了作为物所不具有的人的性质,甚至具有了超越于人并奴役宰制人的力量。这就揭示了资本不仅仅是物,而是代表着人与人之间的劳动关系,因此,资本就具有了人性或社会性,成了主体,甚至成为超越主体的宰制者。

---

① 马克思:《资本论》(第1卷),北京:人民出版社2004年版,第684页。
② 马克思:《资本论》(第1卷),北京:人民出版社2004年版,第685页。
③ 马克思:《资本论》(第1卷),北京:人民出版社2004年版,第697页。
④ 〔德〕费彻尔:《马克思与马克思主义:从经济学批判到世界观》,赵玉兰译,北京:北京师范大学出版社2009年版,第21页。

第六章　马克思价值立场在古典经济学批判中的呈现

如果我们把马克思政治经济学与古典经济学之间的关联及其对古典经济学的承接称之为两者之间的同质性，那么，马克思对古典经济学的批判主要体现了两者之间的异质性。此种异质性并非是独立地脱离于两者之间的同质性而得以说明的，而是基于两者之间的同质性才能得以阐明。当然，马克思所称的"古典经济学"在当时与"古典政治经济学"具有相同的内涵。因为，直到1890年马歇尔的《经济学原理》之后，经济学这一概念才得以流行。另外，马克思所指谓的古典经济学是：从英国的威廉·配第到李嘉图这一时段的经济学，或者说是从法国的布阿吉尔贝尔到西斯蒙第这一时段的经济学，① 时间跨度大约为17世纪60年代至19世纪30年代。具体而言，马克思对古典经济学的批判可就其理论前提、研究方式和理论目的等方面来进行。

需要指出的是，在《1857—1858年经济学手稿》中，马克思第一次对古典经济学和庸俗经济学进行了明确区分。他指出庸俗经济抹杀或遮蔽了资本主义生产关系及其经济现实的对抗性与矛盾性，而总是力图论证资本主义社会的和谐及其经济剥削的正当性。而古典经济学则朴素地描画了资本主义社会生产关系之中的矛盾与对抗。在《资本论》中，马克思也论及两者的区别。他认为古典经济学分析了资本主义社会生产关系的内在规律，而庸俗经济学只是停留于生产关系表面的一些最粗浅的现象进行似是而非的解说，而且为了替资本主义统治的合理性进行辩护而反复咀嚼一些陈旧材料。另外，他们只是将这些陈旧材料赋予学究味，并将其宣布为永恒真理。②

---

① 《马克思恩格斯全集》（第31卷），北京：人民出版社1998年版，第445页。
② 马克思：《资本论》（第1卷），北京：人民出版社2004年版，第99页。

这里论及的古典经济学只是对马克思所探讨的资产阶级经济学一个广义的概念或概说，其涵盖马克思在《资本论》中所区分的古典经济学和庸俗经济学，而并非是严格意义上的马克思所区分开来的相对于庸俗经济学的"古典经济学"。

第一节　从虚构到事实：价值立场在理论前提反思中呈现

马克思对资本主义政治经济学的理论前提进行了批判。他认为资本主义政治经济学理论前提具有"虚构性""原子式的孤立性"等性质。在《1844年经济学哲学手稿》中，马克思不仅提出经济学的研究应该基于事实出发，还揭示了资本主义经济的异化事实。在《1857—1858年经济学手稿》中，马克思批判了古典经济学以原子式孤立性的理论为出发点这一理论预设。在《资本论》中，马克思认为古典经济学虚构了资本主义生产关系的永恒性，只注意了商品及商品价值的一般性，而未能揭示其在资本主义生产条件下的特殊性。此外，马克思还批判了古典经济学关于经济人的人性假设。

马克思在《1844年经济学哲学手稿》中认为"国民经济学"在说明一些问题的时候，"总是置身于一种虚构的原始状态"①。并且指出"国民经济学"将像分工与交换之间的那种应当进一步加以说明的必然关系假定为事实。由此，马克思提出要从事实出发来研究资产阶级经济学。他指出要基于"当前的经济事实出发"②。并对此补充到，我们研究政治经济学的出发点在于资本主义经济异化的现实或事实。他将此事实表述为异化或外化的劳动。马克思认为对此的概念分析也是对资本主义经济事实的剖析。③ 此处，经济事实也就是雇佣劳动制度下的具体现实或特定事实。

马克思在《1844年经济学哲学手稿》中将这些经济事实描述为：在资本主义生产条件下，工人生产的财富和商品越多，他反而越贫穷和廉价等诸多异化的经济事实。基于这些事实，马克思逐步得出了资本主义

---

① 马克思：《1844年经济学哲学手稿》，北京：人民出版社2000年版，第51页。
② 马克思：《1844年经济学哲学手稿》，北京：人民出版社2000年版，第51页。
③ 马克思：《1844年经济学哲学手稿》，北京：人民出版社2000年版，第59页。

四个方面的异化：工人与其劳动产品的异化、工人与其生产活动的异化、工人与其类本质的异化、人与人之间的异化。

这四种异化关系是古典经济学从虚构的理论前提中所不能得出的结论。古典经济学从抽象的假定前提出发只能得到纯粹抽象的或主观性的结论，而不能揭示资本主义的异化现实。马克思也相应指出古典经济学未能考察工人的劳动或生产与产品之间的直接关系而遮蔽了劳动本质的异化。① 工人与其劳动产品的关系在现实中表现为一种异化的关系，劳动产品成为一种独立性的力量或者异己的存在物而奴役劳动者。劳动者在消费的时候，不是在自由的享受，而是在行使"动物的机能"。凡此种种，都是古典经济学基于虚构前提所不能揭示出来，不能合理表达出来的。

在《1857—1858年经济学手稿》中，马克思继续对古典经济学家的理论出发点进行了批判。马克思认为经济学的出发点是在一定社会关系与生产条件下进行生产的具体个人，而非虚构的单个个人。他指出斯密和李嘉图的经济学缺乏想象力，是一种基于孤立或原子式的人出发②来研究经济学的范式。此种范式也并非类似于文化史家那样，似乎要返回到被误解的自然原始生活，或仅表达对过度文明的反对与批判。马克思在这里揭示了斯密和李嘉图将虚构的孤立个人当作其经济学的出发点，而且，马克思指出孤立的个人在社会之外进行生产，这是"荒诞无稽"或"不可思议"的。马克思批判了将这种论证模式引入经济学中的法国经济学家弗·巴师夏、美国经济学家亨·查·凯里和皮·约·蒲鲁东等。马克思指出他们的学说是一种想入非非并且枯燥的"陈词滥调"③。他们喜欢运用神话或历史哲学的方式来说明经济关系的渊源。巴师夏、凯里和蒲鲁东都是反历史地研究经济学，他们认为生产最初是由孤立的个人进行的，然后才有分工和交换等等，经历这样的发展演进才逐步形成社会。而马克思认为，只要对历史进行追溯，个人就越来越不独立，而是依附、从属于较大的整体或组织的。这是一个从家庭发展到氏族，再发展到公社的过程。这样的演化或进化过程体现了人只有生活于社会当中才能具有独立性，所以人是合群的政治动物。

---

① 马克思：《1844年经济学哲学手稿》，北京：人民出版社2000年版，第54页。
② 《马克思恩格斯文集》（第8卷），北京：人民出版社2009年版，第5页。
③ 《马克思恩格斯文集》（第8卷），北京：人民出版社2009年版，第6页。

在《资本论》中，马克思揭示了古典经济学理论前提的不足。他指出古典经济学的根本缺点在于其没有基于商品或商品价值的剖析，来发现那种使价值成为交换价值的价值形式。马克思接下来阐释了斯密和李嘉图也把价值形式看成是存在于商品本性之外的东西。因为，他们关注的仅仅只是商品的价值量，而且，把资本主义的生产方式看作是生产的永恒和自然而然的形式，那就会忽略价值形式和商品形式所具有的特殊性以及其发展形式，即货币、资本等的特殊性。① 这里马克思论述了古典经济学的一个根本理论前提就是虚构了资本主义社会的永恒性，而且只看到了商品和商品价值的普遍性和一般性，而未能揭示其在资本主义生产条件下的具体性。后来，马克思还提到古典经济学家们认为只有两种制度，一是人为的制度，二是天然的制度，而认为资产阶级制度是天然的。② 这里，古典经济学家将资本主义制度看作自然必然性的，并作为其经济学必然性的理论前提之一。而马克思在其最主要的著作中都是基于商品分析来展开自己的论述与研究的，或者是基于资本主义社会现实或经济事实出发来进行探讨的。

另外，马克思对古典经济学将人视为经济人的人性假设进行了批判。他认为古典经济学将无产者仅仅当作像一匹马一样的"工人"来考察，而未将他们当作"人"来考察。古典经济学只考察劳动或生产过程中的人，而不考察"不劳动时"的工人。③ 马克思还指出，古典经济学的研究者"不知道"有失业的工人，并认为乞丐与小偷等是不存在的，而且认为这些人都是其经济学领域之外的"幽灵"。马克思在这里区分了"人"与"工人"、"不劳动时的人"与"劳动或生产中的人"的概念。这就揭示了古典经济学基于"工人"或"劳动或生产中的人"出发来研究经济学的局限。此外，马克思还指出古典经济学将人的劳动本身目的仅仅阐发为增加财富"是有害的、招致灾难的"④。

就人的生产而言，马克思论及了古典经济学所阐发的人的生产。他指出，古典经济学认为资本主义生产不仅将人当作商品或商品人，而当作具有商品的规定的人而生产出来。此种生产出来的产品是具有自我意

---

① 马克思：《资本论》（第1卷），北京：人民出版社2004年版，第98—99页。
② 马克思：《资本论》（第1卷），北京：人民出版社2004年版，第99页。
③ 马克思：《1844年经济学哲学手稿》，北京：人民出版社2000年版，第14页。
④ 马克思：《1844年经济学哲学手稿》，北京：人民出版社2000年版，第13页。

识和能自主活动的商品人。基于此种认识，他指出李嘉图与穆勒将人的存在视为"无关紧要的，甚至是有害的"①。这里马克思揭示了古典经济学的研究者将人视为商品人，而不是将其视为具有人性或存在意义的感性的人。

有学者对马克思政治经济学的理论前提进行了研究。安·葛兰西（A. Gramsci）② 在探讨"马克思主义问题"时认为，资本主义古典经济学促成了马克思政治经济学的形成。他阐明了马克思政治经济学的理论出发点是"一定市场"③ 及其"自动性"（必然性或规律性）这一具有历史性的概念。他指出马克思政治经济学分析了决定市场力量对比关系的现实，深入揭示了其间的矛盾，预测了其随着新因素出现和加强所可能发生的变化。他认为马克思政治经济学将古典经济学既当作"活生生"的，又当作"已死去"的科学来加以探讨，并从其中找出那些使之必然解体和被取代的因素，从而提出自己的政治经济学理论。迈克尔·R. 克拉克（Michael R. Krätke）认为葛兰西的《狱中札记》在揭示马克思伟大的未完成的政治经济批判工程的过程中扮演了重要角色。这使他掌握了科学的社会批判并实践着科学社会主义的理想。他指出葛兰西完全意识到资本主义社会每日的思想斗争是对庸俗的或流行政治经济学概念与原则的斗争④，这样，葛兰西就阐明了批判的政治经济学的实践基础。

有学者基于宏观的理论视角认为马克思的政治经济学预设了人性价值或人道主义理论前提。如路易·杜普雷（Louis Dupre）认为马克思基于人性或义务论视角对资本主义政治经济学进行了深刻批判。⑤ 马克思不是审视李嘉图经济理论内在逻辑的一致性，而是将他经济理论中的激进元素引入了社会主义经济规划或计划经济的理论构建。像李嘉图对待

---

① 马克思：《1844年经济学哲学手稿》，北京：人民出版社2000年版，第66页。
② 〔意〕安东尼奥·葛兰西：《葛兰西文选》，李鹏程编，北京：人民出版社2008年版，第239—240页。
③ 葛兰西认为"一定市场"或"一定的市场"就是指基于一定基础的生产机构中社会力量的一定的关系，或者说是得到一定的政治、道德与法律等上层建筑保障而具有很大程度稳定性的关系。
④ Peter Thomas, and Michael R. Krätke, "Antonio Gramsci's contribution to a critical economics", *Historical Materialism*, Vol. 19, No. 3, 2011, pp. 63–105.
⑤ Louis Dupre, "Marx's idea of alienation revisited", *Man and World*, Vol. 14, No. 4, 1981, pp. 387–410.

史密斯一样，马克思也对资本主义经济理论的前提进行了追问。如果这种表述不能使人们认识到马克思所强烈攻击的人与经济的对立关系，我们可以将其称之为马克思从人性视角对政治经济的一种批判。迈克尔·列波维茨（Michael Lebowitz）则认为马克思的《资本论》并未体现以上观点。沃纳·伯尼菲尔德（Werner Bonefeld）论述了迈克尔·列波维茨关于马克思政治经济批判理论的观点：迈克尔·列波维茨认为《资本论》在人性经验方面保持了沉默，在他看来，《资本论》只是从资本视角来研究工人阶级。尽管它在这一方面实现了有用功能——对资本本性的解释——但它没有提供一个对现实资本主义的全面解读。《资本论》专注这一方面因此忽视了工人阶级的另一个方面，即他们的斗争和目标。① 他试图通过《资本论》中的一些关键假设来呈现马克思未能完成的关于雇佣劳动的论著。

第二节　从形而上学到辩证：
价值立场在研究方式扬弃中呈现

马克思在政治经济批判中蕴含着对古典经济学研究方式的批判。在《1844年经济学哲学手稿》中他指出古典经济学总是从形而上学的视角来研究经济现象。他认为古典经济学往往撇开私有财产、劳动与资本、竞争、交换等历史形成与发展过程的考察，而采用了主观片面虚构的或割裂了概念之间内在联系的研究方法。其表现在如下方面：一是古典经济学基于静止视角来看待或考察经济学所研究的问题，而忽略经济学概念及其所反映的经济内容的变动性；二是古典经济学在将资本主义经济学概念视为永恒性东西的同时，也将资本主义劳动关系视为具有永恒性的东西，而忽略了它的概念及其所反映的经济实体的历史性；三是古典经济学只注意到了经济学概念及其实体内容的自然因素而忽略了其所蕴含的人为因素。在《1861—1863年经济学手稿》中，马克思指出重农学派采用一种片面、静止的研究方法，将资本主义经济规律视为是永恒的、不变的规律。在《资本论》中，马克思系统论述了他在经济学研究中的辩证方法。他指出辩证法的目标在于基于资本主义生产方式的历史演变

---

① Werner Bonefeld, "Marx's critique of economics. On Lebowitz", *Historical Materialism*, Vol. 14, No. 2, 2006, pp. 83-94.

过程来发现其内在规律，并指出辩证法在肯定的理解中包含否定的理解，其本质就是批判的或者革命的。

马克思在《1844年经济学哲学手稿》中，指出了古典经济学未能基于辩证法来考察以下四个方面的问题①：一是古典经济学未能阐明私有财产的形成过程及其必然性特质，而是直接将私有财产作为其理论的事实基础。马克思指出了经济学与私有财产之间的必然性关系。政治经济学是以对私有财产的研究为前提的，如果不论及私有财产，那么国民经济学就失去了存在的根基而建立于一个没有必然性事实的基础之上。②马克思在这里指出了资产阶级经济学是研究财富的学说，而财富的基础是私有财产。但资产阶级经济学恰恰未能揭示这一基础，也未论证这一基本事实的来龙去脉或其内在规律。二是古典经济学未能阐明劳动与资本分离、资本与土地分离的原因。马克思指出古典经济学只是用"资本家的利益"来解释工资与资本利润之间的关系，而为什么要用"资本家的利益"来解释这一现象或作为其原因是没有说清的。三是用外部原因来解释竞争，但没有说明这种外部原因在何种条件或何种程度上是必然性地促成竞争这一现象。四是将交换看作偶然性的现象或事件，而没有揭示其内在规律。总之，古典经济学在整体方面未将普遍联系、永恒发展的规律运用于经济学的研究，而且，总是将应当加以推论的东西假定为事实。

马克思认为资产阶级经济学家仅仅用欲望或贪欲者之间的竞争来解释经济学面临的问题或解释经济现象。他们把竞争与垄断、行业自由与同业工会、地产分割和大地产之间的关系割裂开来，并未理解其关联的必然性。由此，马克思认为必须要研究私有制度、贪欲与劳动、资本和地产三者的分离之间，竞争与交换之间，竞争与垄断之间，人的增值与贬值之间，货币制度与异化之间的本质联系。③ 而只有理解经济现象中各要素之间辩证的"运动的联系"，才能揭示这些经济现象的本质。

马克思运用辩证法将异化事实融入了异化的概念。他在分析这一概念的同时，恰恰就是分析资本主义社会经济现象的异化现实。他认为基于经济事实、即劳动者及其产品的异化现实出发，并运用异化劳动这一

---

① 马克思：《1844年经济学哲学手稿》，北京：人民出版社2000年版，第50页。
② 马克思：《1844年经济学哲学手稿》，北京：人民出版社2000年版，第199页。
③ 《马克思恩格斯选集》（第1卷），北京：人民出版社2012年版，第50页。

事实的概念来进行分析，此种分析也是对现实社会经济事实的揭示与反思。① 这里揭示了马克思所用的异化劳动概念是表述资本主义经济现实的，或者是基于资本主义经济现实的抽象。这是从具体上升到抽象的研究方法，而马克思又将这一抽象概念进行分析，而得出了私有财产这一概念。正是通过对异化劳动与私有财产之间关系的探讨，马克思指出这两者后来变成了"相互作用的关系"，而且，"随着一方衰亡，另一方也必然衰亡"②。这里，马克思所揭示的私有财产与异化劳动这两个资产阶级经济学的基本因素蕴含着内在的本质冲突或张力，正是这一对矛盾的展开，构成了马克思理论探索的主要线索。后来，马克思还指出，只有将资本家与无产者之间的对立或矛盾理解为劳动与资本之间的矛盾或对立，才能将此矛盾或对立视为生死攸关的对立，视为基于其能动关系或内在关系上对立。资本主义经济学所未能理解或未能揭示的私有财产与异化了的劳动之间对立与冲突体现了资本主义社会内在的现实冲突。

在分析私有财产关系时，马克思认为资产阶级经济学只是局限于劳动关系或生产关系来理解人，而未能整体全面地将人视为具有丰富感性的具体的人。他们在研究过程中局限于抽象推理或囿于经济学理论体系的构建而忽略了失业的工人，忽略了盗窃者、诈骗者、乞讨者、饥饿者、贫困者等处于此种生产关系之外的人。在他们的经济学中看不到这些人，这些人被国民经济学所遮蔽而成为其研究"领域之外的幽灵"③。

而在对地租进行研究时，马克思指出古典经济学只是用静态的方法来研究或界定地租的概念。他认为，应该用辩证方法来界定地租。马克思指出亚当·斯密将地租归结为土地的富饶程度，这是颠倒概念。因为富饶程度仅仅是土地的特性，而地租不是由土地的肥力所决定的。地租取决于租地的农场主和土地的所有者之间的对立斗争④。这样，马克思就将地租的本质界定为一对矛盾之间的冲突，恰恰是这对矛盾的相互作用决定着地租的变化及其本质。由此可见，马克思研究经济学所采用的方法与古典经济学的研究者所采用的方法具有质的区别：其一，古典经济学是基于静止视角来看待其经济学所研究的问题的，他们既忽略了地

---

① 马克思：《1844年经济学哲学手稿》，北京：人民出版社2000年版，第59页。
② 马克思：《1844年经济学哲学手稿》，北京：人民出版社2000年版，第61页。
③ 马克思：《1844年经济学哲学手稿》，北京：人民出版社2000年版，第66页。
④ 马克思：《1844年经济学哲学手稿》，北京：人民出版社2000年版，第37页。

租等经济学概念及其所反映的经济内容的变动性，也忽略了地租蕴含着农场主、土地所有者、雇农之间动态的利益关系及其相互冲突的矛盾关系。此种关系恰恰是地租的本质内涵。其二，古典经济学的静态研究视角决定了他们在将资本主义经济学概念视为永恒性东西的同时，也将资本主义生产关系或劳动关系视为具有永恒性的东西。这使古典经济学研究忽略了它的概念及其所反映的经济实体的历史性。不论是经济学概念还是其所反映的经济现实内容，它们都是生产方式历史发展的结果。其三，古典经济学在将土地肥力视为地租的本质时，忽略了地租所反映的人与人之间的生产关系或利益关系。土地的肥力只是影响地租极为次要的因素，而其根本性的决定因素是地租所代表、所反映的经济关系。因此，古典经济学只注意到了地租的自然因素而忽略了其所蕴含的人为因素。

在《1861—1863年经济学手稿》中，马克思指出了古典经济学的始祖重农学派的巨大功绩，他们将资本主义的生产形式看作是生产的自然形式或社会的生理形式，而不以意志、政策等的影响而转移。同时，马克思也指出了重农学派的问题所在：他们把人类社会具体的一个物质规律视为支配或控制所有社会形式的普遍性规律。[①] 在这里，马克思指出古典经济学的始祖重农学派将资本主义社会经济规律看作是永恒的、不变的规律。这正是一种片面、静止的形而上学的经济学研究方法。

在《资本论》第一卷第二版跋中，马克思较为清晰地论述了他在经济学研究中的辩证方法。一方面，马克思用间接方式阐释了辩证方法，他用其他人对他的方法的阐释间接地揭示了这一方法。首先，这种经济学研究方法的目的是发现经济现象的规律，这些规律不仅是完成了的形式或特定条件下的规律，更为重要的是揭示发展的、运动的规律以及规律是如何变化或如何过渡的。接下来，是探讨这一规律在社会经济现象中所表现出来的结果。其次，辩证法将经济运动视为基于一定规律的自然历史发展过程，此种规律决定了人们的意志、意识和意图等等。这里可看出经济学研究不能以抽象意识作为依据或出发点，而且，经济学批判也并非是基于意识或观念与事实的比较，"而是把一种事实同另一种事实比较对照"[②]。再次，辩证法的价值取向是研究资本主义经济制度以及

[①] 《马克思恩格斯全集》（第33卷），北京：人民出版社2004年版，第15页。

[②] 马克思：《资本论》（第1卷），北京：人民出版社2004年版，第21页。

特定社会形态的产生、发展与灭亡的历史演进规律。

另一方面,马克思直接阐明了经济批判中辩证法的含义。首先他认为,研究必须完整地充分地占有材料,并分析其不同的发展形式,探讨其内在规律。只有这一工作完成,现实的产生、发展与变化才能述说出来。如果材料的生命通过观念反映出来,那我们将会看到一个"先验的结构"。其次,辩证法对现实事物的肯定理解中蕴含着对其否定的看法,其是从运动变化的视角看问题。因此,事物既是暂时的,也是必然要灭亡的,这里对现实事物的偶然性理解中,就蕴含了必然性的理解。最后,辩证法就其本质而言,其"是批判的和革命的"①。

恩格斯在《卡尔·马克思〈政治经济学批判〉。第一分册》一文中精要地分析了马克思政治经济学的研究方法。他认为相比于马克思政治经济学之前的德国经济学,马克思政治经济学贯穿着唯物史观的基本观点,继承了黑格尔辩证法的合理内核,并着眼研究阶级关系及其与物之间的结合关系。

恩格斯认为马克思政治经济学的问世标志着科学的、独立的德国经济学的诞生。② 他认为在马克思的政治经济学产生之前,德国的政治经济学研究主要表现出只有在长篇小说之中才会出现的肤浅、空洞与抄袭等特点,而马克思政治经济学远远超越了这些腐朽的、落后的经济学。恩格斯还认为马克思政治经济学贯彻着唯物史观的基本要点。这给一切唯心主义,甚至是最为"隐秘的唯心主义当头一棒"③。马克思政治经济学否定了一切关于历史的传统与习惯观点,并使政治论证的传统方式也崩溃了。

就研究方法而言,恩格斯认为马克思政治经济学的研究方法一方面摒弃了黑格尔辩证法的唯心主义因素,而继承了它的合理内核。他认为马克思政治经济学的研究方法不是孤立、片面的研究方法,而是系统的、相互联系的研究方法。因此,他指出马克思政治经济学不是对经济学的零碎批判或孤立地研究经济学的某一论题,而是对资本主义古典经济学全部的经济学文献的系统批判,并在各个因素的相互联系中来阐明生产

---

① 马克思:《资本论》(第1卷),北京:人民出版社2004年版,第22页。
② 《马克思恩格斯选集》(第2卷),北京:人民出版社2012年版,第8页。
③ 《马克思恩格斯选集》(第2卷),北京:人民出版社2012年版,第9页。

与交换的内在规律。① 另一方面，恩格斯认为马克思政治经济学的研究方法在体现为逻辑方法的同时也体现为历史方法，只不过逻辑方法合理摆脱了历史的具体形式及其起遮蔽作用的偶然性罢了。② 而且，恩格斯指出，马克思在政治经济学中的逻辑发展并不局限于纯粹抽象的领域，反之，其需要历史的例证来论证，要不断地与现实相接触。③

恩格斯认为马克思的政治经济学是基于对商品的研究开始的，但其研究的主要内容不是物，而是人与人之间的关系，或者说是阶级与阶级之间的关系。但此种关系总是与物结合在一起，并且体现为物或作为物出现。④ 恩格斯认为，马克思政治经济学第一次揭示出了此种关系对于整个经济学的意义所在。

实际上，恩格斯完成了马克思主义政治经济学的第一部著作《国民经济学批判大纲》，开启了对资本主义政治经济学批判的先河。此著作对于马克思研究政治经济学起到了"积极的促进作用"⑤。在此著作中，恩格斯运用了价值评判、价值预设、基于资本主义内在矛盾呈现价值目标的研究方法。此种研究方法凸显了恩格斯消灭私有制的价值立场。

1880年5月，马克思为恩格斯《社会主义从空想到科学的发展》一文写了法文版前言。在前言中，马克思指出，恩格斯的《国民经济学批判大纲》一文"已经表述了科学社会主义的某些一般原则"⑥。就此，我们可以提出两个问题：一是恩格斯是如何"批判"国民经济学的；二是他又是如何"表述"科学社会主义一般原则的。可见，"批判"与"表述"的方式在此文中构成了恩格斯的研究方法。具体而言，他在本文中运用了价值评价、价值预设、基于资本主义内在矛盾呈现价值目标的研究方法。厘清此种方法，有助于深入理解恩格斯对唯物辩证法的使用，也有助于彰显他批判资产阶级政治经济学的价值目标、价值原则与价值立场。

恩格斯对资产阶级政治经济学的研究是从其历史缘起开始的。他按

---

① 《马克思恩格斯选集》（第2卷），北京：人民出版社2012年版，第10页。
② 《马克思恩格斯选集》（第2卷），北京：人民出版社2012年版，第13页。
③ 《马克思恩格斯选集》（第2卷），北京：人民出版社2012年版，第16页。
④ 《马克思恩格斯选集》（第2卷），北京：人民出版社2012年版，第14—15页。
⑤ 姜海波：《恩格斯〈国民经济学批判大纲〉研究读本》，北京：中央编译出版社2014年版，第3页。
⑥ 《马克思恩格斯文集》（第3卷），北京：人民出版社2009年版，第491—493页。

时间顺序叙述了禁止货币输出阶段的"生意经"、重商主义经济学、自由主义经济学三个发展阶段,此种历史演进的逻辑与事实渗透着他的价值判断与价值评价,体现了他鲜明的无产阶级价值立场。

首先,在论及禁止货币输出阶段的"生意经"时,恩格斯使用了"守财奴""妒忌心""猜疑心""骗取"等涉及价值判断的词语,而且,这些词语都是对这一阶段"生意经"的负面价值评价。具体而言,他把此阶段的贸易国比喻为"守财奴",用"妒忌心"和"猜疑心"来形容贸易参与国的不良心态,用"骗取"来标识国与国之间的贸易行为。从恩格斯对这些词语的使用我们可以看出,他很鄙视禁止货币输出阶段的"生意经",对其采取了道德指斥与道德谴责的抨击方式。其次,在阐述重商主义时,恩格斯指出其理论源起于商人之间的"妒忌"与"贪婪",天生带有"自私自利的烙印",是"允许欺诈"的理论体系。在此阶段的商人相比于禁止货币输出阶段的商人,他们在贪婪性方面有所遮蔽,但还是一样的"贪婪"与"自私"。他们为了订立对自己有利的条约,会"昧着良心"采用"暴力"与"诡计"来达到目的。恩格斯认为基于私有制产生的商业是图谋私利的、不道德的工具。他阐释到,在商业活动中,买卖双方都会想方设法贱买贵卖,因此他们就处在利益对抗的矛盾地位。对于相关降低商品价格的事情,商人们都是秘而不宣的,他们虚夸商品质量,利用顾客的轻信与无知来取得最大利润。由此,商业一方面产生了买卖双方之间的不信任;另一方面又采取不道德的方式来达到不道德的价值目标。由此,恩格斯总结到,资本主义私有制度下的商业不过是"合法的欺诈"。此外,他还批判了亚当·斯密认为商业具有人道性质的论断。他指出商业中的"友好""人道""引以为自豪"的东西,究其实质就是一种"伪善"方式,其滥用道德来为自己不道德的商业目标服务。最后,恩格斯认为自由主义经济学是"伪善"的理论,此种理论是对人类和自然的"恶毒污蔑",其不道德已达到"登峰造极"的地步,是"卑鄙无耻""最粗陋最野蛮"的理论体系。至于自由主义提出的"打倒了垄断""把文明带往世界各地""建立了兄弟般友谊""减少战争次数"的观点,恩格斯对此一一做了反驳:你们打倒了小垄断,确立起的是所有权这个"根本的巨大垄断";你们把文明带往世界各地,是为了扩张"卑鄙的贪欲";你们建立起的"兄弟友谊"是盗贼般的友谊;你们减少战争是为了在和平时期挣更多的钱。恩格斯还对新自由主义经济学家进行了价值评判,他指出,离时代越近的经济学家的罪恶就越重,其诚实度就越低,其诡辩术就越高。因此,麦克库洛赫与穆勒比李嘉图的罪过要大,李嘉图又比亚当·斯密的罪过又要大。

由上可知,恩格斯对资产阶级政治经济学三个发展阶段的价值评价基本上是负面的,那么,他对其是否有正面评价?实际上,恩格斯对其即使有正面评价,也基本上是正话反说。就禁止货币输出阶段的"生意经"而言,恩格斯在字里行间根本就没有出现正面的价值词。就重商主义经济学而言,恩格斯用了"友善""友爱""亲善"等褒义词来形容,但是接下来,他指出,此种"友善""友爱""亲善"是为了挣得对方更多的金币,其改变不了重商主义"贪婪"与"自私"的本质。可见,在这里恩格斯使用的是反语修辞手法,并没有对重商主义经济学赋予正面的价值评判。就自由主义经济学而言,恩格斯提到,它相对于重商主义进一步了"半步",但是,它还是回避资本主义真正的矛盾,并且,基于"诡辩"与"伪善"进行论证,陷于自身理论体系的内在矛盾而不能自拔。此外,恩格斯也提到自由主义经济学值得"肯定"的地方,那就是阐明了私有制规律。但是,恩格斯将其揭示的规律称之为"生财捷径",而且,他指出其"正确性"只是相对于支持垄断的人而言的,而不是相对于反对私有制的社会主义者而言的,因为只有社会主义者才能基于经济理论较为正确地解决资本主义私有制的内在矛盾。

显而易见,恩格斯对于资产阶级政治经济学的价值评判是负面的。就其客观原因而言,此类经济学是服务于资产阶级的学说,其遮蔽了资本主义最基本的问题,即"私有制的合理性"这一问题。此外,其回避经济学理论与社会现实不相符合的问题,还着力掩盖资本主义社会的劳动过剩与财富过剩同时并存的现实矛盾。这正是恩格斯将其冠以"私经济学"的原因。就其主观原因而言,恩格斯《国民经济学批判大纲》约完成于1843年9月底至1844年1月,发表于1844年2月,发表当年他才24岁。此时的恩格斯还无法区分古典经济学与庸俗经济学,也缺乏剩余价值理论、唯物史观及其方法论的支撑,因此,此阶段的恩格斯在诸多地方采取了价值评判的研究方式。

质言之,恩格斯的价值评判研究方法主要是基于自己的价值判断对资本主义政治经济学进行价值评价,此种价值评价不同于理性的逻辑分析,而主要体现为感性的道德指斥,或者说是一种情感宣泄和道德谴责。

恩格斯对此种研究方法也有过论述，他讲到，"道义上的愤怒，无论多么入情入理，经济科学总不能把它看作证据，而只能看作象征"。他还指出，愤怒在描写资本主义弊病或者抨击那些替资产阶级否认或美化这些弊病的和谐派的时候，是完全恰当的，但是对于经济科学的论证而言，其"所能证明的东西是多么的少"①。恩格斯在这里说明了作为价值评判的道德指斥或道德谴责在特定情况下是可以运用的，而且在特定语境下是完全恰当的，但是对于科学观点的论证方面，其不太合适采用，因为其无法为证明某个观点提供强有力的理据支撑。

对于资产阶级政治经济学的研究，恩格斯除了使用上述价值评判的研究方法外，他还采用了人道主义价值预设来对其进行批判。此种价值预设研究方法主要是基于西方思想史上人道主义的"自由的人性""纯粹人的、普遍的基础""纯粹的人道"② 等价值原则、价值目标来对比资本主义社会现实，对比资产阶级政治经济学，由此揭示政治经济学与人道主义价值原则，与社会现实不相符合的地方，凸显资产阶级政治经济学以及资本主义社会现实的不合理、不正义之处。

首先，恩格斯使用了"自由的人性"的价值预设。在论及马尔萨斯人口论以及亚当·斯密《国富论》经济学体系时，恩格斯指出，这两者是同样的伪善、前提与结论不一致、不道德，其与"自由的人性"处在一种对立地位。在此处，恩格斯运用对比方法凸显了马尔萨斯人口论和亚当·斯密经济学的不合理与不人道之处。其次，恩格斯使用了"纯粹人的、普遍的基础"的价值预设。在论及对自由主义经济学和重商主义的批判时，恩格斯指出，由于自由主义经济学带着重商主义诸种理论前提的"拖累"，还存在着诸多片面性，由此，自由主义经济学无法对重商主义进行正确的价值批判。恩格斯认为，只有超越于此两种经济学的对立，批判其共同的理论前提，并且，基于"纯粹人的、普遍的基础"这一价值预设来分析反思经济学问题，才能给予两种经济学以正确定位。最后，恩格斯使用了"纯粹的人道"的价值预设。在反驳亚当·斯密关于商业的人道性这一观点时，恩格斯指出，新自由主义经济学并没有从"纯粹的人道"这一价值立场出发，并没有从"普遍利益和个人利益之间的对立毫无意义这种意识"这一价值立场出发，而是只谋私利，不讲

---

① 恩格斯：《反杜林论》，北京：人民出版社1970年版，第147页。
② 《马克思恩格斯选集》（第1卷），北京：人民出版社2012年版，第19—24页。

道德。

由上可知，恩格斯直接使用了普遍性的人道主义价值预设，诸如他所讲到的"自由的人性""纯粹人的、普遍的基础""纯粹的人道""普遍利益和个人利益之间的对立毫无意义这种意识"等。在本文中，恩格斯也没有具体解释这一系列价值预设的含义。那么，我们如何解读恩格斯在此处论及的价值预设呢？

笔者认为，就"自由的人性""纯粹人的、普遍的基础""纯粹的人道"的含义而言，其主要是指人道主义价值原则。此种价值原则有广义与狭义之分。① 就其广义而言，是指维护人的尊严、权利和自由，重视人本身的价值，保障人的自由充分全面发展的价值诉求；就其狭义而言，是指欧陆文艺复兴时期资产阶级反对封建主义、宗教神学所秉持的自由、平等和博爱等价值原则。基于此，我们可从如下方面来解读：一是强调以人为本位，反对以金钱为本位的价值立场。在恩格斯看来，前面探讨的几种经济学都是服务于资本的"私经济学"，其价值追求都是为了"发财致富"，而不是强调以人为本。二是强调人作为目的本身的价值，反对将经济价值置于人的价值之上。以往经济学往往忽略人作为目的本身，无视人本身的超越价值，将人及其道德降低为获取利润的手段。三是强调维护人的尊严和权利。恩格斯认为，"私经济学"只关注维护私有制、私有权以及资本的尊严与权利，而无视劳动的尊严与权利。四是强调人的自由、全面及充分发展，而不是将人局限于特定领域劳动，并利用私有制度迫使其作为被压迫剥削的对象。就"普遍利益和个人利益之间的对立毫无意义这种意识"价值立场的含义而言，笔者认为其主要有如下内涵：一是强调个人利益即私利不能僭越公共利益或者集体利益；二是强调普遍利益与个人利益具有内在一致性。没有个人利益，普遍利益就是一种抽象存在，个人利益的合力指向就构成了普遍利益，而普遍利益归根结底要通过个人利益体现出来。三是强调要超越普遍利益与个人利益之间的对立，达成一种公共利益和个人利益之间的"和解"。

毋庸置疑，恩格斯以上涉及的价值原则是一种前提预设，其不是基于自身的价值判断与价值评价的本然情感生发，也不是基于历史事实的

---

① 汝信：《人道主义就是修正主义吗？——对人道主义的再认识》，见中国社会科学院哲学研究所《国内哲学动态》编辑部编：《人性、人道主义问题讨论集》，北京：人民出版社1983年版，第20—33页。

归纳总结，而是无前提地将此种价值原则预设为经济学研究的一种逻辑起点。此种价值预设方式基于事实与价值之间的冲突引出了价值批判的张力，预设的价值原则与价值目标是一种理想状态或本真状态，而世俗的东西则相对而言是蜕变的。① 由此，基于价值理想与蜕变的社会现实之间的矛盾来揭示社会现实的不正当、不合理之处。当然，此种研究方法在思想史上被诸多学者所运用，比如霍布斯在讨论社会契约论时预设了诚信与正义②的价值原则；洛克借助于自由平等③的价值预设论证了政治权力的缘起；康德将充分且合目的的发展④预设为人类演进的目的。在评价费尔巴哈的道德论时，恩格斯指出，此类预设的价值原则"它适用于一切时代、一切民族、一切情况；正因为如此，它在任何时候和任何地方都是不适用的"⑤。作为论证逻辑起点的价值预设，一般需要保证其可靠性，因此其必然会具有普遍的适用性。但是，与具体历史阶段及领域相适应的只是特定的价值原则与价值目标。因此，可以说，此时的恩格斯尚处于人本主义⑥思想阶段，他对资产阶级政治经济学的研究总体上还是人本主义的价值批判。

需要指出的是，价值预设研究方式前置的价值目标与价值原则在逻辑上是无法证明的，也就是说，预设的价值并没有逻辑的可靠性。正如马克斯·舍勒曾批判康德的价值预设那样，他指出，康德的价值预设一部分是他自己表述出来的，"但大部分则为他缄口不语"⑦，因为康德将其视为"不言自明"的，但实质上是需要进一步"考虑和检验"的。

当然，对于此种前提预设的研究方式，马克思在经济学研究中也曾

---

① 张一兵：《一定的历史的暂时的：科学批判理论的新基点——解读〈马克思致安年柯夫信〉》，载《江汉论坛》，1997年第2期，第48页。
② 〔英〕霍布斯：《利维坦》，黎思复、黎延弼译，北京：商务印书馆2011年版，第106—109页。
③ 〔英〕洛克：《政府论（下篇）——论政府的真正起源、范围和目的》，叶启芳、翟菊农译，北京：商务印书馆2011年版，第3页。
④ 〔德〕伊曼纽尔·康德：《历史理性批判文集》，何兆武译，北京：商务印书馆1990年版，第3页。
⑤ 恩格斯：《路德维希·费尔巴哈和德国古典哲学的终结》，北京：人民出版社1972年版，第31页。
⑥ 唐正东：《私有制条件下资本与劳动的分裂及其不合理性——青年恩格斯的劳资关系思想及其评价》，载《广西师范大学学报（哲学社会科学版）》，2020年第1期，第1—10页。
⑦ 〔德〕马克斯·舍勒：《伦理学中的形式主义与质料的价值伦理学》（上册），倪梁康译，北京：商务印书馆2011年版，第32—34页。

多次批判。他驳斥"国民经济学"时指出，它"总是置身于一种虚构的原始状态"①，而此种预设状态与资本主义经济事实相背离。他反思古典经济学时也指出，它总是将孤立的或者原子式的个人②作为其研究的出发点。

恩格斯对于消灭私有制这一价值目标的论证，主要是通过私有制内在的劳动与资本之间的矛盾、供给与需求之间的矛盾、竞争关系之间的矛盾等的逻辑演绎来阐明的。此是一种基于矛盾规律呈现价值目标的研究方法。它将经济规律、经济事实与价值目标结合在一起，凸显了资本主义社会的尖锐矛盾，揭露了私有制必然消亡的价值目标，阐明了一定的科学社会主义一般原则。

首先，恩格斯认为伴随于私有制的是一系列"反常的分裂"，此种分裂最终会导致"社会革命"这一必然结果。他指出，私有制最直接的后果就是产生人与自然的分裂，即人与土地的分裂。而出卖土地就是走向自我出卖的第一步，因为土地是自我生存的首要条件，出卖它本身就是一种不道德，而无产者迫于生存需要出卖自我相比于出卖土地，是更不道德的行为。当然，这里所讲的"不道德"不是指出卖者不道德，而是指迫使出卖者出卖的私有制度和私有者不道德。接下来，人的活动进一步分裂为劳动与资本的对立，即无产者与控制生产资料的有产者之间的对立。然后，资本、劳动、土地进一步各自分裂为对立的矛盾，即资本对资本、劳动对劳动、土地对土地之间的矛盾。由此，恩格斯指出，私有制将每个人割裂为一种孤立状态，他们之间相互敌视，使其不道德状态达致极点。此外，劳动与资本这对矛盾还从另一个方向进行分裂，作为积蓄的劳动的资本进一步分裂为原有资本与利润，利润又分裂为本来意义的利润与利息。恩格斯指出，利息是一种没有付出劳动的无本生利，因此以上矛盾的发展，将导致资本主义社会的"大变革"。其次，借助于需求与供给之间"永恒波动"规律，恩格斯阐明了消灭私有制的这一价值目标。他指出，需求与供给之间力图实现相互适应，但是两者似乎永远达不到最佳状态，其不可避免的结果就是商业危机像大瘟疫一样定期出现。此种危机的恶劣影响一次比一次更加普遍和严重，在危机期间，依赖出卖劳动为生的无产者越来越多。劳动者成为可以买卖的商

---

① 马克思：《1844年经济学哲学手稿》，北京：人民出版社2000年版，第51页。
② 《马克思恩格斯文集》（第8卷），北京：人民出版社2009年版，第5页。

品，因此作为商品的人的生产也依赖于市场的对其的需求，在商业危机爆发时，生活无着落的过剩人口大量产生。基于此，恩格斯指出，需求与供给之间"永恒波动"规律就是通过此种周期性革命为自己开辟道路，消灭私有制的社会革命就产生了。再次，恩格斯基于竞争阐明了消灭"堕落"的私有制的这一价值目标。他认为竞争是商人追逐利益的竞争，在此过程中，价格的上下波动，随时随地都在改变着物品的固有价值以及物品之间的固有价值关系。在此种情况下，每个商人都变成了投机者，他们都在竭力选择最有利的时机进行买卖，都希望不劳而获，都挖空心思算计别人，这样，就将人类贬低为实现其贪欲的手段。而且，恩格斯指出，竞争也是一个淘汰过程，如果资本不最大限度地周转，它就抵不过其他资本的竞争；如果土地肥力不经常改良，它就会无利可获；如果无产者不全力投入劳动，他就会被淘汰；如果每个人都不全力以赴并放弃作为一个真正人的目的，他就经受不住此种竞争。处于竞争中的资本或者土地所有者比劳动强，因为前者可以依赖利润或者地租过活，而后者得到的只是满足生存的必要生活资料。竞争使财产逐步向大资本集中，大资本吞并小资本，使得中间阶级逐步消失，最后主要剩下占有生产资料的有产者与依靠出卖劳动力为生的无产者。可见，竞争已经贯穿于私有制全部生活关系之中，并造成了一种"相互奴役"状况，因此，恩格斯认为，竞争渗透进了道德领域，这是私有制"堕落"的体现，而只有消灭私有制，才能消灭此种"堕落"。最后，恩格斯基于马尔萨斯人口论与社会经济事实之间的矛盾，凸显了此种理论的荒谬，指出只有消灭私有制，才能消灭此种"人类堕落"。马尔萨斯认为人口的增长超过生活资料的增长，这是导致资本主义贫困及其罪恶原因，提出要消灭此种贫困，那就是让他们饿死或者用暴力将他们杀死。恩格斯对此进行了批判，他指出，此种学说回避人口过剩与财富过剩同时并存的资本主义社会现实，遮蔽科技对生产力的极大提高的社会事实，而将私有制内在矛盾导致的贫困及其罪恶原因归结为人口增长。由此，他将此类经济学说斥为"卑鄙无耻"的学说，指出其不道德已经是"登峰造极"。恩格斯指出，在资本主义社会关系没有"全面变革"、相互对立的矛盾没有实现"融合"、私有制没有被消灭的情况下，资本家与无产者之间的矛盾就是顽瘴痼疾，不可能得以克服。

由上可知，恩格斯在此处体现出来的研究方法，既没有依赖上述的价值评判方式，也没有借助于人道主义价值预设，而是将价值目标融入了对资本主义固有矛盾的揭露之中，渗透进了经济学理论与社会现实之间的矛盾之中。此种研究方法是对上述两种价值批判方法的超越，也是恩格斯对唯物辩证法的自觉运用，体现了他内在的、坚定的、旗帜鲜明的无产阶级价值立场。此种价值立场在恩格斯的研究中，不是以一种显性方式凸显出来，而是以一种"合乎理性"的方式呈现出来，或者说是恩格斯将自己的价值立场深深地奠基于辩证唯物主义之中，他基于矛盾的自然演进方式揭示了其价值立场。

需要指出的是，恩格斯此处的价值批判方法与马克思曾阐述的辩证方法具有异曲同工之妙。马克思认为辩证方法的实质在于从事实出发，来揭示一种形式或秩序过渡到另一种形式或秩序的规律，并阐明社会的产生、发展和消亡及被更高级社会阶段所取代的规律。① 马克思在此处讲的规律就是恩格斯所揭明的资本主义内在矛盾规律周期性为自己开辟道路的规律；马克思所讲的高级社会阶段就是恩格斯所揭示的消灭私有制要达致的价值目标。可见，恩格斯与马克思在研究方法上具有内在的一致性。这也正是马克思将《国民经济学批判大纲》称之为批判资本主义经济学范畴的"天才大纲"② 的原因。

就马克思对资本主义古典经济学的批判而言，西方马克思主义理论的创始人对马克思政治经济学的研究方式进行了深入阐发。格奥尔格·卢卡奇（Georg Lukacs）基于"具体的总体"③ 这一方法基础阐明了马克思政治经济学与资本主义古典经济学之间本质的区别及彻底的决裂。④ 古典经济学从始至终都是从个别资本家的观点与视角，或总是从个人的

---

① 马克思：《资本论》（第1卷）第2版跋，北京：人民出版社2004年版，第20—21页。
② 《马克思恩格斯选集》（第2卷），北京：人民出版社2012年版，第3页。
③ 黑格尔的具体的总体范畴是指最高的思维形式导致一种体系，在这种体系中的个体并没有被抹煞，而是被保存；在马克思主义哲学中，它是指对人类的社会生活要从整体全面的视角进行理解，不能用单纯的自然因素来解释历史，而是要将主客体全部的社会运动作为历史基础，体现人类物质存在活动的实践性和社会性。如果要理解具体的历史事件或其过程，就必须将其看作一个具体的整体的一个方面。具体只有借助、依托于总体才能得以显现、呈现；总体也只能是具体所构成，脱离具体的总体是空泛的，最终会走向虚无主义，而脱离总体的具体最终会走向相对主义。这里参见〔匈〕卢卡奇：《历史与阶级意识——关于马克思主义辩证法的研究》，杜章智等译，北京：商务印书馆2011年版，第4—5页。
④ 〔匈〕卢卡奇：《历史与阶级意识——关于马克思主义辩证法的研究》，杜章智等译，北京：商务印书馆2011年版，第81页。

观点来分析考察资本主义社会的经济现象及其发展，这使其陷入了一系列的矛盾之中。而马克思政治经济学把整个资本主义社会问题看成是作为整体的资产阶级与无产阶级面临的问题。

法兰克福学派的主要代表也对马克思政治经济学的研究方式进行了深入阐释。霍克海默的社会批判理论与马克思政治经济学一样，他始于对经济基础的抽象规定，即描述以交换为基础的经济特征为出发点。他认为马克思在对资本主义政治经济学进行批判时所用的概念，即商品、价值和货币等，在社会关系变为交换关系以及出现货物商品特征的情况下，是能"起到种的概念的作用"① 的。这一系列概念是马克思批判资本主义政治经济的概念系统的组成部分，② 这些概念不仅是对资本主义政治经济学概念的扬弃，而且是批判现实的概念，这些概念可以发见于社会变革之中。哈贝马斯批判性地考察了马克思对资本主义政治经济学的批判：一方面，他认为马克思在《资本论》中，基于商品两重性的"天才研究"③ 阐明了资本主义经济的交换关系，由此也阐明了其市场的控制机制，即反思关系。他指出马克思基于控制的观点从功能视角解释了资本主义的经济过程，而且，同时使人们将此过程理解为人们之间道德价值的总体性分裂或矛盾。另一方面，他也认为马克思过于从经济视角来解剖资本主义的社会困境，他把一切问题都还原到经济层面，忽视了其他制约现代人的因素。而且，他指出，马克思没有看到以科层架构出现的行政机关所产生的权力形态是如何跟市场机制"相辅相成"地控制着现代人生活的各个领域。这一系列问题并不像马克思所认为的那样能化约为工人被商品化或异化劳动所造成的后果。④

有学者立足于马克思政治经济批判理论与资本主义纯概念系统形式经济学的比较而提出：马克思的政治经济学批判方式不同于资本主义纯概念系统的经济学。马克思视域中的经济学是自身不断辩证发展而演进

---

① 〔德〕霍克海默：《传统理论和批判理论》，见曹卫东编：《霍克海默集》，上海：上海远东出版社2004年，第197页。
② 〔德〕霍克海默：《传统理论和批判理论》，见曹卫东编：《霍克海默集》，上海：上海远东出版社2004年，第191页。
③ 〔德〕尤尔根·哈贝马斯：《重建历史唯物主义》，郭官义译，北京：社会科学文献出版社2013年版，第83页。
④ Jürgen Habermas, The theory of communicative action (vol. 2): System and lifeworld, Cambridge: Polity, 1987.

的科学。如汉斯-约根·瓦格纳（Hans-Jorgen Wagener）认为传统的经济学理论类似于科学理论，它将专业化、决定论的特点看作是自身的特征，这导致人们将经济学看作是纯概念系统的理论。而马克思将政治经济学看作是系统自身发展的，是辩证地包含进化预设的。而且，马克思并没有像传统理论一样，从孤立的个人出发，而是从生产劳动中主体间的相互作用出发。①

此外，有学者基于马克思与之前学者之间的比较，探讨了他的政治经济学研究方法。霍华德·恩格思基兴（Howard Engelskirchen）揭示了马克思政治经济学与亚里士多德的形式质料学有内在关联。他认为探讨马克思政治经济学中根源于亚里士多德理论的方面，有助于我们真正理解马克思关于资本与商品的社会形式的分析方式。就马克思而言，依赖于劳动的因果关系与他们的"最简单决定"（simplest determinations）才能获得对资本主义政治经济批判的清晰理解。这可能是他从亚里士多德形而上学那里吸收而来最好的思想：受益于亚里士多德的形式质料学说的启发，马克思从劳动的活动与形式两个方面来解释劳动的社会形式。②南茜·苏·纳乌（Nancy Sue Love）揭示了马克思与尼采（Nietzsche）之间关于资本主义商品生产批判的联系与区别。她指出：马克思认为由于人的劳动力作为商品出售而使人异化；尼采认为人作为劳工（labor）而被否定。他们都认为人通过控制自然而创造自己，也都认为为了交换的资本主义商品生产使此种自我创造变为了自我否定。除了以上相同点之外，在怎样生产与为什么生产这一方面两者观点是不同的，而且，两者的研究视角也是大相径庭的。马克思将资本主义商品生产视为从必要劳动走向自由劳动的途径；尼采认为自由劳动就其术语而言是自相矛盾的，他将资本主义的商品生产视为从工作走向娱乐（play）的途径。可见，马克思着眼于为劳动而辩护，而尼采致力于批判劳动，他们最终都逃脱不了资本主义商品生产的经济学和心理学。③

---

① Hans-Jürgen Wagener, "Marx's economics as a theory of economic systems", *De Economist*, Vol. 124, No. 4, 1976, pp. 422–440.

② Howard Engelskirchen, *The Aristotelian Marx and scientific realism: A perspective on social kinds in social theory*, Dissertation of the Graduate School of Binghamton University State University of New York, 2007.

③ Nancy Sue Love, *Marx and Nietzsche: Critics of the "rational Society"*, New York: Cornell University, 1983.

第三节　从否定人到肯定人：
价值立场在理论目的匡正中呈现

在《1844年经济学哲学手稿》中，马克思多处论及古典经济学是否定人的经济学，此种否定人的经济学没能足够的关切人性与道德。如马克思在讨论工资时论及了亚当·斯密的看法。他认为在一个社会中，如果大多数人处于贫困和痛苦状态，那么这个社会肯定是不幸的。如果说，一个社会的最富裕状态反而"造成大多数人遭受这种痛苦，而且国民经济学是要导致这种最富裕状态，那么国民经济学的目的也就是社会的不幸"①。马克思在这里指出了国民经济学是要实现社会的最富裕状态，而这种最富裕状态却造成了社会大多数成员的不幸。另如，马克思还指出，社会的最富裕状态是国民经济学的目标，而对劳动者而言却是持续不变的贫困。② 马克思在这里言明了古典经济学的目的虽然是社会的最富裕状态，但相对于工人而言，却是持续性的贫困不堪。在论及异化劳动与私有财产的关系时，马克思提到国民经济学③是基于劳动是生产的真正灵魂这一观点出发的，但未能给予劳动任何的东西，而给私有财产或私有制度提供了一切。④ 这里，马克思说明了资产阶级经济学是服务于私有财产的，它为私有制度提供一切。而并未给"劳动"或工人的劳动提供任何东西，他们仅仅将工人看作是一种能劳动的工具或者是一种抽象的片面化的劳动。在探讨私有财产与劳动的关系时，马克思明确指出国民经济学虽然就其表面承认人和肯定人，但就其实际而言，是否定人的。"因为人本身已不再同私有财产的外在本质处于外部的紧张关系中，而是人本身成了私有财产的这种紧张的本质。"⑤ 这一观点是马克思通过对比亚当·斯密的经济学与货币主义经济学或重商主义经济学而得出来的。马克思认为后者仅仅将私有财产视为相对于人的"对象性的本质"，而前者不再将私有财产视为一种"人之外"的东西，其看到了私有财产的

---

① 马克思：《1844年经济学哲学手稿》，北京：人民出版社2000年版，第11—12页。
② 马克思：《1844年经济学哲学手稿》，北京：人民出版社2000年版，第14页。
③ 这里是指蒲鲁东的著作《什么是财产?》中的观点。见马克思：《1844年经济学哲学手稿》，北京：人民出版社2000年版，第201页，注释41。
④ 马克思：《1844年经济学哲学手稿》，北京：人民出版社2000年版，第62页。
⑤ 马克思：《1844年经济学哲学手稿》，北京：人民出版社2000年版，第74页。

主体本质或自为性。恩格斯对此还用比喻进行了说明。他将亚当·斯密比喻为路德，因为路德在宗教改革中扬弃了认为宗教信仰是人的外在本质的观点，而将宗教笃诚变为人的内在本质，从而也将上帝移入了人心。同样，亚当·斯密的经济学也是将私有财产移入了人本身，而且将人本身认定为私有财产的本质。由此，人与私有财产的关系不再是外在的关系，而是本身成了私有财产的本质。

马克思认为古典经济学仅仅只是实现了对人本身的否定，因为工人只能靠出卖自己的劳动力而得以谋生，工人的劳动是私有财产的源泉，私有财产在其本质上也只是人的劳动的积累。随着社会私有资本的膨胀，工人反而在现实中愈来愈贫困，这就体现了其内在的私有财产与劳动之间的矛盾。

古典经济学并不关心此种劳动与资本的对立与矛盾，而总是想方设法地来遮蔽资本与劳动的对立。如他们设定①：资本就是积累起来的劳动；生产范围内的资本的使命在于：再生产所带来的利润、作为劳动资料的资本、作为机器设备的资本等；"工人是资本"；工资是资本的费用；工人的"劳动是他的生命资本的再生产"；劳动是资本家的资本活动的因素等等。另外，古典经济学还将劳动和资本原初的统一"假定"为资本家和工人的统一这种"天堂般的原始状态"。由此可见，古典经济学将资本与劳动强行地或抽象地等同，这样就抹杀了资本家与工人之间的矛盾与对立，也抹杀了工人现实生活的贫困与苦难。因此马克思多次指出资产阶级经济学的目的并非是否定人，而非肯定人的学说。

马克思在早期经济学手稿中认为古典经济学对人基本持否定的意见，而到他写作《1857—1858年经济学手稿》等著作时，态度有所变化，而对古典经济学不同论者的不同问题进行了具体分析，而且，马克思采取了辩证的方法来看待古典经济学。一方面，马克思毫不犹豫地批判一些经济学家的错误或不足之处；另一方面，马克思不仅对以往经济学家的正确观点加以赞赏，而且还进行了一系列的继承创新。在这里，马克思不再单纯认为古典经济学是纯粹否定人的学说，而是将重心转移到了对其具体问题的探讨与研究。如在《1857—1858年经济学手稿》中，马克思为李嘉图在讨论资本生产过程中的观点进行了辩护。马克思提到，有

---

① 马克思：《1844年经济学哲学手稿》，北京：人民出版社2000年版，第127页。

人批评李嘉图，认为其将资本利润与工人工资视为生产成本的必要成分，而排除了生产原料及生产工具中蕴含的生产成本，但是此种批评"是十分愚蠢的"①。因为原料与工具的原有价值只是被保存或被转移，而没有形成新价值，但是原有价值归根结底是源于工人剩余劳动时间所创造的剩余价值的。当然这在资本家购买劳动力时是体现不出来的，而是体现在劳动力价值的消费过程之中。由此，单纯的自然物质如果没有人类对象化劳动的介入是不可能具有价值的。

当然，有学者认为马克思对古典经济学的批判确实存在一个态度的转变：从早期认为古典经济学"敌视人"到中后期认识到古典经济学的科学性这一变化。马克思对古典经济学批判的立脚点前后期有明显变化：早期手稿是从人的视角来批判古典经济学中关于生产目的、手段和劳动者地位等观点，得出其敌视人的结论。而后期马克思对他早期关于古典经济学的观点进行了很大程度的修正，并且为一些有真正成就的经济学家进行了辩护，指出了其在经济学研究中的诚实与其思想的进步意义或历史的客观性。② 马克思揭示了资本主义经济学所承认和接受，甚至加以美化的矛盾：劳动者日益贫困与少数人暴富。这恰好打中了这门经济学的要害，这个要害是经济学的耻辱，而马克思正是要洗雪这个耻辱。

另外，在《1861—1863 年经济学手稿》中，马克思指出了亚当·斯密"认识到了剩余价值的真正起源"③。同时他还指出亚当·斯密认识到了剩余价值不是来源于"预付基金"，而是在新的生产过程中从"工人加到材料上的"新生产劳动中所产生出来的。另外，马克思还强调斯密的功绩在于：他认识到了伴随着资本家的资本量的不断累积、土地所有权的产生以及与劳动者对立的劳动条件的独立化，工人与资本家逐步处于不对等的地位。工人由于需要生活资料被迫进行生产劳动，而资本家由于占有这些生产资料而具有在劳动力买卖市场中的绝对优势。这样两者处于剥削与被剥削的生产关系之中，而且价值规律的作用方式也发生扭曲，而走向了公平交换的反面，即价值规律发生了新的变化，即变为

---

① 《马克思恩格斯全集》（第 30 卷），北京：人民出版社 1995 年版，第 334 页。
② 金守庚：《马克思对古典政治经济学批判的前后变化说明了什么》，载《哲学研究》，1983 年第 9 期，第 20 页。
③ 《马克思恩格斯全集》（第 33 卷），北京：人民出版社 2004 年版，第 56 页。

了它自身的对立面。① 这里，斯密强调突出了一个矛盾，即工人只是用较大量的劳动交换得到了较小量的劳动，或者是资本家以较小量的劳动换得了较大量的劳动，公平对等交易的价值规律在此失效了。

在《资本论》中，马克思在探讨剩余价值转化为资本时，也提到古典经济学是"非常严肃地对待资本家的历史职能"②的，他指出，就古典经济学而言，其将无产者看作是产生资本利润或剩余价值的工具，而把资本家视为将剩余价值转化为资本主义再生产的资本的机器。

结构主义的马克思主义奠基人路易·阿尔都塞（Louis Althusser）指出了马克思对资本主义政治经济学批判的目的在于揭示政治经济学的虚伪性。他认为马克思在对资本主义的政治经济批判中揭示了资本（少数资本家的暴富）与劳动（工人的日益贫困化）之间的矛盾，这正好击中了资本主义庸俗经济学的要害。③ 庸俗经济学致力于为暴富者辩护并对其表示祝贺。马克思将其视为经济学的"耻辱"，并决心要揭示澄清并洗雪它。

另一位法国学者让·鲍德里亚（Jean Baudrillard）通过对马克思政治经济学批判的反思和对符号学的批判，认为马克思对资本主义的政治经济批判必须走向"符号政治经济学批判"④。因为当今社会已经进入消费社会，在消费社会中，媒介起到了越来越重要的作用，而媒介又是以符号或编码作为运行方式的。

---

① 《马克思恩格斯全集》（第33卷），北京：人民出版社2004年版，第64页。
② 马克思：《资本论》（第1卷），北京：人民出版社2004年版，第687页。
③ 〔法〕路易·阿尔都塞：《保卫马克思》，顾良译，北京：商务印书馆2006年版，第148页。
④ 〔法〕鲍德里亚：《生产之镜》，仰海峰译，北京：中央编译出版社2005年版，第35页。

第七章 马克思价值立场在
生产关系批判中的体现

在《资本论》第一卷第一版序言中，马克思明确指出了自己的研究对象是资本主义的生产方式及其与之相适应的生产关系与交换关系。① 他还指出，人们除了在资本主义现实社会中承受到的压迫与奴役之外，还承受着先前所遗留的灾难，这些灾难的产生是由于先前陈旧的生产方式及其生产关系或政治关系还存在于现实社会当中。② 这里，马克思揭示出自己的主要研究对象是资本主义生产关系，也指出批判地研究资本主义生产关系的原因在于其给人们带来了过多的压迫或灾难。就马克思对资本主义生产关系的批判而言，恩格斯认为其构成了马克思经济批判的研究对象。卡尔·科尔施（Karl Korsch）则认为其构成了马克思经济批判的重要部分。③

马克思的生产关系批判并未停留于对资本主义主体间的生产关系批判，而是深入到了生产者与生产条件这一人与物之间关系的批判。霍克海默认为是生产条件和消费品分配不公的社会现实促成了马克思经济批判理论的形成。霍克海默指出马克思生产关系批判的动机并非在于构建一种纯粹的经济理论④，而是在于为被剥夺幸福的人们申诉，因为这个社会的经济能力或生产能力是能足够保证人们得到更多应得的幸福的，但是社会现实远不如此。阿尔都塞深入解读了马克思的生产关系批判，他认为马克思的生产关系批判并非是对孤立的人与孤立的人之间关系的

---

① 马克思:《资本论》（第1卷），北京：人民出版社2004年版，第8页。
② 马克思:《资本论》（第1卷），北京：人民出版社2004年版，第9页。
③ 〔德〕卡尔·科尔施：《马克思主义和哲学》，王南湜译，重庆：重庆出版社1989年版，第45页。
④ 〔德〕霍克海默：《批判理论》，李小兵译，重庆：重庆出版社1989年版，第43页。

批判，而是对生产中的具体人及其生产条件的具体结合的批判。因为生产关系所体现出来的主体间关系是被生产者与生产条件之间的关系决定的。① 因此，生产关系批判不能仅仅解释为主体间的关系，不能仅仅化约为只关涉到人的关系，如承认关系或统治与被统治的政治关系等等，而是涉及了生产前提条件或生产资料的分配等社会公正、公平的问题。维克多·E. 迪曼特（Viktor E. Dement'ev）和尤里·V. 苏霍金（Iurii V. Sukhotin）言明了马克思政治经济学不仅是对资本主义生产资料所有制的批判，而且应包括对生产前提条件的考察与批判。因为马克思主义的生产关系是由生产条件的分配和消费商品的分配两个条件所决定的，而基本的生产关系与所有制的本质是由生产条件决定的。② 保罗克·莱格·罗伯茨（Paul Craig Roberts）和马修 A. 斯蒂芬森（Matthew A. Stephenson）言明了消费资料生产方式因为交换而区别于其他的生产方式。如果不能正确理解这一观点将导致对马克思政治经济学的误解。不幸的是，约翰·艾略特（John Elliott）恰恰在这一点犯了错误，他武断地将消费资料生产与市场交换分离开来，并认为它们是能够独立存在的。因此，他对保罗克·莱格·罗伯茨和马修·A. 斯蒂芬森关于马克思生产方式诠释的批判是无效的，这是因为，他明显误解了马克思政治经济学的消费资料或商品概念。这里主要从"资本"与"劳动"、"利润"与"工资"、"劳动力价值"与"劳动力创造的价值"、"有产"与"无产"四对矛盾入手，来探讨马克思是如何在生产关系批判中展现他的价值目标与价值准则的。③

第一节 "资本"与"劳动"：价值立场在支配与被支配对立中体现

马克思在对资本主义的政治经济学批判中揭示了劳动与资本之间的矛盾。对这一矛盾的探讨不仅贯穿于他的早期、中期和晚期的主要政治

---

① 〔法〕路易·阿尔都塞、艾蒂安·巴里巴尔：《读〈资本论〉》，李其庆、冯文光译，北京：中央编译出版社 2008 年版，第 159 页。

② Viktor E. Dement'ev, and Iurii V. Sukhotin, "Property in the System of Socialist Production Relations", *Problems in Economics*, Vol. 31, No. 4, 1988, pp. 57–72.

③ Paul Craig Roberts, and Matthew A. Stephenson, "On the Commodity Mode of Production: One More Time", *Journal of Economic Issues*, Vol. 9, No. 3, 1975, pp. 530–535.

经济学研究文献之中，而且，马克思对其的理解与把握有一个从粗略到精致、从粗浅到深刻的发展过程。

首先，马克思在《1844年经济学哲学手稿》中揭示了资本与劳动体现为私有财产的两个方面，并指出了这一矛盾的发展趋势。马克思在探讨私有财产时指出私有财产的关系包含着劳动与资本的关系，或者说是私有财产一方面体现为劳动，另一方面体现为资本。马克思进一步分析了这一矛盾的两个方面：一方面，作为私有财产的资本主义劳动是一种异化的生产活动。这种活动并未体现自身自由自觉的生命特性，而是体现为一种"抽象存在"；另一方面，作为私有财产的资本是一种生产活动的对象，它脱离了一切自然、现实或社会的特性，而不会"关心"它的现实内容是什么。由此，马克思指出如果资本与劳动的矛盾冲突达致极端，那么，这一极端也将是整个关系的顶点或者最高阶段，这也就意味着资本主义雇佣制度灭亡。① 这初步揭示了资本主义社会中私有财产蕴含的劳动与资本之间的对立关系。接下来，马克思分别探讨了劳动如何演化成为资本以及私有财产的形成。在私有财产的形成过程中，伴随着奴隶或农奴转化为自由或雇佣工人，地主转化为工厂主或资本家，地产也达到其"抽象的纯粹的表现"，即资本。尤为重要的是马克思揭示了资本与劳动三种形式的关系或它们之间的运动：一是两者直接或间接统一；二是两者相互斗争；三是各自与自身相互对立或相互矛盾。② 如资本分解为自身与利息，利息又分解为自身与利润等等；另如劳动分为自身和工资。

在以上阐释中，马克思揭示了体现为私有财产两个方面的资本与劳动，还阐明了这一对矛盾发展的三种趋势。毋庸置疑，此种揭示是基于抽象思辨的一种理论思考，还未能深入资本主义经济运动及其发展的内在规律，还未能形成科学的政治经济学理论。而对此问题的不断探讨，促使马克思后来在这一问题域做出了伟大的科学发现。

其次，在《1844年经济学哲学手稿》之后，马克思更为精确地将劳动与资本之间的矛盾问题探讨集中到了工人与资本家之间的矛盾或者说是劳动力与资本之间矛盾问题的探讨。马克思在1849年所写的《雇佣劳动与资本》中还是用资本与劳动之间的矛盾这一用法，但在1891年单行

---

① 马克思：《1844年经济学哲学手稿》，北京：人民出版社2000年版，第67页。
② 马克思：《1844年经济学哲学手稿》，北京：人民出版社2000年版，第72页。

本中，恩格斯将"工人为取得工资向资本家出卖自己的劳动"中的"劳动"改为了"劳动力"这一更符合马克思后期研究成果的用法。马克思在《雇佣劳动与资本》中阐明了劳动力与资本两者的概念，探讨了资本与劳动力之间的交换关系。他指出劳动力与资本之间是一种对立关系，资本利润与劳动力价值是成反比关系的，而资本的增长速度与劳动力价格是成反比关系的。

在《雇佣劳动与资本》中，马克思先是讨论了什么是工资及工资由什么决定这些问题。并且，他在这里论证了工人的工资是一定的商品，是劳动力的价格。这一价格又是由创造劳动力这一商品所需要的劳动时间来决定的。接下来，他指出资本就是积累起来的劳动。马克思指出作为一种独立社会力量的资本通过交换活的劳动力而保存并增大自己。而只拥有劳动力的无产阶级的存在是资本的必要前提。可见，资本的实质体现为现实的具体劳动是积累劳动或资本保值或增值的手段或途径。① 马克思进一步讨论了资本与劳动的交换关系：工人用自己的劳动力换得了生活资料，而资本家用自己的生活资料换得了工人的创造力量。而且，资本必然要以雇佣形式作为其存在增值的前提，而雇佣劳动又需要一定资本作为其进行劳动的条件，这样，两者就是相互规制，并相互产生的。② 这就说明了两者是同一种关系的两个方面，资本的迅速增加相当于利润的迅速增加，而利润的迅速增加只有在劳动的价格同样下降的条件下才成为可能。可见，资本所追逐的利润与雇佣工人所得到的工资是成反比并截然对立的。③ 马克思在这里揭示了资本利润与工人工资的反比例关系或矛盾对立关系。最后，马克思还指出随着生产成本或生产资本的不断增加，社会分工及机器的使用范围就扩大，这促使雇佣工人之间的竞争也就越激烈，其所得到的工资也就越少。④ 这里马克思指出了资本的增长速度与工人竞争的激烈程度是成正比例的，而资本增长速度与劳动力价格是成反比例的。

再次，在《1857—1858年经济学手稿》中，马克思在论及资本与劳动的交换时，他认为资本是交换价值，而劳动是资本的对立面，资本只

---

① 《马克思恩格斯选集》（第1卷），北京：人民出版社2012年版，第342页。
② 《马克思恩格斯选集》（第1卷），北京：人民出版社2012年版，第343页。
③ 《马克思恩格斯选集》（第1卷），北京：人民出版社2012年版，第350页。
④ 《马克思恩格斯选集》（第1卷），北京：人民出版社2012年版，第358页。

有与劳动发生关系才能成为资本。在资本主义社会，资本只有依靠雇佣劳动才能成为资本。资本也只有将劳动视为纯粹的使用价值，自身才能得以成立，才能成为资本。① 资本与劳动是相互矛盾的、相互对立的存在，两者互为前提。② 劳动不是指具体的一种或另一种劳动，而是表现为劳动本身或抽象劳动。"与资本相对立的劳动，是单纯抽象的形式，是创造价值的活动的单纯可能性，这种活动只是作为才能，作为能力，存在于工人的身体中。然而，通过同资本接触，它成为实际的活动——它不能自己进行活动，因为它是无对象的——从而成为实际创造价值的生产活动。"马克思在此处指明了劳动与资本的对立关系，此种关系隐含着资本主义社会资本家与工人之间的对立关系。同时，马克思揭示了两者之间的内在关联，劳动只有与资本"接触"，才能成为实际创造价值的生产活动。

另外，马克思通过对资本循环的探讨凸显了其与劳动之间的矛盾关系。他认为资本是以货币作为自己的出发点或起点的。货币进入流通领域，又从流通领域返回到自身。这是货币"扬弃"自己的最后形式。货币正是经过这种"扬弃"过程，便成了资本。马克思将其称为：资本的最初概念及表现形式。③ 在这样的流通过程中，货币消融于这个过程。货币不仅在消融中否定自己，也与流通相对立，而独立出来否定自己。经过这样的否定，货币演化为资本的最初形式。

马克思进一步认为，货币与劳动者的劳动能力进行交换，并借助劳动能力而消费掉商品，或者说是，商品的现实实现与其作为使用价值的被否定，两者同时转化为商品作为交换价值的确证。④ 马克思在这里指出了货币只有同特定商品，即劳动力的交换，并借助于劳动力才能实现商品的消费或否定。劳动力与货币这两者同时转化为商品，此种现象正是交换价值的确证。劳动力与商品的交换过程以及两者对交换价值的确证正是资本成为资本前提。

马克思深入考察了资本，他认为像《1844年经济学哲学手稿》中的一样，将资本界定为"积累的劳动"或对象化劳动是不全面或不科学

---

① 《马克思恩格斯全集》（第30卷），北京：人民出版社1995年版，第249页。
② 《马克思恩格斯全集》（第30卷），北京：人民出版社1995年版，第254页。
③ 《马克思恩格斯全集》（第30卷），北京：人民出版社1995年版，第208页。
④ 《马克思恩格斯全集》（第31卷），北京：人民出版社1998年版，第396页。

的。因为这样只看到了资本物质的方面,而忽略了资本成为自身的形式规定;另一个缺陷是,这样的界定也抽掉了资本蕴含的物质材料而使其成为抽象的劳动一般。总之,这样的界定将资本理解为物,而没有将资本"理解为关系"①。

而且,马克思指出将资本理解为一个生产价值的价值额也是片面的。因为这样就把资本理解为自己生产自己的交换价值。而资本自己生产自己在简单流通中是不可能实现的。

当然,马克思指出资本不是简单的关系,而是一个"过程"。资本在这个过程中的不同要素上始终是资本。资本起源于流通过程,是以流通为前提的交换价值,这里,交换价值能够保存自己,而且,这个过程是交换价值实现为交换价值的运动。在这样的运动中,资本交替成为商品和货币:一方面,资本本身是这两者规定的"交替";另一方面,资本不是具体的这种或那种商品,而是"商品的总体"。

马克思指出对资本而言,不管它的任何对象,其能具有的、唯一有用性就是使资本保存自身并使资本增值,或者说是,资本的目的就是也只能是"发财致富",是使自身变大或增大。

马克思认为资本或财富表现为中介,即交换价值与使用价值之间的中介或中项,这里的中介或中项也表现为"完成的经济关系",这个中介把使用价值与交换价值两者综合在一起,并且,这个中介表现为与两者的对立。这样中介通过扬弃两者而成了相对于这两者独立的东西,成了"主体",而这两者就成为中介这个"主体"的"要素"。② 就像耶稣一样,是上帝与人之间的中介,后来反而由单纯的流通工具变为二者的统一体,变为"神人",而且比上帝更为重要。资本就是这样,它体现为劳动产品与货币或生产与流通的直接统一。而且,资本本身也体现为一种直接的东西。其演进发展就在于:"这种统一表现为特定的关系,因而表现为简单的关系——它自己确立自己并扬弃自己。"③ 马克思在这里揭示了资本既体现出了劳动产品与货币的统一,也体现出了劳动与商品流通过程的统一。

马克思认为资本代表着货币与财富的普遍形式。它代表着一种总是

---

① 《马克思恩格斯全集》(第 30 卷),北京:人民出版社 1995 年版,第 214 页。
② 《马克思恩格斯全集》(第 30 卷),北京:人民出版社 1995 年版,第 293 页。
③ 《马克思恩格斯全集》(第 30 卷),北京:人民出版社 1995 年版,第 294—295 页。

试图超越自身限制的无限欲望。① 他认为就资本实质而言，它就是资本家，同时也是一种不同于资本家的资本家存在要素，可以说，"生产本身就是资本。"② 他还指出：资本明显是一种关系，"而且只能是生产关系"③。马克思在此处所言明的生产关系就是资本家与工人、资本与劳动之间的关系。

这里马克思所阐明的资本与劳动之间的关系还是未能建立于劳动价值理论与剩余价值理论等科学理论的基础之上，所以有时，马克思也不得不借助纯粹思辨的方式来处理两者之间的关系。

第三，马克思于 1865 年在国际工人协会总委员会议上做的报告中，论及了资本与劳动的斗争及其结果。他指出劳动力价值一是由生理极限或生理因素决定的，如雇佣工人自身生存及后代生存所需要的必需品以及他们所能工作的时间长短等。二是由社会或历史因素，即每个具体国家的传统生活水平所决定的。④ 马克思进一步指出，社会或历史的因素可能扩大，也可能缩小，甚至可能完全消失，只剩下生理界限。他认为资本与劳动的不断斗争决定了利润率的实际水平。因此，就资本一方而言，他们总试图将工资降至最低或降至雇佣工人生理所能承受的最低限度，而将劳动时间或劳动强度延长至生理所能承受的最高限度。⑤ 与之相对，雇佣工人总是在相反的方向对资本进行着不懈的斗争与抵抗。

最后，马克思在《资本论》中借助于劳动价值理论、剩余价值理论科学系统地说明了劳动与资本之间的对立与根源。他认为资本主义的社会分工与私人劳动这些前提条件蕴含着生产商品的劳动二重性，即抽象劳动与具体劳动。具体劳动创造出了商品的使用价值；抽象劳动创造出了商品的价值。基于劳动二重性原理，马克思进一步分析了资本主义社会生产的二重性。他指出此种生产过程既是生产使用价值的过程，也是价值增值过程。就劳动力而言，它的价值是由其交换价值所决定的，而劳动力在其生产过程中的增值是由其使用价值决定的。劳动力维持一定时间的生存费用与其一定时间的耗费，或者说劳动力本身的价值与其在

---

① 《马克思恩格斯全集》（第 30 卷），北京：人民出版社 1995 年版，第 297 页。
② 《马克思恩格斯全集》（第 30 卷），北京：人民出版社 1995 年版，第 509 页。
③ 《马克思恩格斯全集》（第 30 卷），北京：人民出版社 1995 年版，第 510 页。
④ 《马克思恩格斯选集》（第 2 卷），北京：人民出版社 2012 年版，第 64 页。
⑤ 《马克思恩格斯选集》（第 2 卷），北京：人民出版社 2012 年版，第 65—66 页。

生产过程中价值的增加值是"完全不同的量"①。马克思指出，资本家正是看中了这两者之间的"差额"，看中了这个能够提供"独特服务"的"独特商品"。马克思指出这里劳动力的价值或维持自身生存的费用是由工人的必要劳动时间所生产出来的，而增值的价值或剩余价值是由剩余劳动时间所创造出来的。此种剩余价值是被有产者无偿占有的，并且进一步成了奴役工人的前提条件。

马克思借助"无酬劳动"这一概念揭示了资本与劳动之间的对立关系。他将剩余价值也称之为"无酬劳动"。② 他认为亚当·斯密将资本视为对劳动的支配权是不妥的，而应该将其视为对"无酬劳动"的支配权力。因为所有的剩余价值，不论是采取利润、地租形式还是采取利息形式，其都是"无酬劳动"的化身。资本自行增值的秘密就在于它对一定"无酬劳动"的支配权。此种支配权力的程度也体现了有产者对无产者的压榨程度。此种支配过程也就是作为劳动力商品的占有者与商品占有者之间的冲突与对立过程。马克思将压榨工人的商品占有者比喻为"吸血鬼"与"毒蛇"③，这形象地说明了资本与劳动之间的深刻矛盾。

以上关于资本与劳动矛盾的论述凸显了其是马克思理论研究极为重要的基本问题。这也是资本主义社会内在冲突或劳动价值规律与剩余价值规律等规律的表现。马克思将这一规律揭示出来，并运用于对资本主义社会现实现象的解读，其构成了消灭雇佣劳动制度的工人运动与斗争的有力支撑。

马克思揭示了资本有机构成提高一方面使资本对劳动力的需求相对减少，相对人口过剩，从而加深了无产阶级的贫困化及其对资本家的依附性；另一方面使资本周转速度减慢，资本平均利润下降，导致资本主义生产停滞。后继学者对马克思资本有机构成这一理论进行了深入探讨，揭示了"资本"与"劳动"之间的对立关系。恩格斯在《社会主义从空想到科学的发展》一文中描述了马克思所论述的资本有机构成理论必然导致的结果。他在分析资本主义对机器运用时指出，如果用马克思的话来说，机器成了资本用来对付工人阶级最强有力的武器，而且，机器等

---

① 马克思：《资本论》（第1卷），北京：人民出版社2004年版，第225页。
② 马克思：《资本论》（第1卷），北京：人民出版社2004年版，第611页。
③ 马克思：《资本论》（第1卷），北京：人民出版社2004年版，第349页。

劳动资料不断地夺走了工人的生活资料。① 资本有机构成的提高表现为资本主义生产对机器的大量采用，这使成百万的手工业者被少数机器劳动者排挤，而且，随着机器的不断改进，使越来越多的机器劳动者本身也受到排挤。这就使资本对劳动力的需要相对急剧减少，而形成了一支真正的"产业后备军"或剩余劳动力。正是这些被"抛落街头"并可供任意支配的劳动力存在使得工人愈来愈贫困化而失去生存的独立性。恩格斯用马克思的话描述到：资本家对劳动资料的节约同时成为对劳动力的"无情浪费"和对劳动者劳动职能的正常条件的剥夺。

此外，资本有机构成的不断提高意味着机器等生产资料在生产成本中的比重越来越大，这使得可变资本所生产的剩余价值在生产成本中的比重也越来越小。这就导致整个资本主义社会生产的平均利润下降，而生产也逐渐停滞。恩格斯指出，随着资本家不断地改进生产机器，提高机器的生产能力，但是商品市场的扩张赶不上生产的扩张，由此，资本主义生产就成为"恶性循环"。如是，整个资本主义社会就出现了"交易停顿""滞销积压""银根奇紧""信用停止"和"工厂停产"等一系列的生产停滞现象。在此情况下，无产者反而因为他们生产了过多的产品而缺乏生活资料。②

马艳③认为马克思的资本有机构成理论是基于资本有机构成短期和外延的变化，并以短期变化为背景条件的，因此会得出某些有局限性的结论。由于时代局限，其理论前提主要是着眼于科技对劳动客观条件的影响，而未充分考虑其对劳动主观条件的作用。因此要发展马克思的这一理论，就必须将科技所引起劳动主观条件纳入其中，将资本有机构成区分为外延与内涵、短期与长期的变化。这样就可以发现资本有机构成会呈现提高、不变和降低三种变化状态。吕庄和冯世新④对仇启华、解德沈和黄苏发表于《中国社会科学》1980年第2期《资本主义积累的一般规律在当代》中的观点——马克思资本有机构成提高的规律在第二次世界大战后出现了"较大的曲折"——进行了质疑。他们认为无论就理

---

① 《马克思恩格斯选集》（第3卷），北京：人民出版社2012年版，第805页。
② 《马克思恩格斯选集》（第3卷），北京：人民出版社2012年版，第806—807页。
③ 马艳：《马克思主义资本有机构成理论创新与实证分析》，载《学术月刊》，2009年第5期，第68—75页。
④ 吕庄、冯世新：《资本有机构成提高的规律在战后发生了"曲折"吗？——对〈资本主义积累的一般规律在当代〉的质疑》，载《中国社会科学》，1980年第5期，第218—222页。

论而言，还是就实际材料而言都得不出这一结论。同时，他们强调马克思资本有机构成这一科学范畴的价值取向在于基于资本积累过程来揭示资本构成的变化对工人阶级命运的影响。

后继学者基于对马克思剩余价值理论的阐释，揭示了"资本"与"劳动"之间支配与被支配之间的对立关系。恩格斯在《卡·马克思〈资本论〉第一卷书评——为〈民主周报〉作》一文中对马克思剩余价值理论所揭示的资本主义剥削进行了论述。恩格斯指出资本家在他支付给工人报酬的劳动之外，还榨取了他不支付给工人报酬的劳动。① 在资本主义社会，所有不劳动的社会成员，都是依靠此种无酬劳动而生活的。资本家所负担的各种税收、地租等也都是由此种无酬劳动所支付的。而且，资本主义社会的现存状况都是建立于此种无酬劳动之上的。在《反杜林论》中，恩格斯也指出马克思说明了剩余价值的产生，也说明了它是如何并且只能在商品交换规律支配下得以产生。由此，他认为马克思揭示了资本主义生产方式及其为基础的占有剥削方式的内在机理，也揭示了整个资本主义社会制度在其周围聚结起来的这一核心。②

卢卡奇阐释了马克思剩余价值理论对资本主义剥削的揭示。他指出，在"G—G′"这一资本增值公式中，虽然利息原本不过是利润或职能资本家从工人那里榨取剩余价值的一部分，但是它在这里却表现为某种"原本"的东西或资本的"真正"果实。③ 资本直接获得利息表现为货币或商品独立于再生产过程之外而具有自行增值的能力。这恰恰遮蔽了工人所创造的剩余价值的发现，也遮蔽了利润的真正源泉。

有学者认为马克思的剩余价值理论揭示了资本主义社会无产者被剥削的社会现实。顾海良等分析了剩余价值理论对剥削的揭示，他认为马克思所阐释的资本占有劳动的过程，这与交换在本质上是完全不同的，这是资本"发酵"的过程。④ 这一过程表现为资本占有了劳动并实现价值增值的特殊社会关系。此种价值增值就是劳动力的使用所创造出来的价值大于劳动力自身的价值。马克思一方面相对于资本方面将其称为剩

---

① 《马克思恩格斯选集》（第2卷），北京：人民出版社2012年版，第73页。
② 《马克思恩格斯选集》（第3卷），北京：人民出版社2012年版，第586页。
③ 〔匈〕卢卡奇：《历史与阶级意识——关于马克思主义辩证法的研究》，杜章智等译，北京：商务印书馆2011年版，第162页。
④ 顾海良主编：《马克思主义发展史》，北京：人民大学出版社2007年版，第107—108页。

余价值，另一方面相对于工人方面将其称之为超出工人维持生存直接需要而形成的剩余劳动。资本的使命就在于创造剩余劳动，攫取剩余价值。黄楠森①等认为马克思的剩余价值理论揭示了资本的本性在于最大限度地追逐剩余价值，资本家将剥削得来的剩余价值用于扩大再生产或进行资本积累，这样就导致资本家之间的竞争加剧而实现了资本集中，社会财富越来越聚集于少数人手中而使生产也日益社会化。但是此种生产社会化与生产资料的私人占有制度是相互矛盾的。这对矛盾是资本主义生产方式自身无法克服的，而且构成了资本主义"生产方式的桎梏"。

第二节 "利润"与"工资"：价值立场在经济利益对立中体现

马克思在政治经济学中揭示了有产者与无产者之间生产目的的对立，有产者组织生产是为了获取资本利润，而无产者被迫参与生产是要挣得工资以养家糊口。马克思对这一对矛盾的认识与把握是一个逐步深入的过程。在《1844年经济学哲学手稿》中，他揭示了雇佣工人的生产目的在于获取工资以维持生存，而资本家的生产目的在于实现资本的赢利。在《1857—1858年经济学手稿》中，马克思将资本家"发财致富"这一生产目的纳入了流通过程与交换过程来进行说明。在《资本论》中，马克思深刻揭示了资本家所得到的利润是依赖牺牲工人的消费而得到的积累。这里的积累也是被资本家无偿占有的工人的剩余劳动时间或剩余劳动的积累。

在《1844年经济学哲学手稿》中，马克思对有产者与无产者的生产目的进行了论述。就雇佣工人的生产目的而言，他们参与生产是为了解决他自身的"生存而苦恼"带来的问题。他们如果要生存下去，必然需要工作，并获得工资以购买自身必需的生活资料。工人必然要为了实现自身的可能性或取得生活的手段而斗争。②就资本家的生产目的而言，马克思指出他们是为了自己的"死钱财的赢利而苦恼"③。例如他指出地产所有者在竭力追逐尽可能多的利润或货币时，他才失去自己的封建性

---

① 黄楠森主编：《马克思主义哲学史》，北京：高等教育出版社1999年版，第77页。
② 马克思：《1844年经济学哲学手稿》，北京：人民出版社2000年版，第9页。
③ 马克思：《1844年经济学哲学手稿》，北京：人民出版社2000年版，第9页。

质，而演化为资本主义的性质或工业性质的资本。地产所有者的价值取向在于获得更多地租，而使租地农场主获得更多利润。① 由上可知，工人与资本家在生产过程中的目的是不同的，资本家不会为自身的生存而"苦恼"，而只是为了追求更多利润。在雇佣劳动制度下，工人则只能是为了生存下去。

资本家追求利润也就是要实现自身资本的增值。资本的增值不只是货币量的增加，而是资本家对他人劳动产品的私有权力的增加，是资本家对劳动及其产品的支配权的增加，是资本家对劳动及其产品的购买权的增加，是资本家对市场上一切产品控制权的增加。此种对增加的资本占有与控制也是对积累的社会劳动或增加的积蓄的占有与控制。

马克思指出雇佣工人的生产目的是为了满足自身肉体生存需要。工人阶级或无产者的劳动目的仅仅只能维持生存，这使生活本身变成了生存手段。而就其本质而言，生活本身应该是自由的、有意识的活动。马克思在这里隐含了生产或劳动的目的应该是其本身，而不应该成为一种手段。

在《1857—1858 年经济学手稿》中，马克思揭示了"发财致富"就是资本主义社会的目的本身。在讨论货币这一章中，马克思论及了流通过程。马克思指出交换的目的或者说是货币本身运动的目的在于使交换价值得以增长，货币得以积累。② 另外，马克思指出货币的增长或倍增过程就价值而言就是目的本身。③ 此种货币增长过程表现为独立化的、以交换价值为形式的自身的保值与增值，同样，也表现为价值的保值与增值。它不断超越自身量的界限而实现增值。马克思认为交换价值除此之外再无任何别的内容，他还指出，"发财致富就是目的本身"④。因为交换价值本身的活动就是自身量的增大，或者说是在再生产过程中自身量得以增多，所以其合目的的活动就在于发财致富。虽然马克思是在考察流通领域时讲到交换的目的，但是马克思也揭示了只有在再生产中才能实现价值的增值与货币的增长。这恰恰是资本家投入生产或再生产的目的所在。

---

① 马克思：《1844 年经济学哲学手稿》，北京：人民出版社 2000 年版，第 48 页。
② 《马克思恩格斯全集》（第 31 卷），北京：人民出版社 1998 年版，第 378 页。
③ 《马克思恩格斯全集》（第 31 卷），北京：人民出版社 1998 年版，第 385 页。
④ 《马克思恩格斯全集》（第 31 卷），北京：人民出版社 1998 年版，第 386 页。

在《资本论》当中，马克思论及了工人与资本家，即"为买而卖"或"为卖而买"这两个过程或两种主体的目的。他指出，为买而卖的过程是为了达至此过程之外的价值目标，如工人购买一定商品来满足自身的一定欲望或需要。而在为卖而买的过程之中，起点与终点都是一样——货币或交换价值。① 这里"为买而卖"是从工人的视角来看待生产过程。在这一过程当中，工人是为了满足自身的生存需要获得生活资料而不得不出卖自己的劳动能力；"为卖而买"是从资本家的视角来看待生产过程，资本家在生产过程中是为了货币或交换价值的增值而投入生产。接下来，马克思也讲到，为买而卖是一种简单的商品流通，是为了实现商品流通之外的目的，是占有使用价值与满足工人本身需要的途径或手段。② 资本家是追逐使用价值，而工人是必然性地为"满足自身需要"，被迫参与劳动。

马克思指出价值增值是资本家的主要目的。资本家的目的在于谋取利润，或者说是无休止地谋取资本利润。③ 资本家或货币贮藏者的此种目的表现为绝对性的致富欲望或价值的追逐狂。资本家是具有理智的货币贮藏者，而货币贮藏者是具有疯狂性质的资本家。前者不断地将货币投入商品生产或商品流通而实现价值增值，获取资本利润，后者却竭力将货币从流通过程中取出来以谋求价值增值。

马克思在这里揭示了资产阶级的目的主要在于无休止地攫取利润。他还揭示了资产阶级获取利润手段不同的两类资本家：一类是不断投资的资本家；另一类是把货币从流通中取出来而谋求利润的货币贮藏者。

在以上所论及观点相应的脚注中，马克思还引述了一些学者关于资本家生产目的的观点。如托·查默斯在《论政治经济学同社会的道德状况和道德远景的关系》一文中提出："商品（这里是指使用价值）不是产业资本家的最终目的……货币是他的最终目的。"另如，安·詹诺韦西在《市民经济学讲义》一文中提道："虽然商人并不轻视已经获得的利润，但他的目光却总是盯着未来的利润。"又如，麦克库洛赫在《政治经济学原理》讲道："这种不可遏止的追逐利润的狂热，这种可诅咒的求金欲，始终左右着资本家。"还有麦克劳德在《银行业的理论与实践》

---

① 马克思：《资本论》（第1卷），北京：人民出版社2004年版，第177页。
② 马克思：《资本论》（第1卷），北京：人民出版社2004年版，第178页。
③ 马克思：《资本论》（第1卷），北京：人民出版社2004年版，第178—179页。

一文中也提到，"用于生产目的的通货就是资本。"① 马克思所引述的以上学者的观点，不论是他所批判的还是他所赞扬的，都无不证实了资本家对利润的狂热追逐。

在讨论社会总资本的再生产和流通问题时，马克思指出了资本主义的生产目的不在于消费，而在于积累。② 他认为，只有当剩余价值的一部分被消费掉，还有一部分转化成为资本，在此前提下，才会有实际性的积累。积累并不是依赖消费而得以实现的，依靠牺牲消费而实现积累是与资本主义生产的本质相矛盾的。因为资本主义生产目的并非是满足人们的消费，而在于攫取占有剩余价值。

马克思对资本主义劳动分工的批判揭示了资本家与工人之间的对立，同时也揭示了"利润"与"工资"的对立。有学者对此进行了探讨。伦佐·略伦特（Renzo Llorente）梳理了马克思劳动分工的批判研究，他认为，在解读马克思的劳动分工理论时，人们一般将其作为一个非分析的主题来描述，而分析马克思主义者对此显示出很少的兴趣，G. A. 科恩（Gerald Allan "Jerry" Cohen）在此领域的研究也不例外。科恩论及了这一主题——马克思关于共产主义条件下的劳动分工是一个持续性的错误或者是一个站不住脚的观点，换句话说，马克思主张取消劳动分工。而其他一些学者与科恩的观点相反，他们认为，马克思实际上提倡的是取消制造业（the manufacturing）的劳动分工和更普遍的脑力劳动和体力劳动的分工。因此，马克思提倡一种有意义的劳动（meaningful work）。③ 需要指出的是，马克思劳动分工的批判理论在今天仍然得以存续和发展主要原因是其着眼于劳动者的生存价值与生存意义。有学者④认为，在《德意志意识形态》中，马克思用分工替代了异化，试图从资本主义经济现实内部出发寻求批判的支点。这里的分工几乎可以解释整个历史，如私有制、世界历史的演进、市民社会和国家等等。由异化来解释历史到用分工来解释历史是一个理论的质变。马克思希望消灭束缚人的奴役性分工。但分工本身显然是无法被人为取消的或消灭的。

---

① 马克思：《资本论》（第1卷），北京：人民出版社2004年版，第179—180页。
② 马克思：《资本论》（第2卷），北京：人民出版社2004年版，第566页。
③ Renzo Llorente, "Analytical Marxism and the division of labor", *Science & Society*, Vol. 70, No. 2, 2006, pp. 232 – 251.
④ 李怀涛：《马克思拜物教批判理论逻辑及启示》，载《哲学动态》，2010年第12期，第21页。

第三节 "劳动力价值"与"劳动力创造的价值"：价值立场在不平等市场交换中体现

马克思在政治经济学批判中从多个视角论及了资本主义社会市场的交换问题。他开始是基于对詹姆斯·穆勒的《政治经济学原理》的学习来把握经济运行的交换问题的。随着对经济学研究的深入，他在《1857—1858年经济学手稿》中阐释了两种形式的交换。在这两种形式的交换中，马克思揭示了资本家通过与工人交换获得了能给他们带来价值增值的、能创造新价值的劳动力。而工人只是得到维持自身生存的劳动力价值。这是资本主义社会市场交换不公平、不平等的本质体现。在《资本论》中，马克思深刻揭示了劳动力占有者与货币占有者之间不平等交换的原因在于劳动力占有者在交换之前就耗费了一定的社会劳动，而其使用价值是在货币占有者对其消费而实现的。这在时间上有先后关系。因此是劳动力占有者提供了信贷给了货币占有者，而不是相反。这一劳动力消费过程也是剩余价值的生产过程，暴露了货币占有者"赚钱的秘密"。

马克思摘录了詹姆斯·穆勒的《政治经济学原理》一书中所讨论的交换问题。他主要摘录了以下观点：首先，交换的基础或前提条件一方面在于自己生产的产品有剩余；另一方面是有对他人生产产品的需求；其次是产品相互交换的比例是由劳动量或生产商品的费用所决定的；再次是摘录了穆勒所论述的资本利润与工资的关系；最后是人们在交换中获得的利益是来源于所获得的商品，而非自己所提供的商品。人们只能将自己的商品脱手，换得了另一种商品才能得利。当然，这里马克思所做的摘录还只是关于交换基本原理的初步探讨，他还未能系统科学地揭示资本主义社会市场交换的不公正、不公平的内在机制。

接下来，马克思论及了交换的中介，他摘录了穆勒的一些关于交换中介的观点，也对资本主义社会交换的因素，如货币、信用业、银行业等进行了阐发。

马克思认为穆勒将货币称之为"交换的中介"，这表达出了"事情的本质"。而且，马克思认为货币是异化了的、外化了的私有财产，是基于具体私有财产而抽象出来的。① 接下来，马克思进一步论述了国民经济学与货币主义的对立，并对其进行了批判。一方面，马克思批判了货币主义对贵金属绝对价值的信仰；另一方面也批判了国民经济学单纯在抽象性或普遍性中来把握货币本质的观点。马克思认为，"现代的国民经济学"代替货币主义只是"用精致的盲目信仰代替粗陋的盲目信仰"②而已。

马克思进一步揭示了在信贷这一交换过程中人与人之间的异化或相互怀疑的关系。他认为信贷或信任只是虚假的诚信价值关系或道德关系，里头隐藏着极端的异化或不信任。③ 因为在信贷过程中，人本身成了贵金属或纸币的替代物。人只是作为交换的中介，或作为资本或利息的替代物。这样，原先以贵金属或纸币等物质形式的交换中介演化成了以活生生的人的形式作为交换中介。因为人将自身移出自身之外而成为一种外在形式。④ 由此可见，信贷关系中的人本身转化为货币，或者是人与货币结合为一体。这样，人的道德与人性的东西都转化为可以买卖的东西，具有了货币的性质与特征。马克思详细分析了人作为资本和利息的存在或一种物质形式的存在而成为交换的中介。在交换中，衡量人本身的价值尺度不是人的道德、个性或品质，而是人的"支付能力"或"归还债款"的能力。

马克思论述了交换的本质、前提和发展历史。他揭示了资本主义雇佣劳动的不平等交换。他认为交换也就是"物物交换"，它不是单个个体的行为。而是主体间的社会性或类的行为⑤。此种行为也是一种在私有制内的社会联系与社会交往。因此是一种外化的行为。作为外化行为的交换不可能在真正意义上体现公平公正，而是被私有权所遮蔽的压迫与剥削。

---

① 马克思：《詹姆斯·穆勒〈政治经济学原理〉一书摘要》，见马克思：《1844年经济学哲学手稿》（附录），北京：人民出版社2000年版，第166页。
② 马克思：《詹姆斯·穆勒〈政治经济学原理〉一书摘要》，见马克思：《1844年经济学哲学手稿》（附录），北京：人民出版社2000年版，第167页。
③ 马克思：《詹姆斯·穆勒〈政治经济学原理〉一书摘要》，见马克思：《1844年经济学哲学手稿》（附录），北京：人民出版社2000年版，第168页。
④ 马克思：《詹姆斯·穆勒〈政治经济学原理〉一书摘要》，见马克思：《1844年经济学哲学手稿》（附录），北京：人民出版社2000年版，第169页。
⑤ 马克思：《詹姆斯·穆勒〈政治经济学原理〉一书摘要》，见马克思：《1844年经济学哲学手稿》（附录），北京：人民出版社2000年版，第173页。

马克思认为劳动转化为一种直接谋生的活动是交换发生的前提条件。① 因为工人的劳动产品与其需要没有任何的直接关系，而且，工人所购买的产品并非是自身所生产的商品。他参与生产只是为了换取别人生产的商品。只有在产品有剩余的情况下才能实现交换。可见，交换只是一个人用自己的剩余产品与另外人的剩余产品进行的交换。产品不是为了其与生产者直接的关系而生产的，而是作为价值、交换价值、等价物来生产的。

在《1857—1858 年经济学手稿》中，马克思论及两种形式的交换。② 一种是资本与劳动的交换；一种是简单交换，即流通。前者是工人用自己的劳动或者说是用自己有价格的使用价值与资本家的货币进行的相互交换。这样资本家就通过与工人交换获得了一种可使资本保值增值的生产力。这一形式最重要的特征是资本占有了劳动。后者是表示自然状态下个人与其需要对象之间的关系，是纯粹物质层面的交换。

在有产者与无产者之间的交换过程中，无产者得到货币，有产者得到商品。此种商品的价格与其支付的货币是相等的。在此交换过程中，有产者得到的也可称之为使用价值，或者是支配他人劳动的权力。③ 从这里看，似乎工人与资本家的交换是公平的等价交换。但是，马克思随后指出工人与资本家的公平交换只是一个"假象"，或者是一个"错觉"。他指出，"由于工人以货币形式，以一般财富形式得到了等价物。他在这个交换过程中就是作为平等者与资本家相对立，像任何其他交换者一样；至少从外表上看是如此"④。而究其实质而言，此种平等是被破坏了的平等。因为工人与资本家之间的交换体现出了如下交换过程中的不平等实质：工人通过交换得到的是劳动力价值，资本家通过交换得到的是劳动力的使用价值，劳动力的使用所创造的价值在量上要大于劳动力价值。

马克思揭示了工人与资本家的不平等交换实质，而且分析了其中的原因。他认为不平等的原因在于资本主义社会契约关系是工人有偿将自

---

① 马克思：《詹姆斯·穆勒〈政治经济学原理〉一书摘要》，见马克思：《1844 年经济学哲学手稿》（附录），北京：人民出版社 2000 年版，第 174 页。
② 《马克思恩格斯全集》（第 30 卷），北京：人民出版社 1995 年版，第 232—233 页。
③ 《马克思恩格斯全集》（第 30 卷），北京：人民出版社 1995 年版，第 241 页。
④ 《马克思恩格斯全集》（第 30 卷），北京：人民出版社 1995 年版，第 243 页。

身劳动力在一段时期内出卖给资本家,资本家对其具有使用权。契约关系是以劳动力成为商品为前提而进行的交换买卖关系。在法律层面,工人与资本家在契约责任方面是以自由同意为基础的。一方面工人主观上愿意出卖自己的劳动力而与资本家订立契约;另一方面是工人可以在时间上、场所上自由任意地与任何资本家订立契约。但是,在资本主义生产条件下,工人是因为生存危机而被迫出卖自己劳动力的。工人交换而来的仅仅是维持自身生存的生活资料,或者说是满足其生理或心理需要的物品而已。① 马克思将其称之为工人维持动物般最低额度生活资料的需要,② 这是工人与资本家进行交换的唯一目标。而且,由于机器大生产导致劳动分工日趋复杂和多样,工人也只能在极为有限的工种和相应劳动条件下选择自己的工作和雇主。

另外,资本主义市场经济体制构成了无产阶级与资产阶级社会地位不平等的制度基础。它是基于资本主义市场需求来配置资源的经济体系。这一体系并没有保障工人在市场价格、市场机会和市场消费等方面享受实质性的自由和平等,反而使工人只是在名义上、形式上享受到了自由和平等的虚名。就市场价格而言,商品占有者具有主动定价权,他们甚至利用其所掌握的特殊资源(如与政治权力联盟得到的控制能力、参与文化宣传或经营而得到的控制能力等)或经济技术实力进行垄断定价,而作为市场交易另一方的工人往往只能被动接受。就市场机会而言,商品占有者与作为市场交易一方的工人处于信息和机会不对称地位,出售者占有优先掌握市场信息的机会和渠道,而作为市场交易一方的工人往往只是被动接受经过商品占有者特殊处理的,甚至完全歪曲的市场信息。就市场消费而言,作为市场交易一方的工人的消费需求表面看来是一种主观的,甚至是自由愿望的体现。但是,它归根结底受到自身消费能力不足以及客观有限资源的制约。在大商品生产条件下,工人的消费能力并未与其生产能力相应呈正比增长,其消费能力一般只局限于自身生存得以维持的限度之内。

在《资本论》中,马克思分析了劳动力的买与卖。他指出货币占有者必须按照商品的价值购买商品,也必须按照商品的价值出卖商品。但他们在这一过程终了时所得到的价值总量是大于其投入的价值总量的。

---

① 《马克思恩格斯全集》(第30卷),北京:人民出版社1995年版,第244页。
② 《马克思恩格斯全集》(第30卷),北京:人民出版社1995年版,第245页。

此种价值变化或价值增值不可能发生在货币本身上，也不可能发生在货币占有者的购买与出卖行为之中。而只能发生于其所购买的商品的使用价值本身，或者说是发生于此种使用价值的消费当中。

如果要从使用价值的消费中获得价值增值，货币占有者就必须在交换市场上找到一种特殊的商品，其使用价值具有成为价值源泉的性质。此种商品的实质的消费本身就是劳动的对象化或价值的创造。此种商品就是劳动力。马克思将劳动能力界定为一个人身体中具有的，生产特定使用价值的体力与智力的总和。① 马克思进一步分析了货币占有者在市场上找到劳动力商品必须具备的条件。一方面，劳动力只有被它的占有者当作商品出卖，才能作为商品出现于交换市场之上。劳动力占有者只是出卖一定时间的劳动力，只是出卖其使用权，而不出卖其所有权。另一方面，劳动力占有者除了拥有自身的可以出卖的劳动力之外，没有其他可以出卖的商品。

马克思接下来对货币占有者与劳动力占有者之间交换矛盾的渊源进行了分析。他指出两者及两者之间的矛盾并非是自然界所造成的，也不是自然史上的关系或一切历史时期所共有的社会关系。其本身就是以往历史发展或经济变革的结果，是一切陈旧社会生产形态灭亡的产物。② 货币占有者与劳动力占有者之间的交换关系也是资本主义社会特有的生产方式的产物。

马克思深入分析了劳动力在资本主义买与卖的过程中不平等、不公平与不自由现象的本质。他指出劳动力商品的使用价值在缔结买与卖的契约时还未转到货币占有者的手中，劳动力价值在买与卖的行为之前就已经耗费了一定的社会劳动，但劳动力的使用价值是在货币占有者对其的使用过程中而体现或实现出来的。对此，马克思指出劳动力或劳动能力的让渡及其实际表现或其作为使用价值的存在在时间上是分开的。③ 因此，这一过程体现为工人将他劳动能力的使用价值预付给了货币占有者，劳动力占有者在取得工资之前就让货币占有者支配他的劳动力。可见，到处都是劳动力占有者提供信贷给了货币占有者。

货币占有者在交换中得到的作为使用价值的劳动力，在其使用过程

---

① 马克思：《资本论》（第1卷），北京：人民出版社2004年版，第195页。
② 马克思：《资本论》（第1卷），北京：人民出版社2004年版，第197页。
③ 马克思：《资本论》（第1卷），北京：人民出版社2004年版，第202页。

或消费过程中才表现出来。这一消费过程同时就是商品与剩余价值的生产过程。① 马克思指出这一过程暴露了货币占有者"赚钱的秘密",暴露了资本主义社会虚假的"自由""平等"与"所有权"。因为这一切都立足于"利己心""特殊利益"和"私人利益"之上。对此,马克思描写到:作为"剧中人"的货币占有者"笑容满面",而作为"剧中人"的劳动力占有者"战战兢兢"。

马克思关于交换价值的理论指明了此种交换丧失了自由与平等。如刘玲②认为在《资本论》手稿中,马克思着重分析了交换价值带有资本主义社会历史特征的特殊性,指出交换价值形式是人的物化存在形式。在这种特殊历史条件下的货币制度反映了异化状态下的自由与平等的丧失。作为价值总体的资本,凸显出了资本与劳动之间进行交换所产生的对立与冲突。

此外,马克思的市场批判理论认为资本主义非理性市场会成为实现人的自由的障碍。但是,未来的社会主义市场经济制度是实现人的类本质的可能途径。拓尼·弗兰科斯马(Tony Fluxman)通过研究梅吉尔的《马克思:理性的负担》揭示了马克思的市场批判思想。他认为:马克思并未迷恋于理性而反对市场;马克思对无组织性的市场是持忧虑态度的,他认为此种市场会阻碍人的类本质的自由实现;个人的自由发展与自我实现的前提在于合理的、完整的计划经济。③ 由此,社会主义的市场经济制度也许是实现人类解放价值取向更合理的途径。

第四节 "有产"与"无产":价值立场在不公正分配中体现

马克思对资本主义产品分配的认识与把握有一个从学习摘录到科学论证的发展过程。他早期通过学习资本主义经济学著作,如詹姆斯·穆勒的《政治经济学原理》所论及的地租、工资与利润等问题,初步理解了产品分配问题。在《1844年经济学哲学手稿》中,马克思认识到了资

---

① 马克思:《资本论》(第1卷),北京:人民出版社2004年版,第204页。
② 刘琳:《马克思经济价值批判解析》,载《河南社会科学》,2012年第5期,第40页。
③ Tony Fluxman, "Marx, Rationalism and the Critique of the Market", *South African journal of philosophy*, Vol. 28, No. 4, 2009, pp. 377–413.

本家与工人之间产品的分配是两者相互斗争的结果，而且，胜利一方总是资本家。在《1857—1858年经济学手稿》中，马克思揭示了资本主义产品分配是由其生产所决定的，分配的只能是生产的结果。在《1861—1863年经济学手稿》中，马克思揭示了资本的利润实质上就是剩余价值，只是采取了不同的计算方式而已。直到《资本论》，资本主义产品分配所蕴含的不公正、不平等才由马克思关于剩余价值分割的理论而科学深入地揭示出来。

在《詹姆斯·穆勒〈政治经济学原理〉一书摘要》中，马克思在"论分配"这一部分摘录了詹姆斯·穆勒关于工资、年产品分配、资本的利润等方面的内容。第一，马克思摘录了詹姆斯·穆勒关于工资的观点：社会资本量与人口比例不发生变化，那么，工人的工资也不会变化。如果相对于人口而言，社会资本量增加了，那么工资水平就会提高。如果相对于社会资本量而言，人口增加了，那么工资就会下降。① 但是，这里涉及一个分配制度的问题。如果分配制度不公平的话，这个规律就会失效。第二，马克思摘录了詹姆斯·穆勒所论述的年产品的分配方式。此种分配有两种方式：一是将社会财富或消费资料充分提供给广大劳动者，而分配给富人较少的年产品；二是相反，仅仅提供给广大劳动者以必需的生活消费品，而将其余的年产品全部分配给富人。② 第三，马克思摘录了詹姆斯·穆勒关于利润的观点：资本家或资本的利润是与工人所得到的工资成反比的。③ 以上马克思分别摘录了詹姆斯·穆勒所提出的工资与人口之间的变化规律、年产品的分配方式、利润与工资之间的关系等观点。这些观点与马克思后来通过剩余价值理论来说明资本主义产品分配的不公在系统性与科学性方面不可同日而言。因此，在这一阶段，马克思还是处在消化吸收詹姆斯·穆勒关于产品分配理论的早期研究阶段，还未形成自己成熟的理论观点。

在《1844年经济学哲学手稿》中，马克思讨论了工资、资本的利润、地租。首先，马克思认为在雇佣劳动制度下，资本家与工人之间的

---

① 马克思：《詹姆斯·穆勒〈政治经济学原理〉一书摘要》，见马克思：《1844年经济学哲学手稿》（附录），北京：人民出版社2000年版，第152页。
② 马克思：《詹姆斯·穆勒〈政治经济学原理〉一书摘要》，见马克思：《1844年经济学哲学手稿》（附录），北京：人民出版社2000年版，第153—154页。
③ 马克思：《詹姆斯·穆勒〈政治经济学原理〉一书摘要》，见马克思：《1844年经济学哲学手稿》（附录），北京：人民出版社2000年版，第156页。

斗争决定了工资数量,而两者之间斗争的胜利方必定是资本家。① 资产阶级与工人阶级之间的力量或斗争决定着工人所取得工资的数量,而工人工资的最终决定权在于资产阶级。所以在很大程度上,工人只能是被动地接受工资。而且,工人只是得到他不是作为人,而是作为工人生活下去所必需的那部分生活资料,只得到不是为了繁衍出人类,而是为繁衍出工人这个被奴役阶级所必需的那部分生活资料。② 马克思认为现实中的工资是从土地或资本中扣除出来付给工人的,但此种扣除也是从工人劳动的结果或生产的产品中让给工人或者让给劳动的东西。③ 所以,工资只是工人劳动产品价值的一部分,还有更多的价值被资本家占有。

其次,马克思讨论了资本的利润。他认为资本是占有或支配其他人的劳动及其劳动产品的权力,也可以说是积累起来的劳动或劳动的积累。④ 资本的利润是与工资不同的,其决定于所使用的资本的价值,就算资本家不劳动,他也要求利润与他的资本保持一定比例。资本家可通过双重途径获利:一是分工。一方面因为资本家会不断追求为实现更大利润的更为恰当的分工方式和程序;另一方面还因为分工的发展使人力与自然力结合更为紧密、更为精确,使生产力更为广泛的联合起来,使生产部门更为密切联合起来。这些都使资本家获得更多的利润。二是增加工人劳动。因为商品中所加入人的劳动越多,资本的利润就会越大。马克思还指出,在生产资料私人占有的条件下,资本的积累总是在少数人手中积累,资本本身有必然的或自然的趋势,那就是集中或积累。这是资本的必然结果。⑤ 由于资本家利用分工和劳动生产过程中占有绝对的优势地位,使得资本在资本家手中不断积累壮大,而工人则永远处于被剥削的赤贫状态。

最后,马克思讨论了地租。他认为地租是由租地农场主和土地所有者之间的斗争决定的。土地所有者的利益同雇农的利益是敌对的。私有财产的统治一般是基于土地的占有,对土地的占有构成了私有财产的根源。随着私有财产的发展运动,地产演变为彻底的商品。地产等所有者

---

① 马克思:《1844 年经济学哲学手稿》,北京:人民出版社 2000 年版,第 7 页。
② 马克思:《1844 年经济学哲学手稿》,北京:人民出版社 2000 年版,第 12 页。
③ 马克思:《1844 年经济学哲学手稿》,北京:人民出版社 2000 年版,第 13 页。
④ 马克思:《1844 年经济学哲学手稿》,北京:人民出版社 2000 年版,第 21—22 页。
⑤ 马克思:《1844 年经济学哲学手稿》,北京:人民出版社 2000 年版,第 26 页。

的统治演变为单纯的资本或私有财产的统治,有产者与无产者之间的关系演变为剥削与被剥削之间的经济关系。① 马克思在这里揭示了地租的本质及其来源,揭示了地租所表现的关系必然会变为资本对劳动力的赤裸裸的剥削关系。

在《1857—1858年经济学手稿》中,马克思在论及生产与分配时指出,如果劳动或生产没有采用资本主义雇佣劳动或生产形式,那么,生产关系与消费资料分配方式就不会体现为工资这一分配方式。在奴隶社会生产方式下,不可能出现工资的分配方式。由此,马克思认为生产关系或分配方式只是生产方式的反映,如果个体或工人是以雇佣劳动的方式参与生产的,那么,他们只能获得工资,或以工资形式参与生活资料的分配。分配形式与分配结构取决于生产形式与生产结构。不论就对象还是形式而言,分配本身就是生产的产物。就对象而言,分配的只是生产的产品或生产的结果;就形式而言,以什么方式参与生产就决定着以什么方式进行分配,② 资本家不会只拿到工人的工资部分,工人也不会得到资本家的利润。资本主义雇佣劳动分配方式是由其生产条件下的雇佣劳动形式所决定的,工人只能得到维持自身生存及抚养后代的工资,而资本家得到的是利润。

在《1861—1863年经济学手稿》中,马克思区分了剩余价值和利润。他认为两者不仅在数量上有区别,而且在概念上、实质上也有区别。利润是在特定流通期间所产生出来的剩余价值,是按预付总资本来计算的数量。利润从实体来看,不过是剩余价值本身,两者在绝对量上是相等的,只不过是计算方法与计算形式不同。利润是按全部预付资本来计量的,而剩余价值表明了资本增值与增长的内在秘密,表明了资本作为资本的秘密,③ 因为剩余价值来源于可变资本,其与可变资本是有机联系在一起的。以利润形式取代剩余价值,使剩余价值与可变资本的有机关系消失了,使产生剩余价值的秘密迹象也消失了,也使资本主义的生产关系神秘化了。

在《资本论》中,马克思揭示了"劳动的价值和价格"转化为工资,实际上就是阐明了工资就是劳动力的价值和价格。他认为在奴隶社

---

① 马克思:《1844年经济学哲学手稿》,北京:人民出版社2000年版,第45页。
② 《马克思恩格斯文集》(第8卷),北京:人民出版社2009年版,第19页。
③ 《马克思恩格斯全集》(第32卷),北京:人民出版社1998年版,第410页。

会中奴隶的劳动被所有权所遮蔽，而在雇佣劳动制度下，无产者的无偿劳动被货币关系或工资形式所遮蔽。资本主义法的意识与观念、生产方式中公正公平的神秘以及自由的幻象、资本主义经济学的辩护遁词等等都是货币关系或工资形式的呈现。① 马克思还揭示了工资的本质，指出将工资理解为"劳动"的价值和价格是一种流行思维方式的结果。此种对工资的理解恰恰遮蔽了现实的剥削关系。

就剩余价值理论而言，马克思指出资本由购买生产资料所支出的货币额与购买劳动力所支出的货币额两部分组成。前者称为不变资本，其在生产过程中只发生价值转移而不会实现价值增值；后者称为可变资本，其使生产过程发生价值变化并实现产品的价值增值。马克思指出由于可变资本组成部分的增加，预付资本也相应增加了，这就掩盖了现实的价值变化。② 因为可变资本所创造的价值增值被并入了整个的预付资本，并被视为是整个预付资本的产物。此外，马克思还指出，资本家在购买劳动力时所预付的是一定量的对象化劳动，这是一个不变的价值量。但在生产过程中，这一不变的量变成了可变量，"死劳动"变成了"活劳动"，"静止量"变成了"流动量"。③ 这里的"活劳动"或"流动量"就是马克思所揭示的剩余价值或资本利润的秘密源泉。

马克思进一步对这一"可变量"创造的价值进行了分析。他指出此种价值一部分体现为生产劳动力必要生活资料的价值或者说是生产自己劳动力的价值；另一部分体现为超出此种价值的剩余价值。

此种剩余价值本身由可变资本生产出来，但就资本主义的经济表象而言，其被视为生产成本或整个预付成本的产物。由此，剩余价值就转化成了利润，剩余价值率也相应转化为了利润率。由于在资本主义发展初期，不同生产部门的利润不同，由此资本就在不同部门之间发生转移，而使资本利润逐步形成了平均利润。马克思认为平均利润揭示出了：每一个资本家与每一特殊生产部门的所有资本家总体一样，都参与了总资本对全体工人的剥削，并一起参与决定此种剥削的程度。这不仅是出于阶级"同情"，也是出于其直接的经济利益。因为，在其他条件（包含全部预付不变资本的价值）已定的情况下，"平均利润率取决于总资本

---

① 马克思：《资本论》（第1卷），北京：人民出版社2004年版，第619页。
② 马克思：《资本论》（第1卷），北京：人民出版社2004年版，第247页。
③ 马克思：《资本论》（第1卷），北京：人民出版社2004年版，第248页。

对总劳动的剥削程度"①。马克思所阐明的平均利润率形成的观点深刻揭示了资本主义社会产品分配的实质就是全体资本或资本的化身资本家对全体工人的剥削。

就资本积累理论而言,资本家在积累过程中无偿攫取剩余价值而形成资本积累,并通过不断扩大生产规模,改进生产技术和提高劳动生产率来强化对无产者的奴役与剥削。随着资本积累程度的增加,资本有机构成也逐步提高,或者说是资本家用于机器、设备等不变资本的投资逐渐增多,而用于购买劳动力的可变资本相对减少。这就造成资本对工人的需求相对减少甚至绝对减少而形成相对过剩人口。相对过剩人口一方面可满足资本对劳动力"无规律性"的需求;另一方面迫使无产者只能接受更低的工资、更差的劳动条件,而有利于资本家对其进行剥削与压迫。所以,马克思指出,这些相对过剩人口在生产停滞或中等繁荣时期给现役的劳动工人增加了压力,在生产过剩或亢进时期又抑制着他们的需求。所以,相对过剩人口就是劳动供求规律的背景,它将此规律的作用范围限制于"绝对符合资本的剥削欲和统治欲的界限之内"②。

随着资本积累的进程,少数资本家占据着越来越多的社会财富,而占整个社会人口绝大多数的工人阶级只拥有社会财富的少数部分,他们不仅遭受贫困与失业的折磨,而且生活极不稳定。由此,马克思指出,在资本主义社会就形成了对立的两极:一极是财富的积累;另一极"是贫困、劳动折磨、受奴役、无知、粗野和道德堕落的积累"③。这两极就形成了社会地位迥然不同的贫富两极分化。

资本积累的不断发展推进了生产社会化的进程。生产社会化发展在客观上要求全社会或整个社会占有生产资料,以便依据社会需求来进行宏观调控与计划管理,并依据社会需求来配置资源和分配消费资料。但资本主义社会现实情况是资本家凭借对生产资料或社会财富的私人占有而将社会生产力变为自己攫取剩余价值的手段。这就生产了资本主义社会不可避免的生产社会化与生产资料私人占有之间的矛盾。此矛盾一方面体现为资本家无止境地为了追求资本利润,导致其总是进行或局限于能获得较高利润的产品的生产,与此同时,也导致那些社会上有需求但

---

① 马克思:《资本论》(第1卷),北京:人民出版社2004年版,第219页。
② 马克思:《资本论》(第1卷),北京:人民出版社2004年版,第736页。
③ 马克思:《资本论》(第1卷),北京:人民出版社2004年版,第744页。

利润较低的产品或消费资料生产不足,最终致使资本主义社会经济结构失调;另一方面体现为资本家所进行的商品生产是由私人决定的,其生产发展或进行到一定程度,由于狂热追逐利润或者是缺乏整个社会合理有力的调控必然导致生产的商品在某一方面或某一领域的过剩。最终导致一方是商品堆积过剩,另一方是有需求但消费能力不足。对此,马克思写道:资本集中使少数资本家剥夺多数资本家,作为掠夺者与垄断者的资本巨头不断减少,相对于此,贫困、压迫、奴役、退化和剥削日益加深,无产者的反抗也不断增长。生产资料集中和劳动社会化这一矛盾就达到了与其外壳不相容的地步,"资本主义私有制的丧钟就要响了"①。

资本主义私有制丧钟体现为经济危机的频繁爆发。马克思揭示了社会有效需求不足与整个社会生产由逐利而引发的无政府状态而导致的经济危机。后继学者对此进行了深刻揭示。

比如,恩格斯在《〈英国工人阶级状况〉1892年德文第二版序言》②中较为清晰地描述了马克思的经济危机理论已经阐明的资本主义经济危机的现实状况。他描述道,英国工业大规模迅速发展导致其生产能力及其产品远远超过了国内外市场的扩大与需求的增加,整个社会的有效需求不足而资本家忙于逐利。因此,每隔若干年,正常的生产进程就被普遍性的商业危机强制性地打断。这些危机的反复发作已经被视为是一种自然而不可避免的事情或者是资本主义经济发展过程中命中注定的遭遇。

另如,卢卡奇认为此种经济危机或资本主义制度"在经济上不能持续下去"③的状况最终必然导致社会与政治中的矛盾与对立尖锐化,后者又会导致那种在资本主义占统治地位的经济制度的覆灭。

还如,顾海良④分析了马克思所提出的经济危机的根源,他指出马克思揭示了经济危机的根源在于资本主义社会生产关系与其生产发展之间的不适应。具体而言,他指出了资本对生产力四个方面⑤的限制是导

---

① 马克思:《资本论》(第1卷),北京:人民出版社2004年版,第874页。
② 《马克思恩格斯选集》(第4卷),北京:人民出版社2012年版,第64—132页。
③ 〔匈〕卢卡奇:《历史与阶级意识——关于马克思主义辩证法的研究》,杜章智等译,北京:商务印书馆2011年版,第96页。
④ 顾海良主编:《马克思主义发展史》,北京:中国人民大学出版社2007年版,第121—122页。
⑤ 马克思在《1857—1858年经济学手稿》中提出了资本对生产力四个方面的限制:第一,必要劳动是劳动力交换价值的界限;第二,剩余价值是剩余劳动与生产力发展的界限;第三,货币是生产的界限;第四,交换价值是生产使用价值的界限。

致资本遭受危机的内在因素。而且,他指出只有理解资本的直接生产过程、流通过程和总过程的基础之上,才能充分全面理解马克思的经济危机理论的内在必然性。胡代光①认为马克思经济危机理论是考察资本主义经济运动规律的重要部分,它构成了一个系统完整的理论体系。经济危机的产生是由于资本主义生产与消费的联系是间接性的,但其消费归根到底是从属于生产的。因为资本主义的生产表现出无限的膨胀,而消费又由于人民群众的贫困状况而缩减,这之间就会产生矛盾。经济危机就是此种矛盾的暴力的、暂时的解决。

---

① 胡代光:《马克思的经济危机理论和西方经济学者的评论》,载《世界经济》,1983年第3期,第11—17页。

第八章 马克思价值立场对西方批判理论的影响

西方马克思主义在20世纪的思想运动中占据着重要地位并有着极为突出的影响。其中，社会批判理论是这一思想运动中极为重要的思想流派。它具有马克思主义倾向，并且是对当代资本主义社会从多个视角进行深刻批判的社会学流派。霍克海默、哈贝马斯和霍耐特作为其代表性人物都不同程度地承接了马克思的价值批判方式，并对其进行了一定程度的拓展弘扬。

第一节 社会批判理论：霍克海默对马克思价值立场的继承

霍克海默是社会批判理论的奠基性人物。他的学术探究并未着力于自己思想体系的建构，而是倾力于对资本主义社会与意识形态进行批判。他在理论研究与实践斗争中所凸显的批判性与马克思学说有深刻关联。他认为马克思学说的本质特征恰恰在于批判性，并认为自己的理论也同马克思主义一样是一种批判理论。[①] 两者在批判性这一点上是一脉相承的。对于批判理论，他指出，他并非基于唯心主义纯粹理性批判来界定批判理论这一概念，而是基于政治经济学的辩证批判来使用这个术语。[②] 这里言明了他的社会批判理论与马克思主义有内在的承接关系。

---

① 俞吾金、陈学明：《国外马克思主义哲学流派新编》（上册），上海：复旦大学出版社2002年版，第133页。
② 〔德〕霍克海默：《传统理论和批判理论》，见曹卫东编：《霍克海默集》，上海：上海远东出版社2004年版，第182页。

一、对传统理论的批判

霍克海默基于对传统理论的批判逐步阐明了他的批判理论或"批判活动"。他论述了人们对于传统理论的认识与理解,并对其进行了深刻批判。

霍克海默认为传统理论与批判理论的区别主要表现在如下方面:第一,传统理论主张价值中立,而批判理论是主张价值负载的。在认识过程中,前者认为理论纯粹地、价值无涉地反映了客观世界的客观性,而后者认为研究者在理解与把握事物时是介入价值意识的。第二,传统理论认为自然科学的研究方式是适用于一切领域的研究方式,并试图将其全盘复制过来用于研究人文社科领域。批判理论与之相反,它反对将自然科学的研究方法运用于人文社科领域,而认为后者应该具有自身独特的批判反思研究方式。第三,传统理论往往基于一个理论预设或最基本的命题推演出整个理论体系,其理论体系往往由一系列命题组成,而批判理论是由对它理论前提的反思进程构成,它不刻意追求构建理论体系。第四,传统理论的目标在于涵括一切可能对象的普遍科学,其认为知识源自研究者对新材料的"采购",而批判理论的目标在于实现人类普遍性的价值目标与价值原则,它的知识不是来自采购,而是反思批判。

霍克海默对传统理论进行了批判。他认为传统理论的完善性在于基本命题的数量,其越少越好,传统命题的真理性在于其与经验的符合。如果两者之间产生矛盾,那么其中之一必然是有问题的,要么是观察不够精确,要么是原理需要修正。由此可见,相对于现实,传统的理论"永远是一种假设"[①]。传统理论将理论视为一个"图书馆",它所储存的知识必须不断扩充。诸多学科研究者的职责就在于"采购"新材料,以丰富馆藏。传统理论的目标在于涵括一切可能对象的普遍科学,其试图基于基本命题推导出具体领域的方法来打破学科壁垒,并且,在自然科学中所运用的概念和方法也试图运用于人文和社会领域。只要掌握了此种概念的推导规则及其与事实进行比较的程序,人们就都能使用此种工具。关于这里所论及的传统理论模式和方法,霍克海默认为"我们还远

---

① 〔德〕霍克海默:《传统理论和批判理论》,见曹卫东编:《霍克海默集》,上海:上海远东出版社2004年版,第167页。

远没有做到这一点"①。

霍克海默对传统理论的论证方法进行了批判。他指出传统理论的"最普遍的命题"取决于逻辑学家的"总的哲学观"②。"最普遍的命题"或者被视为经验判断或归纳；或者被视为"明显的洞见"；或者被视为"随意的公设"。这里，传统理论试图建立的是"完整而封闭"并具有一致性推理的命题体系，传统理论的目的在于构建类似于纯粹数学的符号系统。

人文与社会领域也在效法此种研究方式。他们在"勤奋地搜集"具体事实、细节，并通过"精心设计的问卷"或其他方式进行经验调查。此种研究模式"很像由工业生产技术控制的社会生活的其他方面"③。在这里，霍克海默点明了传统理论在人文和社会领域的表现，并对其进行了批判。

霍克海默批判了传统理论对于历史事件的解释。他基于马克斯·韦伯与爱德华·梅耶之间的争论批判了传统理论对于历史的解释。爱德华·梅耶将历史事件的发生解释为杰出人物的决定或判断。他认为对于一个历史事件，如果历史要人没有做出决定，这一历史事件是否会发生这一问题是无法回答的。而马克斯·韦伯认为如果此问题真的无法回答，那么任何的历史解释都将是不可能的。因为按照爱德华·梅耶的观点的话，所有的历史解释都成了对杰出人物主观决定的东西的解释，而失去了历史发展的客观性或内在的规律性。马克斯·韦伯针对这一观点提出了"客观可能性理论"。此种理论着眼于揭示对于历史连续性有重要意义的事件的要素与特殊事件之间的内在关联，也可以说是处理特定环境下的条件命题。假如给定环境条件1、2、3、4，那么人们就期待出现事件甲；假如缺少环境条件3，那么人们就期待出现事件乙；假如增加环境条件5，那么人们就期待出现事件丙，如此等等。此种方法是历史的逻辑运算，霍克海默指出，"传统意义上的理论正是以这种方式炮制出

---

① 〔德〕霍克海默：《传统理论和批判理论》，见曹卫东编：《霍克海默集》，上海：上海远东出版社2004年版，第168页。
② 〔德〕霍克海默：《传统理论和批判理论》，见曹卫东编：《霍克海默集》，上海：上海远东出版社2004年版，第169页。
③ 〔德〕霍克海默：《传统理论和批判理论》，见曹卫东编：《霍克海默集》，上海：上海远东出版社2004年版，第170页。

来的"①。

霍克海默认为，就事实而言，不同科学家所认定的理论本质仅仅是与其研究任务相符合的。在现实的实践中需要理论知识的形式，资产阶级时期的技术创新与技术实践不仅能证实科学理论或科学知识的真理性，而且有助于将科学理论或科学知识运用到实践中去。这正是社会的物质基础不断变革和发展的一个环节。但是，传统理论将科学知识或科学理论"绝对化"，这样就脱离了社会实践，而且其对于理论或科学的真理性，试图根据"知识的内在本质"，或者是由"非历史的方式"来证实。因此，传统理论"变成了一种物化的意识形态范畴"②。霍克海默认为更新旧知识的诸种新发现及其应用并非源于纯粹逻辑或方法论源泉，而只能在"现实社会"或"具体的历史语境"中得以理解或解释。新定义的制订不仅取决于其"体系的简洁性和连贯性，而且取决于它的研究方向和目标"③。这里霍克海默一方面强调理论所具有的现实性，理论是扎根于感性的现实与社会实践中的，它要在现实中得以证实并得以应用；另一方面强调理论具有典型的价值特性，具有相应的价值取向与价值目标。理论必然是为实现某种价值目标而得以实现的。

霍克海默基于"理论"及其"题材"的关系论述了事实与价值预设的关系，批判了传统理论的相关观点。他认为"理论"在"题材"中的运用是一个科学内部的过程，也是一个社会过程。事实与价值预设也是一样，两者之间的关系不是发生在研究者的头脑中，而是在"实业"，即在现实的实际应用或社会实践中得以进行的。这里言明了价值与事实并非是传统理论所认为或所理解的二元分立关系，而是统一于社会现实的发展过程之中的。

传统理论的观念是科学活动中抽象出来的，科学活动是劳动分工的特殊发展阶段所产生的学者的活动。此种理论未能阐明科学真正的社会功能，也未能阐明"什么是理论"这一问题在人类生活中的意义。由于社会生活是各生产部门进行的所有工作的结果，因此科学与理论活动也

---

① 〔德〕霍克海默：《传统理论和批判理论》，见曹卫东编：《霍克海默集》，上海：上海远东出版社2004年版，第172页。
② 〔德〕霍克海默：《传统理论和批判理论》，见曹卫东编：《霍克海默集》，上海：上海远东出版社2004年版，第172—173页。
③ 〔德〕霍克海默：《传统理论和批判理论》，见曹卫东编：《霍克海默集》，上海：上海远东出版社2004年版，第173页。

是社会生产过程之中的环节。可见，理论及其社会功能的分离，理论及其人类生活意义的分离，事实与价值的分离，都并非社会事物的永恒自然状态，而"是从特殊的社会形态中实践着的生产方式中生产出来的"①。

霍克海默指出传统理论中的哲学理论将社会生活简化为学者的理论活动，而且认为数学能决定其他因素，并通过"微积分"可推导出所有的其他有限量。他们追求的是统一的科学体系，而且将一切对象简化为概念规定。他们认为有序的功能和统一功能等，是其他所有功能的唯一基础，而且是人类活动的目标。传统理论在很大程度上脱离了社会现实，而将未来社会的发展趋势解释为理性等精神层面所决定的东西。相对于传统理论的这些特征，霍克海默旗帜鲜明地指出，现代人对于自身的认识与理解并非是借助于数学或逻辑，而是关注并研究现实社会发展状况与发展趋势的批判理论，其致力并着眼于实现社会的合理性。② 这里霍克海默言明了批判理论的价值取向不在于自称为永恒的逻辑或数学，而在于对现存社会的批判，其价值目标在于实现或达到"社会的合理状态"。

霍克海默论述了事实及其概念之间的关系。他认为，整个知觉世界一般被视为"事实总和"，每个个体的概念或思维是适应现实社会的反应，呈现于个体或个体必然接受或思考的世界一般是"社会实践"的产物。因为"社会实践"决定了我们所理解的事实：我们的生活方式，甚至视听方式都是与长期历史演进过程中的社会实践分不开的。不论是生活方式还是视听方式都是社会实践或者人类活动创造的。人们借助实验程序获得客观事物的理论或观念也是与"技术条件"有内在关联的，而"技术条件"也与"物质生产过程"相关联。"有意识的人类实践"不仅决定着人类的主观方面，也决定着他们的实践对象。

基于以上一系列对传统理论的批判，霍克海默建立了自己的批判理论。他的批判理论不是作为一种单纯的理论说教，或者不是作为一种"以词句反对词句"的理论，而是一种社会批判实践，一种具体的、批

---

① 〔德〕霍克海默：《传统理论和批判理论》，见曹卫东编：《霍克海默集》，上海：上海远东出版社 2004 年版，第 175 页。
② 〔德〕霍克海默：《传统理论和批判理论》，见曹卫东编：《霍克海默集》，上海：上海远东出版社 2004 年版，第 176 页。

判的历史活动。

霍克海默强调自己的批判理念蕴含着价值批判方式。他不仅言明自己的理论源于马克思主义,而且,强调指出传统理论沉浸于单纯理论推导及其推导方式的一致性,而导致其与事实的分离。这是一种孤立、片面的形而上学观点。霍克海默借助马克思主义辩证的"实践"观点来阐明"应然世界"与"实然世界"的统一。他指出"应然世界"都是来源于生活世界或社会实践。人们的生产生活是"应然世界"的最终基础,而"应然世界"构成了"实然世界"的价值取向或价值目标。霍克海默还从历史唯物主义的视角揭示了"应然世界"是基于社会历史实践的演进的,其与社会历史实践有内在关联。社会实践的历史沉淀构成了"应然世界"的最终基础。

二、对马克思主义的继承

霍克海默是基于马克思主义基本观点来阐释自己的社会批判理论的。他的批判理论中渗透着辩证的、实践的以及历史唯物主义的基本观点。在他关于批判理论的阐释中,他认为马克思主义在其本质上就是批判的,是否定资本主义社会现存制度的。

第一,霍克海默社会批判理论继承了马克思主义关于理论与现实辩证统一的思想,并指出马克思主义的价值目标不在于实现黑格尔式的思维或意识的自由,而在于实现人的现实幸福。在《唯物主义与形而上学》一文中,霍克海默在论及辩证法时,指出黑格尔的唯心主义不是将其用来认识现在,而是将其"用于过去精心制作的理论"①,用于迈向绝对领域。马克思主义逐步使辩证法脱离了黑格尔的唯心形式而实现了它的唯物形式。其获取了自身理论与社会现实之间的矛盾意识,并基于此过程形成发展了他们自身的理论概念。② 霍克海默在这里所运用的"唯物论"明显是马克思主义的代名词。马克思主义正是扬弃黑格尔的唯心主义辩证法,才获得理论与永恒运动着的、现实之间的相互矛盾与相互冲突的理论认识的。马克思主义是将思想理解为具体时代的具体思维,

---

① 〔德〕霍克海默:《唯物主义与形而上学》,见《法兰克福学派论著选辑》(上卷),北京:商务印书馆1998年版,第24页。

② 〔德〕霍克海默:《唯物主义与形而上学》,见《法兰克福学派论著选辑》(上卷),北京:商务印书馆1998年版,第25页。

它反对并批判那种认为思维具有自主性的断言或思想。马克思主义的理论旨趣主要不在于实现自我意识或达致绝对精神，而在于改变人们遭受苦难的特定社会条件。唯心主义囿于对精神或意识的独立性或自主存在的认识，而局限于抽象理论领域的考察。而马克思主义主要致力于批判现实的苦难，并致力于实现现实幸福。

霍克海默批判了马克斯·舍勒对马克思主义"唯物论"的批判。他指出马克斯·舍勒"完全误解了马克思主义唯物论者要求把哲学与科学统一起来的意义"①。马克思主义"唯物论"所真正反对的是任何试图将特殊科学绝对化的企图。马克思主义"唯物论"要求不要将任何"片段的知识"当作纯粹人为的创造，而要求将其看作具体社会、一定环境与时段中特定人的描述。

第二，霍克海默通过"唯物主义"与实证主义之间的相同之处揭示了马克思主义的批判性及其价值目标。他认为两者的相同点在于：都承认实在的东西来源于感觉经验。此种认识论是"唯物主义"的全部历史所主张的，"这种理论成为它的批判的武器，用以反对独断的概念"②。如果认为知识来源于感觉经验，那么就堵住了理性主义独断论的源头，因为理性主义认为知识的源头在于理性，在于意识或心灵。理性主义独断论没有客观的感觉与经验的充分验证或证实，这是其产生独断的源泉。但是"唯物主义"的认识论认为知识来源于实在的感觉与知识，因此其有客观实在的基础，不会产生独断的知识。马克思主义"唯物论"反对将"认知的主体"看作是"孤立的原子"或实体化的人。而实证主义恰恰将研究者视为价值中立的人，试图将自然科学及其研究方法绝对化，并试图将此研究方法推广，来追求或构建系统完整的知识体系。

当然，"唯物主义"并非将感觉绝对化。感觉在历史发展过程中是不断变化的，不同人的感觉也是大相径庭的，因此感觉具有相对性，不是存在判断的恒定要素。但感觉经验确实是知识的基础。坚持这一点也是社会批判理论的认识基础。就"唯物主义"而言，一个人的行为并非是从某种"实在之终极的绝对立场"出发的，虽然他做决定时多少需要

---

① 〔德〕霍克海默：《唯物主义与形而上学》，见上海社会科学院哲学研究所外国哲学研究室编：《法兰克福学派论著选辑》（上卷），北京：商务印书馆1998年版，第28页。
② 〔德〕霍克海默：《唯物主义与形而上学》，见上海社会科学院哲学研究所外国哲学研究室编：《法兰克福学派论著选辑》（上卷），北京：商务印书馆1998年版，第34页。

一般准则。但不可否认：已知其决定的要素，也只有在类似心理状态下才可能做出类似决定，此种决定受制于历史的、个人的或社会的因素。此种"唯物主义"就"具有否定的意义"① 或批判性。它抛弃了形而上的道德，它认可：人们对幸福的追求应该被看作一种自然的事实，不需要任何辩护。在特定社会形式中，人们的需要也只有与特定时间及具体情境相联系才能得以说明。马克思主义唯物论者抛弃了"在永恒中得到报偿"的希望。他们与遭受苦难的人们团结在一起，为了伴随社会发展运动而"变化了的目标"即共产主义，奉献出自己的自由与生命。

第三，霍克海默在指出马克思主义是以"社会经济理论来表征自己的"② 同时，也指出其价值目标在于社会公平。各种唯物论的原理并非是永恒不变的观念。此种经济理论不是出于"纯粹的理论动机"，而是基于"当代社会的需要"而产生出来。经济发展所创造的财富并未被越来越多的人享受。此种发展背景将形成"更好的实在的观念"。可见唯物主义不缺乏价值取向或价值目标，此价值取向是基于社会需要而形成的，是以社会需要为出发点的，其以人类现有力量在可预见的将来所能达致的价值目标为价值取向。

第四，在《批判理论与传统理论》一文中，霍克海默对马克思主义关于生产方式内在矛盾的看法进行了深入分析。他认为，根据他们的看法，资本主义社会的关键冲突或矛盾必然是基于无产阶级而产生出来，因为无产阶级本身所处的境况使其体验到了劳动与不断变革的社会组织之间的内在关联。资本主义社会的失业危机、经济危机和专制统治等内在矛盾或冲突不是由于其技术能力或生产能力的局限或落后，而是由于它的生产关系不再适应现时代此种技术能力或生产能力的发展状况所导致。此种支配自然的生产能力与手段受到了阻碍，是因为在资本主义社会生产关系或经济制度中，生产手段与生产资料被相互冲突的少数特殊组织所把持，社会生产满足了或顺应了极少数个体要求而偏离了共同体的要求。生产符合有资本支撑的个体要求，而并非致力于满足共同体的要求。③

---

① 〔德〕霍克海默：《唯物主义与形而上学》，见上海社会科学院哲学研究所外国哲学研究室编：《法兰克福学派论著选辑》（上卷），北京：商务印书馆1998年版，第36页。
② 〔德〕霍克海默：《唯物主义与形而上学》，见上海社会科学院哲学研究所外国哲学研究室编：《法兰克福学派论著选辑》（上卷），北京：商务印书馆1998年版，第37页。
③ 〔德〕霍克海默：《传统理论和批判理论》，见曹卫东编：《霍克海默集》，上海：上海远东出版社2004年版，第187页。

这里，霍克海默指明了马克思主义所揭示的资本主义社会的内在矛盾在于：生产关系不能适应作为处理人与自然关系的物质手段和智力手段。而这些生产手段不是掌握在共同体手中，而是掌握在特殊的利益集体手中。这些特殊利益集体所掌握的生产不会关注共同体的要求，而只注意极少数个体的要求，他们不会关心共同体的社会生活，而只会关注极少数个体的社会生活。这一现实矛盾必然要求马克思主义理论批判资本主义社会束缚生产手段的生产关系，必然要求其理论家关注社会大多数个体的价值诉求与合理公正的社会生活。

第五，霍克海默基于马克思主义基本概念，提出社会批判理论的概念本身就是批判现实的概念。对于这一观点，他是运用马克思主义的概念来论证的。这说明了马克思主义的概念与批判现实的概念具有一致性，也说明了马克思主义理论同社会批判理论具有共通性。霍克海默指出马克思所运用的"阶级、剥削、剩余价值、利润、贫困和崩溃等范畴是概念整体的组成部分，而且这个整体的意义不应在当代社会的再生产中去寻找。而应在社会变革中去寻找"①。马克思主义这一系列概念并不是纯粹研究再生产过程的概念体系，而是有所指向，有其现实性的。此种现实性就是指这一系列的概念是着眼于"社会变革"的，是"社会变革"运动的反映和体现。这一系列的概念有助于揭示社会不公，也有助于社会的变革与演进。这一系列概念的"整体意义"不是通过再生产来揭示的，而是基于"社会变革"才能够显现的。它反对"流行思想"，反对保持和坚持事物的"过时的秩序"的思想。促进社会变革的理论成果在于"加强斗争"，在于反对物质力量与意识形态联合起来所组成的特权，其目的在于实现"自由人的联合"，在于"促进发展，引导社会走向公正"②。

第六，霍克海默通过对马克思《资本论》的评价阐明了马克思主义蕴含着社会主义社会取代资本主义社会这一价值判断。他认为《资本论》的价值不仅在于它对资本主义政治经济学的批判，还在于它精确地对社会发展历史规律所进行的分析。马克思同单纯的经济学家之间的差

---

① 〔德〕霍克海默：《传统理论和批判理论》，见上海社会科学院哲学研究所外国哲学研究室编：《霍克海默集》，曹卫东编，上海：上海远东出版社2004年版，第191页。

② 〔德〕霍克海默：《传统理论和批判理论》，见上海社会科学院哲学研究所外国哲学研究室编：《霍克海默集》，曹卫东编，上海：上海远东出版社2004年版，第192—193页。

别不是由于他以一定哲学对象作为研究起点,而是以整个社会发展演进趋势作为研究立足之处或研究起点的。① 此种观察即使在最抽象的逻辑讨论或经济学讨论中也起着决定性作用。霍克海默这里所提到的"整体社会的趋向"就是指资本主义社会必然要被社会主义社会所取代的历史发展趋势。这既是从理论视角对资本主义社会的否定和批判,也是对资本主义现实社会必然被否定的价值判断。

三、负载价值取向的批判

霍克海默所倡导并力图论证的社会批判理论是负载自由、平等和公正等价值诉求的批判理论。他正是通过检视持有价值中立思想的传统理论,来确立自己的研究纲领的。他的此种负载价值的研究方式与马克思主义是一脉相承的,而且,在诸多方面,霍克海默是以马克思所确立的未来社会蓝图为价值取向的,甚至在概念运用方面,他也是借鉴了马克思主义固有的基本概念进行论证的。

首先,霍克海默认为在对资本主义进行批判时必然负载价值取向与价值原则。

第一,在《传统理论与批判理论》一文中,霍克海默揭示了社会批判理论必然要融入价值态度与价值动机。他指出,不存在不蕴含、不渗透有政治立场或阶级立场的社会理论,哪怕是致力于普遍性规律的社会学研究也不例外。社会学研究的真理性保证并非是基于思维方法的中立性,而是由具体的、感性的人的思想观念与社会行为以及现实的历史实践来决定的。② 在社会理论中,不可能有价值中立的探讨与研究,它必然要介入价值态度、价值原则、价值评判等价值领域的东西。这些价值领域的东西是由个体的活动与意识来决定的,是由社会的特定历史活动来决定的,或者说是由特定个体或具体社会活动所产生出来的。

第二,在对社会批判理论进行阐释时,霍克海默认为现实社会的演进过程本身就已经蕴含着批判态度。他认为,此种批判态度不仅体现在人们对现存社会秩序的反抗之中,也体现在人类的自主活动与自我决定之中。他指出此种批判过程是产生于社会经济体制之中的。他阐释到:

---

① 〔德〕霍克海默:《批判理论》,李小兵译,重庆:重庆出版社1989年版,第233页。
② 〔德〕霍克海默:《传统理论和批判理论》,见曹卫东编:《霍克海默集》,上海:上海远东出版社2004年版,第195页。

一方面是其蕴含着现实社会演进过程及其秩序本身产生出来的而对秩序本身的抵制与反抗；另一方面是其蕴含着人类自主或自我决定的观念，或者说此种观念是源于人类对自身行为的价值判断与价值选择，而非借助于外在条件或外在机制的判断。① 可见，在社会历史的演进中，人类自身的价值判断与盲目必然性都起着重要作用并发挥着重要功能。一方面，如果纯粹摆脱自然的必然性，那么，就会陷入盲目的主观任意性的价值目标之中；另一方面，如果脱离价值目标与价值原则来考察社会现象，就会无所作为或顺势赶潮。我们如果对社会具体现实的认识脱离了价值目标或价值原则，那么将会导致"事实盲"，即只知道跟随社会千变万化的潮流而活动，没有自身坚定的价值目标与价值选择，或者是缺乏价值取向导致碌碌无为、一事无成。而且，我们对于现实事物的认识包含着对其发展趋势的认识，而事物的发展与演进离不开人的价值选择与价值判断等价值意识的参与。因此，对现实事物发展趋势的价值选择与判断就体现为对现实的社会事实的"反思"或"批判"。同时，批判理论是以"对现存秩序的批判"为前提的，而且要依据理论自身的路线来与之进行斗争。这表明了对事实的解释是蕴含着解释者的价值意识、价值判断或者说是"他自己的决定"。此种批判理论也就是由对社会事实认识的"盲目必然性"转变为"有意识的必然性"。意识到或认识到此种"有意识的必然性"恰恰是对于社会发展趋势价值取向的认识与把握。

第三，霍克海默借助弗兰西斯·培根（Francis Bacon）对于启蒙主旨的归纳阐明了启蒙的价值目标在批判过程中的重要性。一方面是人类心灵与事实本性达到和谐一致。理智能超越扬弃迷信，而实现对自然的支配与控制。另一方面是知识的真正目的在于实践与劳动，在于"操作"，或行之有效地解决问题。但是，在言明启蒙的价值取向的同时，霍克海默也指出，在现代科学的探索之路上，"人们放弃了对任何意义的探求"②。在"现实"的社会状况中，整个世界正变得"混乱不堪"，因此需要"整体的解放"。

---

① 〔德〕霍克海默：《传统理论和批判理论》，见曹卫东编：《霍克海默集》，上海：上海远东出版社 2004 年版，第 200 页。
② 〔德〕霍克海默、阿道尔诺：《启蒙辩证法——哲学断片》，曹卫东、渠敬东译，上海：上海人民出版社 2006 年版，第 3 页。

第四，霍克海默认为自由的心灵具有内在必然的批判性。在论及心灵的自由时，霍克海默指出心灵一方面是自由的，它不会接受外来的强制，不会迎合权力意志而修改自己的结论。但另一方面，心灵又未与社会的实际活动隔离开来，它并未漂浮于社会的具体实践活动之上。这里阐明了自由的心灵与社会具体事实的本质区别在于其是自由的、自主的，而其又不能脱离社会事实这一现实基础。尤为重要的是其将批判性安置在了人类所固有的自由意识或自由心灵里面，同时说明了批判性是内在于人的本性的。正是因为人的意识的自由以及能动性，它就不会完全屈服于外在事物的强制。

第五，霍克海默认为从神话到启蒙，以及启蒙的过程是一个不断受到颠覆性批判的必然性过程。在此过程之中，不论是理论观点，还是精神、真理，甚至启蒙概念都成了一种价值信仰。① 这里，霍克海默阐明了批判在人类文明演进过程中是具有必然性的，甚至在此批判过程中所阐发的思想观点或其概念都是一种价值目标或价值原则。

其次，霍克海默秉持自由、公正和平等等一系列价值原则对资本主义社会的不公、剥削和宰制人民的现象进行了批判。

在霍克海默与西奥多·阿道尔诺（Adorno Theodor W.）合著的《启蒙辩证法——哲学断片》一书 1969 年"新版前言"中，霍克海默写到，批判思想就是"连进步也不放过"。它要求捍卫所剩无几的自由，支持现实社会中的人道和人性倾向，而不论其在历史潮流中呈现出多么的软弱无力。② 他还指出在现今社会的最重要任务就是：捍卫、传播与实现自由，而非间接地促使世界走向不公、剥削和宰制③。在这里，霍克海默言明了《启蒙辩证法——哲学断片》一书的主要旨趣在于实现人类的自由，在于弘扬现实中的人道主义，而不是促使形成一个压制的、奴役的社会。这就是霍克海默社会批判理论的价值取向与价值目标所在。在书中的"1944/1947 年的前言"中，霍克海默与阿道尔诺也写道：此书的价值目标或价值取向是致力于揭示——人类社会远未实现真正的人道

---

① 〔德〕霍克海默、阿道尔诺：《启蒙辩证法——哲学断片》，曹卫东、渠敬东译，上海：上海人民出版社 2006 年版，第 8 页。
② 〔德〕霍克海默、阿道尔诺：《启蒙辩证法——哲学断片》新版前言（1969），曹卫东、渠敬东译，上海：上海人民出版社 2006 年版，第 1 页。
③ 〔德〕霍克海默、阿道尔诺：《启蒙辩证法——哲学断片》新版前言（1969），曹卫东、渠敬东译，上海：上海人民出版社 2006 年版，第 2 页。

主义,也远未进入真正的合理状态,而是深深地陷入了野蛮处境——此种社会现象的原因。①《启蒙辩证法——哲学断片》的主旨在于揭示现实的野蛮状态,不正义、不公正与不自由的现实状态,通过此种揭示过程来呈现未来社会,呈现公正、平等和自由社会这一价值目标与价值取向。当然此种揭示是在现实的"野蛮"社会及其价值取向之间的张力中而得以实现的,这就是辩证法的运用。

霍克海默探讨了"人性的堕落"与社会的进步两者之间的关系。他认为两者是紧密相连的。经济发展这一社会进步的事实为社会变得公正奠定了基础,但让机器及其掌控者对其他人具有绝对控制权。人在权力集团与经济集团面前变得"一文不值",社会控制自然的程度也是"前所未有"的。社会个体相对于机器而言,已经"消失不见"了,但是又从机器那里得到诸多益处。无产者在物质生活水平提高的同时,其社会认可度与价值认同不断下降。在此种社会状况下,霍克海默指出,由于权力集团已成为社会主体,其种种作为使得社会的"进步变成了退步"②,使人幸福的因素反而成了不幸的源泉,这就使我们"不能袖手旁观"了。在这里,霍克海默坦言承认社会的科技或机器、经济等诸种力量的发展而使人类控制力得到空前增强。当然,他也相应指出此种控制力不仅体现在对自然的控制方面,还体现在对人本身的控制方面。社会的发展与进步在很大程度上反而使人的自主能力或自由丧失,使人作为人本身的价值降低。得到认同的是物,而不是人了。人被物化,而物变为了主体,主宰并控制着人。因此,霍克海默认为要对这一切进行批判,要促使社会实现自由、正义等价值目标。

在《启蒙辩证法——哲学断片》一书中探讨"启蒙的概念"时,霍克海默于开篇就阐明:启蒙的根本目标在于使人们脱离恐惧并得以独立自主。但被彻底启蒙的世界却笼罩于因胜利而带来的灾难中。③"被完全启蒙的"现实世界在"灾难"之中,这是现实所存在的现状或事实,而"启蒙的根本目标"言明了现实社会的价值取向或价值目标在于抛弃使

---

① 〔德〕霍克海默、阿道尔诺:《启蒙辩证法——哲学断片》前言(1944/1947),曹卫东、渠敬东译,上海:上海人民出版社2006年版,第1页。
② 〔德〕霍克海默、阿道尔诺:《启蒙辩证法——哲学断片》前言(1944/1947),曹卫东、渠敬东译,上海:上海人民出版社2006年版,第3—4页。
③ 〔德〕霍克海默、阿道尔诺:《启蒙辩证法——哲学断片》,曹卫东、渠敬东译,上海:上海人民出版社2006年版,第1页。

自身遭受奴役的物质条件和心理意识的枷锁，实现自我决定和自由发展。这里霍克海默借助于事实与价值的矛盾，即"灾难"的社会事实与自主的价值取向之间的冲突与矛盾，突显了人类的自主自由发展的价值取向。

四、作为社会实践的批判

霍克海默所理解的社会实践不像传统理论那样认为是与理论截然对立或截然二分的实践，而是与理论实现了统一的社会实践。此种社会实践的价值取向在于改变旧世界，其手段在于批判。因此，批判活动构成了他所理解的社会实践的实质内容。

在《批判理论》一书的《哲学的功能》一文中，霍克海默对批判的内涵进行了较为完整的揭示。他认为批判是一种不满足于接受流行观点与行为，不满足于不假思索地凭习惯接受社会现状的社会实践；是一种具有理智并注重实效的社会实践；是协调社会现实中主体间关系、协调时代的价值取向与普遍性价值取向之间关系的社会实践；是区分现象与本质而追根溯源、考察事物基础的社会实践。总之，就是"真正认识上述各种事物的努力"[①]。霍克海默将批判解释为一种人的"努力"，此种"努力"是人的一种积极行为或行动。此种活动着眼于反思与批判流行思想及其行为，是注重"实效"的行为，是协调和解决各种社会矛盾的社会实践。霍克海默指出批判者的任务是"继续斗争"[②]，以防止人类由于面临的可怕现实而彻底放弃努力，以防止人类对于和平与幸福的价值取向与价值目标丧失信心。

霍克海默认为批判不仅解释世界，还是一种具体社会实践。在论及现存社会向未来社会转变时，霍克海默认为人类将成为有意识的，并能能动决定自己生活方式的主体，而且，人们还要重新构建经济关系。为了合理组织未来社会，人们必须"从理论上批判地揭示和解释当代社会的真相"[③]，而且，真正的问题不是实现理论解放，而是社会实践的解放。这里霍克海默与马克思在《关于费尔巴哈提纲》中所提到的观点一

---

① 〔德〕霍克海默：《批判理论》，李小兵译，重庆：重庆出版社1989年版，第255—256页。
② 〔德〕霍克海默：《批判理论》，李小兵译，重庆：重庆出版社1989年版，第257页。
③ 〔德〕霍克海默：《传统理论和批判理论》，见曹卫东编：《霍克海默集》，上海：上海远东出版社2004年版，第203页。

样：真正的问题不是用不同理论来解释这个世界，而是要促进现实社会的变革，要实现全世界、全人类的解放。

霍克海默的实践观建基于他的社会批判理论之上。他认为批判理论并非是一种纯科学式的理论研究，它本身就批判此种格式化和实证化的纯科学研究方式。因为此种研究不关注人类社会的公正、人的尊严等道德价值，而且，其一般是建立于事实与价值、理论与实践等截然二分的认识论基础上的。

传统理论将理论研究视为脱离具体社会现实的活动，它不了解其所置身之中的那些历史发展方向与演进趋势。而批判理论在其概念形成及其发展阶段，始终介入了价值目标与价值原则来理解与把握整个社会发展趋势。批判理论不仅关注现存生活已经呈现的价值目标，还关注人类及其所潜藏的价值取向。批判理论的价值目标绝对不是仅仅着眼于知识的增长，"它的目标在于把人从奴役中解放出来"①。批判理论是与现实社会活动结合在一起的理论，它致力于在具体社会实践中发现其内在运动规律，并关注其具体发展运动的趋势。批判理论所开展的批判并非建立在"观念的基础"之上，并非与现实对立，并非是依赖超时间的东西，而是凭借时间之内的东西来进行的。它不是单纯依照片面的素材与概念来评判各个历史时期，而是依照各个历史时期所呈现的原始与整体内涵来评判衡量各个历史时期，②并认为此种内涵是在历史演进中起到决定作用的因素。批判理论的批判是在时间之内、现实之中的批判。批判理论所进行的批判不是孤立、片面的批判，而是依据"历史阶段的原始"，即具体的历史现实来进行批判，是把握住历史发展的整体趋势的批判。批判理论不是寻求"自身宁静"的理论，而是投身社会实践，致力于社会解放的理论。

在《唯物主义与形而上学》一文中，霍克海默通过对科学的分析揭示了概念与对象是不能完全分离的。理论与实践也是一样，它们不是互相孤立的，而是永恒变化着的实在之物。他指出科学本身是一个实在过程，其概念是依赖其对象的，同时这些概念还受到主观因素、科学方法、理论兴趣等方面的制约。在科学中，要完全清楚地区分主客体是办不到的，试图在总体上将知识与其对象等同起来也是办不到的。科学家的理

---

① 〔德〕霍克海默：《批判理论》，李小兵译，重庆：重庆出版社1989年版，第232页。
② 〔德〕霍克海默：《批判理论》，李小兵译，重庆：重庆出版社1989年版，第236页。

论研究也类似于人们的实践行为，其并非是囿于一个特定或僵化对象的孤立知识，而是不断演化的具体与现实世界的产物。① 科学或理论本身并非纯粹是孤立、抽象的理论活动，而是一个"实在的过程"，其必然要受到主观因素的影响。理论就其本身而言，必然是离不开社会实践活动的，是渗透于社会实践活动之中的，或者说，理论本身就是社会实践活动的重要组成部分。

霍克海默从批判主体的视角论证了社会现实与批判者之间的统一。在《传统理论与批判理论》一文中，他指出传统理论视域下的"科学家"和"学术专家"进行理论研究时将社会现实视为外在于它的东西。当他们作为"公民"的时候，则通过发表政论文章或参加选举来体现出他们对于现实的兴趣。他们并不能将此两种角色统一起来。传统理论的思想就其本质而言是抽象的精神或意识，就其原则而言是理性自由，此种理性认为自身就是世界的基始。因此，其与社会所发生的具体事件或现实是相互分离的。而批判理论超越了以上论及的观点。批判理论的价值批判方式强调研究者在研究社会事物过程中是负载价值意识的，因此，批判理论视域下的"科学家"或"学术专家"在参与政治事务时是负载着自身的价值目标与价值原则的。而且，批判理论视域下的"科学家"或"学术专家"不是抽象的人，而是具体的、感性的人，因此，以上论及的两种角色在批判理论视域下是统一的。具体而言，批判理论的主体是一个具体的、特殊的主体，其本身不是被抽象出来的，也不是与社会具体现实相脱离的。其活动本身就是社会现实的体现。霍克海默指出，批判思想既不是特殊的个体功能，也不是一般个体的功能。与之相反，其主体是具体的、特定的个体，并处于与他者之间的实在真实关系之中，其同一个特定阶层发生冲突与矛盾，并最终处在由其矛盾而生成的社会整体或自然关系网络之内。此种主体并非资产阶级哲学思想中的抽象自我，也并非是抽象的小数点，其社会活动是其现实的感性的呈现。② 批判思想的执行者是一个真实地处在个体与群体、社会与自然之间实践关系之中的人，此批判主体的活动也是社会实践的、感性的和具体的表现。

---

① 〔德〕霍克海默：《唯物主义与形而上学》，见上海社会科学院哲学研究所外国哲学研究室编：《法兰克福学派论著选辑》（上卷），北京：商务印书馆1998年版，第21页。
② 霍克海默：《传统理论和批判理论》，见曹卫东编：《霍克海默集》，上海：上海远东出版社2004年版，第185页。

在《批判理论》一书的《跋》一文中，霍克海默指出唯物主义论及的"基本活动"都产生于社会劳动，此种劳动在包括理论形式的人类行为中都打上了"烙印"，理性也"灌注"在知识及其对象之中，而且，也把此种过程控制在意识之下。由此可见，所有的这些活动并不是发生于一个纯精神的世界或领域之中，"而是与为某种真正的生活方式所进行的斗争相伴随"①。这里霍克海默既阐明了理性或意识与劳动或人类行为的关联性，也着重指出批判理论不是发生于纯粹精神的领域，而是与实现"真正生活方式"的实际"斗争"相伴随的。

就霍克海默本人而言，他将理论研究与批判意识结合在一起，实现了理论批判与社会实践的统一。他在理论研究实践中持守着批判意识。在对阿道尔诺批判胡塞尔现象学一文的修改意见中，他指出：他毫无保留地赞赏阿道尔诺这篇文章"冲垮一切和摧毁一切的基本旨趣"。② 但接着，霍克海默也指出阿道尔诺对于胡塞尔现象学的"本质直观"这一焦点的批判并未达到真正意义上的坚实与稳固。这里不仅体现了霍克海默对西奥多·阿道尔诺批判精神的认可与赞同，也体现了他是真正具有批判精神的，他不袒护自己盟友的不足，而是一针见血地指出了他的不足。

第二节　认知理论：哈贝马斯对马克思价值立场的传承

哈贝马斯的认知体系研究将认识旨趣视为人类认识活动中必要的基本前提，并认为其与认识对象是有内在关联的。这与马克思在政治经济批判中融入价值意识有异曲同工之妙。两者都是强调事实与价值的统一，并都将自己的社会科学研究视为批判理论。

哈贝马斯认为马克思主义的内在目的在于其批判精神，就此意义而言，他"把自己看作是马克思主义者"③。他的理论以历史唯物主义为出

---

① 霍克海默：《批判理论》，李小兵译，重庆：重庆出版社1989年版，第231页。
② 霍克海默：《传统理论和批判理论》，见曹卫东编：《霍克海默集》，上海：上海远东出版社2004年版，第371页。
③ 贺翠香：《劳动·交往·实践：论哈贝马斯对历史唯物论的重建》，北京：中国社会科学出版社2005年版，第8页。

发点，并是对它的延续①，他极为强调批判的实践意义与社会特征。哈贝马斯继承并运用历史唯物主义的理论前提来检视具体现实，并通过此种途径来修正自己的理论。② 有学者认为哈贝马斯关于历史唯物主义的探讨"是他思想的核心。"③ 可见，两者在理论上有深刻的内在关联。由于哈贝马斯的研究极广而深，笔者只是就其与价值批判方式关联较为紧密的认识论批判进行简要阐释。

一、认识旨趣的提出

哈贝马斯关于认识论的研究集中体现于他对认识与旨趣④之间关系的论述。其所论及的核心问题就是"认识的可靠性何以可能"的问题。哈贝马斯基于历史维度逐一考察了黑格尔、康德、马克思，以及实证主义、实用主义和历史主义，最后提出了批判是实现认识与兴趣统一的命题。由于哈贝马斯这一历史考察的内容丰富而细致精微，笔者只就其对马克思认识论的考察部分进行粗略阐释，以揭示他的认识旨趣理论与马克思价值批判方式的内在关联。

哈贝马斯是从黑格尔对康德的认识论批判为出发点的。他指出黑格尔对康德批判的关键所在："哲学不仅要改变它对待科学的态度，而且要完全放弃它对待科学的态度。"⑤ 在此处，康德陷入了自相矛盾：究竟是应该改变对待科学的态度，还是应该放弃对待科学的态度？换言之，究竟是保持科学的价值中立，还是应介入自身的价值标准或价值立场？由此出发，黑格尔也未能得出将科学理解为一个可能认识范畴的结论，而是最终走向了用绝对知识取代科学认识论批判的路向。

在分析黑格尔与康德的认识论之后，哈贝马斯继而专辟两节（黑格尔对康德的批判只占有一节内容）来分析马克思的认识论。他一方面分析了马克思借助"社会劳动的综合"对黑格尔进行的理论批判；另一方

---

① 童世骏：《批判与实践：论哈贝马斯的批判理论》，北京：生活·读书·新知三联书店2007年版，第27页。
② 曹卫东：《思想的他者》，北京：北京大学出版社2006年版，第123—124页。
③ 〔英〕洛克莫尔：《历史唯物主义：哈贝马斯的重建》，孟丹译，北京：北京师范大学出版社2009年版，第1页。
④ 有的学者将其译为"旨趣"，有的译为"兴趣"，都是同一德文词（Interesse）的翻译。
⑤ 〔德〕尤尔根·哈贝马斯：《认识与兴趣》，郭官义、李黎译，上海：学林出版社1999年版，第2页。

面剖析了马克思的"作为社会理论的认识论观念"。

哈贝马斯认为马克思在《1844年经济学哲学手稿》中对黑格尔的"绝对知识"进行了研究。马克思运用的研究方式是从黑格尔的同一性哲学中发掘出批判的要素。① 黑格尔认为对于自然界而言,精神是自然界的真理,是某种绝对第一性的东西。而与之相反,马克思认为相对于精神,自然界是绝对第一性的东西。马克思进一步指出,自然界应该被理解为"外化",理解为有"缺陷"或有"缺点"的存在物。自然界之外有一种它本身所"缺少"的东西,即不同于它自身的另一种东西,或者称之为"它的本质"。就抽象思维者而言,自然界被设定为潜在的、被扬弃的本质,因此自然界必然要扬弃自身。

在认识方面,马克思不同意黑格尔将绝对理念视为与自然相对立的存在。他一方面强调作为"有机体的肉体属性"的感受、需求和情感等;另一方面还强调"能动的自然存在物"适应环境的行为方式或其主动的生活表现。② 在这里,哈贝马斯认为马克思所持的——人需要凭借感性对象才能表现自己的生命——这一观点是一种自然主义。而在费尔巴哈提纲中,马克思超越了此种自然主义。马克思在提纲中所讲到的"人是一种客观存在物"这一观点具有"认识论意义"。这里人被视为一种"客观存在物"的话,那么,作为人头脑的产物的精神与意识也就是"客观存在物"的"产物",而且,作为认识主体的人是"客观存在物",那么其认识过程也是"客观存在物"本身对于客观对象的认识过程,当然其认识结果也不可避免地是客观的。这区别于以精神作为出发点的唯心主义认识论。哈贝马斯认为马克思的劳动概念是指人与自然之间的物质变换。因此自然界可视为人的主观自然界和人周围环境的客观自然界。人周围环境的客观自然界是借助于人类劳动才形成的。"客观存在物"的活动是一种感性活动,其具有制造对象的特殊意义,被制造物同自然界一样有自在存在的要素。因此,客观存在的活动在被视为经验性认识结果的同时,也被马克思视为先验的结果。而且,他认为对整个世界的认识或构建与此种结果是相一致的,因为,具体现实是基于可能对象客

---

① 〔德〕尤尔根·哈贝马斯:《认识与兴趣》,郭官义、李黎译,上海:学林出版社1999年版,第20页。

② 〔德〕尤尔根·哈贝马斯:《认识与兴趣》,郭官义、李黎译,上海:学林出版社1999年版,第21页。

观前提下呈现于世界之中的。马克思将此种先验结果视为奠基于社会具体现实的劳动过程。① 哈贝马斯认为马克思认识到了"客观存在物"活动的两重性，其既是一种先验活动，又是一种类似于自然自在存在的经验运动。但是，创造世界的主体不能仅仅被视为一种先验意识，而应被视为"具体的人"。

劳动作为"物质变换过程"有其必然性。在任何社会形态，劳动都是人生存发展的必要条件，是人满足或实现自身需求的自然或必然性。在此种满足或实现自身的劳动过程中，劳动是处于自然与人之间的，是引起、调整和控制两者之间物质变换的过程。

社会劳动过程使我们在周围的自然界与主观的自然界的互动之中构成了我们理解与把握的客观自然界，所以，劳动不仅仅体现为人类学的基本范畴，也体现为认识论的基本范畴。② 劳动过程不仅可视为创造再生产具体条件的过程，同时也可视为创造认识条件及认识对象的过程，因此，此种劳动或活动模式不仅是一种在世界中的劳动过程，也是一种对世界的认识与理解过程。

劳动过程要比简单自然过程更复杂，它能调整物质形式的变化，也能构造出世界。因为人不仅是一种"自然存在物"，也是一种"类的存在物"。所以，人在劳动过程中必然要确证或实现自身。确证或实现自身的劳动过程就成了"自然存在物"和"类的存在物"之间的"综合"力量。

哈贝马斯认为马克思十分重视劳动过程，并且他的阐述具备"构成彻底化的认识论批判的一切要素"③，但他未能构建成"唯物主义的认识论"。社会劳动也只有作为联系客观自然与主观自然之间的范畴才能成为基础性的东西。当然，马克思正确指出了劳动过程不仅使自然界发生变化，也使劳动主体的需求本性发生变化。因为，劳动主体与自然界并非天然就是相互协调或相互适应的，恰恰要借助于社会劳动，或者说是两者的"综合"来使之相互协调、相互适应。

---

① 〔德〕尤尔根·哈贝马斯：《认识与兴趣》，郭官义、李黎译，上海：学林出版社1999年版，第22页。
② 〔德〕尤尔根·哈贝马斯：《认识与兴趣》，郭官义、李黎译，上海：学林出版社1999年版，第23页。
③ 〔德〕尤尔根·哈贝马斯：《认识与兴趣》，郭官义、李黎译，上海：学林出版社1999年版，第26页。

接下来,哈贝马斯基于马克思的视角分析了"综合"或"唯物主义的综合"这一概念。他认为像马克思所设想的那样,如果"综合"不是凭借思维,而是借助于劳动为媒介而使之完成。那么"综合"的基础就体现为社会劳动,而非符号之间的关联。"综合"的出发点就是"经济学"而并非康德、费希特和黑格尔所认为的"先验逻辑"。"综合"的过程不是符号的联结或思维的活动,而是物质的生产或劳动过程。由此,马克思就用政治经济学批判取代了唯心主义的形式逻辑批判。①

作为物质生产的"综合"不是"绝对的综合","绝对的综合"只有在"同一性哲学"的前提下才是可能的。马克思将主体看作"自然的"存在物,主体产生的同一性总是体现为他在一定程度上克服自然必然性的统一。所以,马克思视域下的同一性不是"同一性哲学"或唯心主义的绝对同一性,马克思视域下的"综合"也不是"同一性哲学"或唯心主义的"绝对的综合"。

马克思视域下的"综合"不能改变自然界的独立性与外在性,即在劳动过程中,我们只能认识和利用自然界的诸种规律,而且,自然界永远有我们无法触及的"实体内核"。此种综合,只能改变物质形态,而不能改变物质内在规律。但是,它将我们关于自然界的认识与我们用技术支配自然过程的兴趣联系在一起。

哈贝马斯认为马克思提出的劳动力对劳动材料的综合,在劳动者范畴下保持了其"实际统一性",这是一种技术的综合规则。劳动力作为工具,其具有"感情存在"的性质。这不同于康德的想象力对直观材料所做的综合,此种综合在知性范畴下保持了它的必然统一性。由此,马克思"通过社会劳动的综合,既不能建立逻辑联系,又不能建立人与自然的绝对统一"②。另外,哈贝马斯认为,即使"唯物主义的综合"将劳动的历史发展同时理解为先验意识的历史,但仍然有一个问题未能解决:怎样理解自然史的生产(人类得以产生及其活动的基础)与社会生产之间的关系,或者说是"怎样把自然史的生产想象为先验意识史的史前史"③。

---

① 〔德〕尤尔根·哈贝马斯:《认识与兴趣》,郭官义、李黎译,上海:学林出版社1999年版,第26—27页。
② 〔德〕尤尔根·哈贝马斯:《认识与兴趣》,郭官义、李黎译,上海:学林出版社1999年版,第29—30页。
③ 〔德〕尤尔根·哈贝马斯:《认识与兴趣》,郭官义、李黎译,上海:学林出版社1999年版,第36页。

因为自然史的生产并非借助于社会劳动，也不可能借助于社会劳动来进行解释。最后，哈贝马斯认为虽然马克思的社会理论未抹杀实践中以符号为中介的"相互作用"（die Interaktion）的联系及意识形态可从中得到理解的文化传统，但此方面未能纳入其哲学的坐标系。因为恰恰是在此种实践经验中呈现出了马克思所称之为意识形态的东西。

由此，哈贝马斯认为"唯物主义的综合"不足以确立毫无保留的认识的自我彻底反思，不足以阻止认识论向实证主义退化，不足以解释马克思本人接受并充分理解的"认识批判的意图"①。

需要指出的是，哈贝马斯基于绝对统一的观念来评述马克思的劳动概念，进而批评马克思认识论的"退化"的观点，很难站稳脚跟。因为，马克思的出发点不同于哈贝马斯的立足点。哈贝马斯只是借助于"必然性""绝对性"或"纯粹性"来批评马克思的现实的人的生产劳动。这不过是基于唯理主义反对经验主义的翻版而已。

哈贝马斯在分析马克思的综合概念之后，还探讨了马克思的"作为社会理论的认识论观念"。他认为马克思正确揭示了在黑格尔那里被遮蔽的反思经验中的进步机制，即生产力的发展。生产力在任何时候都是扬弃僵化生活方式的推动力。但是马克思忽视了反思本身，而将反思归结为劳动，或者说是"按照生产模式来理解反思"②。哈贝马斯认为马克思虽然以批判的方式构建了人的科学，但始终倾向于将人的科学和自然科学等同看待，③ 马克思未明确探讨作为意识形态批判的人的科学的确定含义。因此，哈贝马斯认为作为人的科学的经济学，应批判社会劳动系统的结构变化。此种批判所研究的是人自我生成的自然而然的历史演进历程，也是人本身意识到自我的生成过程。只要人的科学是剖析人的生成，那其必定蕴含认识批判中的对自我的批判。④ 实质上，马克思将价值批判融入历史批判，或者将两者结合，实现了"人的科学"与自然科

---

① 〔德〕尤尔根·哈贝马斯：《认识与兴趣》，郭官义、李黎译，上海：学林出版社1999年版，第37页。
② 〔德〕尤尔根·哈贝马斯：《认识与兴趣》，郭官义、李黎译，上海：学林出版社1999年版，第39页。
③ 〔德〕尤尔根·哈贝马斯：《认识与兴趣》，郭官义、李黎译，上海：学林出版社1999年版，第40页。
④ 〔德〕尤尔根·哈贝马斯：《认识与兴趣》，郭官义、李黎译，上海：学林出版社1999年版，第41页。

学的辩证统一,实现了经济学与"人的科学"的辩证统一。马克思着力批判的是资本主义奴役人、压迫人的现实雇佣劳动制度,而非批判抽象的"自我"。

因为,马克思正是基于生产力、物质生产、现实感性的人的研究,才证成了唯物史观,才提出了剩余价值理论,这些理论的伟大发现是无法遮蔽的。

哈贝马斯认为如果将唯物主义概念作为"劳动的综合"的基础,那么知识、理论等关于自然的认识是从人与其所进行的斗争中产生的。此种认识与斗争作为生产力,又作用于社会的生产关系,并推动其发展。对社会的认识也是与此类似,它决定着社会主体的自我意识。因此,社会主体在生产力的各个阶段有不同内涵。这里,支配自然的与自然斗争的知识转变为控制社会的知识,表现为技术对社会生活的控制。

哈贝马斯论及了马克思对"自觉控制"与"自动控制"的区分。"自觉控制"是联合起来的工人自己相处在一起;"自动控制"是工人们被动地结合在一起,是被外力结合起来的。自动控制是一种工人从属于机器,从属于固定资本的物的统一。工人作为孤立的单个点从属于资本。一个社会要脱离外在因素的制约,只有通过劳动或生产活动才能得以实现,而要摆脱内在自然的控制,就要借助社会交往或通过阶级斗争来实现。此种阶级斗争的革命活动包括反思科学的批判活动。哈贝马斯也承认马克思看出了这里两个范畴的联系,即生产力与生产关系只是同一过程的不同因素而已。

哈贝马斯认为如果人类自然史这一观念的产生既包括通过生产活动的自我产生,也包括通过批判的革命活动的形成。那么,综合除了具有"劳动的综合"之外,还应具有"斗争的综合"。"劳动的综合"使人与自然达到统一,此种统一过程是与"斗争的综合"交叉在一起的。"斗争的综合"是两个社会阶级达到统一。"劳动的综合"是基于技术来解释的,其所产生的是主客之间的理论技术关系,并形成了生产知识。而"斗争的综合"是基于实践来解释的,其所产生的是主客之间的理论及实践关系,并形成反思知识。①

哈贝马斯指出马克思所阐明的社会形态,是将阶级对抗固化于自由

---

① 〔德〕尤尔根·哈贝马斯:《认识与兴趣》,郭官义、李黎译,上海:学林出版社1999年版,第49页。

的劳动契约制度中,此种契约制度又依靠着商品形式来掩盖生产活动。劳动的商品形式表现为一种意识形态,它遮蔽着同时又体现着对自由交往关系的压抑与宰制。① 商品形式及其所表现的劳动产品的价值关系,与劳动的物理性质或物的关系无关,而只是特定社会关系的反映。在马克思看来,资本主义将意识形态从统治合法性转移到了社会劳动的体系中,其统治合法性是从市场的合法性或从等价交换的"合理性"中派生出来的。他认为马克思对商品拜物教的批判揭示了这一现象。

以上,哈贝马斯对马克思等的认识论思想进行了剖析,那么,这些分析与他所提出的认识兴趣的关联性何在?

第一,哈贝马斯紧扣黑格尔对康德的批判的关键点,即科学或知识何以可能的问题进行了探讨。黑格尔认为康德在对待这一问题时陷入了困境,即知识是否需要介入人的价值目标与价值原则才能成为真正的科学。这就为作为人的价值意识的认识兴趣的提出埋下了伏笔。

第二,哈贝马斯的认识兴趣的概念是基于马克思的劳动概念提出来的。哈贝马斯详细分析了马克思的"劳动"概念。因为马克思将劳动视为人类与自然界进行物质变换的中介,而且人的周围的自然界只有借助于劳动才能成为属人的自然界。这样,劳动概念就将人与自然界联系起来,而不是将其割裂开来。劳动过程在被视为生产过程的同时也被视为创造认识条件及对象的过程,因此,劳动概念也就成为具有认识论意义的范畴。哈贝马斯认为马克思的劳动概念主要考虑到了人与自然之间的物质变换关系,而在主体间关系方面未能做深入系统探讨。而他的认识兴趣概念兼顾了这两个方面。

第三,哈贝马斯的认识兴趣的概念也是基于马克思的"劳动的综合"概念而提出来的。"劳动的综合"是指物质生产的综合,其基础是社会劳动,这与"符号的综合"不同。后者的基础是思维活动。哈贝马斯认为劳动综合不能建立必然统一性或逻辑联系,而且劳动综合不能解释"自然史"的生产。由此,哈贝马斯提出了认识兴趣的概念,他认为认识兴趣能弥补这一缺失。

第四,哈贝马斯的认识兴趣概念是基于马克思反思批判的人的科学理论提出来的。哈贝马斯认为马克思倾向于将人的科学与自然科学同等

---

① 〔德〕尤尔根·哈贝马斯:《认识与兴趣》,郭官义、李黎译,上海:学林出版社1999年版,第52页。

对待，过于强调对资本主义的经济学批判。这就为强调反思批判的认识兴趣理论的提出准备了前提。

由此，哈贝马斯对人的科学或社会理论的旨趣进行了揭示，他认为人的科学本身就是批判，并必然始终表现为批判。① 此种批判也是彻底的认识论批判或者"认识着"的意识的自我批判。

哈贝马斯进一步对实证主义、实用主义和历史主义的认识论进行了探讨。基于此，他提出了基于兴趣的三种认知。

哈贝马斯认为指导认识的兴趣不应是将先验规定自然而然地归结或归属为经验归纳，或者说是不应将经验归纳视为先验规定的唯一合法来源。其将人类形成发展的自然历史过程与其过程所呈现的逻辑相互关联起来，或者说是将人类社会发展过程与其逻辑进程的联系起来。当然，哈贝马斯随后做了说明：他只能强调指出此观点，而不能证实此观点。他认为指导认识的兴趣不是将逻辑单纯归结为任何自然而然的经验事实。他将兴趣界定为人类进行再生产的诸种可能性和人类自身形成的既定的基本条件，"即劳动和相互作用相联系的基本导向"②。此种兴趣不是将普遍性的、超验的理性命题单纯归结为对具体经验或事实的总结，或者说是先验逻辑命题不是由经验或具体事实归纳得出来的。哈贝马斯将此种归纳称之为"自然主义"，兴趣这一概念将人类形成与发展的诸种可能性或多样性与其形成发展过程中特定的自然条件联系起来。哈贝马斯所强调的是人类发展历史与其形成过程的逻辑统一。在两者的统一中，不能将先验的逻辑命题归结为人类形成与发展这一经验事实之中。兴趣就是作为人类再生产的"劳动"与作为人类自身形成的"相互作用"之间发生联系或相互作用的"基本导向"。"基本导向"是为了解决问题。

哈贝马斯认为兴趣具有独特意蕴，其不服从于经验规定或实际规定与先验规定或符号规定之间的区别，也不服从于动机规定和认识结果规定之间的区别③。它不是基于经验与先验、实际规定与符号规定、动机规定与认识结果规定的区别而得以规定。它超越了这些区别，是比这些

---

① 〔德〕尤尔根·哈贝马斯：《认识与兴趣》，郭官义、李黎译，上海：学林出版社1999年版，第55页。

② 〔德〕尤尔根·哈贝马斯：《认识与兴趣》，郭官义、李黎译，上海：学林出版社1999年版，第199页。

③ 〔德〕尤尔根·哈贝马斯：《认识与兴趣》，郭官义、李黎译，上海：学林出版社1999年版，第200页。

区别更为基础的东西。因为我们不能将认识视为纯粹的理性活动或纯粹的生物活动。认识不是一种适应性的单纯工具。它既不是一种纯粹的人的活动，也不能脱离与生活之间的联系。

哈贝马斯认为兴趣即乐趣，它总是与某一对象或行为存在的表象结合并联系在一起。它的价值目标是为了生存，它体现了人感兴趣的对象与其实现这一欲望的能力之间的关系。① 兴趣是相对于某一具体对象或特定行为而言的，是与其对象或行为相互关联，其目的是求得生存。兴趣与我们的需要联系在一起，也与我们实现自身需要的能力紧密相关。因此，兴趣与满足需要的能力是相辅相成的，满足需要的能力的发展会推动兴趣发生变化，而兴趣的变化又会影响满足需要的能力的发展变化。兴趣可能产生出需求，而需求也可能作为兴趣的前提。兴趣先于认识，它能指导认识并构成其前提，它也是人类社会存在与发展的前提。但兴趣不能摆脱或脱离认识，只有依赖认识的能力，才能实现兴趣与认识的融合与统一。此种融合与统一只能发生于自我反思或自我批判的领域，或者说是产生于对"理论的认识与理解"与对"独立判断或解放的追求"，这两者之间的结合之中。

二、基于不同旨趣的三种认知

哈贝马斯认为"指导认识的兴趣"决定着科学活动，而每一科学活动都有相应的认识兴趣。他将兴趣分为三种，技术的、实践的和解放的兴趣。其分别对应自然科学、精神科学和社会批判理论。他认为，"技术的认识兴趣（technisches Erkenntnisinteresse）包含于经验—分析的科学观中；实践的认识兴趣包含于历史—解释学的科学观中；解放的认识兴趣（emanzipatorisches Erkenntnisinteresse）包含在以批判为导向的科学观之中"②。解放的认识兴趣虽然为传统理论奠定了基础，但一直未能被传统理论所承认。

经验—分析的科学或自然科学包含对富有经验内容的理论或规律的假设，或基于假设所推论出来的命题，或基于假设所进行的演绎。这里

---

① 〔德〕尤尔根·哈贝马斯：《认识与兴趣》，郭官义、李黎译，上海：学林出版社1999年版，第201页。
② 〔德〕尤尔根·哈贝马斯：《作为"意识形态"的技术与科学》，李黎、郭官义译，上海：学林出版社1999年版，第126页。

的命题或理论是对于观察到的事实的陈述,它允许在基本假设或初始条件之上的预测。此种预测的价值或技术的可使用性是依据理论运用现实的规则得以实现的。经验—分析的科学一般在控制初始条件下进行试验,并得出试验结果。其基本命题一般是来自可直接观察的陈述,而且此种陈述或观察被认为是价值中立的,不包含主观意志的确定东西。哈贝马斯指出这些观点并不能掩盖以下事实,即经验科学的事实是通过我们的"经验的先前的组织"而在工具活动的功能范围内形成的。经验—分析科学理论的兴趣是扩充并保存有效控制人们行为的信息,并将其用于揭示具体的社会现实[1]。此种兴趣被哈贝马斯称为"技术的认识兴趣"。

历史—解释学的科学致力于理解内涵,此种理解开辟了通向事实的道路。此种科学的形式性语言与经验事实层面还未相互分离。对于内涵的理解应该是把握其"精神实质",解释者对于此种"精神实质"的把握是依附于"最初状况的前认识"(Vorverstaendnis des Interpreten),解释学所理解的知识总是以解释者的前认识为中介或媒介,传统意义的世界只有纳入解释者自身的世界,或与之相互映照时,传统意义的世界才被解释者所理解,或者向解释者显现。理解者(der Verstehende)在此两个世界之间中建立一种联系。当他将传统的世界运用于自身状况时,他就把捉住了传统世界的真实内涵。历史—解释学理论研究的兴趣是致力于维护和扩充可能的并指明社会个体或群体行为方向的主体通性,并借助于此种主体通性来揭示现实。[2] 此种兴趣被哈贝马斯称为实践的认识兴趣。此种兴趣在于指明人们相互认同的价值取向或价值目标所体现出来的主体间的价值原则或价值尺度。历史—解释学的目标在于达成行动者的共识或共同的价值原则或价值尺度。

批判的社会科学的系统论行为科学包含经济学、社会学和政治学,其目标在于创立研究事物规律的知识(nomologisches Wissen)。除此目标之外,它还要验证理论何时可掌握社会活动的内在规律,何时能掌握意识形态方面的依附关系。意识形态对于社会存在及其发展规律的说明会引起相关者在思想意识中进行反思。基于批判的规律知识的反思,虽不

---

[1] 〔德〕尤尔根·哈贝马斯:《作为"意识形态"的技术与科学》,李黎、郭官义译,上海:学林出版社1999年版,第127页。
[2] 〔德〕尤尔根·哈贝马斯:《作为"意识形态"的技术与科学》,李黎、郭官义译,上海:学林出版社1999年版,第128页。

能使规律本身失效,但可以使规律不被社会运用或使用。批判性陈述以自我反思的概念为尺度来评判并衡量自身,此种反思可使主体从自己所依靠的对象化力量之中解放出来,此种反思是由"解放的认识兴趣"决定的,① 而以批判为导向的科学必然具有"解放的认识兴趣"。

哈贝马斯认为基于此三种兴趣可以相应建立起三种科学。他认为技术兴趣所创造的成果是技术,技术已被统治集团控制并被滥用,这已经给人类社会带来了灾难。人们的实践兴趣所关注的主体间的平等自由对话也在很大程度上被设置了障碍和被破坏,人们达成共识的方式仍受制于掌握政治权力与经济权力的集团的操纵与控制。在此状况下,只有解放的兴趣所导引的社会批判理论才能担当重任,才能使人民群众摆脱物质匮乏和人际关系紧张的困境。

国内学者对于哈贝马斯的认识兴趣理论也有不少回应。1988 年,陈硕发表了《哈贝马斯论科学技术对现代资本主义社会的影响》,其论及了哈贝马斯关于科技理性作为意识形态的观点。同年,刘继在《中国社会科学》杂志上发表论述法兰克福学派批判实证主义的文章,文中质疑了哈贝马斯关于兴趣作为科学知识构成基础的正当性。1989 年,黄顺基等阐述了哈贝马斯提出来的三种类型的科学,揭示了科学主义对人的解放问题的忽略以及兴趣相对于事实的决定作用等。② 而刘大椿认为哈贝马斯的认识兴趣理论走向了重建主体的科学认识论。③ 哈贝马斯既把真理引向社会实践,又坚守着主体的位置,保留了现代的理想主义和进步的启蒙信念,在批判将人视为可以用实证主义研究的科学主义的同时,也没有滑入某种后现代的虚无甚至狂妄的倾向之中。

三、批判是认知与旨趣的统一

哈贝马斯的批判理论是基于自我反思,并将认知与旨趣结合在一起的社会认识论。他对黑格尔、马克思、费希特、弗洛伊德和尼采,以及实证主义、实用主义和历史主义的认识论进行了考察,分析了其认识论

---

① 〔德〕尤尔根·哈贝马斯:《作为"意识形态"的技术与科学》,李黎、郭官义译,上海:学林出版社 1999 年版,第 129 页。
② 黄顺基、陈振明:《西方科学哲学之我见》,载《自然辩证法研究》,1989 年第 4 期,第 20—30 页。
③ 刘大椿、刘永谋:《思想的攻防——另类科学哲学的兴起和演化》,北京:中国人民大学出版社 2010 年版,第 119—120 页。

的得失,并得出批判或反思是认知与旨趣的统一这一观点。

哈贝马斯认为"认识着的主体"确信自己所获得的知识前,必然了解获取知识的前提条件,因为人们对于知识的获得或者知识可靠性的获得是建立在一定的、必要的前提条件之上的。知识可靠性的判据在于"判断的有效性",此种判断或批判本身也就是一种认识。

质言之,以上所论及的认识或考察认识能力的活动与行为就是对认识能力的反思与批判,此种反思与批判也就是认识本身。哈贝马斯指出,认识论的价值取向着眼于整体性的目标,其所关注的是批判性地论证可能认识的普遍性条件,其持守着彻底的怀疑与反思。① 认识的价值取向与价值目标必须基于整体性视角来把握,因为价值目标是超越于个体经验事实的,是普遍性认可的,必须从整体上来对其进行把握。这样,在认识过程中融入了认识的兴趣(价值取向与价值目标),认识是兴趣的实现,两者又统一于对认识条件的批判或反思过程中。

哈贝马斯对黑格尔的"反思经验"进行了进一步阐释。他认为如果要达到清楚认识,人们必然依据"先前已知的东西"(ein vorgaengig Gewusstes)作为结果进行回忆。此种活动属于"自我了解的结构"(die Struktur des Sich-Wissens),此种行为或活动称之为"反思的经验"②。

当然,哈贝马斯认为黑格尔基于"反思的经验"并未"克服认识批判本身"。黑格尔未能"限制"批判主义的怀疑,而从内在的批判走向了"抽象的否定"。因为他的绝对精神不足以基于自我反思而得以论证,他的《精神现象学》也就成了"半心半意"的东西③。

哈贝马斯认为马克思的辩证法抛弃了黑格尔绝对精神的唯心主义根基。马克思认为认识活动是人们通过社会劳动而产生的,"主客体的统一性"是通过人与自然的劳动交换、人与自然的相互作用或实践活动形成的。这样,在马克思这里,黑格尔"反思的经验"的唯心主义基础变成了"社会劳动""人与自然的劳动交换"或"实践"。人们的一切可能经

---

① 〔德〕尤尔根·哈贝马斯:《认识与兴趣》,郭官义、李黎译,上海:学林出版社1999年版,第5页。
② 〔德〕尤尔根·哈贝马斯:《认识与兴趣》,郭官义、李黎译,上海:学林出版社1999年版,第6页。
③ 〔德〕尤尔根·哈贝马斯:《认识与兴趣》,郭官义、李黎译,上海:学林出版社1999年版,第7页。

验都来自实践，这些经验也始终是"人们感兴趣的经验"①。人们感兴趣的经验包含人们"占有现实过程的兴趣"的经验。此种"占有现实过程的兴趣"是人类基本的兴趣。其表现在所有的社会历史发展过程中。具体而言，我们通过对自然的认识或占有，并通过其结果来证实此种占有与认识。我们可以通过科学范畴、应用科学或技术手段来占有或认识自然，这样使我们不得不关注社会的发展趋势或社会命运，这就是我们的兴趣所在。此处对自然的认识或占有是与我们对社会的兴趣息息相关的。

对社会的兴趣也是对社会命运的关注，或者称之为对"社会整体的前认识"、对整个社会预见性的解释。此种兴趣要借助社会理论基本范畴的选择与认识来实现。关于社会整体演进的认识与预见是基于对社会现实的反思与批判进行的。哈贝马斯认为就马克思而言，唯物主义的自我意识，并非生成于实证主义的内在矛盾，而是生成于对当时哲学的政治结果进行考察的时候。② 批判与反思不仅仅产生于抽象理论的内在困境，而且也是产生于理论所带来或导致的社会现实或社会后果，或者产生于理论完全脱离现实而言的状况。此处的批判或反思建基于对社会的认识与对社会的兴趣的统一。

哈贝马斯将反思经验理解为"反思的解放性力量"的经验。它指主体在自身的形成过程中凸显出来的，而从自身获得的反思经验。其在内涵上表现于"人类形成过程的概念"之中，在方法上表现于导引人们形成一种理性与意志统一的观点。在自我反思中，认识实现了同独立自主兴趣（Interesse an Muendigkeit）的一致，因为反思的完成表现为解放运动。③ 认识与兴趣的统一是在反思中形成的，反思又表现为人类社会的解放运动。认识是服从指导认识的兴趣的，认识所遵循的是解放性的认识兴趣，而解放性的认识兴趣在于完成反思或批判。

哈贝马斯认为，在经验意识中出现的反思活动，将理性和兴趣统一

---

① 〔德〕尤尔根·哈贝马斯：《理论与实践》，郭官义、李黎译，北京：社会科学文献出版社 2010 年版，第 256 页。
② 〔德〕尤尔根·哈贝马斯：《理论与实践》，郭官义、李黎译，北京：社会科学文献出版社 2010 年版，第 259 页。
③ 〔德〕尤尔根·哈贝马斯：《认识与兴趣》，郭官义、李黎译，上海：学林出版社 1999 年版，第 200—201 页。

起来。① 由于此种反思是对世界观的反思，也是对生存方式的反思。所以，人的认识过程与其形成历程具有统一性。任何阶段的反思行为都是对整个世界看法的反思，也是对人们生活方式的反思。人们认识世界的过程与人的主体性的形成是统一的。人们认识世界的过程与人的认识能力的演进也是统一的。人们认识能力与认识条件制约着人们对世界的认识与理解。反思与批判作为一种认识能力也就规制了人们对世界及其生活方式的认识与理解。

哈贝马斯认为只有进入自我反思的维度，才能基于方法论确信自然科学与精神科学指导认识的兴趣。理性在进行自我反思时，才能认为自己是人们感兴趣的理性。兴趣是由自我反思而得以确信的。当我们将反思经验当作方法论，或者将对科学客观主义的批判性解释当作方法论，或者对"科学的客观主义的自我理解"② 进行批判性解释时，"我们才能看到认识和兴趣的基本联系"③。哈贝马斯认为只有基于自我反思才能从方法论视角确证兴趣在科学认识或理论中的存在，对自身的反思恰恰是一种对自身的兴趣，此种对自身的反思也是对自身的认识。同样，对于科学的客观主义的批判也是由于对其的兴趣与认识所致。

哈贝马斯基于"分析性的认识"阐释了批判是认识与兴趣的统一这一观点。他认为"分析性的认识"本身就是自我反思，其包含认识的要素与激发情感的因素，也包含消除教条主义思想的分析的力量，就此意义而言，"分析的认识即批判"④。批判的动机或起点在于改变实际需求，其结果在于激发情感。批判依赖于"批判的激情"为动力。可见，批判有其内在的激情或内在目标。这正是其所关注的"兴趣"所在。

哈贝马斯认为自然科学与精神科学对自身的反思或批判是认识与兴趣的统一。

他认为自然科学的认识是借助工具活动，通过技术控制相应条件来

---

① 〔德〕尤尔根·哈贝马斯：《认识与兴趣》，郭官义、李黎译，上海：学林出版社1999年版，第212页。
② 科学的客观主义的自我理解强调价值无涉或价值中立，避而不谈认识的前提条件或认识的可能，或者说不承认主体性因素在认识活动中的作用与影响。
③ 〔德〕尤尔根·哈贝马斯：《认识与兴趣》，郭官义、李黎译，上海：学林出版社1999年版，第214页。
④ 〔德〕尤尔根·哈贝马斯：《认识与兴趣》，郭官义、李黎译，上海：学林出版社1999年版，第234页。

考察认识对象的。精神科学的认识是借助交往活动进行的，通过对主体通性的价值原则或尺度来解释思想之间的联系。此两种观点都反映了"劳动与相互作用"的结构，即生活联系。所以，哈贝马斯认为自然科学和精神科学是兴趣在认识方面的体现，但是兴趣与认识之间的关联生成于人们对科学的反思与批判，科学正是批判与反思的典范。[①] 不论是自然科学，还是精神科学，都是与社会生活联系在一起的，两者都是人类兴趣在认识上的反映。此处的认识与兴趣之间的关联是建基于科学的自我反思之中的。

哈贝马斯阐发的批判的社会科学的解放兴趣、自然科学的技术兴趣和精神科学的实践兴趣之间具有内在的关联。他认为自然科学的兴趣和精神科学的兴趣所对应的自然科学与精神科学在方法方面具有共同点："用理论观点去描述结构化的现实。"[②] 自然科学的兴趣是基于描述来描述事实与事实之间的关系，精神科学的兴趣在于描述历史事实。批判的社会科学的解放兴趣不会满足于以上对事实的描述，而是试图借助于自我反思来实现社会解放的价值目标。哈贝马斯认为解放兴趣决定着人类社会历史的前进和发展，而技术兴趣和实践兴趣又决定着解放兴趣，或者说是人类社会的解放最终是被技术兴趣与实践兴趣决定着的。

批判的社会科学是反思的科学，其价值取向在于反思人类社会的命运，此种反思同时体现为人们对社会发展趋势及其命运的认识。此种认识或反思也体现为人们对自身所依存的社会命运兴趣或者体现为解放全人类的兴趣。由于技术兴趣已经给人类带来了巨大灾难，实践兴趣或主体间的平等对话在现实生活中受到了压制。因此，只有批判的社会科学才能使广大人民脱离物质匮乏并摆脱主体间对话关系的压制，而实现自由、独立和解放。此种人类社会实现解放的过程正是认识与兴趣实现统一的过程。

第三节　承认理论：霍耐特对马克思价值立场的承接

霍耐特通过对伦理共同体预设和个体完整性预设等价值预设的检视，

---

① 〔德〕尤尔根·哈贝马斯：《认识与兴趣》，郭官义、李黎译，上海：学林出版社1999年版，第283页。
② 〔德〕尤尔根·哈贝马斯：《作为"意识形态"的技术与科学》，李黎、郭官义译，上海：学林出版社1999年版，第121页。

构建了承认理论。他的承认理论的研究方式与马克思的价值批判方式具有一致性。他不仅承接了马克思的这一研究方式,而且对其进行了深入拓展。

具体而言,霍耐特通过梳理社会哲学的历史哲学路径与人类学路径,反思和重构福柯(Michel Foucault)的权力理论以及哈贝马斯的交往行动理论,揭示了法兰克福学派早期批判理论必然要转向哈贝马斯的批判理论,而后者又必然转向"承认理论"这一理论发展脉络。当然,这里不是概述霍耐特承认理论的所有内容,而只是探讨其与价值批判方式这一论题相关的三个视角:伦理共同体预设、个体完整性预设、诠释社会斗争的两种模式。这三个视角所凸显的内容恰恰构成了霍耐特承认理论的核心线索。

一、伦理共同体预设

霍耐特考察了伦理共同体价值预设的理论史。他分别剖析了马克思、黑格尔、康德等伦理共同体观点及思想。尤为重要的是,霍耐特详细分析了马克思伦理共同体思想与黑格尔伦理共同体思想的异同,凸显了马克思伦理共同体思想的价值目标、价值准则与价值立场。

伦理共同体价值预设思想由来已久,霍耐特认为以亚里士多德为代表的古希腊政治学与以托马斯·阿奎那为代表的中世纪政治思想,都认为人是社会动物,人只有基于特定的社会或共同体才能实现真正的自我。亚里士多德将类似于国家的社会性的人类共同体及其生活视为人类社会的价值目标或价值取向。① 托马斯·阿奎那继承了亚里士多德的政治学思想并形成了自己的基督教政体思想。他认为作为政治动物的人必然要过社会的或共同体的生活。政府的价值目标在于实现公共福利。② 个人的内在本质的实现要依托共同体才能实现,并且,"人类本质的社会性质才真正得以确立"③。基于此,传统政治学致力于揭示社会共同体的伦理秩序,并探讨怎样的共同体生活是好的或者是公正的。

---

① 〔美〕梯利、伍德:《西方哲学史(增补修订版)》,葛力译,北京:商务印书馆1995年版,第97页。
② 〔美〕梯利、伍德:《西方哲学史(增补修订版)》,葛力译,北京:商务印书馆1995年版,第223页。
③ 〔德〕霍耐特:《为承认而斗争》,胡继华译,上海:上海人民出版社2005年版,第11页。

霍耐特指出，黑格尔通过阅读亚里士多德等古希腊哲人的政治学思想，并受到荷尔德林（Johann Christian Friedrich Holderlin）的一体化哲学（Vereinigungsphilosophie）的影响，认识到了共同体的主体间关系的重要地位。他认为自然法理论只是基于一体化的多数这一抽象模式来理解和把握人类共同体的。而且，此种理论只是将人类共同体视为独立或孤立社会个体的组合，① 而非依照一种所有人的伦理整体或一体性模式来理解或把握人类共同体。

霍耐特指出，黑格尔是基于"原子论陷阱"或"原子论迷误"的批判而达到这一不确切的认识的。黑格尔认为此种"原子论陷阱"有基于自然法的两种表现形式。一是"经验研究"；二是"形式研究"②。两者都预设个体的存在是第一位的，是优于或高于其他存在的。具体而言，前者基于对人性定义的虚构，借助于进一步的假设，而提出共同体生活的合理方案。其始终将人类行为方式理解为孤立的社会个体行为，而共同体行动的组织或方式被看作是脱离孤立个体的行为。后者以"先验的实践理性"③ 取代前者关于人性本恶或人生而平等、自由等人性的界定，人的价值选择与价值目标等被视为理性的产物，并剔除了其所包含的所有经验前提或条件。由此可见，这两种研究方式都落入了"原子论陷阱"，它们将彼此孤立的个体视为人趋向共同体的自然基础。但基于此种价值设定无法有机地推演出或发展出一种"伦理一体化"的共同体状态。

---

① 〔德〕霍耐特：《为承认而斗争》，胡继华译，上海：上海人民出版社2005年版，第17页。

② 黑格尔区分了自然法的两种科学探讨方式的原则：一是诸关系、经验的直观和普遍物的混合；二是绝对的对立和绝对的普遍性。由此有两种自然法的研究方式：一是纯粹形式的科学，其认为对立是绝对的，并且纯粹的统一性或无限性、否定的绝对物、纯粹地与内容相分离，并独立地被设置；二是经验科学，其认为在诸科学中没有别的理念的东西，除了第一位的理念的关系，如按照这关系，孩子与世界不同，除了表象形式，诸种科学把一些经验的质放入表象形式，并能依次叙述其多样性。参见黑格尔：《论自然法的科学探讨方式》，载《哲学译丛》，1999年第2期，第1—8页。

③ 这里是指康德意义上的"先验的实践理性"，康德认为只有一个理性，将其运用于经验事物的时候就称之为理论理性，而将其运用于道德、本体或自在之物时就称之为实践理性。康德认为道德评判、自由、善等价值尺度或价值原则都是源于我们的理性，而并非源于我们的经验。由此，实践理性也就被他称之为"先验的实践理性"。参见〔美〕撒穆尔·伊诺克·斯通普夫、詹姆斯·菲泽：《西方哲学史》（第7版），丁三东等译，北京：中华书局2005年版，第440—441页。

霍耐特认为，黑格尔从理论上论证了伦理共同体预设的成立缘由。在他与荷尔德林、谢林（Friedrich Wilhelm Joseph Schelling）共同起草的纲领性著作中，他认为，"一个和解的社会只能被理解为一个自由公民组成的伦理共同体"①。此处"伦理共同体"所指的是规范意义上的"社会伦理总体性"。康德通过区分"德行"与"任性"以及道德秩序与律法秩序，而对伦理共同体与政治共同体进行了区分。他认为德行是出于义务的或圣洁的持有坚定原则的行为，而任性是指随意性的行为动机。由此就有两种秩序：道德秩序和律法秩序，前者是借助于义务或道德得以实现的；后者是借助于合乎秩序的善而得以实现的。基于以上区分，康德认为伦理共同体的人民不是立法者，每个人的德行都是某种内在的东西，其不从属于人类的公共法则；政治共同体的人民具有一种对自己族类（一个整体共同体）的义务，此种共同体就是共和国或作为立法者的人民。②

霍耐特认为伦理共同体不同于血缘共同体。血缘共同体是由一个祖先繁衍而来的共同体，血缘关系是构成共同体的基本要素或者物质基础，共同体的成员是以血缘为联结纽带的。而且，不同的血缘共同体在行为方式、风俗习惯、交往方式等方面具有不同风格。而伦理共同体是基于道德规范维度构想出来的理想共同体。它既不是以血缘为相互交往的联系纽带，也不是以血缘关系为共同体基本要素的。

霍耐特认为伦理共同体不同于利益共同体。后者是基于共同的利益特别是经济利益或政治利益为价值目标组成的共同体，而伦理共同体主要是基于成员之间的价值规范与价值目标而形成共同体。利益共同体往往要损害其他人的利益而实现自己的私利，而伦理共同体强调一种"和解"，强调实现普遍自由与个体自由的一体性。

霍耐特指出，黑格尔以古代城邦国家作为"伦理共同体"的参照物。在此共同体的习俗或者规范中，其组成成员同时可确证其独立自足的特性在主体间的体现。黑格尔基于古希腊城邦理念抽象出了一个"伦理共同体"的一般特征：其一，"伦理共同体"类似于有机体，其中的

---

① 〔德〕霍耐特：《为承认而斗争》，胡继华译，上海：上海人民出版社2005年版，第18页。
② 陈家琪：《伦理共同体与政治共同体——重读康德的〈单纯理性限度内的宗教〉》，载《同济大学学报（社会科学版）》，2008年第4期，第40—47页。

普遍自由与个体自由是一体性的。其公共生活与私人生活不是相互冲突或相互矛盾的,而体现为个体得到认同或实现自我的前提。其二,"伦理共同体"的习俗或规范是融合沟通普遍自由与个体自由的中介。普遍自由的基础在于主体间的实践立场。其三,"伦理共同体"蕴含了"以市场为中介的各种活动与利益",以及"财产与权利体系"等这些后来被黑格尔称之为"市民社会"① 的东西。

以上描述了黑格尔所设想的"伦理共同体"这一社会理想。而如何说明论证这一社会理想,则需要一套不同于以往被困于"原子论前提"的"新的概念体系"。这也是黑格尔政治哲学各种理论会聚的"共同根源"。

霍耐特认为黑格尔大致描述了解决这一问题的蓝图。他认为第一步是以主体间的关系范畴代替原子论的基本概念。社会哲学并非生成于孤立社会个体的实践及其过程,而是生成于价值目标与价值原则的制约或规制之中。因为社会个体总是生活于伦理规制之中。由此,必须预设一种永恒地体现共存的主体间所需要的基本要素的处境②。此种处境便构成了人类社会化的前提条件。因为人性与共同体有根深蒂固的内在关联。

第二步需要解决的问题是如何从"自然伦理状态"过渡到社会组织形式。因为黑格尔假设了"主体间义务的存在"作为社会化过程的前提,所以,共同体有序关系的产生是社会共同体的发展、扩展或完善的过程,或者说是一个实现自身目的的过程。黑格尔将这一过程称之为伦理自身"生根发芽"的过程,或"伦理潜能"的不断扬弃、不断否定的过程。

黑格尔还借助费希特(Johann Gottlieb Fichte)的承认理论对伦理关系内在结构的描述来论证"伦理共同体"。费希特认为承认是主体间"互动的结果"(Wechselwirkung),但黑格尔剔除了费希特承认理论的先验部分,而将其直接运用于主体间具体的互动行为。此种具体互动行为是一种实践形式。承认行为保证了主体间相互依赖的一致性或内在关联性。当然承认行为又是一种冲突或对立的行为或状态所引起,因此,承

---

① 〔德〕霍耐特:《为承认而斗争》,胡继华译,上海:上海人民出版社2005年版,第18—19页。

② 〔德〕霍耐特:《为承认而斗争》,胡继华译,上海:上海人民出版社2005年版,第18—19页。

认行为就处在冲突与和解交替运动的过程之中。就以上论述而言，霍耐特认为黑格尔阐发了一种新的社会斗争理论。

霍耐特认为马克思对黑格尔所开启划时代的社会斗争理论这一思潮进行了重新规定。他认为马克思是基于生产劳动来解释共同体伦理或价值规范的。人们共同的生产劳动过程也就是相互承认的过程，是共同体伦理的形成与发展过程。在资本主义社会，单一阶级控制着生产资料，并且，生产者与生产资料相互分离，这摧毁了以劳动为中介的共同体伦理秩序或价值规范。而阶级斗争过程或无产阶级政权的建立过程恰恰是一种对资本主义此种失序伦理共同体的否定或扬弃，也恰恰是作为实现个体自我与自由前提条件的自由联合体的实现过程。

由于马克思将自我实现的自由与他者联系在一起，霍耐特就此指出，他"与黑格尔的承认模式相距并不太远"①。在个体与他者组成的共同体中，个体自我自由的实现是依赖于他者的劳动成果的，并且，个体与他者自由的实现也是一种相互依存的关系。只有在主体间的共同合作中，主体才能理解真正的生产联盟与互惠地相互承认，这是他们自身的相互补充与相互需要。社会共同体不仅仅是以追求利益、保障自我持存的价值取向而得以揭示的，它本身还具有伦理的诉求与规范。此种关于社会共同体的伦理规范或道德诉求是一种概念的构思，马克思正是借助这一系列的概念构思而完成对资本主义的批判的。在对资本主义的批判中，马克思立足于剥削、经济危机、可变资本和剩余价值等一系列的概念，实现了对资本主义的全面深刻批判。就此而言，霍耐特指出，马克思"完全超越了黑格尔自由理论的意图"②。

马克思所阐发的伦理共同体与黑格尔的伦理共同体区别在于黑格尔是通过预设一种永恒地实现共存的主体间所需要的伦理价值来进行论证的。他认为共同体有序关系的产生是社会共同体实现自身目的的过程，或者说是伦理自身"生根发芽"的过程，或者说是"伦理潜能"的不断扬弃、不断否定的过程。黑格尔对于伦理共同体的论证体现了他唯心主义的认识论根源，他不是基于社会现实来揭示伦理共同体的源起，而是

---

① 〔德〕霍耐特：《自由的权利》，王旭译，北京：社会科学文献出版社2013年版，第83页。
② 〔德〕霍耐特：《自由的权利》，王旭译，北京：社会科学文献出版社2013年版，第84页。

立足于共同体本身及其为实现自身目的或自身扬弃来证成伦理共同体的源起的。马克思对伦理共同体的证成恰恰是与之相反的,他是借助现实的社会劳动或生产活动来证成的。当社会生产力发展到一定程度时,无产阶级将不可避免地取代资产阶级而成为统治阶级,资本主义这种失序的伦理共同体也将被马克思所阐发的伦理共同体所取代。马克思这里所阐发的伦理共同体正是他的理论所体现出来的价值目标或价值取向,此种价值目标也就是全世界的无产者联合起来,实现共产主义。这一伦理共同体正是以马克思所认同或预设的"消灭剥削、共同富裕""自由自觉""全面发展"等伦理规范为联系纽带而建构的。

霍耐特基于以上考察,他认为必须把社会中主体间存在共有的价值视域预设为相互之间承认的必要条件。① 因为只有主体间共有一定的价值目标与价值原则,并显示出他们的品质对于他者生活的意义,他们才作为个体而互相承认。霍耐特进一步阐明了自己的社会理想或伦理共同体的预设:平等和个人主义都体现在社会的互动模式之中,整个社会的所有主体都作为独立、平等和个性化的个人得到承认,而且,此种社会互动模式形成了一个各式各样承认关系的网络,在任何一种承认关系中,个体在自我实现的维度上得到了他者的肯定。② 霍耐特还借助于对黑格尔与米德的反思③,并基于团结这一承认方式对他的伦理共同体进行了阐明,他认为团结这一承认模式提供了伦理价值视域,此种价值视域足够开放与多样,这样就形成了一个价值共同体。在此共同体中,能给予每一个共同体成员以机会,并让他们意识到自己的能力得到了社会承认。其伦理共同体的价值目标在于主体间相互尊重其自由选择的生活目标,或者说是享有法律自主权的公民尽可能地互相团结。

二、个人完整性主体间条件预设

马克思秉持自身价值目标和价值准则对资本主义社会的内在矛盾进行了诠释。同样,霍耐特基于爱、法律和团结的个人完整性价值预设对

---

① 〔德〕霍耐特:《为承认而斗争》,胡继华译,上海:上海人民出版社2005年版,第127页。
② 〔德〕霍耐特:《为承认而斗争》,胡继华译,上海:上海人民出版社2005年版,第182页。
③ 〔德〕霍耐特:《为承认而斗争》,胡继华译,上海:上海人民出版社2005年版,第184页。

主体间的矛盾进行了阐明。他基于对黑格尔、米德等关于社会矛盾伦理视角观点与思想的深入分析，凸显了价值立场、价值目标与价值原则在解释社会斗争中的关键作用。

个人完整性价值预设体现于黑格尔对主体间矛盾与冲突进行诠释的过程中。此价值预设强调人自然而然地认为自己的整个人格是完整的，或者是认为自己具有与其他人不同的独特人格或特性。如果此种人格的完整性得不到其他人承认，就会引发主体间的冲突。这就从伦理视角解释了社会冲突的源起。基于对黑格尔、米德（George Herbert Mead）等思想家的社会哲学的考察，霍耐特将实现个人完整性主体间条件预设为爱、法律和团结。

霍耐特通过梳理黑格尔关于"破坏行为"与"犯罪"行为的思想揭示了个人完整性主体间条件预设。他认为黑格尔区分了不同的犯罪形式，并将各种犯罪视为"抽象自由的消极行使"①。黑格尔将犯罪行为与伦理早先阶段结合起来，认为法律形式与犯罪行为是相互关联的关系。黑格尔未深入揭示犯罪的动机。但在他的《伦理体系》中含有暗示的答案。基于此，霍耐特推测：黑格尔将犯罪的源头追溯到了一种不完整的承认状态。霍耐特进而言明了社会冲突源于个体所受到承认的不完整，而此种不完整的承认是相对于完整的承认而言的，完整的承认体现为一种人与人交往或发生关系过程中一方对另一方的完整人格、完整个性或名誉的承认。

霍耐特认为，黑格尔论及的严格意义的"犯罪"行为中，主体是有意违反伴随法律关系的建构而发展成形的普遍承认形式的。他指出，虽然黑格尔未明确讨论犯罪动机，但其论证语境揭示了这一结论。例如黑格尔认为犯罪所带来的伤害不仅局限于所有权的范围，而且是整个的人受到了伤害。他还认为犯罪行为使每一个主体的整个认同都受到了威胁。

在犯罪过程中，受到侵犯的主体会积极反击侵害者，这就形成了主体间的斗争或冲突。就侵犯者而言，是试图在斗争中扩充自己的主体性；就被侵犯者而言，是为了赢得社会对其所有权的尊重。这里只有被侵犯者才能意识到自我人格受到了侵害，并且是"为整个人格的

---

① 〔德〕霍耐特：《为承认而斗争》，胡继华译，上海：上海人民出版社2005年版，第25页。

完整性而斗争"①。在"为荣誉而斗争"的冲突中，也是主体间出现了分裂，此种冲突不是侵犯个体的权利，而是侵害个体人格的完整性。这里矛盾双方都是在为其个体存在的完整性而斗争，因此，就双方而言，他们都预设了一种整体性或完整性作为价值参照标准。② 人对自己人格完整性认可的同时，也是认为其他人在此方面是认可或承认其完整性的。因为侵害双方的人格完整性都不是自己单方面承认或认可就可以实现的，而是要通过其他人的认可或承认才能实现自己的人格完整性。侵害行为主动者的意图在于使自己的人格得到其他人的承认而实现为完整性的人格。被侵害者受到的侵害在他看来是自身人格未得到承认，因此被侵害者的反抗行为也是在于使自己人格得到其他人的承认而实现自身的人格完整性。由此可见，侵害行为的主动者与被动者对于不完整人格的认识正是相对于完整人格才能得以认识或实现的。在个体不完整人格的认识中蕴含着其关于个体完整人格的"先天的经验"或价值预设。

社会冲突双方虽然处于对立面，但其都是希望对方承认或认可自己的人格或个性，并借助于此种认可或承认来实现自己的人格完整性。因此，社会冲突双方都有一个共同的价值取向或价值目标，即通过冲突行为来确证自己人格的完整性。黑格尔将此种价值目标还原为对"荣誉"的需要，借助于对"荣誉"需要满足的行为或"为荣誉而战"而使自身的完整性得以形成。"为荣誉而战"是一种为了得到他者认可与承认的行为，也是个体得以真正实现或个体真正实现自我同一的行为。黑格尔进一步认为只有双方"以死相拼"，才能公开证明个体的价值目标或价值准则比其肉体的物质存在更为重要，肉体存在抽象或升华为一个整体性的价值目标，即冲突双方对相互之间独特人格的承认。

霍耐特认为黑格尔在论述"自然伦理"时，揭示了"个人"与"完整的个人"的含义。"个人"最先是基于主体间承认他的法律能力而获取认同的；"完整的个人"也是一种个体，其最先是基于主体间承认他的特殊性而获取认同的。但主体为了获取更大的自主性，就必须更为深

---

① 〔德〕霍耐特：《为承认而斗争》，胡继华译，上海：上海人民出版社2005年版，第26页。
② 〔德〕霍耐特：《为承认而斗争》，胡继华译，上海：上海人民出版社2005年版，第27页。

刻地认识与理解主体间是相互依存的。① "个人"和"完整的个人"两个概念都是指个体，前者是基于法律得到承认的；后者是基于人与人之间对其特殊性的认同得以承认的，主体对于自主性的获得要依赖于他者，并依赖于自身与他者之间相互依存关系的深刻理解与认识。

　　霍耐特揭示了个人的完整性在规范意义上的必要条件。他基于黑格尔和米德关于相互承认形式的区分认为个人实现其完整性在规范方面包含如下应然预设：一是与爱对应的情感关怀；二是与法律关系对应的友谊；三是与团结方式相关联的赞许。② 一个人必须得到爱的关怀而不是虐待，才能实现他肉体的完整性。一个人必须在法律规范下得到友谊，才能实现权利的完整性。一个人必须得到共同体成员的赞许或认可，才能实现自身对荣誉或尊严的价值追求。这三个方面构成了个人完整性的必要伦理规范。

　　霍耐特对社会斗争的解释不同于功利主义的解释。他在自己的解释模式中阐明了个体完整性价值预设在其中占据的位置，而且，自己关于社会冲突的解释模式也是基于个体完整性这一价值预设得以成立的。他认为，社会冲突的动机是基于道德经验的语境形成的，道德经验这一语境又是基于内心所期待的承认遭到否认或蔑视，或遭到个体之外的他者的破坏这一事实形成的。此种对他者承认自身的期望或期待与个人同一性的形成和发展有内在关联。因为这些对承认的期望体现出社会承认模式让主体自我认识并理解到在社会文化环境中他们是自主存在，也是个体化存在。③ 个体对于被承认的期望体现出个体认识到自身是自主的、个体化的，而不是未能意识到自身与他者之间相区别的、处于模糊状态、混沌状态的个体。个体对自身愿望的认识或反思，恰恰证实了自身是具有主动性或能动性的存在，是具有自主性的，是不同于他者的个体，或者是具有个性的或独特性的个体。这些对自身的认识正是个体完整性的体现，是对自身"个人的同一性"的确证。

　　当然，霍耐特并未完全否认功利主义关于社会冲突的解释模式。他

---

　　① 〔德〕霍耐特：《为承认而斗争》，胡继华译，上海：上海人民出版社2005年版，第28页。
　　② 〔德〕霍耐特：《为承认而斗争》，胡继华译，上海：上海人民出版社2005年版，第102页。
　　③ 〔德〕霍耐特：《为承认而斗争》，胡继华译，上海：上海人民出版社2005年版，第170页。

认为并非所有形式的社会冲突都归结为对道德诉求的伤害。基于道德诉求解释社会冲突的模式可根据不断演变的承认或蔑视规则来解释社会现实，但是此种解释将不可避免地走向相对主义的解释，而且，其并不能揭示社会发展内在规律的多种可能性。因为此种可能性也许是由对集体利益的追求所决定的。历史上诸多社会动乱与战争就是为了经济上的利益，或为了自我持存而发生的。此种社会冲突不能单纯依据功利主义的解释模式，或者单纯依据道德诉求的解释模式来进行诠释。这样，一方面，利益构成了人们追求目的的基本价值取向，他们认识到了自己再生产的使命。就此意义而言，利益就构成了集体的价值目标；另一方面，道德诉求的被蔑视构成了人们道德经验的核心，生活在一起的人们都抱有"被承认的期望"，此种期望就是心理完整性的前提。霍耐特认为基于道德诉求解释社会冲突的模式不应该被功利主义的社会冲突解释模式取代，而应该将前者作为后者的补充，质言之，前者就"是为个人完整性的主体间条件而展开的斗争"①。社会冲突应该是基于利益追求的逻辑来解释，还是应该基于道德诉求的逻辑来揭示，这是一个经验的问题。在现代社会中，恰恰是基于功利主义解释社会冲突的模式"遮蔽"了基于道德诉求解释社会冲突的模式，因此，现代社会扎根于利益维度的解释模式不是应该进一步拓展，而尤为重要的是，应该进一步矫正。

霍耐特认为黑格尔与米德虽然提出了承认形式的三种划分，但是未能对其可能性进行论证。霍耐特采用了使这三种承认方式吻合于经验研究成果的方法论证了其成立的可能性。他基于现象学的类型学描述了承认的三种模式，并利用具体的科学研究材料从经验上对其进行了检验，从而证明了这三种承认模式划分的可行性。② 如唐纳德·文尼柯特（Donald Winnicott）与杰西卡·本雅明（Jessica Benjamin）都基于精神分析的维度将爱的关系诠释为相互承认的过程。当然，霍耐特还指出，除了黑格尔与米德之外，还有其他学者也采用了这里的三种承认模式的划分方式。如马克斯·舍勒和普莱斯纳（Helmut Plessner）等等。

霍耐特认为爱、法律和团结三种承认方式构成了主体形成肯定自我

---

① 〔德〕霍耐特：《为承认而斗争》，胡继华译，上海：上海人民出版社2005年版，第172页。
② 〔德〕霍耐特：《为承认而斗争》，胡继华译，上海：上海人民出版社2005年版，第101页。

观念的前提。由于这三种承认方式相继为人类提供了自信、自尊和自重，由此，一个人才能无条件地将他自己视为是独立自主的个体存在，并认同其价值目标和价值理想。① 一个人必须基于爱、法律和团结三种承认形式所提供的自信、自尊与自重，才能意识或认识到自己的完整性，才能认识到自己是独立个体，才能认识到自己是具有价值选择与价值目标的个体。同理，任何一种具体社会冲突或社会斗争的意义与价值都是基于以上三种承认形式的价值标准而得以衡量的。霍耐特在这里言明了"个人完整性的主体间条件"的价值预设决定着社会斗争的意义的价值标准。他认为黑格尔区分出来的承认模式可以视为主体间建立多重关系的条件。个体之间相互承认的经验与个体之间的关系源于个体将自己视为具有同一性的主体间结构。具体特殊的社会个体被看作具备完整性人格的个体的唯一途径就是：学会基于承认并激发他者的视角来将自己视为具备肯定自身特征和自身能力的存在。② 黑格尔区分的爱、法律和团结的承认模式构成了人类主体肯定自我的主体间条件。

认识主体间相互承认的实现的前提是必然假设某种程度的自信、法律所保障的自主和个人能力的可靠价值。这里的自我实现是一种无强制地自由地实现个体价值目标的过程。此种自由只有在他者的印证下及协助下才能获得，所以个体自我实现过程中的自由还需要依赖主体之外的必要条件。因此使社会个体得到他者的承认必然要具有完善的主体间条件。个人完整的主体间条件构成自我得到承认或认可的前期预设，这是被承认关系向价值规范演进的历史所确证的。此种演进将使所有主体都作为独立、平等和有个性的个人而得到承认。

三、社会斗争的两种诠释模式

马克思的价值批判方式蕴含为无产阶级争取利益的道德立场。它是基于道德立场和利益动机的有机结合与辩证统一来诠释资本主义社会的。霍耐特通过检视马基雅维利、霍布斯、黑格尔与马克思的社会斗争诠释模式阐明了承认理论。他的承认理论并未突出无产阶级的立场与利益，

---

① 〔德〕霍耐特：《为承认而斗争》，胡继华译，上海：上海人民出版社2005年版，第175页。

② 〔德〕霍耐特：《为承认而斗争》，胡继华译，上海：上海人民出版社2005年版，第180页。

却衬托出了马克思鲜明的道德动机与价值立场。

就社会哲学思想史而言,社会斗争或基于利益动机或基于德性动机来诠释。前者似乎可以价值无涉地对社会斗争现象进行解释或理论的建构,然而,无论是就我们以上的整个研究而言,还是就霍耐特在此处关于社会斗争诠释模式的历史梳理而言,道德动机永远没有离开社会实践生活,也没有离开社会斗争的具体现实。由此,在诠释社会斗争的过程中,价值预设或价值批判就是社会哲学研究者所必不可少的因素。

社会哲学对于社会内在矛盾与冲突的解释可以归结为对同一个问题的回应,即道德或价值与政治或现实社会之间的关系问题。对这一问题的回答形成了两种诠释社会斗争的模式:一种模式认为政治独立于道德或政治是价值无涉的、价值中立的;而另一种模式认为道德或价值不仅可以,而且应该支配政治生活。前一观点发端于作为现代政治哲学奠基人的马基雅维利(Niccolio Machiavelli),而成熟于霍布斯;后一观点自古希腊亚里士多德古典政治哲学发展到中世纪基督教自然法理论,后来由黑格尔在耶拿这段时期所阐发而形成承认理论的雏形。从古典政治哲学到中世纪基督教自然法理论将人视为一种能够结合成共同体的存在物,或者是将人视为"政治动物",并认为此种"政治动物"为了实现自己的内在本质,必然要依存于政治共同体。此种政治共同体也就是伦理共同体,在此共同体中,主体间所共享的美德不同于其由于经济活动所形成的单纯功能,而且,在此共同体中,人的社会性才能真正得以确立。黑格尔认识到在政治哲学中,公共生活的主体间性应该比个人主义的前提具有更高地位。由此,他开始尝试构建理论来阐明伦理总体状态的可能性。

霍耐特认为黑格尔在执教耶拿期间,才"打磨"出协调"现代自由学说"与"古代政治思想"的理论工具。此理论工具着眼于"对现实中的一切政治统治形式都持一种批判的立场"[①]。黑格尔在这里所开启的是与马基雅维利和霍布斯相逆而行的思潮。霍耐特认为在此思潮中,马克思对社会斗争与社会革命做出了划时代的重新规定[②],而且,无人能超

---

① 〔德〕霍耐特:《为承认而斗争》,胡继华译,上海:上海人民出版社2005年版,第9页。
② 〔德〕霍耐特:《为承认而斗争》,胡继华译,上海:上海人民出版社2005年版,第151页。

过他的思想所产生的历史影响。

霍耐特认为，以马基雅维利和霍布斯为代表的社会哲学将主体间的冲突追溯到人们的自我持存这一动机或价值取向。马基雅维利认为个体或主体与政治共同体一样，都是为了追求永恒的利益。他们在此利益的追求和冲突中相互敌对。马基雅维利基于人性本恶的价值预设否定了道德对于政治生活的优先权或特权，使道德成了政治的"婢女"。他认为人都是自私自利，并以自己为中心的存在物。为了追求利益和实现永不满足的野心，人们不断发明创造实现成功的策略与方法来进行争夺。这样，人与人之间就处在敌对的、斗争的状态之下。他所宣扬的原则就是为了达到目的可以不择手段。由此，有学者将他称之为"传播邪恶"的政治哲学家，也有学者认为他开启了启蒙运动，实现了哲学观念的转变。而霍耐特认为马基雅维利削去了传统政治哲学的人类学前提，而首次提出人与人之间的斗争是为了"保护肉体认同"。①

霍耐特认为，相对于马基雅维利而言，霍布斯的学说具备了使其政治哲学走向成熟的基本条件。在当时，霍布斯经历了现代国家机器的形成与商业的扩张，经受了伽利略在自然科学以及笛卡尔在哲学认识论方面的洗礼，这都为他政治哲学的建立奠定了坚实理论基础。霍布斯认为人生来就有权力享受一切，做他愿意做的事，占有、使用一切他所拥有的东西。在自然状态中，每个人都可以侵犯别人的权利或反抗别人的侵犯。这就形成了"一切人反对一切人"不断斗争的一种虚构人际状态。就理论视角而言，此种状态是霍布斯假定调节社会生活的政治制度与政治机构被废除之后必然会出现的状态。霍布斯借助契约来调节并结束此种状态。由此就产生了正义，也诞生了国家。

霍耐特认为黑格尔政治哲学反对的正是马基雅维利和霍布斯政治哲学中提出的将"国家行为还原为目的理性的权力运用"② 这一观点。如果马基雅维利和霍布斯政治哲学的价值取向在于为自我持存而斗争的话，那么，黑格尔、马克思等的政治哲学的价值取向恰恰在于为得到承认而斗争。

---

① 〔德〕霍耐特：《为承认而斗争》，胡继华译，上海：上海人民出版社2005年版，第12—13页。
② 〔德〕霍耐特：《为承认而斗争》，胡继华译，上海：上海人民出版社2005年版，第14页。

霍耐特认为在《伦理体系》一文中，黑格尔首次发展了一种新的社会斗争理论。此理论将社会实践中的矛盾与冲突理解为一个伦理活动环节。在此种理论模式中，他借助于主体间的相互承认代替了人与人之间的战斗①，并基于承认来展开其哲学思想。在耶拿演讲中，他再次把为承认而斗争的社会结构模式归入精神的首个发展阶段，"以至于这一模式可能变成一种驱动力，它尽管不是绝对精神出现的驱动力，但的确是伦理共同体发展的驱动力"②。人为了得到认同或承认这一动机或意愿构成了一种主体间关系发展演进的"驱动力"，也是"伦理共同体"发展形成的"驱动力"。黑格尔赋予了人们为了得到承认这一动机原初的奠基性意义。

霍耐特认为黑格尔要阐明个体权利意识的形成必须结合个体的社会实践来进行。主观精神只是将自身视为一个"主动的物"，或者说只是当作一种完全被动地适应自然的因果规律以获得劳动能力，并在此基础之上获得自我认识的存在。可见，在工具性劳动中，主观精神不能将自身理解为与其他具有竞争关系的个人共存的主体间存在。③ 要阐明个体如何获得自我理解或自我认识，以及个体将自己理解为主体间的存在，就必须引入一个经验的维度来进行论证与说明。

霍耐特认为黑格尔基于"性别关系"这一经验对"自我承认"进行了论证。④ 在性别的互动关系中，双方都有"被渴望的渴望"，都能基于对方身上而"认出自己"。此种经验不同于人与其劳动行为或劳动结果的关系⑤。因为在此种关系中，自我只能作为"物化的行为主体"而呈现。而在互动的性别关系中，只有双方达成一定共识并拥有相互的信任

---

① 〔德〕霍耐特：《为承认而斗争》，胡继华译，上海：上海人民出版社 2005 年版，第 22—23 页。
② 〔德〕霍耐特：《为承认而斗争》，胡继华译，上海：上海人民出版社 2005 年版，第 40 页。
③ 〔德〕霍耐特：《为承认而斗争》，胡继华译，上海：上海人民出版社 2005 年版，第 42 页。
④ 〔德〕霍耐特：《为承认而斗争》，胡继华译，上海：上海人民出版社 2005 年版，第 43—44 页。
⑤ 人与其劳动行为或劳动结果的关系不同于爱的关系，在爱的关系中，相互交往的个体在获得爱的经验之后，才能第一次将自己视为有需要和欲望的主体。在互相交往过程中，个体把自己当作一个人来经验，而且基于自己的视域承认他者的存在。当然，在与物打交道时，人能实现自我超越，在此过程中而实现对自我的认识、承认与超越。这是黑格尔所未能论及的。

关系，才能产生真正的爱的关系。在爱的关系中，"自然的自我"之间得到了互相的"承认"。黑格尔进一步指出，假如社会个体不承认互动伙伴是一个完全的人，那么，他自身也不能明确地将自己视作完全的人。因为个体恰恰需要在互动中得到相互确认与承认。霍耐特认为黑格尔还借助家庭或制度化婚姻关系来论证人与人之间相互承认。在情欲关系发展至爱的关系并得到稳定的过程中，在他者身上认识自己的互动关系也演化为一种共识。① 此种共识在家庭的"财产"上获得了现实性，也随着"子女的降生"得到了实现，这样，孩子就活生生地证明了"他们对对方意向的相互认识"②。随着家庭数量的不断增加，社会中就形成了一种竞争关系。那么，在此关系中，社会个体何以获取权利与义务的观念呢？黑格尔认为社会契约与法律关系来源于社会实践或者说是"原始社会结构"。因此，社会契约与法律关系的形成是一种"经验的必然"。法律代表着一种相互承认的方式，它在结构上规定了对紧密社会关系具体领域的规制。③ 只有主体间相互承认、达成共识才能形成法律，因此，法律关系是一种相互认识与承认的表现形式，它是对一些特定领域的规制，而不是针对社会生活的所有方面。

霍耐特认为马克思在《巴黎手稿》中基于"主奴辩证法"探讨了"为承认而斗争"的观念。其将"为承认而斗争"的丰富含义还原为社会个体通过劳动而实现自我这一维度。并且，马克思将其人类学建基于劳动概念之上，这样，他就将存在着产品交换的劳动解释为主体间的承认过程。④ 霍耐特认为在《穆勒政治经济学笔记》中，马克思阐释了在劳动过程中，借助于生产对象，个体可将自我经验为是有一定具体能力的主体，也可将自我理解为有能力满足他者需要的主体。基于此视角，马克思认为资本主义社会生产资料集中于少数资产阶级手中，这摧毁了以劳动为中介的主体间承认关系的社会秩序。此种对社会承认秩序的摧

---

① 〔德〕霍耐特：《为承认而斗争》，胡继华译，上海：上海人民出版社2005年版，第45页。

② 〔德〕霍耐特：《为承认而斗争》，胡继华译，上海：上海人民出版社2005年版，第46页。

③ 〔德〕霍耐特：《为承认而斗争》，胡继华译，上海：上海人民出版社2005年版，第56页。

④ 〔德〕霍耐特：《为承认而斗争》，胡继华译，上海：上海人民出版社2005年版，第152页。

毁构成资本主义社会的冲突，而对于恢复社会承认秩序的斗争就被马克思诠释或解读为被奴役、被剥削的无产者为重新确立充分承认的交往关系而发起的道德斗争。① 这里，马克思之所以能继承黑格尔的承认理论，是因为他认识到主体在劳动过程中，不仅将自身的能力对象化而实现自我，还在情感方面承认他者的需要与欲望，并将他者视为共同存在的主体。

霍耐特认为马克思在政治经济学批判中指出了无产者进行社会斗争的价值目标在于改变其客观利益。《资本论》中的研究也涉及遵循为"扩展法律要求"而进行斗争的社会冲突模式。

而在马克思的《路易波拿巴的雾月十八日》与《法兰西内战》之中，霍耐特认为这些著作的政治历史分析体现了马克思基于道德诉求来解释社会冲突的意图，或者说是体现出了一种真正取代功利主义的"表现主义"② 模式。这里的"表现主义"是指马克思将社会冲突按照行为者的情感或立场而呈现出来，或者按照不同地位的劳动者具有的不同价值取向来揭示社会冲突，或者将社会冲突解释为集体追求自我实现的形式。

由上可知，在诠释社会斗争的过程中，研究者或者基于自我持存的利益动机或者基于德性动机来构建自身的社会理论。前者虽然主要是基于利益动机来诠释社会现象，但是只要我们对其理论前提进行深入考察，就不难发现其不可避免地进行了价值预设或价值批判。如马基雅维利的社会哲学中就蕴含着人性本恶的价值预设，而霍布斯预设了和平与正义的价值目标与价值原则及黑格尔预设了自由是精神的本质等价值准则。

由此可见，诠释社会斗争两种传统模式的利益动机或道德动机这两个立足点并非是截然二分的，而是一种在程度上有所区别的交叉关系，只是不同理论的着重点不同。社会哲学家在基于利益动机诠释社会矛盾冲突时，必然要借助于社会所普遍认可或自己认为是不证自明的价值目标与价值原则，而在基于价值目标或价值原则来诠释社会斗争现象时，个人权利的实现在理论证成过程中也是如影随形的。如霍耐特在预设爱

---

① 〔德〕霍耐特：《为承认而斗争》，胡继华译，上海：上海人民出版社2005年版，第153页。
② 〔德〕霍耐特：《为承认而斗争》，胡继华译，上海：上海人民出版社2005年版，第156页。

与团结等价值目标与价值原则的同时，也认为人的完整性必然包含肉体以及权利的完整性。这在一定程度上是对马克思价值批判方式的承接，也是一种对马克思批判方式的彰显。

第四节　马克思价值立场与西方批判理论家价值立场的关系

基于以上对法兰克福学派代表性学者观点的分析，可以发现其价值立场与马克思政治经济学批判的价值立场有内在关联，其突出表现在对资本主义社会的批判以及持守一定的相同的价值立场等方面。当然，两者也存在明显区别，甚至是原则性区别，主要表现在批判的彻底性、科学性以及无产阶级立场等方面。

一、马克思价值立场与西方批判理论家价值立场的内在关联

西方社会批判理论家持有批判资本主义的鲜明价值立场。在理论阐释过程中，他们不同程度地承接了马克思关于自由平等、解放人类、公平正义等价值立场，展开了对资本主义多维度多层次的批判。而且，他们的批判理论往往是基于马克思实践观、辩证法、历史唯物主义等基本原理出发来阐发自己的观点。

第一，西方批判理论家继承了马克思的批判性，旗帜鲜明地批判资本主义的社会弊端及理论缺陷。

就社会批判理论史而言，卢卡奇是西方马克思主义的"首创者"①。他的社会批判理论具有开创性与代表性。自卢卡奇开始至法兰克福学派的理论演进，实质上是马克思批判理论的"展开"②。卢卡奇早年深受第一次世界大战造成人类社会陷入悲惨境地的影响。他将资本主义社会视为"毁灭文化"的"异化社会"。此时，他看不到现实社会的出路，在价值取向方面是完全否定资本主义的，并与之彻底决裂。《历史与阶级意识》一书，是卢卡奇走向马克思主义的里程碑。就马克思对辩证法的理

---

① 黄楠森主编：《马克思主义哲学史》，北京：高等教育出版社1998年版，第229页。
② 仰海峰：《批判理论：从卢卡奇到法兰克福学派》，载《思想理论战线》，2022年第1期，第108页。

解而言，他认为其本质是批判的。而对于卢卡奇而言，他的代表作《历史与阶级意识》的副标题就是"关于马克思主义辩证法的研究"。可见，两者之间具有内在关系，此种关系恰恰体现在"辩证法"，也可以说是体现在"批判性"。就卢卡奇与马克思的理论关联而言，他正是基于对《资本论》中商品拜物教的分析，得出了"物化"概念，并在此基础上展开了对资本主义社会的深刻批判。卢卡奇晚年在《关于社会存在的本体论》一书中，一方面致力批判近代理性主义，另一方面致力为批判阶级意识提供历史本体论基础。其第一个原则是基于马克思关于历史科学的思想为依据，阐释劳动本体论的意义。第二个原则是基于马克思的劳动目的论破解因果性与目的论难题：一是劳动目的的设定体现了劳动者的能动性；二是劳动对于人的形成具有决定意义。① 由上可见，卢卡奇对资本主义展开的批判，无论是早年的《历史与阶级意识》，还是晚年《关于社会存在的本体论》的，都是基于对马克思关于"商品拜物教""劳动"等唯物史观和辩证法观点的分析，而展开的批判。尤为重要的是，卢卡奇的批判秉持的价值立场是无产阶级的价值立场。他以无产阶级意识为研究重要方向，尝试揭示阶级意识与革命行动之间的关系，在一定程度上为人类社会的本体论构建，做出了开拓性理论贡献。

霍克海默是社会批判理论的奠基者。他指出社会批判理论在批判性方面与马克思是内在一致的。就社会批判理论本身而言，霍克海默认为，一是其具有鲜明的价值立场；二是其具有独特的批判反思研究方法；三是其致力于对社会理论前提进行反思而获得知识；四是其理论目的在于实现人类普遍的价值追求。就其价值立场而言，霍克海默认为社会批判理论必然持有自身的特定的价值立场。由此，他秉持自由、平等、公正等价值原则对资本主义社会展开了批判。霍克海默并没有将批判局限于纯粹的理论领域，而是极为强调现实或者实践领域的批判。他提出，理论家及其理论批判本身就是与实际"斗争"结合在一起的，本身就是实现社会解放的活动。霍克海默还从社会实践或者社会现实的角度阐释了社会批判理论。他认为传统哲学理论往往基于概念及其推理来认知、解

---

① 何萍：《卢卡奇哲学的文化批判品格——以卢卡奇的现代性批判话语体系建构为中心》，载《国外理论动态》，2021年第4期，第55—57页。

释这个世界，但这忽略了社会现实问题。① 社会批判理论强调要从社会现实问题出发，结合理论，反思现实问题的深层次根源，提出解决方式。

哈贝马斯认为批判性是马克思主义的内在精神。基于此种认识，他将自己视为马克思主义者。从研究思路来看，马克思基于对古典政治经济学的批判创立剩余价值学说，基于对旧唯物主义的批判创立唯物史观。他运用的是从"旧世界中发现新世界"的批判方法。从哈贝马斯来看，他提出的"批判是认识与兴趣的统一"观点也是基于对康德、黑格尔、马克思的考察，基于对实证主义、实用主义、历史主义的批判而提出的。就此观点而言，哈贝马斯认为，认识本身必然蕴含对认识可靠性、认识前提的"判断"或者"反思"，因此，认识过程也就是批判的过程。

霍耐特研究的问题域在于社会批判理论视域中。他以博士论文为基础出版的《权力的批判》一书，不仅以"批判"为题，而且其副标题"批判社会理论反思的几个阶段"，也是着眼于研究批判理论的历史。在此著作中，他主要研究了法兰克福学派的理论史演进过程，指出米歇尔·福柯和尤尔根·哈贝马斯的理论是用新的方式在阐释法兰克福学派早期对启蒙辩证法分析的尝试。在霍耐特的代表作《为承认而斗争》一书中，他认为要弘扬批判精神，延续社会批判哲学，必须走规范性与经验性相结合的研究路向。因此，他辨析了爱、权利、团结三种重要的承认方式，展开了一种规范伦理的社会构想，并勾画了德性生活的社会理想。

莱纳·弗斯特（Rainer Forst）是当代法兰克福学派批判理论的代表性学者，也是其第四代代表性人物。他提出了正义批判理论。② 他提出此种理论的缘由，在于西方社会正义的情境发生了变化：一是社会关于正义的斗争形式发生变化；二是分配问题不再处于正义的核心地位；三是正义问题超越国界，成为国际性问题。因此，正义理论相应地要反映这些变化。就其理论建构而言，弗斯特认为，批判作为理性原则是正义批判理论的基础。那么，理性首要原则就是辩护原则；其次是要保障人们的对话权和辩护权；再次是要坚持有效性标准（相互性和普遍性标

---

① 张渊：《霍克海默尔"社会批判理论"的实践唯物主义基础》，载《甘肃社会科学》，2021年第5期，第76页。

② 刘光斌：《正义与辩护——论莱纳·弗斯特的正义批判理论》，载《中南大学学报（社会科学版）》，2020年第6期，第33—41页。

准)。基于以上理论铺垫,弗斯特提出,正义首要问题是权力分配的问题。他认为,要致力于商品分配正义,也要致力于政治和经济权力关系的制度规范的正义。就研究视阈而言,弗斯特将正义批判理论的研究领域从国内拓展至全球,将国内正义拓展至跨国正义。

除了法兰克福学派之外,当代意大利社会批判理论在欧洲激进思潮中占有独特位置。有学者对此进行了梳理。① 意大利社会批判理论代表性人物主要有安东尼奥·奈格里(Antonio Negri)、莫里奇奥·拉扎拉托(Maurizio Lazzarato)、保罗·维尔诺(Paolo Virno)等。此种思潮的理论逻辑基础是基于本雅明非二元论、非强制性的"星丛"或者"多"的概念展开对"一"进行反思。维尔诺和奈格里认为,"人民"是"一","诸众"是"多"。在此种对应关系下,"诸众"不同于本雅明意义的"多",而是一种新的劳动主体的形态,是福特制之后劳作本身的方式、新文化方式、政治经济"布展"方式,表征了资本剥削与"布展"的新的空间形式。

就奈格里和哈特(Michael Hardt)而言,他们承接了马克思的解放人类价值指向,借助于"帝国""诸众"等概念尝试构建一套后现代政治解放理论。奈格里和哈特认为当今资本主义正以"帝国"形式扩张。"帝国"基于"生命政治权力"② 以及借助于"非物质劳动"生产方式对全球的控制,使人类生存面临严峻挑战。他们的"帝国"理论主要体现在如下三个方面:一是跨国公司(transnational corporations)是"帝国"的"基础联接构造"(fundamental connective fabric)。"帝国"的全球扩张,其本质是获取利润。但此种扩张同时会伴随社会存在主体或者全球政治生命的改变。二是"帝国"的主权是非实态和非连续性的。"帝国"是超越领土与国界的,也是超越民族与国家的,是虚拟的,因此是非实态的,非连续的。其权力不可见,但是具有强大的力量。"帝国"不是建基于法律,而是功能性的布局。此种力量不是显性的,而是一种的"系统的生产力(productive force of the system)。对于"帝国"

---

① 杜丹:《西方社会批判理论的新路向和话语构建——"当代意大利批判理论研究暨第三届海峡两岸社会批判理论论坛"综述》,载《东岳论丛》,2019年第4期,第140—141页。

② 跨国公司对全球的控制不再局限于经济控制与经济掠夺,而是基于互联网、人工智能、大数据等技术,实现了实质性的远程控制,其可以实现国际化劳动分工、资源配置、生产控制、投资决策等。跨国公司获取的不仅仅是经济利润,还包含对劳动力这一生命的控制,进而对政治权力进行控制。

扩张，奈格里和哈特认为，既需要对其进行意识形态的批判，也需要对其进行"物质的解构"。相应的方法一方面是运用批判和解构（critical and deconstructive）反抗霸权话语权；另一方面是运用构建和伦理—政治（constructive and ethico-political）反抗"帝国"的"幽灵般的统治"。三是作为革命主体的"诸众"。其是指与"帝国"剥削相关联的不断重新设定（reconfig-urations）的如"星丛"（constellations）一样的"全球化的创造性主体"（creative subjectivities of globalization）或者"政治主体"[1]。由上可知，奈格里和哈特的帝国理论致力批判资本主义对全球的控制与剥削，尝试揭示"帝国"的本质特征，并提出了依靠"诸众"来反抗、推翻资本逻辑的统治与压迫的解放途径。

维尔诺是意大利当代左翼激进思潮理论家。他探讨的主题是"诸众"问题，即"后福特主义"（Post-Fordist）或者称之为"资本共产主义"（communism of capital）时期的主体问题。"诸众"的存在方式是作为"一般智力"而呈现的语言、智能和人类普遍的能力。"诸众"可以理解为一种存在模式（mode of being），是包含多的差异，是一种"星丛"存在。就"诸众"的缘起而言，一是源于"乡愁感"，或者说是"不在家的出离感"。此种"出离感"也像人在苦恼时的感觉一样，不时袭来，而不知其根由。正如海德格尔论及的"连根拔起"状态。二是源于人们在生产和生活中对普遍智能的共同拥有。此种普遍智能也可以理解为人类生存的"共同之处"（common places），或者是生产生活的普遍的"精神生活"（life of the mind），是一种"话语形式"（forms of discourse），是一种人的行为的"定向工具"（instruments for orienting）。

那么，如何理解"一般智力"这个概念呢？它是指"星丛"式"诸众"存在的前提，也称之为"公共智力"（public intellect）。首先"一般智力"具有"没有公共领域的公共性"（publicness without a public）。"公共领域"是指人们与他者共在及其相互实现或者展示的空间。但在资本主义社会，劳动者展示的既不是他们自身，也不是他们的技能与品质，而是他们的产品。劳动者在展示过程中"隐匿"了，变得"无言无行"。因此，他们具有了"没有公共领域的公共性"。其次，"一般智力""摒弃"劳动分工（division of labor），但形成"个人依附"（personal de-

---

[1] 张一兵：《反抗帝国：新的革命主体和社会主义战略——奈格里、哈特〈帝国〉解读》，载《东岳论丛》，2018年第5期，第5—13页。

pendence），也即形成对资本的"整个人的屈从"（whole person who is subdued）。① 这里讲的是在自动化生产方式演进过程中，传统物理空间方式的劳动分工消失了。如果"一般智力"没有政治上的自觉自醒，那么，其还是资本奴役的"诸众"的手段。

拉扎拉托是意大利自治主义理论家。他讨论了马克思关于"非物质劳动"的概念。② 拉扎拉托认为，非物质劳动是生产商品信息或者文化内容的劳动。此种劳动概念的界定，揭示了劳动者劳动方式的改变，他们不再是依靠直接劳动技能工作，而是基于监控、监管仪器以及自动化设备等而工作。其工作内容包含制定文化和艺术标准、时尚品位和消费指针以及导引控制具有策略性的公众舆论等信息项目的活动。

就法国当代社会批判理论而言，他们致力于对现代性进行深刻批判。他们并非马克思主义的捍卫者，但一致认为马克思是现代性批判的理论先驱。其研究呈现如下特点③：首先，用"意义生产"取代"物质生产"，试图解构马克思主义的唯物史观理论基础。一是乔治·巴塔耶（Georges Bataille）的人类学研究进路。他将"象征交换"置于社会生活的中心，探讨超越资本主义文明之路。二是让-弗朗索瓦·利奥塔（Jean-Francois Lyotard）的后现代批判进路。其观点借助于对后现代知识状况而描述出来。其强调用当代高科技剧变来否定"元叙事"（meta-narratives）或者"大叙事"（grand narratives）④ 的合法性。⑤ 其次，从新认识论维度诠释《资本论》。如阿尔都塞等学者强调从认识论、方法论阅读分析《资本论》，而不从政治经济学视角来阅读分析它。再次，从时间空间维度批判资本关系的动态布展。如列斐伏尔（Henri Lefebvre）强调资本主义生产是一个不断超越地理空间局限的生产过程。最后，强调

---

① 张一兵：《大写的"一"与"多"：一般智力与诸众——维尔诺的〈诸众的语法〉解读》，载《南京大学学报（哲学·人文科学·社会科学）》，2018年第3期，第13—19页。
② 蒋洪生：《非物质劳动、"普遍智能"与"知识无产阶级"》，载《文艺理论与批评》，2018年第3期，第18—19页。
③ 王一成：《当代法国批判理论对〈资本论〉的误读》，载《中国社会科学报》，2022年2月24日第5版。
④ 利奥塔认为叙事就是话语的传递。其分为具有原初意义、开创意义的叙事和被理念化、合法化的叙事。前者具有异质性、多元性，后者具有普遍性、权威性、绝对性。前者称之为"原始叙事"或者"小叙事"，其是基于自然或者习惯形成的；后者称之为"元叙事"或者"大叙事"，其是具有最高叙事意义的政治和哲学的叙事。
⑤ 刘放桐等：《新编现代西方哲学》，北京：人民出版社2000年版，第618—625页。

政治经济学批判的权力维度。如雅克·比岱（Jacques Bidet）认为，马克思阐述的"价值""劳动力"等概念是经济学概念，也是社会政治概念。米歇尔·福柯（Michel Foucault）尝试说明资本统治以及资本主义治理体系的微观权力基础。

第二，西方批判理论家在不同维度承接了马克思的价值立场，展开了对资本主义的批判。

就法兰克福学派而言，他们的价值论在很大程度上奠基于马克思主义唯物论与认识论等基本观点之上。他们的批判理论都旗帜鲜明地持有价值立场，从各个层面及多维视角反思资本主义理论及现实的弊端。

霍克海默在理论论证过程中，直接或者间接提出或者承接了"实现人的现实幸福""大多数个体的价值诉求""公正合理的社会""自由人的联合""整体的解放""自由正义""真正的人道主义""自我决定""自由发展"等一系列价值准则与价值目标。

哈贝马斯认为批判理论是反思人类命运的科学。其不可避免要认识人类社会的发展过程及趋势，揭示解放人类的旨趣，追求人类自由、独立与解放。哈贝马斯对于资本主义政治经济学的批判主要从经济、政治和哲学视角展开。就经济批判而言，哈贝马斯认为资本主义社会面临的是"新"经济危机。此种危机表现为"滞胀"，严重的财政赤字和政府管理能力的缺失。经济危机会导致合理性危机，即对政府治理经济能力的怀疑。合理性危机进一步发展，会引发民众对政府合法性的质疑，由此形成合法性危机。哈贝马斯认为，晚期资本主义在市场方面失去了自由平等交换的基础，在政治方面也失去了个人自由发声的权利。资本主义社会被利益集团控制，治理制度逐渐僵化，下层群众失去了上升通道。民众为生活而努力奋斗的精气神丧失，由此形成了动因危机。就政治批判而言，哈贝马斯认为，由于科技力量日益彰显，国家控制和干预能力愈来愈强，但是此种能力被私人组织与团体控制，其可以借助各种途径给国家权力机关、公共领域施压，以便使自身利益凌驾于公共利益、公众之上，甚至取代公共利益与公众的权力。[①]"公共领域"或者舆论演变成了私人组织精心策划、巧妙宣传以让自己获利、获取支持的平台。在此种平台的影响与导引下，公众逐步被蒙蔽、被欺骗。因此，他们的

---

① 何林峰：《哈贝马斯政治经济学批判思想要义探析》，上海财经大学2021年博士学位论文，第64页。

"批判性"逐渐丧失,更容易被私人组织控制与驾驭。就哲学批判而言,哈贝马斯反思了"理性"内涵的演变史。他认为,"理性"本身或者源头是含有真善美的含义的。但是在资本主义社会,"理性"被扭曲,只剩下手段与工具的作用。由此,他认为只有交往理性或者交往行为的合理化才是救赎之道。

哈贝马斯对革命的价值目标进行了反思。他认为,发展生产力或者丰富社会物质财富,不等于实现了人民的美好生活,因为,前者只是实现后者的手段、工具而已。拥有手段或工具,不必然会实现人类社会的价值目标。他认为,在晚期资本主义社会,生产力的发展既不能改变国家的政治结构,也不能实现人类的自由解放。由于不允许人们自由地探讨最需要的或者美好生活的生活方式,其舆论工具也不过是宣传统治阶级合法性的手段而已。

霍耐特早期研究承认理论,其尝试基于"为承认而斗争"重新审视社会历史发展过程,并从政治伦理视角来探视现代社会的现状及发展。伴随其理论演进,霍耐特后期研究多元正义以及自由问题。就他对马克思价值取向的承接而言,他认为马克思对于自由的阐释的出发点是:人将自身真正、真实的心理需求与愿望表达出来,并将其实现的过程。① 霍耐特揭示了资本主义社会法定自由的病态现象:资本主义法律被运用于来实现个人利益。由此,法律成了一种实现目的的工具。更进一步,人们为了得到相应的利益,迫使自己按照法律规定来进行社会活动,由此,法律意义的抽象性融入社会生活,形成一种从法律可用性出发的固化的生活模式。霍耐特认为资本主义社会道德自由导致两种社会病态,即道德教条主义与道德恐怖主义。

霍耐特还极为关注劳动解放问题。他认为劳动是连接马克思政治经济学批判与革命理论之间的桥梁。霍耐特指出马克思阐明了两种劳动解放模式。一是对异化劳动的批判。此种批判难以内在地呈现劳动的解放维度,即此种批判难以内生于资本主义工业化大生产之中,因此,可能会成为一种外在批判。二是工人阶级在劳动过程中组织起来,团结起来反抗资产阶级的剥削与压迫。此种模式需要说明的是革命意识如何基于

---

① 景月楼:《霍耐特的自由理论研究》,辽宁大学 2020 年博士学位论文,第 28 页。

劳动过程产生，革命意识又如何化为革命行动。① 从历史维度来看，霍耐特早期将劳动视为道德主体形成的重要环节，同时将负面的劳动感受视为资本主义的潜在革命因素；到晚期，他揭示了资本主义对社会自由的"承诺"不过是一种正义的"倒退"。② 质言之，霍耐特尝试通过上层建筑或者价值评价机制等的改革来消除资本主义异化的观点，这无异于空中楼阁或者海市蜃楼，在资本主义社会是行不通或者达不到目的。

就承认理论而言，霍耐特率先提出了马克思涉及的承认问题。此问题的提出引起了学界的关注与研究，由此，承认逐步被视为马克思思想发展过程中的一条暗线。陈良斌基于政治经济学角度诠释了马克思的承认思想。③ 他认为，霍耐特只是基于"人类学"角度研究马克思的承认理论，而忽略了马克思的"政治经济学"这一解读维度。实际上，马克思是借助于政治经济学批判的方式来诠释资本主义社会的承认问题的。早期马克思承接了黑格尔关于劳动及其对象化对人本质的确证的观点，认为人与人之间的承认源于劳动。随着马克思对政治经济学研究的深入，他进一步区分了具体劳动与抽象劳动，区分了价值与使用价值，揭示了商品获得承认的原因在于其价值或者"社会必要劳动"。以此为理论基石，马克思抽丝剥茧，论证了"两个必然"思想。一方面，马克思从劳动价值论与剩余价值论"客观公式"角度，论证了资本主义内在必然的发展规律；另一方面，马克思揭示了承担这一解放任务的无产阶级终将实现历史重托的"主观公式"。

第三，西方批判理论家结合马克思的实践观或者劳动观，来阐明他们理论的价值取向。霍克海默承接了马克思的劳动解放思想。而且，他认为自身理论的特点在于其关注了劳动实践这一前提。但是，到20世纪40年代社会批判理论转向历史哲学之后，马克思的劳动解放理论被忽略。这段时间，批判理论家都认为劳动仅仅是人类改造自然的手段，其丧失了解放的功能。直到霍耐特提出自己的理论，此种情况得以改变。他自20世纪80年代开始关注马克思的劳动解放理论。霍耐特认为，马

---

① 周爱民：《论霍耐特对马克思劳动解放学说的重构》，载《复旦学报（社会科学版）》，2022年第1期，第46页。
② 宋建丽、王仪：《霍耐特对"劳动解放"的道德重构》，载《宁夏社会科学》，2022年第3期，第22—29页。
③ 陈良斌：《马克思政治经济学视域中的承认问题——兼论霍耐特对马克思的误读》，载《国外理论动态》，2022年第3期，第37—45页。

克思两种劳动解放模式留下了难题。一是基于黑格尔理论基础，对异化劳动的批判并非内生于资本主义工业化大生产之中。二是工人的解放意识如何在社会劳动过程中保留下来。基于此，霍耐特对马克思劳动解放理论的思考可以划分为如下阶段：一是尝试阐明马克思异化劳动的解放价值，此阶段聚焦工人在劳动过程中的抗争活动；二是尝试结合承认理论阐明劳动的解放价值，此阶段关注的是劳动在自我价值实现中的作用；三是尝试基于社会整合维度为劳动解放提供内在辩护，此阶段关注的劳动与社会整合之间的关系。其核心论题在于如何阐明劳动解放这一价值目标如何安置于或者内生于现代资本主义的劳动之中。① 此种内在批判在逻辑上可能具有更多的自洽性，但是我们是否可以完全放弃外在批判，是值得深入思考的问题。

除了法兰克福学派之外，还有西方学者对于马克思的劳动概念进行了较为系统的反思，其中一个是汉娜·阿伦特（Hannah Arendt），一个是鲍德里亚（Jean Baudrillard）。

汉娜·阿伦特对马克思劳动解放的观点进行了反思。一方面，她承认马克思对劳动价值的弘扬是与西方传统哲学思想有区别的。质言之，马克思用劳动创造人扬弃了传统哲学的理性人预设。另一方面，她提出了自己对劳动本身的不同理解。阿伦特认为，劳动不是人的本质属性，而是人的最基本的生命活动。她提出劳动、工作、活动这样一个理论框架试图区分工作与劳动。同时，她运用"劳动动物"这个概念来分析马克思的劳动解放思想。她认为，劳动动物（animal laborans）与工作人（homo faber）是不同的概念，前者是类似于苦力劳动者，后者则是具备技能的工匠。在此理论基础上，阿伦特提出，劳动解放是不可能实现的。因为劳动的奴役性具有必然性，是无法被消灭的。而且，她还提出，科技发展进步也不能实现劳动解放。因为科技代替人类劳动，使劳动者自由时间得以增加，但是，科技发展也伴随诸多"更高级"的活动，比如消费活动，这样，科技发展进步不会必然带来劳动解放。由此，阿伦特认为，马克思提出的劳动解放是一个不能实现的"乌托邦"而已。李佃来指出，阿伦特未能认识到，劳动与资本之间矛盾折射的关系不仅是资本家对工人的剥削关系，还反映了劳动作为确证、实现人的自由的方式

---

① 周爱民：《论霍耐特对马克思劳动解放学说的重构》，载《复旦学报（社会科学版）》，2022年第1期，第45—52页、第133页。

以及作为维系生命的方式"之间的紧张关系"①。由此,阿伦特对马克思劳动概念的认识与理解是表层化的。她并没有辨别出马克思劳动观的独特之处,也未能辨识马克思劳动观与古典经济学家劳动观之间的本质区别。实际上,马克思劳动观并非如阿伦特所声称的那样,是与自由背道而驰的,而是高度赞颂自由价值的。

鲍德里亚对于马克思的劳动概念进行了反思。②他对于马克思劳动概念的反驳主要体现在如下方面,一是批判马克思的劳动力概念,反对马克思劳动创造价值、使用价值生产交换价值的观点,而提出相反的观点,即交换价值生产使用价值。二是反对马克思将具体劳动视为抽象劳动的基础,质疑基于质性规定的劳动如何能产生量化的剩余价值,质疑基于质性的预设无法解读抽象劳动的形而上学秘密。三是批判马克思阐发的需要、自由、自然、生产性等概念,认为它们不过是资本主义意识形态的幻象,不能达成彻底批判资本主义的价值目标。

鲍德里亚以上误读的原因主要体现在如下方面:一是未能基于存在论维度来理解马克思的劳动概念,而是将其视为一种工具性活动;二是忽略了马克思劳动价值论的批判性,而将其视为资本主义经济学界域的言说;三是将一些非马克思的思想,如教条式马克思主义、西方马克思主义等学者的观点,强加于马克思,来展开批判。

二、马克思价值立场与西方批判理论家价值立场的区别

西方批判理论家在价值立场方面,虽然承接了马克思诸多理论观点及论证方式。但是,他们基于不同的理论基础,怀有各自的理论价值目标,在多方面持有不同的价值立场,因而与原汁原味的马克思主义存在差异。

第一,马克思价值立场与西方批判理论家价值立场的生成逻辑不同。就马克思主义产生的时代背景而言,其产生于资本主义发展时期。14 至 15 世纪,资本主义在地中海沿岸城市萌芽。16 世纪,最早的资产阶级革命出现于荷兰。17 世纪,英国资产阶级革命胜利意味着人类社会步入资

---

① 李佃来:《阿伦特对马克思政治哲学的四个根本性误解》,载《学术月刊》,2018 年第 8 期,第 24 页。

② 何云峰、王绍梁:《鲍德里亚缘何误解马克思的劳动理论》,载《北京大学学报(哲学社会科学版)》,2021 年第 6 期,第 26—36 页。

本主义时代。资本主义的产生建基于机器大工业的形成与发展。资本主义生产技术、生产力的发展促使生产关系发生变化。随着生产资料在资本家手中逐步集中，工人的贫困或者相对困乏也凸显。此种资本家与劳动者之间、生产社会化与生产资料私人占有之间的矛盾成了主要矛盾。如何解决此种矛盾？如何认识理解此种矛盾的根源、发展趋势？站在何种价值立场来反思此种矛盾？如此等等问题，正是马克思主义着力探讨、揭示的问题。就西方批判理论产生的时代背景而言，其产生于第一次世界大战之后。一战后，俄国取得社会主义革命胜利，而社会主义运动与革命在经济发达的西欧失败。在此阶段，西方国家的"大萧条"进一步引发学者们的强烈反思。如何认识当时的时代特征，总结革命失败的经验教训，找到革命的正确道路，这便成了学者们面临的时代之问。

就其理论前提而言，马克思主义价值立场奠基于德国的古典哲学阐发的辩证法思想、英国的古典政治经济学的劳动价值论、英法的空想社会主义对资本主义的鞭挞以及对未来社会的憧憬。当然，19世纪的细胞学说、能量守恒及转化定律与生物进化论构成了马克思主义产生的自然科学基础。此外，古希腊古罗马哲学以及文艺复兴以来的思想都为马克思主义提供了理论支撑。就西方批判理论而言，一方面，他们在一定程度上承接了马克思主义的批判性及其价值立场，承接了马克思的历史唯物主义及辩证唯物主义，承接了马克思主义的经济学说，承接马克思主义的科学社会主义；另一方面，他们又吸收或者基于西方的分析哲学、现象学、存在主义、心理学、社会学、人类学等诸多理论，结合马克思主义，秉持自身的价值立场，来构建自己的理论体系，达成自身理论的价值取向。

第二，马克思价值立场与西方批判理论家价值立场的具体内容不同。就马克思的价值立场而言，这主要体现在如下方面：一是在生产关系方面，持守公平正义、共同富裕等价值立场，反对雇佣劳动制度；二是在上层建筑方面，持守人即目的本身的价值立场，反对各种拜物教；三是在经济学方面，持守为劳动者服务的价值立场，反对为资本家服务的庸俗经济学；四是在异化现实方面，持守自由自觉的价值立场，反对束缚人、压制人的资本主义私有制度。

就西方批判理论家的价值立场具体内容而言，他们显然没有马克思如此鲜明地、坚决地反对资本主义及其私有制，他们显然没有达到马克思揭露资本主义罪恶的理论深度与情感热度。这主要体现在如下方面：一是论证了价值立场的必要性及可能性；二是提出了一系列的价值目标或者价值原则，如实现现实幸福、公正合理的社会、自由人的联合、整体的解放、自由正义、真正的人道主义、自我决定、自由发展、人类独立与解放，等等。三是西方批判理论家大多站在改良资本主义的改革派或者保守派立场，提出的是对资本主义弊病的改良方案，而不是马克思坚持的革命道路。马克思的批判直指资本主义的生产关系、直指资本主义私有制，而西方批判理论家往往热衷于对"现代性"文化焦虑以及文化危机的批判。具体而言，他们坚持理性的正义，批判神话的非正义；维护人本身的价值意义，批判工具理性；坚持人的自由与创造性，批判科学技术的负面作用；倡导大众的批判意识，以反对娱乐之上的规模复制的大众文化；倡导真正真实的需要和消费，批判资本主义社会的异化的、虚假的、强迫的需要和消费，批判资本主义将人变为贪婪的消费机器。①

总的看来，西方批判理论存在一个从经济基础批判到上层建筑批判，从历史批判到现实批判的转向。他们未能阐明资本主义发展演进的新规律，未能实现与革命主体的内在结合，未能展示超越资本的价值图景。②

第三，马克思价值立场与西方批判理论家价值立场的论证方式不同。就马克思关于价值立场的论证方式而言，其主要体现在如下方面：马克思一方面是采取价值预设的方法，即将特定的价值目标、价值原则和价值标准作为先验的价值取向来批判资本主义种种弊端，通过资本主义异化现实与价值取向之间的对比，凸显资本主义私有制及其雇佣劳动制的剥削压迫性质。另一方面，马克思通过矛盾的层层揭示，呈现社会主义必然要取代资本主义的必然趋势。马克思基于劳动价值论、剩余价值理论，基于劳动的二重性、商品的二因素的内在矛盾，揭示了劳动力创造剩余价值是被资本家无偿占有的价值，发现了资本运行的内在规律。此种规律也揭示了资本主义必然灭亡的发展趋势。

就西方批判理论家关于价值立场的论证方式而言，其主要体现在如下方面：一是基于对理论前提的反思批判，着力实现人类社会普遍性的

---

① 张严：《西方马克思主义的"问题意识"》，载《国外马克思主义研究》，2017年第5期，第44—45页。
② 袁银传、杨乐强：《西方马克思主义的批判路径及其启示》，载《中国社会科学》，2014年第5期，第21—42页。

价值目标与价值准则。二是采取问题导向、问题意识展开研究，在探讨解决问题过程中阐明自身的价值立场。三是历史研究方法，即同和异的方法。同是指寻求诸种理论、概念以及问题的演变等的共性因素；异是指揭示历史演变、传统和现实、历史和当前的理论、概念以及问题的差别。① 运用历史研究方法，比较分析价值立场的正确与否，倡导特定的价值目标与原则。

第四，马克思价值立场与西方批判理论家价值立场的实现路径不同。就马克思的价值立场实现路径而言，他找到了资本主义的掘墓人——无产阶级。只有无产阶级的思想武装起来，物质丰富到一定程度，他们就能成为革命者、解放者，就能推翻资本及其逻辑、资本主义及其私有制度。王丽颖认为，马克思与恩格斯革命观可以大体归纳为"四论四统一"体系②：一是革命动力论，即生产力和生产关系、经济基础和上层建筑之间的矛盾关系形成革命的内在推动力；二是革命进程论，即质变和量变之间矛盾变化的形成革命的演进过程；三是革命主体论，即无产阶级独特品质及阶级基础广泛性之间的辩证统一；四是革命宗旨策略论，即革命战略目标一贯与策略灵活多变之间的统一。

就西方批判理论家价值立场的实现路径而言，他们往往不愿意触碰资本、资本主义、私有制的核心利益，而强调改革与改良的观点，甚至提出一些新奇的革命方式。具体而言，其主要体现在如下，一是"大拒绝"的革命战略。其提倡拒斥、拒绝资本主义意识形态、价值观念，以培养大众的革命意识。二是"艺术审美救世主义"。因为艺术代表着人们对幸福美好的追求，通过其与现实生活的比较，以唤醒人们的革命意识和革命行动。三是"欧洲共产主义"方式。其提倡通过议会斗争，走西式的社会主义道路。四是"暴死"方式。鲍德里亚认为，只要"悬置"的死亡存在着，那么，权力的统治就会存在。由此，他提出用"即时"的死亡来报复"延迟"的死亡，即由"暴死"换取到彻底解放。他认为，只有这样才能废除权力的统治，实现解放。

---

① 韩秋红、史森：《西方马克思主义研究的方法论价值与局限》，载《马克思主义研究》，2014年第8期，第121页。
② 王丽颖：《马克思恩格斯社会革命思想及其现实启示》，载《马克思主义研究》，2020年第4期，第105—116页。

第九章　马克思价值立场之于
马克思主义理论建构的意义

马克思秉持坚定的价值立场对资本主义政治经济进行了全方位的深刻揭露与严厉批判。他在政治经济学中体现出来的价值批判方式不仅构成了其理论体系不可或缺的内在支撑，也是使马克思主义具有鲜明理论特质的内在原因。马克思的价值批判方式是马克思主义的批判性、人类解放目标与历史规律的统一、理论研究与革命斗争的统一这一系列理论特质的内在支撑，也是马克思实现思想史上的伟大变革的内在动力。

第一节　赋予马克思主义以批判性

马克思对资本主义的生产关系、拜物教、古典经济学以及异化的劳动等进行了批判，他所做的这些批判的重要立论依据之一是其价值目标和价值准则等。这一系列价值目标与价值准则是马克思揭示、反思资本主义异化现实的参照标准，也是凸显马克思主义批判性的关键因素。

那么，马克思等经典作家是如何表述、如何理解马克思主义的批判性的？此种批判性又表现在马克思主义的哪些方面？此种批判性与马克思在政治经济学中所体现出来的价值批判方式的关联何在？这正是笔者在这里试图探讨的问题。

就马克思主义经典作家关于其学说批判性的论述而言，他们主要从批判的价值目标、批判与实践的结合、批判与辩证法的内在关联等方面进行了论述。

首先，马克思认为其批判现实社会的价值目标不在于基于不同视角或不同层面来解释或认识这个社会现实，而在于从批判中发现新的世界，并最终改变这个现实社会。此种批判就是在社会现实中发现、揭示社会事物发展的必然规律，并遵从此种社会规律而使价值目标得以实现。现实社会被扬弃或否定的过程不是"前定的存在"，而是在批判斗争过程中才能得以实现的。只有对现实社会进行真正的、无情的批判才能促使其扬弃自身。马克思认为此种批判的含义在于：不要畏惧自己所得出的结论或者说要做到"威武不能屈"。

其次，马克思进一步指出，此种真正的批判是与实践结合在一起的，而且是必须结合在一起的，或者说是真正的批判必须是与实际的革命斗争结合在一起的。因为真正的批判者与真正的革命者都持有明确的政治立场与阶级立场，而且，理论的批判只有付诸人民群众的革命实践才能发挥作用，才能落到实处。理论的批判如果脱离人民群众的革命实践只能是一朵结不出果实的花而已。由此，马克思指出，就共产主义者而言，一切问题在于集中力量使现实的社会革命化①，并实实在在地反对、改变和改造这个现存社会。

最后，马克思也基于辩证法的维度揭示了其内在的批判性。在《关于伊壁鸠鲁哲学的笔记》中，马克思从"爱"与"死"两个维度说明了辩证法既具有永恒性，也具有"冲垮一切"的革命性与批判性。就其永恒性而言，辩证法不会由于肉体或物质的幻灭而发生变化，其是内在的纯朴之光，是爱的慧眼。就其批判性而言，其是急流，能冲毁一切事物及其界限，能冲垮各种事物的独立形态，并将一切淹没于永恒之海中。但与此同时，它也是欣欣向荣的精神之花的萌发、盛开的体现。它能够从被冲毁的事物中焕发出新的景象。在《资本论》中，马克思认为合理形态的辩证法引发了为有产者或为资产阶级统治进行辩护的代言人的愤怒与恐惧。因为合理形态的辩证法在将现实社会理解为肯定事物的同时，也将其理解为将要被否定或必然要灭亡的事物。合理形态的辩证法是基于永恒发展、不断运动的视角或基于事物暂时性的视角来理解事物的。因此，此种辩证法不膜拜任何东西，就其本质而言，它是批判的和革命的。② 恩格斯也曾指出批判性是马克思主义所承认的唯一绝对的东西。马克思主义摧毁了一切关于最终绝对真理及其对应的人类社会绝对状态的思想。在辩证法面前，不存在最终、绝对和神圣的东西。它承认一切事物的暂时性，一切事物的发生与灭亡，不断由低级到高级的运动过程。

---

① 《马克思恩格斯选集》（第1卷），北京：人民出版社2012年版，第155页。
② 马克思：《资本论》（第3卷）第二版跋，北京：人民出版社2004年版，第22页。

当然，辩证法也有其保守的一面，承认每一社会状态在特定条件与一定时间内是有其存在必然性的。

马克思主义的批判性主要体现在理论的批判与现实的批判两个方面。当然，这两个方面并非是截然分开的两个方面，而是具有内在联系又有本质区别的两个方面。

一方面，马克思主义的理论批判主要包括对黑格尔、青年黑格尔等学派的哲学批判、对资本主义古典经济学的批判、对空想社会主义学说的批判，还包括在第一国际时期对蒲鲁东主义、巴枯宁主义和拉萨尔主义的批判等。

第一，马克思的哲学批判主要包括对黑格尔哲学与青年黑格尔等学派的批判。他在《1844年经济学哲学手稿》的序言中就阐明了他为什么要批判黑格尔的哲学。他认为"当代批判的神学家"对于黑格尔辩证法与其整个哲学的反思批判是不彻底的。[1] 因为他们还是囿于或"屈从"于黑格尔哲学的前提而不能自拔。在本著作专门探讨黑格尔哲学的部分——"对黑格尔的辩证法和整个哲学的批判"中，马克思也指出"现代德国的批判"拘泥于批判的材料，而忽略了对黑格尔辩证法这一本质问题的批判。[2] 马克思批判了黑格尔的客观唯心主义思想。他指出，黑格尔哲学并未将历史视为一个作为前提的主体的人的现实历史，而只是为历史运动找到了"抽象的、逻辑的、思维的表达"[3]。黑格尔的所有的"外化历史"及外化的消除，只是抽象绝对的思维的生产史，并且，自在与自为、客体与主体之间的对立在他那里也就是抽象思维与感性现实在思想本身范围之中的对立而已。[4] 马克思还批判了黑格尔"颠倒了"的辩证法，他指出黑格尔将辩证法视为"真正人的生命"，并且，将现实的人与自然界视为绝对精神的谓语和象征。这样，黑格尔彻底颠倒了主谓之间的关系：绝对精神成了"神秘的主体"，成了"罩在客体上的主体性"。它是使自身外化并基于此种外化返回自身，同时又将外化收回到自身的主体。[5] 当然，马克思也肯定了黑格尔哲学的伟大之处：他将

---

[1] 马克思：《1844年经济学哲学手稿》，北京：人民出版社2000年版，第4—5页。
[2] 马克思：《1844年经济学哲学手稿》，北京：人民出版社2000年版，第94页。
[3] 马克思：《1844年经济学哲学手稿》，北京：人民出版社2000年版，第97页。
[4] 马克思：《1844年经济学哲学手稿》，北京：人民出版社2000年版，第99页。
[5] 马克思：《1844年经济学哲学手稿》，北京：人民出版社2000年版，第113—114页。

人的自我产生视为一个过程，将现实或真正的人理解为自己劳动的结果，将劳动视为人的本质，视为人的自我确证的本质。① 马克思对青年黑格尔派的哲学思想进行了批判。他指出青年黑格尔派将概念、思想和观念等意识的产物视为人们身上的真正枷锁。他们认为人们在交往及其举止行为等方面所受到的束缚与限制都是他们意识的产物，由此，他们提出要用人的、批判的或者利己的意识来替代他们现在的意识，并以此来解除人们身上的真正枷锁。马克思深刻指出这不过是用另一种方式来解释世界而已，或者说得更明白一点就是借助另外的解释来承认现存的社会事实。因此，马克思认为青年黑格尔派看上去讲的都是"震撼世界"的词句，但不过是最大的保守派而已。他们只不过是"用词句来反对词句"而已。他们局限于对词句的反对而没有反对现存的现实世界。因此，马克思指出，他们所能达到的结果就是基于宗教史对基督教做一些片面说明而已，而且，他们根本未能想到自身的批判与其现实的现存社会之间的关联性问题。②

第二，马克思与恩格斯对资本主义古典经济学进行了批判。马克思指出古典经济学是从"虚构的前提出发的"，并且，它是从孤立的前提出发来研究资本主义经济问题的。这样，古典经济学就陷入价值层面的抽象演绎，而脱离了资本主义经济的现实基础。与之不同，马克思提出应基于资本主义经济事实出发，并结合此种事实本身蕴含的价值取向或价值趋向来阐释经济问题。这样马克思就将价值介入了经济的事实层面，其所得出的是：雇佣劳动制度是必然被消灭的暂时性制度，而古典经济学局限于抽象价值的演绎得出了资本主义经济制度是"永恒"的和"天然"的结论。恩格斯③认为由重农学派和亚当·斯密所阐发的"狭义的政治经济学"可以与当时法国伟大的启蒙学者的成就相媲美。它同时带有那个时代的优点与缺点。"狭义的政治经济学"并非是那个时代经济关系与需要的体现，而是"永恒理性"的表现。它所揭示的生产与交换的规律并非是这些生产活动与交换活动的历史规律，而是"永恒的自然规律"，它们是基于人的本性而阐发出来的。恩格斯指出要对其进行全面批判，就不能局限于资本主义生产、分配和交换的形式，而必须研究和

---

① 马克思：《1844年经济学哲学手稿》，北京：人民出版社2000年版，第101页。
② 《马克思恩格斯选集》（第1卷），北京：人民出版社2012年版，第145—146页。
③ 《马克思恩格斯选集》（第3卷），北京：人民出版社2012年版，第529页。

比较此种形式之前的形式或比较不发达国家内的形式。而迄今为止，只有马克思作了此种比较与研究，因此这方面的经济学研究成就要归功于他。

第三，马克思在《共产党宣言》中基于共产主义这一价值预设对"反动的社会主义"（包括封建的社会主义、小资产阶级的社会主义、德国的或"真正的"社会主义）"保守的或资产阶级的社会主义"和"批判的空想的社会主义和共产主义"三个反对党派进行了逐一批判。通过与共产主义的对照，马克思不仅揭露了它们的腐朽性、反动性和落后性，也凸显了共产主义价值追求的先进性与崇高性。马克思指出以往至今的一切社会历史都是"阶级斗争"的历史，由此，共产主义也只能来自斗争，来自对旧社会的一切腐朽东西的批判。资本主义社会的斗争表现为资产阶级与无产阶级之间的斗争。马克思认为资产阶级使主体间的关系变成赤裸裸的利益关系或冷酷的现金关系，并用利己主义遮蔽了人们对宗教的虔诚以及骑士的热忱和市民的伤感等神圣情感。其将人所特有的尊严变成交换价值，用无良心的市场自由取代了人与生俱来的或自身努力获取的自由。① 这里就表面意思而言，马克思是描述了资产阶级及其社会性质的落后性与腐朽性，但就其所烘托或反衬的意义而言，正是叙写了共产主义的崇高价值追求：一是共产主义社会中主体间的交往关系不是一种"无情"的金钱关系；二是共产主义社会对功利主义的价值追求不会超越类似宗教的"虔诚"以及骑士的"热忱"这类神圣情感的追求；三是共产主义将人的尊严置于至上地位，而不是将其视为取得交换价值的一种工具；四是共产主义社会不会为了经济目的而出卖自己的良心；五是共产主义提倡实现人的自由，而不用交易方面形式的、表面的自由代替人所应该享受的真正的、实质上的自由。马克思还对共产党人的价值目标进行了阐述。他认为共产党人是整个无产阶级的代表，是共产主义运动的利益的代表。其目的就在于使无产阶级成为具有独立性的阶级，并推翻资产阶级的统治，夺取其政权。② 马克思进一步将共产主义的特征概括为——"要废除资产阶级的所有制"——这一观点也可表述为共产党人理论的概括："消灭私有制。"③ 这里揭示了共产主义运动

---

① 《马克思恩格斯文集》（第 2 卷），北京：人民出版社 2009 年版，第 34 页。
② 《马克思恩格斯文集》（第 2 卷），北京：人民出版社 2009 年版，第 44 页。
③ 《马克思恩格斯文集》（第 2 卷），北京：人民出版社 2009 年版，第 45 页。

的价值取向在于使无产阶级"形成为"阶级,也就是说,要让无产阶级成为自由自觉的阶级,成为摆脱资产阶级压迫与奴役的阶级,并成为掌握自己命运的阶级。马克思强调要消灭私人占有财产的不公平制度,这里实质上体现了马克思对主体间平等与公平的价值预设,或者说是马克思对于公平平等的价值目标的诉求。追求社会的公平或平等权利这一价值诉求还体现在马克思以下的阐述中,马克思认为共产主义社会中已经累积起来的劳动只是作为提升人们生活水准的一种工具或手段。他讲到,我们必须消灭那种以绝大多数人不占有财产作为生产的必要条件的所有制度。① 另外,共产主义并不剥夺人们占有社会财富的权力,它只剥夺利用或借助于此种占有去剥削或压迫其他人劳动的权力。② 马克思的这些论断阐明了共产主义的社会财富或积累起来的劳动必须服务于广大的人民,而不是单纯的统治阶层;共产主义要消灭那种少数人占有生产资料剥削多数人的生产方式;共产主义要消灭那种依赖私有财产的占有去奴役他人、将他人变为增加自己财富的手段的权力。

基于以上关于共产主义的价值预设,马克思简要地将共产主义社会的内涵阐释为:全部生产集中起来在"联合起来的个人"手里以及"每个人的自由发展是一切人的自由发展的条件"③ 这样的一个联合体。马克思在对共产主义的"应然状态"进行了较为详细的论述之后,他接下来借助于共产主义这一价值目标或价值准则对反对共产主义的各个党派进行了批判。

首先,马克思对"反动的社会主义"的批判包含对坚持"封建的社会主义""小资产阶级的社会主义"以及"德国的社会主义"的反动势力的批判。就坚持"封建的社会主义"的反动势力而言,马克思指斥他们"不能理解现代历史的进程",而且,"他们的臀部带有旧的封建纹章"。他们在日常生活中违背自己的价值目标与价值准则,践踏信义或仁爱而去挣取利润。④ 马克思在这里揭示了坚持"封建的社会主义"的反动势力通过买卖而赚取利润,违背仁义、信任等价值准则。就坚持"小资产阶级的社会主义"的反动势力而言,马克思指出此种社会主义的实

---

① 《马克思恩格斯文集》(第2卷),北京:人民出版社2009年版,第46页。
② 《马克思恩格斯文集》(第2卷),北京:人民出版社2009年版,第47页。
③ 《马克思恩格斯文集》(第2卷),北京:人民出版社2009年版,第53页。
④ 《马克思恩格斯文集》(第2卷),北京:人民出版社2009年版,第54—55页。

质内容在于：试图恢复旧社会，或者是试图将现代生产资料与交换方式硬塞入陈旧的生产关系的所有制中去。① 这种社会主义是对共产主义历史运动趋势的反动，是一种"单相思"式的空想而已。就坚持"德国的社会主义"的反动势力而言，马克思认为其"阉割"了法国的社会主义与共产主义文献，不再强调阶级斗争。它只是代表了抽象的或形而上学的真理的要求，而不代表真实的要求；代表抽象的或形而上学的人的本质的利益，而不代表无产阶级的利益②。所以马克思认为此种主义只存在于"云雾弥漫的哲学幻想的太空"。其次，马克思还批判了"保守的或资产阶级的社会主义"，此种社会主义将资产阶级所统治的社会视为"最美好的世界"③，反对"革命的途径"，而提出用改良或政治改革的方式来消除社会弊病，以保障资产阶级社会的恒久存在。此种社会主义的价值取向在于维护资产阶级的统治与剥削地位，并试图使工人阶级放弃一切革命意图及运动。最后，马克思批判了"批判的空想的社会主义和共产主义"。他指出他们拒绝任何的政治革命行动，他们企图采用和平途径来达到目的，或者说是通过"实验"或者"示范的力量来为新的社会福音开辟道路"④。他们试图消除阶级斗争和希望资产阶级"发善心"的想法是一种一厢情愿的幻想。

在基于共产主义社会的价值预设对以上三种"社会主义"进行批判之后，马克思表明了共产主义所应秉持的价值态度。一是共产主义者是为工人阶级的切身利益而奋斗的，其代表着共产主义运动的价值目标；二是坚决批判以往革命所遗留的那些不切实际的幻想与空谈；三是支持一切反对现存制度的革命运动；四是努力争取全世界民主力量的协同与团结。⑤ 这样，马克思就勾勒出了共产主义及其政党的价值目标。他既指出了其所应该坚持的价值信念与价值追求，也指出了其所应该摒弃、批判和反对的价值信念与价值追求。

第四，马克思在第一国际时期对蒲鲁东主义、巴枯宁主义和拉萨尔主义进行了批判。

---

① 《马克思恩格斯文集》（第 2 卷），北京：人民出版社 2009 年版，第 57 页。
② 《马克思恩格斯文集》（第 2 卷），北京：人民出版社 2009 年版，第 58 页。
③ 《马克思恩格斯文集》（第 2 卷），北京：人民出版社 2009 年版，第 61 页。
④ 《马克思恩格斯文集》（第 2 卷），北京：人民出版社 2009 年版，第 63 页。
⑤ 《马克思恩格斯文集》（第 2 卷），北京：人民出版社 2009 年版，第 65—66 页。

就对蒲鲁东主义的批判而言，马克思指出其借用了黑格尔的辩证法来研究经济问题，因此其不仅存在黑格尔辩证法本身所具有的不足，还存在着对黑格尔辩证法理解不足所导致的一系列问题。马克思认为经济学的研究材料本身应该是关于人的生动活泼的经济现实的，而蒲鲁东的研究材料则只是经济学家的教条而已。他忽略了分工、货币和信任等生产关系的历史运动，只是将这些生产关系视为原理、范畴和抽象的思想，只是从纯理性的运动中去寻找其来历。因此，蒲鲁东经济学将整个经济现实世界都淹没在抽象世界或逻辑范畴世界之中。① 马克思认为经济范畴只是生产关系的抽象或理论表现，但是蒲鲁东像黑格尔辩证法一样，将其关系颠倒了。他反而认为现实的生产关系是经济原理或经济范畴的化身，而且认为这些原理与范畴又源自人类理性。② 蒲鲁东套用黑格尔的辩证法将这些经济范畴系列描述为人类理性的逻辑演绎与人类理性的自我实现。马克思指出，蒲鲁东单凭运用运动、顺序和时间这个唯一的逻辑公式，又如何能说明既同时存在又相互依存的现实社会机体？③ 马克思还指出蒲鲁东借用于黑格尔的辩证法术语，将经济范畴机械地划分为好的方面与坏的方面，并将这两个方面视为经济范畴所固有的矛盾。蒲鲁东看不到经济范畴及其现实事物由于自身内在的矛盾而设定自身，而是在范畴的两个方面之间"转动、挣扎和冲撞"④。

就对巴枯宁主义的批判而言，马克思在《政治冷淡主义》与《巴枯宁〈国家制度和无政府状态〉一书摘要》中批判了巴枯宁的无政府主义。他反驳了巴枯宁主义主张放弃针对资产阶级的政治斗争及其废除国家的思想，揭露了其试图使无产者始终处于被压迫被奴役地位，而为有产者的自由而辩护的价值目标。马克思指出他们的目的在于捍卫"资产阶级的自由——他们唯一的保障"⑤。他们的目的也在于阻碍无产者摆脱其低贱的社会地位。在《巴枯宁〈国家制度和无政府状态〉一书摘要》一文中，马克思批判了巴枯宁主义截然分立开社会经济基础的发展与社会革命之间的关系，并指出了其所认为的"社会革命的基础在于意志而

---

① 《马克思恩格斯选集》（第1卷），北京：人民出版社2012年版，第219页。
② 《马克思恩格斯选集》（第1卷），北京：人民出版社2012年版，第222页。
③ 《马克思恩格斯选集》（第1卷），北京：人民出版社2012年版，第223页。
④ 《马克思恩格斯选集》（第1卷），北京：人民出版社2012年版，第225页。
⑤ 《马克思恩格斯选集》（第3卷），北京：人民出版社2012年版，第284页。

非经济基础"的错误观点。① 恩格斯在《关于工人阶级的政治行动》②与《论权威》中也批判了巴枯宁主义。在《关于工人阶级的政治行动》中，他指出巴枯宁所主张的无产者放弃政治的观点，这实际上就是将无产者推入资产阶级政治的怀抱。他指出工人阶级放弃政治是不可能的，必须进行政治行动，进行革命，而且，工人的政党是属于自己独立的有目标的政党，不是资产阶级政党的小跟班。在《论权威》中，恩格斯批判了巴枯宁主义鼓吹"无限自由"而排斥集中管理的社会大生产的观点。他指出权威与自治是辩证统一的，单纯强调任何一方都会走向极端，而且，其应用范围随着社会经济的发展而不断改变。③

就对拉萨尔主义的批判而言，马克思在《哥达纲领批判》中对其进行了批判，而恩格斯在写给倍倍尔的信中也对其进行了批判。马克思认为拉萨尔所主张的劳动者应该得到不折不扣的劳动所得是不能成立的。因为社会总产品还得被扣除用于扩大再生产的费用，管理费用、各种必要基金等等。此外，马克思还指出消费资料的分配都是由特定生产条件所决定的，而此种生产条件也不过是生产方式性质的反映而已。④ 恩格斯批判了拉萨尔所认为的"工人平均只能得到最低的工资"的观点，还批判了拉萨尔关于国家的观点等等。恩格斯指出国家只是阶级斗争或革命斗争中用来镇压敌人的工具而已。

另一方面，马克思主义经典作家对现实的批判主要包括对德国半封建专制制度的批判、对异化劳动的批判、对资本主义经济关系的批判、对资本主义意识形态现实表现的批判和对资本主义政治制度的批判。

第一，马克思对德国半封建专制制度进行了批判。他在《〈黑格尔法哲学批判〉导言》中指出，一定要向德国制度开火，即使此种制度低于历史水平，也要对其进行批判。马克思进一步将德国制度视为批判对象的同时，也将其视为敌人。他指出不仅要从理论上驳倒这个敌人，而且还要在实践中彻底消灭这个敌人。他认为德国的政府制度就是依靠维护一切卑劣事物而得以生存的，因此，其不过是以政府形式体现出来的卑劣事物而已。马克思指出，德国的现状是腐朽旧制度的公开的完成，

---

① 参见《马克思恩格斯选集》（第3卷），北京：人民出版社2012年版，第337—343页。
② 《马克思恩格斯选集》（第3卷），北京：人民出版社2012年版，第169—170页。
③ 《马克思恩格斯选集》（第3卷），北京：人民出版社2012年版，第274—277页。
④ 《马克思恩格斯选集》（第3卷），北京：人民出版社2012年版，第365页。

是"时代的错乱",因为它公开违背普遍承认的公理,用异己本质的外观来掩盖自己的真实本质,并依靠而且只能依靠伪善与诡辩来为自己辩护。

第二,马克思对异化劳动进行了批判。他将资本主义雇佣劳动的现实判断为异化的,此种价值判断是基于其内在的价值预设的。就劳动者与劳动产品的异化而言,马克思是基于劳动的创造者应该占有其所生产的劳动产品,并有享受自己劳动产品的权力这一价值判断而得出的结论;就雇佣工人与其生产活动的异化而言,马克思是基于工人应该自由自在地进行自己的劳作,并在劳动过程中得到精神的享受这一价值判断而得出的结论;就雇佣工人与其类本质的异化而言,马克思是基于工人应该在劳动中体现自己自由自觉的类本质价值预设而得出的价值判断;就人与人之间的异化而言,马克思是基于人与人之间本身是互爱、互助的关系这一价值准则而得出的价值判断。此外,马克思在异化劳动理论中基于自由自觉的价值预设初步阐明了他对共产主义的理解。他秉持"人的本质活动应该是自由自觉的活动"这一价值尺度对资本主义雇佣劳动的异化现实进行了深刻批判,并通过对资本主义经济事实与其所预设的价值目标进行对比,从而凸显并揭示出了雇佣劳动的异化现象。基于此,马克思进一步阐释了私有制内在的资本与劳动之间的矛盾,并阐发了私有财产与共产主义的关系,初步阐明了共产主义是私有制被否定被扬弃的结果。

第三,马克思对资本主义经济关系进行了批判。在此批判中,他凸显了劳动与资本的对立:工人的劳动是异化的、消极的、被动的劳动,而资本"不会关心"劳动或劳动者,它只会按自己的规律运转。基于劳动与资本的矛盾,马克思进一步揭示了无产者与资本家之间的对立,无产者仅仅只拥有自己的劳动能力或出卖自己劳动能力的权力;而资本家占有劳动资料,占有生产条件。这样,马克思就揭示出了资本主义社会的不公平不公正的生产关系。而对于社会公正公平的追求就是马克思论证的内在线索,只有抓住这样的内在价值取向才能理解马克思对资本主义生产关系的批判。《哥达纲领批判》一文较为突出地体现了马克思在生产关系批判中对价值预设的认识与运用。具体而言,这里较为集中地体现了马克思在生产关系批判中所蕴含的"公平的分配"以及"平等的权利"等价值理念或价值准则等的诉求。而且,马克思在这里揭示了"各尽所能,按需分配"是比"按劳分配"更高的价值预设或价值准则。

真正的共产主义在产品分配方面的价值准则也就是"各尽所能,按需分配"。在恩格斯为《哥达纲领批判》出版所写的序言中就表达了马克思在此手稿中的价值立场。他认为马克思对纲领草案的批判具有"无情的尖锐性"以及"严厉性"等鲜明的价值立场。在《哥达纲领批判》一文中,马克思通过对其党纲的逐条批注,阐明了自己关于生产关系批判的价值立场。他特别批判了哥达纲领中关于"公平的分配"以及"平等的权利"等价值理念,而提出了自己对于"公平的分配"与"平等的权利"等价值理念的理解与认识。马克思在价值取向方面认为要平等地对待每一个人,但他也认识到现实给予每个人的权利应该是不平等的。就权利的认识而言,马克思认为不能将它视为纯粹永恒或单纯抽象的东西,因为它不会超越社会的经济结构和社会经济结构所决定的文化发展。因此,对于平等和公平分配等价值原则的理解与把握也是如此。这里就马克思批判的内容而言是对哥达纲领中关于生产关系的价值取向与价值准则的批判,而就自己的观点而言,也是马克思关于共产主义价值取向与价值原则的构建。需要指出的是,马克思在这里所论述的情形只是"共产主义社会第一阶段"的情形,这一阶段是从资本主义社会中产生出来的,带着旧社会的"痕迹"。因此其分配方式只能是任何的劳动者——在被扣除之后——从社会领到的,正好是他给予社会的,或者说,也就等于他个人的劳动量。① 这里的分配方式就是"调节商品交换",在此种分配方式之下,每个劳动者只能提供自己的劳动,而不能提供其他任何东西;每个劳动者除了领取自己的消费资料之外,也不拥有其他任何可以转化为自己的私有财产的东西。这里的交换原则就是不同形式的等量劳动与等量劳动之间的交换。马克思指出,这里的"平等的权利"仍然局限于"资产阶级的权利"。因为劳动者的权利是由其提供的劳动来决定的;"平等"也是基于同一尺度,即"劳动"来计量的。如果按照劳动来计量的话,那么就得依据劳动的时间与强度来衡量,但是不同的劳动者有不同的体力与智力,也就能从事不同强度与不等时间的劳动。这样,他们之间就会得到不同的"权利"。因此,这里"平等的权利"就预设了劳动者不同的天赋,不同的劳动能力,而得到了"不平等的结果"。由此,马克思指出"这些弊病"是"共产主义社会第一阶段"所

---

① 《马克思恩格斯文集》(第3卷),北京:人民出版社2009年版,第434页。

"不可避免"的。平等的权利决不能超出社会经济结构及其所制约的文化发展。① 由此出发，马克思进一步阐释了"共产主义社会高级阶段"的分配制度。在这一阶段，脑力与体力劳动的对立消失，劳动成为"生活的第一需要"，随着"个人的全面发展""集体财富的一切源泉充分涌流"，每个人都能尽量发挥自身的能力，并按自身需要进行分配。这里，马克思描述了"共产主义社会高级阶段"中，劳动者可以得到全面发展标志着社会个体实现了自由充分的发展；每个劳动者都愿意尽己所能服务社会，这标志着个人道德修养与道德素质的极大提高；整体社会财富按照个人所需进行分配标志着社会个体摒弃了自私自利的观念，而达到了大公无私的精神境界。这里凸显了马克思对共产主义社会的价值原则与价值取向的设想，这既是他对哥达纲领批判的结果，也是他对其批判的立足点。

第四，马克思对资本主义意识形态进行了批判。他与恩格斯研究了资本主义社会的上层建筑领域，他们指出，基于"从事实际活动的人"出发，可描述出来其在意识形态方面的反映。意识形态不过是物质生活过程的升华物，"因此，道德、宗教、形而上学和其他意识形态，以及与它们相适应的意识形式便不再保留独立性的外观了"②。意识或意识形态也就成为现实的有生命的个人的意识。马克思进一步指出，对现实的描述将抽掉"独立的哲学"的生存基础，而且，如果抽象本身脱离历史的现实，那它就没有任何价值。现实社会的解放不是抽象的意识形态或抽象的"词句"的解放，它必然依赖现实的途径来实现。列宁在《什么是"人民之友"以及他们如何攻击社会民主党人？》一文中，论述了批判的马克思主义必然是蕴含价值评判或"人的良心"的评价的。他在批判米海洛夫斯基的唯心史观时指出，批判的马克思主义一方面是认识到并确认人的行为的必然性的，因为依据"决定论"的主张，才可能做出严格正确的价值评价；另一方面，它也不违背人的理智，良心和对其行动的价值评判，但是，不能指望单纯将所有的东西都立足于自由意志来进行解释。③ 这里列宁所讲的"决定论"是指被米海洛夫斯基所歪曲攻击的马克思主义。马克思主义并非不认可或不遵循理性及必然性，它还遵循

---

① 《马克思恩格斯文集》（第3卷），北京：人民出版社2009年版，第435页。
② 《马克思恩格斯选集》（第1卷），北京：人民出版社2012年版，第152页。
③ 《列宁全集》（第1卷），北京：人民出版社1984年版，第129页。

"人的良心",而且也依据价值原则与价值目标对人的行为进行价值判断。列宁在《民粹主义的经济内容及其在司徒卢威先生的书中受到的批判》一文中论述了马克思主义必然是蕴含"党性"或价值立场的。他在批判司徒卢威未能弄清"客观主义"与"唯物主义"之间的区别时深刻阐释了马克思主义是持有价值立场的理论这一观点。他指出,"唯物主义"是肯定现有社会的经济形态及其所产生的对抗关系的;"唯物主义"通过揭露阶级矛盾来确定自己的阶级立场;"唯物主义"是促使其他阶级进行反抗的学说。唯物主义本身就蕴含着党性,它要求在对事物做任何价值评价时都必须直率公开地站在一定社会集体的立场之上。① 这里列宁所讲的"唯物主义"是指历史唯物主义或马克思主义,他言明了马克思主义与司徒卢威的"客观主义"不同,马克思主义是承认并肯定社会的对抗与矛盾的,是持有阶级立场与政治立场来反抗社会不公的理论的。

第五,马克思对资本主义政治制度进行了批判。他与恩格斯指出,无论是资本主义的国家还是法律,都依赖于它的生产资料私人占有的制度。国家只是统治阶层借以实现自身权益的组织形式或实施工具而已,资本主义国家也就是有产者保障或保护自身财产与权益的组织形式或工具。法律也是如此,它不会超出资本主义私有制形式,而且是被私有制所决定、所制约的。马克思与恩格斯认为"现代国家"是与现代私有制相适应的,"现代国家"因为税收而被私有者所控制,因为国债而被私有者所掌握。"现代国家"受到证券市场涨落的调节,因此它完全依赖于私有者所提供的商业贷款。马克思与恩格斯指出,"法国、英国和美国的一些近代作家都一致认为,国家只是为了私有制才存在的,可见,这种思想也渗入日常的意识了。"② 马克思在《资本论》中批判了西欧国家15世纪以来关于惩治被剥夺者的血腥立法。他指出,在15世纪末至16世纪,整个西欧都颁布了惩治流浪者的法律。这些现代工人阶级的祖先都是因为被迫转化为流浪者或需要救济的贫民而受到惩罚。③ 马克思指出西欧国家的劳工法规定:"支付高于法定工资的人要被监禁,但接受高

---

① 《列宁全集》(第1卷),北京:人民出版社1984年版,第363页。
② 《马克思恩格斯选集》(第1卷),北京:人民出版社2012年版,第212页。
③ 马克思:《资本论》(第1卷),北京:人民出版社2004年版,第843页。

工资的人要比支付高工资的人受到更严厉的处罚。"① 马克思还讲到残酷的禁止结社法。他指出，1871 年 6 月 29 日颁布的"关于惩治暴行、胁迫和侵害行为的刑法修正法令"实际上是恢复了残酷的禁止结社法。此种"议会把戏"不按普通法来处理工人在罢工与同盟歇业时可能利用的手段，而是将其纳入特别刑法来处理，而且，这个刑法的解释权被把握在担任治安法官的工厂主本人手中。②

以上粗略论及了马克思主义的批判性及其理论与现实的表现形式。此种批判性与马克思的价值批判方式的内在关联主要表现在如下方面：

第一，价值批判方式为马克思主义的政治经济批判确立了价值目标与价值原则。马克思主义有着崇高的理想，有着伟大的追求。这些理想追求就表现为马克思主义理论与行动的价值取向或价值目标。只有咬定并借助于这些马克思主义的价值目标才能完成对资本主义腐朽思想及其异化现实的深刻批判，才能证成资本主义社会必将被共产主义社会代替这一基本论断。马克思主义的批判是秉持价值原则或价值尺度对资本主义社会进行的全面批判。价值原则在研究者对资本主义社会现实的价值判断与价值选择过程中承担着衡量尺度的功能。马克思主义的价值原则与资本主义的价值原则截然不同，它立足于无产阶级价值立场，为实现共产主义而奋斗。

价值批判方式是马克思主义理论区别于古典经济学理论的显著特征。马克思秉持价值目标与价值原则，基于对资本主义的批判而创建的马克思主义理论不同于古典经济学理论。古典经济学研究者，尤其是马克思所指认的庸俗经济学家，他们一般试图保持价值中立而着力于研究资本主义经济的效率以及市场经济规律。他们试图找到资本主义经济现象内在的不依赖人的意志而发生转移的经济规律。但是，此种缺乏先进价值目标与价值原则指引的研究最终倒向资产阶级的怀抱。他们竭尽全力为资产阶级及其雇佣劳动制度而辩护，他们歪曲否认资本主义社会活生生的异化事实，甚至得出资本主义社会的经济制度是和谐的，是永世长存的结论。

同理，价值批判方式也是马克思主义理论研究区别于自然科学理论研究的显著特征。秉持价值目标与价值原则的马克思主义批判理论也不

---

① 马克思：《资本论》（第 1 卷），北京：人民出版社 2004 年版，第 848 页。
② 马克思：《资本论》（第 1 卷），北京：人民出版社 2004 年版，第 850 页。

同于自然科学理论。自然科学研究一般致力于求真而强调价值中立，强调在科学探索中排除人为干扰因素，强调排除人所带有的价值目标与价值意识，以保持研究过程与研究结果的纯粹客观性。这与马克思主义致力于求善与求真的统一，而融入价值目标与价值原则来探寻社会发展规律的社会理论是有本质区别的。

第二，无论是批判理论，还是批判行为，它往往表现为一种相对于社会事实而做出的价值选择或价值判断。批判必然要对批判的对象做出善恶、好坏或者美丑等价值判断，从而褒扬或者贬斥它。因此，批判理论的建构离不开价值预设及其相关的价值判断与价值选择所组建起来的价值体系，而批判行为往往就是研究者的一种价值选择与价值判断的实践。

马克思借助于"消灭剥削、共同富裕"的价值目标证成了他对于资本主义生产资料分配的不平等、不公平的价值判断。他借助于"自由自觉"的人类活动特性的价值原则证成了雇佣劳动制度下无产者在劳动中失去自由自主权力的异化劳动现实的价值判断。他借助于"全面发展"的人类发展价值目标与价值原则证成了资本主义社会劳动分工的固定化而导致工人片面发展的价值判断。它借助于"共产主义"的价值预设揭示了无产者必然推翻资本主义政权及其制度而建立自由人联合共同体的价值判断。

马克思在坚持价值目标与价值原则而对资本主义社会现实做出价值判断的同时，实际上是对资本主义社会进行全方位的深刻批判。这些价值目标与价值原则所组成的价值体系以及马克思主义经典作家依据这个价值体系所做出的价值判断，组成了马克思主义独具特色的社会批判理论。

第二节　赋予马克思主义
人类解放目标与社会规律的统一

马克思主义理论的目标在于致力维护无产阶级和广大人民群众的根本利益，实现人民的全面自由发展，着眼解放全人类。此目标与人类社会的演进规律具有内在统一性。主要表现在两个方面：一方面，马克思主义在实现人类解放这一价值目标的指引下对人类社会发展规律进行了科学揭示；另一方面，马克思政治经济学批判实现了无产阶级利益与人类社会发展历史规律的统一。

第一，马克思主义在实现人类解放这一价值目标的指引下对人类社会发展规律进行了科学揭示，体现了人类解放目标与社会发展规律的辩证统一。

马克思揭示了生产力决定生产关系、经济基础决定上层建筑，后者又反作用于前者的社会发展规律。这条规律体现了生产力是社会发展过程中的决定性能动力量。马克思认为，恰恰是由于生产力的永恒发展，人类社会才能实现其彻底解放自身的伟大目标。反之，马克思主义经典作家也只有在实现人类解放价值目标的指引下，才能揭示人类社会发展的一般规律和资本主义社会向社会主义社会、共产主义社会转化的规律，或者说只有在此价值目标的指引下才能创立历史唯物主义、剩余价值理论和科学社会主义理论，并使自己的理论具有科学性。

马克思主义作为科学世界观得到了众多学者的认可与赞同，并有诸多学者分析了其科学性的表现。远志明和薛德震[1]认为马克思的学说不仅包含价值批判的成分，而且包含科学成分。他们认为马克思主义的科学成分主要体现于以下方面：一是马克思对资本主义的批判并未停留于纯粹的价值批判，而是得出了资本主义社会必然灭亡的科学结论。二是马克思基于唯物史观的基本原则证成了资本主义社会必然灭亡的客观必然性。一方面，他从无产阶级物质的需要、解放的需要及其解放自身的能力说明了这一社会的发展规律；另一方面，他从社会生产力的必然发展说明了这一社会发展趋势。三是他揭示了革命实践具有决定性的意义。四是他肯定了实践主体——无产阶级。这四个方面体现了马克思学说的整体性与连贯性，也体现了马克思看到了革命的必要性，证成了其历史必然性，揭示了革命途径，找到了其物质承担者。

科学应具备明确研究对象；具备一系列原理、判断和命题；这些原理、判断和命题组成一个逻辑体系这三个条件，黄楠森[2]认为马克思主义具有科学性。它主要体现在以下方面：一是因为它具有明确的研究对

---

[1] 远志明、薛德震：《马克思主义的科学性与价值观》，载《哲学研究》，1983年第5期，第37—44页。

[2] 张西立：《马克思主义哲学的科学性不可否定——访黄楠森》，载《求是》，2001年第5期，第47—50页。

象。他认为马克思主义包含世界观、认识论与历史观三门科学。世界观的研究对象是整个世界；认识论的研究对象是认识现象；历史观的研究对象是人类社会。二是因为它提出了诸多基本正确的命题。马克思主义的具体内容会随着自然进化与社会发展而不断发展，但其基本观点是正确的。三是因为马克思主义是一个严谨的体系。它的世界观、认识论和历史观构成了一个整体，而且，这三个部分也是逻辑严谨、自成体系的。

以上学者从各自视角揭示了马克思主义的科学性：远志明和薛德震认为马克思对资本主义的批判除了道德批判之外，还有历史批判，即对资本主义社会必然被共产主义社会代替这一观点的证成。这是对社会发展规律的科学揭示。黄楠森依据对科学的一般理解揭示了马克思主义所具有的科学性。

需要指出的是，当前有不少学者依据实证主义的一些理论原则认为马克思主义不具备科学性。殊不知，实证主义在科学的标准这一关键问题的探讨中本身就未能得到一致公认的结果。其探讨的历史演进的结果是逐步否定了自己的理论前提，并否定了以往对科学标准纯粹价值中立的认识，而趋向认同事实与理论的相互渗透以及事实与价值的相互渗透。如 N. 汉森（N. R. Hanson）认为观察和事实都是渗透着理论的，中立的观察语言并不存在，观察本身就是观察者与观察对象相互作用的过程。另如，让·皮亚杰（Jean Piaget）认为认识是主客体之间相互建构的过程，主体在此过程中逐步建立起自身的思维结构，再用此结构来逼近客体结构，每一次建构都将认识提高到一个新水平。让·皮亚杰还指出，任何的一门科学总是处于不完善之中，处于建构之中。

因此，对于马克思主义科学性的理解判断不是套用某种学派或理论的价值取向与价值标准就能够轻易解决的问题，也不是研究者单纯依据自身的价值判断或价值目标能够轻易解决的问题。马克思主义的科学性应该有自己的标准，而且，应该有自己对科学的理解与把握。笔者认为，马克思主义的科学性不是体现于它单纯的合逻辑，也不是体现于它单纯的合事实，而是体现于它在对事实的理解、判断和诠释中介入了解放全人类的价值目标与价值原则。

马克思主义关于社会形态的划分理论揭示了人类社会发展既是一个自然历史过程，也是融入人类所特有的价值意识的发展过程。马克思依据经济社会形态将人类历史所经历的社会形态分别划分为三种与五种社会形态。三种社会形态包括依次更替的、以人的依赖关系为基础的社会形态；以物的依赖关系为基础的社会形态；以人的全面发展及其共同生产力成为社会财富为基础的社会形态。五种社会形态包括依次更替的原始社会、奴隶社会、封建社会、资本主义社会和共产主义社会。马克思将经济社会形态的发展过程理解为一种自然史的过程。① 这也就是认为人类社会发展像自然界的发展一样，是客观物质的过程，是辩证发展的过程，具有不依赖人的意志而改变的客观规律。同时，我们应该看到，马克思在此设想的以人的全面发展及整个社会共同生产能力作为社会财富为基础的社会形态和共产主义社会形态，都是对未来社会的价值预设。此种最终将要实现的社会形态是马克思心目中的价值理想。在很大程度上，马克思正是秉持实现全人类解放的价值目标而做出社会形态划分理论的科学论断的。

人们在某一社会形态下生活时，他们所处的社会形态是既定的，是不可改变的。但之后，人们可以根据自身的价值目标与价值原则来改变原有的生产力或生产关系。正如恩格斯所阐述的"合力论"思想②所述，虽然人类社会发展的历史规律不依人的意志改变而改变，但必须承认历史不单是自然所自为形成的，而是人们创造的。因为社会发展规律与自然规律不同，社会发展规律既受到社会物质因素的制约，又受到人的思想意识因素的制约。而且，在社会历史领域中活动的人都是有意识、会思考或者是凭借激情而追求各种价值目标的人，任何事情的发生也是如此，它总是蕴含着自身的意图和预设的价值目标。在社会历史领域中，每一个人都受到自身多方面需要与欲望的制约，对其需要与欲望的追求与向往，就形成了一个单一的力。在整个社会发展潮流中，所有人的欲望与需要整合起来就形成了众多的、复杂的，甚至是相互冲突重叠的力。这就是社会发展过程中的"总的合力"。而且，每一个人的意志都对这一合力起到了一定作用。恩格斯的合力论思想揭示了人类社会的发展过程不仅仅是自然史的过程，而是有人的意志与意识因素介入的发展过程。这一意志与意识因素就表现为人们在社会发展过程所做出的价值判断与价值选择等价值意识，也表现为社会发展过程中的价值目标与价值原则等。人类社会最终要实现共产主义，实现人的全面发展，这就是在实现

---

① 马克思：《资本论》（第1卷），北京：人民出版社2004年版，第10页。
② 《马克思恩格斯选集》（第4卷），北京：人民出版社2012年版，第253—254页。

全人类解放的价值目标指引下所得出的结论。

在异化劳动理论中，马克思借助于实现人类解放的价值目标揭示了资本主义社会向共产主义社会发展的必然规律。在《1844年经济学哲学手稿》中，马克思基于人类活动本该是自由自觉的价值预设论证了资本主义社会经济异化的现实。接下来，通过剖析异化劳动与私有财产的关系，揭示了其内在的劳动与资本之间的矛盾，并基于这一对矛盾的发展演变，阐明了资本主义社会向共产主义社会发展的必然性。这里马克思在实现人类解放这一价值目标的指引下，基于资本主义经济事实论述了其异化现实必然将发展到消灭私有制，消灭人与人之间的剥削与压迫的更高级社会状态。

在《论犹太人问题》一文中，马克思立足于实现人类解放的价值目标对资产阶级所理解、所认可的价值原则与价值取向进行了深刻批判，从而揭示了资本主义社会走向共产主义社会的必然性。

马克思指出，资产阶级坚持和赞赏的民主、自由以及人权等一系列价值原则或价值理念是建立于一种人与人之间抽象关系的理解之上的，或者说是建立于"单子"①式的人际关系的理解之上的。资产阶级对此价值原则或价值理念的理解仅仅停留于抽象形式的理解，而未能将此抽象形式的价值"介入"到现实的具体事实之中。此种价值的介入或融合，是真正理解或实现人类解放的必要前提。

马克思立足于人类解放的价值目标批判了资产阶级关于自由内涵的界定，指出此种自由并非建基于人与人之间的结合，而是建基于人与人之间的孤立，并且指出此种自由只是私有财产的自由。他利用"1793年宪法"②中"人权与公民宣言"条款对自由的规定作为展开批判的基础。这里资产阶级理解的自由是指可以做任何不伤害其他人的事情的权利。马克思指出，此处所讲的每个人不损害其他人能够进行活动的范围或界限是由法律规定的，此种自由就是人作为封闭的和孤立的"单子式自由"。它不是"建立在人与人相结合的基础上，而是相反，它建立在人

---

① "单子"是莱布尼茨（Gottfried Wilhelm Leibniz）所提出的概念，是指一种力或能的、单纯实体的、有活动能力的、没有广延的、形而上学意义的点的存在；单子与单子之间不存在依赖关系以及相互作用的因果关系；单子按照自己具有创造性的意图而运动并形成这个有秩序的世界。

② 《马克思恩格斯文集》（第1卷），北京：人民出版社2009年版，第40页。

与人相分隔的基础上"①。可见，此种单子式的自由权利体现为一种被分隔的狭隘权利，其囿于自身的单个人的权利。对自由人权的实际应用就体现为私有财产这一人权。马克思在这里指出了资产阶级的自由不是建基于主体间的具体或感性生活的基础，而是建基于资产阶级孤立的、片面地对自由的一种形而上学式的抽象理解。此种权利体现为一种被"分隔"的权利或者局限于个体的狭隘权利。就其本质而言，此种自由就是资本家或者"私人财产"的自由。"私人财产"是与其他人无关的，并且不受制于社会其他因素影响而处理或使用自己财产的权利，是一种自私自利的权利。

马克思立足于实现人类解放的价值目标对资产阶级所坚持的平等这一价值原则进行了批判，他指出资产阶级坚持平等原则的目的在于维护他们自己的私利，并指出资产阶级的平等原则既限制了人的独立性，也未体现出人的类本质特征。他认为资产阶级所坚持的此种平等原则是指每一个社会个体被同等视为独立自足的单子式的人。诸如平等、自由以及安全在内，马克思认为任何的资本主义所谓的价值尺度或价值目标都未能超出"利己的人"，都未能超出囿于私人利益和私人任意的行为或孤立脱离共同体的个体。此种价值选择或价值原则并未体现人的类本质特征，而是显现为对他们原来就有的独立性的限制或抑制。主体间发生联系是因为其需要与私利，或是出于对其财产或人身的保护。② 这里马克思指出了资本主义社会将人片面地理解为"单个存在物"，去除了人的社会性与关联性。这样，人的本性就顺理成章地被理解为自私自利的。这就构成了为资本主义私有制进行辩护的基础，也是其奴役与压迫工人阶级这一价值取向或价值目标的理论基础。

马克思进一步揭示资本主义社会此种抽象形式的自由不过是一种"空洞形式"。他指出，在资本主义社会，自由这一人权如果与政治生活发生矛盾，它就会失去权利的身份。③ 可见，政治生活作为人权的保障只是就理论或抽象方面而言的，如果两者冲突，被抛弃的必定是自由。马克思对其进行了举例说明，资本主义一方面将安全宣布为人权，但是另一方面又侵犯通信秘密；一方面宣布新闻出版自由，另一方面又取缔

---

① 《马克思恩格斯文集》（第1卷），北京：人民出版社2009年版，第41页。
② 《马克思恩格斯文集》（第1卷），北京：人民出版社2009年版，第42页。
③ 《马克思恩格斯文集》（第1卷），北京：人民出版社2009年版，第43页。

新闻出版自由,如此等等。这都说明了资本主义社会关于价值原则的虚伪性或形式化。

马克思在《论犹太人问题》一文的结尾讲到只有实现抽象公民与现实公民相统一;只有实现个人的经验生活、个人劳动及主体间关系与类本质相统一,只有实现个人的具体力量与社会力量相统一的情况下,人类的解放才能实现。① 此处,马克思指出单纯谈论单子式的"抽象的公民"这一价值预设只是为私有制继续存在辩护,要实现"人的解放"这一价值目标,必须具备以下条件:一是要将此种抽象式的价值预设"复归"或统一于现实;二是个人在实际生活、社会劳动以及处理人与人之间关系的时候,已经成为"类存在物"或实现了自身的类本质;三是个人认识到自身就本质而言就是社会性的存在,由此认识到自身的力量就是社会的力量;四是将自身力量与以往作为政治力量形式的社会力量相分离,并将此种个人力量组织起来。这里的每一个条件都蕴含着将抽象价值形式统一于具体现实,蕴含着抽象的社会形式复归于个体实际生活,并且,指出此种事实与价值的结合或统一都是指向最终的目标——"人的解放"。

列宁秉持实现人类解放的价值目标对自由的内涵进行了揭示,他指出,实现自由的前提在于人民真正掌握了属于自己的政权。在批判《新时报》歪曲自由的含义时,列宁指出,只有人民能真正毫无阻挠地进行集社、集会、办报、亲自颁布法律、亲自选举和撤换一切国家公职人员时,作为价值追求的自由才能得到保障。或者说,人民的自由仅仅只在国家政权完全真正属于人民时,才能完全真正得到保障。② 自由这一价值目标或价值原则不是抽象的存在,它与拥有自由的事实是统一的。只有人民实实在在获得了自由权利,才能称之为实现了自由;只有人民掌握了国家完全的权利或政权,才能实现真正解放。

第二,马克思基于维护无产阶级及广大人民群众的根本利益,揭示了人类历史的发展规律,实现了人民群众根本利益与人类历史发展规律的辩证统一。

马克思与恩格斯从多个维度揭示了人类社会发展的历史规律。他们指出人类社会发展不仅在同一阶段具有共同性,而且一般都会经历从低

---

① 《马克思恩格斯文集》(第1卷),北京:人民出版社2009年版,第46页。
② 《列宁全集》(第13卷),北京:人民出版社1987年版,第67页。

级到高级不同社会形态的发展历程。

在人类社会的演进过程中,无产阶级的根本利益体现为人类社会基本的价值诉求或价值取向。他们是现代化、工业化历史进程中产生的,是现代社会化大生产的代表者。他们的价值诉求、价值取向体现着整个社会的历史演进方向和发展趋势。无产阶级要实现自身解放,实现自身的价值目标与价值追求,必然要科学地认识整个世界,认识整个社会的演进与发展的内在规律。对社会发展规律与趋势的认识与理解表现为无产阶级革命的前提条件,只有深刻认识并运用社会发展规律,才能使其在无产阶级革命中发挥重要作用,并最终起到维护无产阶级根本利益的重要作用。无产阶级根本利益代表着绝大多数人的利益,本身就体现了社会的整体价值诉求,因此,无产阶级的价值诉求也表现为社会历史整体发展的价值目标与价值原则。

由此可见,历史规律根源于无产阶级维护自身根本利益的革命斗争与价值追求,并借助于实现此种价值追求的斗争与革命活动而体现出来;无产阶级对根本利益的价值追求又必须以历史发展规律为前提、为指导。只有依靠对历史规律的正确认识与运用,才能实现无产阶级对其根本利益的追求。

一方面,恩格斯在《路德维希·费尔巴哈和德国古典哲学的终结》一文中揭示了无产阶级根本利益与人类社会发展的必然趋势具有一致性。他指出德国人对科学与理论的兴趣只是在工人阶级中还未衰退,而且,它在工人阶级中是根除不了的。"科学越是毫无顾忌和大公无私,它就越符合工人的利益和愿望。在劳动发展史中找到了理解全部社会史的锁匙的新派别,一开始就主要是面向工人阶级的,并且从工人阶级那里得到了同情,这种同情,它在官方科学那里是既没有寻找也没有期望过的。"[①] 这里恩格斯所论及的科学与理论是指社会发展的客观规律,此种规律是以无产阶级的根本利益为价值取向的,并得到了无产阶级真正的支持与拥护。此种科学规律在资产阶级的学问中无法找到,而且也不要拥有找到它的奢望。因为,此种科学是符合无产阶级根本利益和愿望的,而不是替资产阶级压迫与剥削无产阶级的雇佣劳动制度进行辩护的。尤为重要的是,这里不仅揭示了无产阶级是社会化大生产趋势的产物,也

---

① 《马克思恩格斯选集》(第4卷),北京:人民出版社2012年版,第265页。

是其代表,还揭示了社会生产力的发展是人类社会发展的必然趋势。在《共产党宣言》的序言中,恩格斯指出此作品虽是他与马克思共同的作品,但其核心的基本思想是马克思的。在此,恩格斯总结了马克思这一思想,其中指出无产阶级只有使整个社会摆脱压迫与剥削并消灭阶级斗争,才能使自身得到彻底解放。[1]

恩格斯以上所提出的观点在马克思的异化劳动理论与"资本主义积累的历史趋势"的分析中也有不同程度的揭示。在《1844年经济学哲学手稿》中,马克思指出共产主义的实现实质上就是私有制或私有财产的否定或扬弃,或者说是异化劳动的否定和扬弃。这里,他对共产主义社会发展趋势的揭示体现了其对无产阶级根本利益的追求。马克思基于异化劳动理论,层层递进论述了"私有财产的关系""私有财产与劳动""私有财产与共产主义"等内容。在"私有财产与共产主义"这一部分内容中,马克思论及共产主义是对私有财产的扬弃,是历史发展规律的必然趋势,此种发展趋势又是无产阶级摆脱异化的价值追求的体现。他指出共产主义是私有财产或者异化劳动的"积极扬弃",此种扬弃的价值取向在于"为了人"以及"真正占有人的本质"。"为了人"是指为了实现无产阶级的根本利益,而"真正占有人的本质"是指劳动者的劳动过程不是一种被压迫、被剥削和被强制的劳动,而是一种自主的、有意识的、自由的,并实现自我充分全面发展的活动。由此可见,共产主义也是一种"合乎人性"的回归,此种回归是基于以往社会条件发展的基础之上而自觉地实现的或生成的。共产主义与自然主义、人道主义有着内在关联性,作为"自然主义的完成"的共产主义就是人道主义,作为"人道主义的完成"的共产主义就是自然主义。这里自然主义是基于自然的、社会的历史发展规律而言的,而"人道主义"是就无产阶级的根本利益或其彻底解放的人性角度而言的。如果自然的、社会的历史规律得到清晰的认识,得到充分的尊重,其就会"合乎人性",而体现出人道主义了,或者说是自然的、社会的历史规律与人道主义的价值取向与价值选择就达到一致了。这样就彻底解决了人与客观对象之间以及主体间的矛盾、人的物化或对象化与人的类本质的确认、人的自主自由与历史规律的必然、作为个体的人与作为类本质的人——这一系列的矛盾。

---

[1] 《马克思恩格斯选集》(第1卷),北京:人民出版社2012年版,第385页。

另外，马克思在论及共产主义与无神论之间的关系时，指出共产主义这一价值追求与工人阶级对其根本利益的追求是不可分离的。他认为，共产主义始于欧文的无神论，欧文那时的无神论还只是一种抽象理论，那时，无神论所阐释的博爱还只停留于哲学和抽象的博爱，"而共产主义的博爱则径直是现实的和直接追求实效的"①。共产主义的价值追求并非是脱离对无产阶级根本利益的现实追求，由此，无产阶级根本利益的实现正体现于对共产主义这一价值目标的追求过程之中。

在《资本论》中，马克思论述了"资本主义积累的历史趋势"。在对这一历史趋势的分析中，他揭示了无产阶级最终占有社会财富，实现社会公有制，是资本主义私有制历史发展的必然。无产阶级的根本利益与革命运动的历史规律也就达成了一致。资本主义私有制源于"以自己劳动为基础"或个人私有制的解体。以自己参与生产为基础的私有制表现为生产者是自己的劳动条件或生产资料的所有者。如农民是自己所拥有的农具或所劳作土地的所有者；手工业者是自己所使用的工具及其生产原料的所有者。② 此种私有制的特征在于其是一种分散性的而且规模很小的经营。当其充分发展，并否定自身的时候，就成了社会性、积聚性的生产方式。多数"小财产"就转化为少数"大财产"。这就是资本之前的发展史。在雇佣劳动制度下，劳动者就转化为无产者，无产阶级发展起来，资本越来越集中到少数资本家手中，生产规模不断扩大，劳动协作形式日益发展。伴随着剥夺与垄断过程中资本巨头的减少，剥削、困苦和压抑程度相应加深，这样，基于资本主义生产过程所产生的无产者日益壮大，其反抗与斗争也不断地增长。③ 资本的剥削与垄断成了其生产方式的桎梏，资本主义的外壳已经不能够容纳生产资料的不断集中与劳动不断社会化这一内在矛盾了。由此，"剥夺者就要被剥夺了"。如果将资本主义私有制对"以自己劳动为基础"或个人的私有制的否定称之为第一个否定，那么由于生产不断发展的自然性与必然性还会否定自身，这便是"否定的否定"。这就形成了在协作与对生产资料共同占有基础上的"社会所有制"，其根本特征是"人民群众剥夺少数掠夺者"④。

---

① 马克思：《1844年经济学哲学手稿》，北京：人民出版社2000年版，第82页。
② 马克思：《资本论》（第1卷），北京：人民出版社2004年版，第872页。
③ 马克思：《资本论》（第1卷），北京：人民出版社2004年版，第874页。
④ 马克思：《资本论》（第1卷），北京：人民出版社2004年版，第874—875页。

这样，劳动者不仅在生产资料占有方面实现了自身价值追求，而且，在生产关系地位方面也实现了自己的价值追求。此类价值目标的实现离不开劳动者对资产阶级压迫与奴役的反抗与斗争。因此，劳动者追求自身价值目标并实现自身价值的历史构成了他们与压迫者、统治者的斗争史。

另一方面，无产阶级只有接受人类社会发展规律这一科学理论的指导，并摆脱资产阶级意识形态的束缚，才能科学认识社会，掌握社会发展规律，并使自己的社会实践自觉与人类社会发展的必然趋势保持一致。在《哲学的贫困》一文中，马克思论及了"无产阶级的理论家"对历史发展规律的认识及其与无产阶级根本利益价值追求之间的关系。他认为在无产阶级还没有发展成为一个"自为的"、能站稳脚跟的阶级，其与有产者之间的斗争还未具有政治性，及其生产能力的发展还未能为无产者的解放与建立新社会准备好充分物质条件之前，无产阶级理论家只会停留于"悬想"水平，他们为满足无产者的需要而想象出了诸多样式的理论，并企图揭示社会革命的内在线索。但伴随社会演进与无产者斗争逐步显明，他们就无须基于自身头脑而寻找理论了。他们只需关注观察面前所发生的事情，并将其表达出来就可以了。① 当无产阶级还局限于探寻历史规律或忙于创建理论体系的时候，历史还处在无产阶级与资产阶级斗争的起始阶段。在这一阶段，无产阶级理论家认为无产者他们不过是无产者，并未看到他们能够推翻资产阶级政权，建立自己政权的这一方面。如果无产阶级理论家看到了无产者能动的、积极的和革命的一面，那么，由无产者革命运动产生出来并充分自觉地参与到无产阶级革命运动中的社会发展规律就不再是"空想"了，而是体现革命的历史规律的科学了。马克思在这里一方面揭示了无产阶级根本利益的现实发展或价值诉求只有演进到一定程度或一定时期，无产阶级理论家才能认识到无产阶级革命的历史规律；另一方面，也只有无产阶级理论家认识到，并遵循社会的、历史的发展规律并且充分自觉参与，无产阶级才能通过革命获取自身的应得利益，实现自己的根本解放。

在《哲学的贫困》一文最后，马克思基于工人同盟必然性发展的历史趋势，揭示了其代表着、维护着无产阶级的根本利益。他描述了工人

---

① 《马克思恩格斯文集》（第1卷），北京：人民出版社2009年，第616页。

同盟不可抑制的发展：同盟不停地随着现代工业化的步伐发展与成长，并日益扩大。工人同盟的发展为工人争取自己的利益，实现社会的最终解放打下了坚实基础，准备了前提条件。马克思描述了英国的工人同盟，工人们不仅仅组织一些"局部性的联盟"，还建立了"经常性的联盟"，即工联。工联主要是工人同企业主进行斗争的组织。在工联的基础上还组织了"全国职工联合会"。此种工联的组织与其政治斗争是相辅相成，紧密联系在一起的。同盟的价值目标在于："消灭工人之间的竞争，以便同心协力地同资本家竞争。"① 同盟的最初目的在于维护工资，但后来由于资本家的压制，工人就逐渐联合起来，成为更大的集团。这样，工人就成了一个"自为"的阶级，他们维护的利益就构成了他们所在的阶级利益，他们维护自己的联盟甚于维护自己的工资，他们的联合就具有了政治意义。基于以上分析，马克思最后指出，解放无产者必然会伴随新社会或新政权的建立，如果要让无产者能解放自身，就必然使社会生产能力与其生产关系不再并列存在。② 工人同盟运动的最终结果就是解放工人阶级，使之不再停留于被奴役、被压迫的境地，并建立新社会。工人政权的建立不仅是无产阶级根本利益得以实现的基本保障，也是无产阶级根本利益的本身。

同样，在《俄国对土耳其的政策。——宪章运动》一文中，马克思也指出，一个以阶级对抗作为基础的社会，如要阻止奴役与剥削，就必然要接受战斗。③ 以使我们不至于成为没有思想的、冷漠的"生产工具"。革命的批判与斗争是为了无产者的利益，是为了解放无产者。战斗与革命的历史过程与无产阶级的根本利益是一致的。

第三节　赋予马克思主义理论研究
与革命斗争的统一

马克思的价值批判方式不仅体现在理论认识方面的价值准则与价值评价的融入，而且也体现在革命斗争的能动性与可能性当中。人们对于理论的认识离不开革命斗争的基础，而社会活动与革命活动也离不开理

---

① 《马克思恩格斯文集》（第1卷），北京：人民出版社2009年，第654页。
② 《马克思恩格斯文集》（第1卷），北京：人民出版社2009年，第655页。
③ 《马克思恩格斯全集》（第12卷），北京：人民出版社1998年版，第185页。

论的指导。这两者在实践基础上得以统一,是同一过程的两个方面。两者的统一构成了马克思主义的内在理论品质。

马克思提出的"理论必须掌握人民群众"体现了马克思主义理论研究与革命斗争的辩证统一。马克思提出的"理论必须掌握人民群众"这一观点是指革命理论必须成为群众实践活动的有机组成,并进一步转化为社会存在而成为它的有机构成。他的这一观点体现在《〈黑格尔法哲学批判〉导言》中。他讲到,"批判的武器"不同于"武器的批判",反动的物质力量不能指望依靠纯粹的理论批判来摧毁。"但是理论一经掌握群众,也会变成物质力量。"① 他还指出,如果理论能够说服人民群众,那它就能够掌握人民群众,只要理论是彻底的或者是抓住了事物的根本,那么,理论就能够说服人。究其实质,马克思在这里所论述就是理论与实践之间的关系问题,他指出了单纯的理论批判不能够解决革命的实际问题,而只有将革命理论融入革命现实,使人民群众认可并且掌握革命理论,革命理论的作用与影响才能发挥出来,才能真正掌握人民群众,才能变为物质力量。

马克思认识到革命理论不是自然而然就能够掌握人民群众并变为物质力量的。因为理论对人民群众的掌握程度还决定于理论满足人民群众现实需要的程度。如果要使人民群众的理论需要直接变为实践需要,"光是思想力求成为现实是不够的,现实本身应当力求趋向思想"②。马克思在这里指明,要实现理论与实践的统一,单纯从思想方面或理论方面来努力探索社会现实是不够的,此种统一还需要社会实践或社会现实对思想理论有直接的需求与渴望。

卢卡奇进一步对马克思所论及的理论与实践统一问题进行了探讨。他认为此问题的关键在于发现马克思主义理论掌握人民群众的方法以及将革命理论转变为革命工具的"环节和规定性",在于从理论掌握人民群众的方法及其对象的关系中抽象出"理论的实际本质"③。如果做不到这一点,理论掌握人民群众就沦为一句空话。因为人民群众在社会实践中会受到完全不同的各种力量驱使,会具有不同的现实需要与内在愿望,

---

① 《马克思恩格斯选集》(第1卷),北京:人民出版社2012年版,第9页。
② 《马克思恩格斯选集》(第1卷),北京:人民出版社2012年版,第11页。
③ 〔匈〕卢卡奇:《历史与阶级意识——关于马克思主义辩证法的研究》,杜章智等译,北京:商务印书馆2011年版,第49页。

会去追求不同的价值目标。在此情况下，理论相对于他们而言，只具有偶然意义。

那么，实现理论与实践统一的前提条件是什么？卢卡奇认为，其一，革命意识的产生是历史过程为达到自身目标而必须采取的决定性步骤。卢卡奇指出这里的目标源于人的意志，但不是人的任意想法，也不是人单纯在精神方面的创造。其二，革命理论的作用致力于使此步骤付诸实施。其三，出现一个阶级，他们要维护自身权益就必须正确认识整个社会的发展规律。其四，这个阶级对自身的认识实际上就是对整个社会的认识。其五，这个阶级是认识主体与认识客体的统一，按此方式，革命理论直接地、充分地作用于社会的变革过程。① 卢卡奇认为以上条件随着无产阶级在历史舞台的崭露头角而出现了，而且，就马克思主义理论本质而言，它就是革命实践的反映或表现，或者说是对革命实践每一阶段的记录，同时，其所记录的思想也就是下一个革命实践阶段到来的必要前提。

卢卡奇接下来论证了理论与实践是如何统一的这个问题。他认为革命辩证法的中心问题在于改变现实②，而且，他援引马克思与恩格斯的话进行了论证：恩格斯曾指出，辩证法一方面是关于外部世界的规律；另一方面是关于人类思维的运动规律，这两方面是在本质上是统一的。马克思也曾指出，在研究经济范畴发展的同时，应该时刻把握住范畴表现及其生存条件。

卢卡奇指出，不论对"事实"进行多么简单的列举，其本身就是一种"解释"。而且，在这里，事实就已经成为一种理论，它被一种方法所把握，并被从其所处的生活联系中抽出来，放入到一种理论中去了。③ 他认为不存在抽象的、孤立的事实，其总是处于生活实践之中，因此，辩证法坚持整体的具体统一性，而不考虑孤立的事实及其导致孤立事实的局部体系。他认为辩证法坚持最普遍的抽象总是产生于具体发展最丰富的地方，而具体之所以被称之为具体是因为其是诸多规定的综合这一

---

① 〔匈〕卢卡奇：《历史与阶级意识——关于马克思主义辩证法的研究》，杜章智等译，北京：商务印书馆2011年版，第50页。
② 〔匈〕卢卡奇：《历史与阶级意识——关于马克思主义辩证法的研究》，杜章智等译，北京：商务印书馆2011年版，第51页。
③ 〔匈〕卢卡奇：《历史与阶级意识——关于马克思主义辩证法的研究》，杜章智等译，北京：商务印书馆2011年版，第53—54页。

基本观点,这就是卢卡奇提出的"具体的总体"①。此种方法不拒绝承认资本主义内在的生产力与生产关系之间的对抗与矛盾,而承认此种矛盾是必然产生的,并为此种矛盾的发展指明道路,揭示人类社会发展的"真正趋势"②。此种方法将历史理解为一个统一的过程,但不是将其理解为无差别的统一或同一。

卢卡奇认为,马克思主义理论源于无产阶级"直接的和自然的"生活原则,其对社会现实的总体认识源于无产阶级的政治立场。无产阶级绝不是社会实践或革命活动的旁观者,他们"不单纯是这一总体的行动的和受苦的部分,而且它的认识的产生和发展同它本身在历史进程中的产生和发展只是同一实际过程的两个不同的方面"③。这里言明了无产阶级的社会实践不是与其理论认识分离开来的,而是统一于同一个历史进程之中的。

卢卡奇认为,对资本主义社会腐朽本质的洞见愈深刻,无产阶级的力量就愈增长。真理是无产阶级取得革命胜利的武器,真理越是义无反顾,无产阶级革命实践就越能取得胜利。④ 而且,他还指出,由于不推翻消灭阶级社会,无产阶级就不可能得到解放,因此,无产阶级的阶级意识除了要与对社会本质的揭示联系起来,还必须实现理论与实践的愈来愈内在的统一。无产阶级的意识形态不是扛着去进行革命的旗帜,也不是革命的真正价值目标的外衣,"而就是目标与武器本身"⑤。卢卡奇揭示了马克思主义理论只有愈彻底、愈义无反顾地反抗垂死挣扎的资产阶级,才能促使革命取得胜利,其不是脱离革命实践的外衣,而就是革命实践本身。

卢卡奇认为理论与实践的统一还表现在实现全人类解放这一总体性的价值目标上。社会实践中总是存在着经济斗争、政治斗争以及文化斗

---

① 〔匈〕卢卡奇:《历史与阶级意识——关于马克思主义辩证法的研究》,杜章智等译,北京:商务印书馆2011年版,第59页。
② 〔匈〕卢卡奇:《历史与阶级意识——关于马克思主义辩证法的研究》,杜章智等译,北京:商务印书馆2011年版,第60页。
③ 〔匈〕卢卡奇:《历史与阶级意识——关于马克思主义辩证法的研究》,杜章智等译,北京:商务印书馆2011年版,第74页。
④ 〔匈〕卢卡奇:《历史与阶级意识——关于马克思主义辩证法的研究》,杜章智等译,北京:商务印书馆2011年版,第131页。
⑤ 〔匈〕卢卡奇:《历史与阶级意识——关于马克思主义辩证法的研究》,杜章智等译,北京:商务印书馆2011年版,第134页。

争等矛盾之间的对抗，存在着最高纲领与最低纲领之间的对抗，存在着具体方面与总体方面之间的对抗。因此，他认为革命的态度就是将个别因素纳入对总过程的考察之中，并使其与最终目标联系起来，而且，只有与最终目标联系起来才能具体地有意识地超越资本主义社会。① 这里的最终目标也就是马克思主义的价值目标，即实现全人类的解放。无产阶级的革命实践只有在此总体性目标的指引与统领下，才能真正实现与马克思主义理论的结合与统一。

关于马克思主义理论与实践的统一这一论断，列宁曾指出：马克思主义理论"对世界各国社会主义者所具有的、不可遏止的吸引力，就在于它把严格的和高度的科学性（它是社会科学的最新成就）同革命性结合起来，并且不仅仅是因为学说的创始人兼有学者和革命家的品质而偶然地结合起来，而是把二者内在地和不可分割地结合在这个理论本身中"②。列宁在这里说明了马克思主义理论与实践的结合或统一，一方面是因为其理论本身将科学性与革命性内在地结合在一起，另一方面是因为马克思主义理论创始人兼有革命家与学者这两种品质。

第一，理论研究与革命斗争的统一体现在马克思主义经典作家研究得出的结论观点是来自于他们进行革命斗争实践经验的总结归纳。

马克思主义理论是革命实践的结晶与升华。在《布·鲍威尔关于同俄国的冲突的小册子》一文中，马克思论述了"批判"与"事件"之间的辩证关系。这里的"批判"是指布·鲍威尔在《英国与俄国》一书中的理论预见；而"事件"是指社会事件发展的现实事实。马克思认为布·鲍威尔理论预见的正确需要具体事实来验证，那么，最简要的方法就是将结论与事实进行比较，将两者进行比照，由此就可判定，批判的观点是具有充足的理据，还是臆想的论断。③ 理论预见最终要依靠社会发展的事实来确证，社会发展的具体现实构成了判断理论真伪的标准与尺度。在《福格特先生》一文中，马克思回顾了他与恩格斯等对英法两国社会主义、共产主义与德国哲学的"混合物"以往所进行的无情批判。他认为必须依据对社会经济结构的切实把握与深刻认识作为批判的

---

① 〔匈〕卢卡奇：《历史与阶级意识——关于马克思主义辩证法的研究》，杜章智等译，北京：商务印书馆2011年版，第136页。
② 《列宁选集》（第1卷），北京：人民出版社1995年版，第83页。
③ 《马克思恩格斯全集》（第16卷），北京：人民出版社2007年版，第30页。

理论基础。他认为理论批判的目的不是构建一种虚幻现象,而是参与眼前实实在在社会实践的历史进程。① 理论批判要融入改造社会的实际斗争,要参与社会历史变革的行动,而不是脱离革命实践的空想。

就恩格斯而言,他在《德国的革命与反革命》一文中基于对"起义"的理解揭示了实际斗争与理论的统一。他认为"起义"如同战争一样,是一门"艺术",它们都具有内在规则,这些规则就是基于各个政党性质及其所处的环境性质中产生出来的逻辑结论②。恩格斯还将起义比喻为"数的演算",起义是一种极不确定的数的演算,这些数在起义的过程中处在不断运动之中。

就列宁而言,首先,他在《教条主义和"批评自由"》一文中论及"理论的意义"时,阐明了革命理论与革命运动之间的关系。他认为,如果没有革命的理论,那就不会有革命的行动。他指出不运用先进理论或先进理念来指导的党,不可能实现或发挥先进战士的作用。③ 他还论及了恩格斯所提出的三种斗争形式就包括理论斗争的形式。因此,理论批判本身就表现为对社会丑恶现实的反抗手段与实际斗争。其次,列宁在《马克思主义和修正主义》一文中揭示了马克思主义理论演进与无产阶级实际斗争是具有一致性的过程。他指出,马克思的理论是服务于先进阶级的教育与组织的,其指出了这一阶级的战斗任务,并指出了"现代制度"由于经济发展而必然会被新制度所取代的趋势。由此,这一理论或学说在其生命历程之中"每走一步都得经过战斗,也就不足为奇了"④。由于马克思的学说本身是反抗压迫阶级与腐朽制度的,是为无产者服务的。这一理论的演进也是与其他维护有产者的学说论辩的过程,其创建过程也表现为阶级斗争的过程。再次,列宁在《唯物主义和经验批判主义》一文中基于恩格斯关于黑格尔的论述探讨了"自由与必然"之间的关系。这里他指出了"从理论到实践的跳跃"⑤。理论与实践之间的关系并非像马赫主义者所认为的那样,是截然二分的。整个人类实践就是"深入"到认识论本身的。同理,革命批判的理论与革命批判实践

---

① 《马克思恩格斯全集》(第19卷),北京:人民出版社2006年版,第137页。
② 《马克思恩格斯全集》(第11卷),北京:人民出版社1995年版,第99页。
③ 《列宁全集》(第6卷),北京:人民出版社1986年版,第24页。
④ 《列宁全集》(第17卷),北京:人民出版社1988年版,第11页。
⑤ 《列宁全集》(第18卷),北京:人民出版社1988年版,第197页。

本身也是统一的,是相互渗透的关系。最后,列宁在《国家与革命》一文中对伯恩施坦和考茨基等形形色色的国家学说进行了批判。在这一批判中,列宁指出了马克思的国家学说不是来自"虚构和幻想",不是空想主义的结论,而是基于"自然历史过程"的视角来研究从旧社会到新社会过渡所得出的结论。马克思是借助于革命运动的丰富经验,并虚心向公社"学习"而得出来的结论。① 列宁认为国家作为阶级矛盾不可调和的产物,作为阶级压迫的机关或工具等这些对国家的认识与理解是马克思基于1848年革命、巴黎公社等革命实践的经验中总结出来的理论成果。

第二,理论研究与革命斗争的统一体现在马克思主义创始人依据自身理论研究的成果指导革命实践,并将革命理论变为实际斗争。

首先,马克思自1842年就开始直接参与现实政治问题的实际斗争,并将批判矛头指向普鲁士封建的专制制度。马克思在《评普鲁士最近的书报检查令》一文中,揭示了普鲁士政府书报禁令的伪善本质,并表达了实现新闻自由和出版自由的价值目标与价值诉求。他基于逻辑分析揭示了普鲁士政府行为的前后矛盾,并论证了其制度的不符合人性与不合理性。马克思指出普鲁士的书报检查制并非是维护公民的平等与自由,而是为反动势力和反对统治者而辩护。它最后必将陷入自相矛盾的境地,因为其是用"倾向"来权衡、判断和确定其所对应的一切东西,而不是相反。② 在对普鲁士政府的政治批判中,一是体现了自身对主体的自由以及主体间的平等价值取向的追求;二是体现了马克思维护贫苦劳动群众的利益,批判普鲁士专制制度的价值立场。

其次,马克思在《关于新闻出版自由和公布省等级会议辩论情况的辩论》一文中反对国家的新闻自由与出版自由被个别人物的特权所把持,而坚持人民共同享有此种自由权利。他认为为专制制度而辩护的人将自由视为特殊人物或特定等级的个人性格或特性,或者把自由视为特权阶层赠予人们的"超自然的礼物"。③ 马克思认为自由本身是理性的普遍之光赐予人类的自然礼物。而专制制度的辩护人却坚持认为普遍的理性与自由是有害的,是一种具有逻辑次序的幻想。他们贬低、诋毁代表人类

---

① 《列宁全集》(第31卷),北京:人民出版社1985年版,第45页。
② 《马克思恩格斯全集》(第1卷),北京:人民出版社1995年版,第132页。
③ 《马克思恩格斯全集》(第1卷),北京:人民出版社1995年版,第163页。

天性的普遍自由，是为了满足保存自身特权及其特殊的自由。自由就其本身而言是理性的、普遍性的，是人自然而然地与生俱来的，是人的本性的体现。而专制制度的辩护者将其污蔑为"有害的"的思想，是超自然的赐予，是理性的幻想。他们认为只有特权者才有自由，而否认人类本性的普遍自由。这里对新闻出版制度的批判，既是马克思批判专制的斗争实践，也是他对专制制度的辩护者歪曲自由本质这一反动认识的深刻批判。

再次，在《〈科隆日报〉第179号的社论》一文中，马克思通过批判《科隆日报》呼吁政府禁止人们在报刊上讨论哲学及宗教问题的反动主张，阐明了哲学是时代精华，应关注现实问题这一观点，这样，马克思就从哲学理论视角论述了现实斗争离不开哲学理论的支撑和哲学理论本身是来自于现实土壤的观点。马克思指出哲学并不是像蘑菇一样从土里冒出来的，其是它自己所处时代及其人民的产物，是人民所拥有最为美好、最为珍贵和最为隐秘的精髓。① 哲学并不是存在于世界之外，而是处于时代之中的。马克思认为，将来必然会有这样的时代：哲学既在内部借助于自身内容，又在外部借助于自身表现，与具体现实的世界融合并相互作用。② 哲学理论具有现实性和时代性，它并非独立于现存世界。马克思将其称为"哲学的世界化"以及"世界的哲学化"，并且，哲学正在变为文化的活的灵魂。基于此种对哲学的认识，马克思对"信口雌黄的报纸撰稿人"进行了批判：哲学家是基于研究而谈论问题，他们求助于理智，并采用教导的方式阐释真理，而"信口雌黄的报纸撰稿人"没有经过研究就谈论问题，他们依赖于自己主观任意的情感，采用咒骂、恐吓的方式要求人们信奉自己的信仰。马克思在这里对"信口雌黄的报纸撰稿人"的批判是建基于他对哲学的认识与理解的。他指出真正的哲学不会纵容姑息人间或天堂的利己主义和对享受的贪欲，而是善于与"那些愚昧无知、卑躬屈节、毫无操守和卖身求荣的文丐来较量判断力和德行的"③。真正的哲学的价值取向与社会发展趋势是相一致的，是人类历史发展规律的体现。真正的哲学具有内在的、坚定的类似于规律般的"判断力和德行"，其正是凭借此种内在价值信仰与价值准则对

---

① 《马克思恩格斯全集》（第1卷），北京：人民出版社1995年版，第219—220页。
② 《马克思恩格斯全集》（第1卷），北京：人民出版社1995年版，第220页。
③ 《马克思恩格斯全集》（第1卷），北京：人民出版社1995年版，第222页。

"信口雌黄的报纸撰稿人"以及"卖身求荣的文丐"进行批判的。

又次,马克思在为《评〈汉诺威自由主义反对派的失误〉》一文所加的按语中,批判了汉诺威国王对具有温和自由主义性质宪法的废除以及对 1819 年宪法的重新恢复。他认为汉诺威应争取实现新的国家形式①,此种国家形式与更完善和更自由的价值目标与价值诉求是相适应的。在《评奥格斯堡〈总汇报〉第 335 号和第 336 号论普鲁士等级委员会的文章》中,马克思批判了普鲁士等级制原则及其政治制度。他要求实现真正的人民代表制,人民的代表机构不应该只代表特殊阶层的特殊利益,而应该代表人民的普遍性利益。在这里,马克思的批判中蕴含着他的人类解放理论对自由与完善制度的价值追求,蕴含着对特权阶层及其维护特权利益制度的严厉与深刻批判,蕴含着实现无产阶级真正权益的价值取向与价值目标。

最后,马克思在《摩泽尔记者的辩护》一文中认为,在探讨国家状况时,人们一般是基于当事人的主张、倾向或意志来诠释社会问题或社会现象,而不顾客观存在及其特征的诸种关系。而实际上,此类客观关系制约着社会个体的社会实践,也决定着国家或行政组织的行动。如果人们从开始就基于客观立场来看问题,那么,必然不会违背常规地依据人主观的善意或恶意作为前提,而是能够在当初似乎看起来是人在起作用的地方看到客观的关系在起作用。如果证明此种客观关系一定会产生某种事物,那么,就可确认这一事物在那种前提条件之下可成为现实。在那种情况下,即使人们有此需要或欲求也不可能产生。② 事物的发生与发展具有客观的内在规律或称之为"客观关系",此种关系并不依赖于人的主观意志,也不以主观意志的价值取向发生转移。马克思在这里的批判揭示了摩泽尔河两岸农民贫困的原因是客观存在的,是由客观关系或客观规律决定的,并且是与国家管理机构有内在关联的。这揭示了社会表面现象隐藏着社会历史的内在规律,而社会历史的现实发展情况又是"客观关系"的外在表现。

恩格斯在《做一天公平的工作,得一天公平的工资》一文中对资本经济及其政治经济学所论证的"公正"进行了批判。他指出资本主义制度下不可能有真正的公正,只有虚假的公正。恩格斯认为政治经济学所

---

① 《马克思恩格斯全集》(第 1 卷),北京:人民出版社 1995 年版,第 306 页。
② 《马克思恩格斯全集》(第 1 卷),北京:人民出版社 1995 年版,第 363—364 页。

支持、认可和赞赏的公平是倒向资本一方的。① 其在资本主义社会真正支配并决定着社会的现状与发展。而要实现真正的公正则必须使无产者拥有劳动资料，拥有原料、工厂和机器。恩格斯这里既是对资本主义政治经济学的理论批判，也是针对资本主义剥削机制的实际斗争。

第三，理论研究与革命斗争的统一体现在马克思主义创始人的理论创作或理论研究在表现出理论性或学术性的同时，也表现出了革命性或批判性。

他们的理论研究实际上就是针对资产阶级的理论斗争，在表现为革命实践的指导思想的同时，其也渗入了无产阶级革命斗争实际行为之中。

他们从理论方面对资本主义经济学、哲学、法学以及伦理学等诸多领域进行了多个视角与不同层次的批判，在理论批判中所形成的理论体系构成了无产阶级进行革命运动的指导思想，这些理论渗透在实现共产主义革命运动的现实过程中。这些理论批判解构了那些为资本主义永恒存在而辩护的腐朽思想，也是无产阶级摧毁资产主义私有制这一现实运动的支撑力量。

对资本主义的理论批判与推翻资本主义腐朽制度的革命斗争是相辅相成的，对资本主义理论的批判越是深刻、越是有力、越是正确，消灭资本主义私有制的斗争与建立无产阶级新政权就越能取得成功。如果对资本主义腐朽制度的实际斗争所取得的成果越大，革命进行得越彻底，那么也就越能加深与扩大无产阶级等革命阶级对人类解放理论的认识与理解，并激励无产阶级理论家对为资产阶级统治地位而辩护的理论家及其理论进行批判。另外，在革命斗争中，无产阶级除了面临改变外部世界、推翻资产阶级的奴役与创建新政权的问题之外，还要不断地更新观念、创新理论、适应革命以及建设新形势的发展。

第四节　实现思想史上的伟大变革

马克思的价值批判方式是马克思秉持一定的道德立场去认识、考察资本主义社会经济事实，并在价值与事实的张力或相互作用之中，对资本主义社会现实进行解读与剖析，而开出自己的崭新思想，实现了思想

---

① 《马克思恩格斯全集》（第25卷），北京：人民出版社2001年版，第491页。

史上的伟大变革。这里主要从马克思与恩格斯对实践唯物主义、历史唯物主义和剩余价值理论的阐发等方面来进行阐释。实践唯物主义与历史唯物主义都是对马克思主义哲学不同视角的概括与指称，它们既有统一性也有各自不同注重点。剩余价值学说既是马克思经济学的核心组成部分，也是其科学社会主义得以成立的基本理据。

第一，马克思政治经济学的价值批判方式对于开显实践唯物主义具有极为重要的价值导引作用。马克思特有的、极具价值的哲学思想是实践唯物主义，而他自己就是实践唯物主义者。实践唯物主义体现为基于实践来揭示自然、社会或人的发展规律的思想。[①] 这里的实践唯物主义强调实践在马克思主义哲学中的重要地位及作用，但不是与辩证唯物主义、历史唯物主义相对立的观点或学说。实践唯物主义首要的是坚持唯物主义一元论，实践可以改变物质存在形式而不能创造物质世界。实践唯物主义并非是实践本体论或实践一元论。

实践唯物主义中的实践是指人或人类社会能动性地改造社会或自然界的活动。这里的实践最主要最基本的形式体现为物质生产实践。马克思正是基于物质生产实践或劳动活动来揭示人与自然的关系以及人类社会发展规律的。这使实践唯物主义不同于此前旧唯物主义的机械唯物主义。在马克思之前的旧唯物主义主要是基于客体的或直观的方式去理解、认识对象，未能把握到人在认识过程中的主动性与能动性。机械唯物主义将包括人在内的整个世界都看作是遵循机械规律而做机械运动的，心灵或意识的运动亦是如此，因此其认为能基于力学规律推测未来社会或未来世界。机械唯物主义只注意或强调了事物的必然性，而忽略了其偶然性。归根结底正如马克思所指出的，他们未能基于感性的人或实践的视角来把握这个世界。

在人、具体组织或整个人类社会的实践活动中，主体具有主动性和能动的活动性。这里能动性是指主体有内在的冲动或兴趣去从事某种实践活动。在一般社会实践活动中，主体是受到自身的价值取向或价值目标指引而参与或从事社会实践活动的，并且，在社会实践过程中他们要遵循一定的社会规范、社会价值准则或价值原则。因为每一个集体或社会组织的形成都相应地具有其集体或社会组织的价值理念、价值目标以

---

① 安启念：《辩证唯物主义还是实践唯物主义——再读马克思》，载《学术月刊》，2011年第3期，第34页。

及价值准则等所组成的价值体系来支撑整个组织或社会的健康、合理、有序的发展。这一内在价值体系构成了社会组织或集体的发展目标或交往原则等。

由此可知，人类社会实践或个体的实践活动都离不开价值目标的导引，离不开价值原则或价值准则的规制。马克思主义经典作家在基于实践来解读或揭示人类社会的发展规律时，也离不开价值目标或价值准则的介入。

在《1844年经济学哲学手稿》中，马克思比较详尽地探讨了作为资本主义社会实践最为主要的形式——异化了的劳动。"异化"概念作为在德国古典哲学中正式形成的专门哲学术语，在黑格尔那里原指自我意识外化为物（自然界）之后，自我意识所处的一种受自己的物化活动及其产物所支配、不自由的状态。马克思将黑格尔的"自我意识"改造成为现实的个人，即处于资本主义生产条件下的人。所以，马克思所描述的异化劳动是资本主义生产条件下工人劳动唯一可能的被给予方式。这是因为资本主义生产制度构成了异化劳动的出场域，异化劳动正是基于这一特定历史语境形成的。异化劳动的生成语境体现于资本主义生产是追逐剩余价值的经济活动；体现于市场经济体制构成了它的运行基础；体现于契约关系构成了劳动和资本的结合方式。这里对剩余价值的追逐体现了资产阶级或资本主义的价值目标或价值取向，而资本主义市场经济体制构成了异化劳动的资本主义的价值准则与价值原则。这些资本主义价值原则和价值取向，并非对无产者有利，而是对有产者有利。其维护的是资产阶级的利益或权利，其所造成的结果就是劳动异化。

马克思将资本主义雇佣劳动判定为异化劳动，也与他的价值预设有内在关联。正由于马克思认为人的类本质在于其能自由自觉的活动，整个人类的价值取向在于正义与公正，人与人之间的关系在于和谐相处、平等相待。所以，他认为资本主义制度下的劳动者是异化的、否定自己的、消极的、被迫的和不自由的苦役。

在《关于费尔巴哈的提纲》中，马克思批判了"以前的唯物主义"，认为它们基于客观或直观方式来理解或把握现象及现实，而未能将其视为感性的人的实践，从主体方面来理解。[①] 以前的唯物主义没有阐发出

---

① 《马克思恩格斯文集》（第1卷），北京：人民出版社2009年版，第499页。

人的"能动性",没有将人的活动本身理解为对象化的、与对象处在相互作用与相互影响之下的活动。

马克思认为思维的真假与否不是一个理论问题,而是一个必然借助实践来解决的问题。如果脱离实践来探讨思维真理性,那么,此问题就会演变成单纯的经院哲学问题。① 马克思指出了"革命的实践"应包含的内容一方面是实践者自我及其活动的改变。这里是指自我的完善,自己生存方式的改变;另一方面是对环境的改变,这里是指对自我之外事物的改变,既包含人文环境因素的改变,也包含自然环境因素的改变。他认为就全部社会生活的本质而言,它是实践的。因此,全部社会生活所出现的问题都能基于实践或基于实践的理解来解决和处理。"以前的唯物主义"未能将感性活动或感性的人理解为"实践活动的唯物主义"。最后,马克思指出我们要解决的真正问题在于改变或改造这个世界②,而非基于各个视角或不同层次来诠释它。

在《德意志意识形态》一文中,马克思与恩格斯将其整个思想体系建立在生产劳动这一人类社会实践基础上。他们指出,要研究或谈论的是"在想象中才能撇开的现实前提",是"现实的个人",是"有生命的个人的存在"③,是其活动及其物质生活的条件。这里马克思和恩格斯指出了他们的哲学是研究人类现实活动及其物质生活条件的思想。而且,他们指出,第一个要确认研究的事实就是这感性的人及其和自然界之间的关系,而不是单纯研究人的生理或心理现象的学问,也不是单纯研究地理的物产、气候等的学问。马克思和恩格斯认为人本身将自己与动物区分开来恰恰是由于自己开始生产自己的生活资料。此种生产生活资料的方式是其表达或表现自己生活的方式。此种生产方式又是由生产所决定的,即生产什么与怎样生产决定着生产者之间的财产所有关系及其在生产中所处的地位。而且,国家或社会的结构总是基于一定的、具体的、个人生活过程产生形成的。④ 这里的个人也就是"现实中的个人"或者称之为从事活动的、进行物质生产的个人。马克思恩格斯指出,起初的意识生产是与物质生产活动交织在一起的。他们从"实际活动的人"出

---

① 《马克思恩格斯文集》(第1卷),北京:人民出版社2009年版,第500页。
② 《马克思恩格斯文集》(第1卷),北京:人民出版社2009年版,第502页。
③ 《马克思恩格斯选集》(第1卷),北京:人民出版社2012年版,第146页。
④ 《马克思恩格斯选集》(第1卷),北京:人民出版社2012年版,第151页。

发，认为意识形态是实际活动过程的"反射和反响的发展"或者说是"必然升华物"①。道德、宗教等意识形态都不是独立存在的东西，而是物质生产与交往的产物。因此，在现实生活面前，真正的科学在于描述人们的实践活动和实际的发展过程。

马克思在这里特别突出"改变"二字，包括环境的"改变"、自我的"改变"以及最后提到的世界的"改变"等。这体现马克思的理论旨趣在于人类及其社会的解放。这是他为之付出终生努力的价值目标与价值取向。正是秉持这一内在价值理念或价值原则，才使马克思的实践唯物主义具有鲜明的斗争性与批判性，具有内在动力。这是其得到广大人民认可、赞同并为之献身的内在原因。

第二，马克思政治经济学的价值批判方式对于历史唯物主义的创立起到极为重要的价值导向作用。马克思主义经典作家所创建的历史唯物主义具有独特性、复杂性，从其诞生以来，就有诸多中外学者对其就不同视角与层次发表了看法，有的对其进行了解读，有的甚至对其进行了"解构"与"重建"。但就其本质而言，历史唯物主义有一个多层次与多维度的内在结构，并且，其在思想与现实进程的交叉点上，体现为相互联系又相互区别的历史形态。②

历史唯物主义不是与马克思主义实践观点相对立的学说，也不是与马克思主义辩证法相对立的理论。历史唯物主义恰恰是坚持马克思主义实践观的理论，它坚持和强调实践过程中的主体与客体之间的相互作用与相互影响，并立足于此种相互作用的社会现实来理解与把握社会发展的历史规律。历史唯物主义不是将唯物主义局限于自然界，而是将其彻底化，将唯物主义延伸到社会领域，并用来揭示社会历史的深刻本质与内在规律。在研究社会发展规律时，其运用了辩证法来揭示社会内在矛盾的发展与演进，并基于矛盾的发展及演进描画了未来社会的本质特征与人类社会将全面解放的必然性发展趋势。

历史唯物主义与单纯的实证科学不同，也与单纯描述社会历史的社会学或历史学不同。它本身要对社会存在与社会意识，人与自然、人与社会等关系及其发展趋势进行宏观把握。因此，历史唯物主义具有科学

---

① 《马克思恩格斯选集》（第1卷），北京：人民出版社2012年版，第153页。
② 郝立新：《历史唯物主义的理论本质和发展形态》，载《中国社会科学》，2012年第3期，第28—35页。

性的同时，也具有批判性。科学性表现在它对社会发展规律的认识或把握；批判性体现在它对现实生活、现实社会所做的价值判断，并体现其对未来社会价值诉求和价值目标的整体描画。

马克思对于历史唯物主义的创立借鉴了黑格尔在《精神现象学》中所阐发的劳动创造人本身的思想。黑格尔认为奴隶的自我意识是基于自身劳动而获得的。奴隶在主人面前起初只具有恐惧和服从的意识，在此种意识中，奴隶只是认为自身是一个不相干或空无的存在，并未意识到自身的自为存在。通过参与劳动，奴隶才证成自身自为的存在。这里黑格尔阐明了劳动创造了奴隶的自我意识，实质上也就是阐明了劳动创造了人本身的思想。基于此，马克思提出了劳动创造历史的思想，这正是历史唯物主义的基本思想。

历史唯物主义的创立离不开马克思本人的价值取向与价值原则，虽然此种价值选择或价值判断大多是有意识地介入或渗透进他的理论的，但有时甚至是在无意识中介入的。在阐明历史唯物主义的过程中，马克思秉持着与唯心主义的宗教与哲学截然不同的价值目标。他借助于对唯心哲学与宗教的价值取向与价值原则的批判，逐步阐明了历史唯物主义的基本理论观点，同时也宣告了它不同于唯心主义宗教及哲学的鲜明价值取向与价值原则。

在《〈黑格尔法哲学批判〉导言》中，马克思借助于"现实的自由""人民的现实幸福"这一价值取向批判了德国制度、德国现状和黑格尔法哲学。在此批判过程中，马克思否定了德国以往制度及其哲学对虚幻自由、虚幻幸福的追求，而将宗教与唯心主义对"天上"幸福的追求降落到了对"人间"现实自由、现实幸福的追求。在对宗教的批判中，马克思指出其批判的价值目标在于实现"人民的现实幸福"①。在阐明要对德国制度或德国现状进行批判的原因时，马克思指出如果在"旧制度"中，"自由反而是个人突然产生的想法的时候"②，"旧制度"的历史就是悲剧性的，是斗争的对象。在这里，马克思表明其对德国制度与德国现状进行斗争的目标是实现人民现实自由，而不是实现作为一种想法的虚幻自由。在对黑格尔法哲学进行批判时，马克思指出了他对其批判的价值取向在于追求现实幸福。这一价值目标要通过他对黑格尔法哲学的价

---

① 《马克思恩格斯选集》（第1卷），北京：人民出版社2012年版，第2页。
② 《马克思恩格斯选集》（第1卷），北京：人民出版社2012年版，第5页。

值取向批判而呈现出来。马克思指出,黑格尔思辨的法哲学"抽象而不切实际",并且"置现实的人于不顾",这是因为"国家本身置现实的人于不顾,或者只凭虚构的方式满足整个的人"①。这里揭示了马克思批判思辨的法哲学的价值取向在于现实的幸福,而非"虚幻的满足",并且,他正是借助于这一价值目标而实现对黑格尔法哲学的批判的,同时,这一过程也就是唯物史观的构建过程。

在《德意志意识形态》一文中,马克思借助于对唯心史观特别是对黑格尔、青年黑格尔派、费尔巴哈等人的历史观所体现出来的忽略现实苦难价值取向的批判,揭示了唯物史观的价值取向在于反对、变革和推翻此种现实苦难及其存在条件,而实现对现实幸福的追求,最终实现人们在真正共同体内的全面发展与自由自觉。

马克思指斥青年黑格尔派"绝对不是反对现实的现存的世界"②。他还指出青年黑格尔派没有一个想到要提出关于哲学与现实之间的联系问题,也没有想到要提出他们的理论与其周遭物质环境之间的联系问题。这里马克思所阐明的观点证明了他批判的着眼点在于追求现实幸福,而不是虚幻的幸福。他的批判目标是异化的社会现实,而不是用"词句"来反对"词句",或者是仅仅用"另一种方式"来解释这个世界。

马克思依据现实的解放这一价值目标对思辨哲学进行了批判,并指出了唯物史观的价值取向在于改变现实社会,实现现实幸福。他指出以往哲学家们将哲学、实体等都消融于"自我意识",并将人置于"词句"的奴役之下,而究其实质,现实的人不可能受"词句"的奴役,也不可能从"词句"的奴役中解放出来。而"只有在现实的世界中并使用现实的手段才能实现真正的解放"③。马克思对此进行了举例论证:如果没有蒸汽机等发明就不可能推翻奴隶社会制度,如果人们在吃穿住行的质与量方面未得到充分保障,人们就不可能得到解放。解放不是纯粹的思想活动,也不是纯粹的历史活动,其是由现实的工业状况、商业状况和交往状况等促成的。由此,马克思指出,对唯物主义或共产主义者而言,其价值取向在于改变现存事物,实现现实解放。

马克思认为以黑格尔为代表的唯心史观往往借助于脱离现实历史的

---

① 《马克思恩格斯选集》(第1卷),北京:人民出版社2012年版,第9页。
② 《马克思恩格斯选集》(第1卷),北京:人民出版社2012年版,第145页。
③ 《马克思恩格斯选集》(第1卷),北京:人民出版社2012年版,第154页。

"史前时期"这一价值预设来论证他们的神学、政治学和文学等。他们从这一价值预设过渡到真正的历史,而不能对此种过渡进行合理充分地解释说明。他热衷于这一"史前历史"是因为其可以不受到现实历史事实的影响,而可以"让他们的思辨欲望得到充分的自由"①。此种自由是黑格尔所追求的"理性"的自由,黑格尔将此种自由视为人区别于动物的基本本质,但是,马克思毫不犹豫否定了此种理性自由,并坚决认为人的生产实践活动是人区别于动物的基本标志。马克思的此种否定并非否定人的真正自由,而是否定了黑格尔的"虚幻"自由。马克思所向往的自由是现实自由,不是停留于头脑之中抽象的意识自由或精神自由。由此,马克思的现实自由必然借助于人类社会生产实践活动及其发展才能得以实现。此种自由不仅包括人与自然的认识与改造关系方面的现实自由,还包括人们在社会关系及社会制度方面的现实自由。马克思认为,只有社会生产或人与自然之间的人类生产活动发展到一定程度,才可能实现社会关系或社会制度的完善与发展,才可能实现社会关系与社会制度方面的真正自由。

马克思指斥以黑格尔为代表的、以往历史观忽略了现实基础,甚至将现实视为与历史过程无任何联系的东西。他们所编写的历史是遵照现实或真正历史过程之外的价值尺度来编写的。马克思指出以黑格尔历史哲学为代表的德国历史编纂学的价值目标不在于现实的利益,也不在于政治利益,而在于纯粹的思想。② 马克思这里言明了唯心史观不仅在内容上无视现实存在,而且其价值目标也不在于实现现实利益,甚至无视人民现实的政治利益。因此,马克思指出,不应基于观念或词句出发来说明现实,而是要基于现存的现实关系来说明这些词句与理论。

在对费尔巴哈、施蒂纳和布鲁诺的指斥中,马克思言明了唯物史观是追求现实幸福的,是会在适当时机通过革命使自身摆脱"恶劣环境",从而实现自身解放这一价值目标的。他批判费尔巴哈将某人的存在视为某人的本质,并将人的生存条件与生存环境视为使这些人的"本质"感到满意的东西。施蒂纳认为人们应该安于或忍受现实的矛盾与生存的恶劣环境,或者是用"幻想"的方式去反对此种现实矛盾。布鲁诺将此种现实矛盾与生存的不幸情况归结为人们未能真正认识与把握"绝对精

---

① 《马克思恩格斯选集》(第1卷),北京:人民出版社2012年版,第159页。
② 《马克思恩格斯选集》(第1卷),北京:人民出版社2012年版,第174页。

神",也未能认清其是"绝对精神"的产物。马克思对此进行了批判,他指出费尔巴哈、施蒂纳和布鲁诺的观点都具有一致性,他们都将人世间的现实苦难视为精神或人的本质,而将其遮蔽,而且,认为人们应该心平气和地忍受苦难,接受苦难的现实。由此,马克思针锋相对地指出,千百万的无产者及共产党人不会如此心平气和地忍受,而是会通过革命手段来变革推翻此种不可忍受的现实。

基于对唯心史观"虚幻"幸福这一价值取向的批判,马克思奠定了唯物史观的理论前提:物质生产实践活动。有时他也表述为:"现实的个人""从事实际活动的人"或者"有生命的个人的存在"等。在《哲学的贫困》《〈政治经济学批判〉序言》等文献中,马克思逐步阐明了唯物史观的基本观点。

在《〈政治经济学批判〉序言》中,马克思指出自己具有决定性意义的见解,即生产力决定生产关系这一论点是在《哲学的贫困》中也表达了这一观点。后来,又在《雇佣劳动》一书中进行了阐释。此外,恩格斯在《国民经济学批判大纲》和《英国工人阶级状况》中,也基于"另一条"途径获得了一样的结论。① 按照马克思在这里的提示,可以在价值批判方式视域下对其历史唯物主义的形成进行考察。

在《哲学的贫困》中,马克思指出人们是在一定的生产关系中制造商品的,而且,这些生产关系也是人们生产出来的。生产力与生产关系是紧密相连的,随着生产力的更新,生产关系必然会不断地发展与演变。生产关系或谋生方式的改变会相应促进主体间社会关系的改变。因此,他认为手推磨催生了封建主义社会,而蒸汽磨催生了资本主义社会。② 基于此类社会关系,人们又创造出了与之相应的观念和范畴。可见这些观念与范畴也是"历史的、暂时的产物"。当然,马克思指出这里的生产力、生产关系、观念与范畴等等,都不是"不死的死",而不断运动的,是"有死的生"。

在批判蒲鲁东的"矛盾的历史"这一观点时,马克思论及了范畴与现实的历史之间的关系。他认为要研究这一类问题的本质就是探讨分析各个世纪中人们现实及世俗的发展历史,③ 或者说,就是将这些人既当

---

① 《马克思恩格斯文集》(第2卷),北京:人民出版社2009年版,第592—593页。
② 《马克思恩格斯选集》(第1卷),北京:人民出版社2012年版,第222页。
③ 《马克思恩格斯选集》(第1卷),北京:人民出版社2012年版,第227页。

作"历史剧的剧作者",又当作"剧中人物"来研究罢了。这不是从"永恒的原理"出发,而是将"现实的历史"作为研究的真正出发点。

马克思从资本主义物质生产现实出发,指出资本主义社会生产关系的性质是双重的。① 此种生产关系既催生困苦,也催生社会财富;既促进生产能力发展,也形成一种奴役与压迫的力量;既生成有产者的财富,也使资产阶级个体的财富不断消失并产生日益壮大的无产者。这里马克思指出资本主义社会具有内在不可克服的社会矛盾,正是此种矛盾推动其发展,抽掉其存在的基础。这驳斥了蒲鲁东所持有的关于资本主义社会的某些谬论:平等是"原始的意向",是"神秘的趋势",是资本主义社会所"特有"的现象;资本主义制度是"天然"的,资本主义生产关系是使财富的生产和生产力的发展能够依照自然规律进行的那些关系②,是支配社会的"永恒规律"。

毋庸置疑,在《哲学的贫困》中所揭示的历史唯物主义原理体现了马克思内在的价值取向与价值目标。马克思所认为的平等并非如蒲鲁东所论证的那样是"天然"的、"永恒"的,而是历史的、暂时的,有着深刻的、内在的生产力与生产关系之间的对抗矛盾的,而且,建筑在阶级对立之上资本主义社会必将导致"剧烈的矛盾、人们的肉搏"③ 或者是必将导致"政治革命""全面革命"。马克思在这里所体现的内在价值取向是其构建历史唯物主义的必要内因。

马克思在《〈政治经济学批判〉序言》中对历史唯物主义进行了总结:人们在社会生产中产生"必然的"、与相应阶段生产力相适应的生产关系,即"经济结构"或"现实基础",此种"经济结构"或"现实基础"制约着社会、政治和精神生活的过程。物质生产力发展到一定阶段或一定程度就会与现存的生产关系产生矛盾,革命时代将会到来,随着生产关系的改变,上层建筑也会发生变革。所以,一种社会形态在它所能容纳的所有生产力发挥出来之前"决不会"灭亡;一种新的生产关系在其所依存的社会成熟之前"决不会"出现。④

后继研究者的观点也印证了马克思的价值批判方法是其唯物史观的

---

① 《马克思恩格斯选集》(第1卷),北京:人民出版社2012年版,第234页。
② 《马克思恩格斯选集》(第1卷),北京:人民出版社2012年版,第232页。
③ 《马克思恩格斯选集》(第1卷),北京:人民出版社2012年版,第275页。
④ 《马克思恩格斯文集》(第2卷),北京:人民出版社2009年版,第591—592页。

"母胎"。赵剑英①认为，价值批判方法孕育着唯物史观的科学因素，是引导马克思达到唯物史观的"桥梁"。他对此进行了举例说明：马克思认为国家必须建立于自由理性之上，自由理性控制国家。由此他抨击专制统治、谴责资本家私人占有的卑鄙等因素对国家自由理性的侵害。但马克思发现现实并非如此，而是国家成了私人的私有财产，不是国家控制私有者，而是私有者控制了国家。由此，马克思产生了"苦恼的疑问"，开始反思理性主义国家观，提出了市民社会决定国家，私有财产控制国家的观点。基于此，马克思开始注重研究"形而下"的政治经济学，去探讨社会的基础，而唯物史观就是在此背景下得出的研究结论。马克思在异化劳动理论研究过程中也是如此，他基于劳动对象化、物化、人与人之间的异化关系等思想，逐步探索、延伸出了商品、生产力、生产关系这一系列唯物史观最重要概念。

由上可知，历史唯物主义的形成过程与马克思的价值判断与价值选择存在内在关联。历史唯物主义并非价值中立冷冰冰的社会科学或历史科学，而是秉持实现人民现实幸福，现实自由和现实解放等价值目标与价值原则，对唯心史观进行深刻批判所得出的结论。如果在历史唯物主义之中去掉马克思一向所秉持的由现实苦难而生发出来的对现实幸福的价值诉求，此种主义就不再是真正的历史唯物主义，也不再是真正的马克思主义。

第三，马克思政治经济学的价值批判方式对于创立剩余价值理论起到了极为重要的价值引领作用。剩余价值理论是马克思经济学理论的核心组成部分，也是科学社会主义得以成立的理论依据。它是基于对古典经济学的扬弃而逐步建立并得以成形的。其在十九世纪的发展大致经历了三个阶段：四十年代开始萌芽；五十年代至六十年代逐步形成；六十年代后期至八十年代得以全面确立。② 在剩余价值理论的确立与形成过程中，马克思所秉持的价值立场或阶级立场以及其理论的价值预设起到了奠基性作用。这些理论的价值取向与价值预设是剩余价值理论不可或缺的。

---

① 赵剑英：《从价值批判到科学批判——马克思的价值批判方法与唯物史观的创立》，载《教学与研究》，1989年第2期，第42—45页。
② 李楠：《马克思剩余价值理论与当代社会》，载《马克思主义研究》，2003年第2期，第75—82页。

关于剩余价值理论的价值预设，我们可以追溯到古典经济学关于劳动价值论的价值预设，其认为价值是由劳动所创造的①，而且认为只有创造价值者才能够参与价值或产品的分配，没有参与劳动或没有创造价值的人参与分配就是对劳动者价值或产品的剥夺，甚至是抢劫。除此之外，马克思还承接了空想社会主义者欧文关于资本家存在对工人的剥削②这一价值判断，这一价值判断构成了马克思写作《资本论》内在的价值取向。

马克思的剩余价值理论承接了这些价值预设，并进一步推进，认为只有生产第一线的工人劳动，即生产性劳动才能创造价值。因此，资本家的所有财产都是工人创造出来了，除了原始积累的资本之外。为了说明资本家对工人的这一剥削是如何产生的，马克思创造了劳动力价值概念，并提出劳动力成为商品的观点。他揭示了剩余价值的来源在于劳动创造的价值与劳动力价值之间的差额。马克思还创造了可变资本与不变资本的概念，并指出可变资本是生产剩余价值的资本，基于此，马克思用剩余价值率来表示工人被剥削的程度，而抛弃了古典经济学使用的利润率概念。马克思从相对剩余价值与绝对剩余价值生产这两个方面揭示了剩余价值的生产方式。当然，马克思剩余价值理论体系不是一蹴而就形成的，而是基于对古典经济学多方面分析批判逐步成型的。

关于资本家是否存在对工人的剥削这一问题是马克思在《资本论》中讨论"劳动过程与价值增值过程"时就作为设问提出来了的。这个设问是以资本家的口气与立场表达出来的：工人难道单凭一双手就可以生产产品或创造价值吗？资本家自己难道没有劳动吗？资本家自己的劳动难道不创造价值吗？③ 马克思对此问题并未作为专题进行讨论，只是随后指出，这些话不过是"虚伪的遁词"或"空话"而已。我们对此可以做这样的理解，因为资本家无论在生产资料的成本方面投资多少，他们得到的要比他们投入的要多，另外，即使资本家付出了大量劳动，并产生了价值，但这些价值是归他们自己所有，并未归工人所有。不是工人

---

① 马克思：《剩余价值学说史》（第1卷），北京：人民出版社1975年版，第402页。
② 欧文指出，在拥有2500人的新拉纳克棉纺厂生产的实际财富相当于半个世纪之前60万人所生产的财富，2500人与60万人之间消费存在的差额实际上落入到企业所有者手中去了。这些企业所有者除了得到5%的投资利息之外，还得到了30万英镑以上的利润。参见《马克思恩格斯选集》（第3卷），北京：人民出版社1995年版，第730页。
③ 马克思：《资本论》（第1卷），北京：人民出版社2004年版，第224—225页。

剥削资本家，而是资本家除了占有自己的全部劳动所创造的价值之外，还无偿占有了工人的剩余劳动所创造的剩余价值。

马克思批判了庸俗经济学家将利润或剩余价值当作资本家的工资或"监督劳动的报酬"的观点。他指出资本家的劳动只要是在资本对劳动及劳动者的统治过程中产生，由资本的性质产生，那么，此种和剥削结合在一起并能移交给职业经理人担任的劳动，它就和工资雇佣劳动者的劳动一样，会加入产品的价值中去。马克思指出资本家所完成的劳动是定量的劳动，其不像产业的剩余价值数量那样与利息或地租的数量成反比例变化，也不像剩余价值那样与工人的现实工资成反比。资本家的劳动是由他所"指挥的劳动量"决定的，不是由其所谓的"工资"或"报酬"决定的。

马克思基于"指挥的劳动"与资本所有权的分离过程，说明了资本家的工资与剩余价值之间的本质区别。作为"指挥的职务"或监督的劳动与其他任何的劳动力一样，都可以在市场上买到，而且，此种"指挥的劳动"完全没有必要由资本家本人去担任。"指挥的劳动"在现实中就是与资本分离的，例如产业资本家与货币资本家的分离。而且，资本家作为生产负有职责的人对于工人而言是完全多余的或没有必要的。① 因此，与工人及其劳动对立的是资本及其所有权，"指挥的劳动"只能得到类似于"奴隶监视人"所得到的报酬，而资本及其所有权能够在资本主义生产条件下得到资本利润或剩余价值。

有的资本主义经济学家认为资本的利润或工人所创造的剩余价值是资本家投资冒险所应得到的报酬。他们认为资本家不仅要在商品生产过程中冒风险，而且，还要冒商品在其价值之下卖出去、甚至根本就卖不出去的风险。马克思反对此种观点，他驳斥道：同资本家冒在商品价值以下售卖商品的风险一样，他们也有在商品价值以上售卖自己商品的机会，而且，如果他们的商品卖不出去，劳动者面临的是失业，如果产品长期低于市场价格，劳动者工资就会被压低到平均水平之下，劳动时间也就会相应缩短，劳动者得到的是越来越少的工资。所以，不是资本家承担了最大的风险，而是劳动者要冒最大的风险。②

---

① 马克思：《剩余价值学说史》（第3卷），北京：人民出版社1975年版，第562—564页。

② 马克思：《剩余价值学说史》（第1卷），北京：人民出版社1975年版，第350页。

在这里，马克思坚持认为价值或剩余价值始终是劳动者的生产劳动所创造出来的，而对资本家创造价值只视为"遁词"或"空话"。这与他所秉持的价值取向或价值目标是有着深刻关联的。

马克思致力于维护工人阶级的利益而驳斥资产阶级的辩护手及其为资产阶级而辩护的经济理论，这一价值立场或阶级立场构成了剩余价值理论的内在支撑。

在论及重农主义的剩余价值观时，马克思指出重农主义者①——将剩余价值视为自然超过耕者的劳动报酬而作为纯粹的赠予提供给他们的观点——是基于封建地从自然或从人与土地之间关系来说明，而不是基于人的社会关系或生产关系来说明剩余价值。马克思指出，此种剩余价值是劳动者利用自然生产力所获得的结果，而不是"自然的赠予"，其不过是耕者劳动的一部分，是土地所有者对耕者劳动的不付出代价的占有。

马克思也批判了重商主义的剩余价值观点。重商主义者将剩余价值视为相对的：一个人挣的就是另一个人所损失的，或者称之为让渡利润。他们认为剩余价值是不同的当事人之间不断流通的财富。由此，马克思指出其实质是否定了绝对剩余价值的形成。因为就重商主义而言，财富在一国之内流通不可能发生财富增值，他们就只能求助于国与国之间的贸易差异来对剩余价值进行说明，而此种贸易差额又表现为与社会财富相分离的货币或交换价值的独立形式。②

在论及亚当·斯密关于剩余价值的观点时，马克思指出他认识到了剩余价值的真正起源，并指出：他认识到了剩余价值并非是由资本家所垫付的基金所生出来的，认识到了这些基金无论在生产中发挥多大的作用，其价值总不过是再现在产品当中，还认识到了剩余价值是由劳动者在生产过程中加入材料中的新劳动或无酬劳动所产生的。基于此，马克思指出，"利润、地租，或者说，资本和土地所有权，从来不能是价值的源泉"③。

在论及生产劳动与非生产劳动的各种学说时，马克思指出亚当·斯密在区分生产劳动与非生产劳动时，"总是从货币所有者的观点或资本家

---

① 马克思：《剩余价值学说史》（第1卷），北京：人民出版社1975年版，第18—30页。
② 马克思：《剩余价值学说史》（第1卷），北京：人民出版社1975年版，第39页。
③ 马克思：《剩余价值学说史》（第1卷），北京：人民出版社1975年版，第55—62页。

的观点来理解,而不是从劳动者的观点来理解"①。同时,马克思也指出亚当·斯密将生产劳动视为直接与资本交换的劳动的观点是他最大的科学成就之一。所以,正如马尔萨斯所认为的那样:生产劳动与非生产劳动的划分是一种批判性质的划分,其构成了资产阶级经济学的基础。

亨利·斯托赫、纳骚·西尼耳、查尔麦斯等认为消费是生产的必要刺激,以此反对亚当·斯密关于生产劳动与非生产劳动之间的划分,并为资产阶级或非生产劳动者进行辩护。马克思指斥他们的辩护是从资产阶级经济学观点出发的辩护;是为实现那些"游惰者"或"非生产劳动者的利益的辩护;是为那种有"巨额支出"的"强大政府"的辩护;是为占有高官厚禄的人辩护;是为国债的增加而辩护。② 马克思指出,这些人一方面表现出了一种奴才心理,将一切职能都视为是为了替资产阶级生产财富的职能;另一方面又将资产阶级世界描绘为一切世界中最好的世界。③ 马克思还指出,"歌颂奴才仆役,歌颂税收官员,歌颂寄生虫,成了这一群狗才的终生事业"④。

马克思立足于无产阶级的价值立场对李嘉图、马尔萨斯关于资本主义经济现象的观点进行了批判。他认为李嘉图将资本主义生产方式视为生产一般最有利的方式,或视为生产财富最有利的方式。这里体现的是科学的诚实或科学上的必要性。⑤ 因为李嘉图无论是反对有产者或者是反对无产者,他都是基于他的理论所得出的结论。

马尔萨斯基于同样的前提,却采取了为统治阶级辩护的价值取向而引出了使贵族或资产阶级"快意"的结论。他的价值目标在于为了贵族与地主阶级的利益,而从经济方面将社会革命及其支持者追求社会改造的倾向斥为空想。他反对李嘉图的价值目的在于将法律拉回到对贵族、教会和政府养老金领取者等现有利益有利并合适的范围之内。马克思对此评价到:"一个人如果他不要使科学适合于一个由它本身引出的观点,却试图使它适合于一个从外部引出、从各种与科学无关的外在利益引出

---

① 马克思:《剩余价值学说史》(第1卷),北京:人民出版社1975年版,第148页。
② 马克思:《剩余价值学说史》(第1卷),北京:人民出版社1975年版,第302页。
③ 马克思:《剩余价值学说史》(第1卷),北京:人民出版社1975年版,第313页。
④ 马克思:《剩余价值学说史》(第1卷),北京:人民出版社1975年版,第324页。
⑤ 马克思:《剩余价值学说史》(第2卷),北京:人民出版社1975年版,第121—122页。

的观点,我就把他叫作'卑鄙'"①。马克思指出,马尔萨斯为了统治阶级的利益甘于伪造科学结论,而对于遭受压迫的阶级,他的结论却是无所顾忌的。②因此,马克思认为他并不是什么科学家,而是一个被工人阶级的敌人所收买的辩护士,是一个在统治阶层面前无耻献媚的人。

在论及资本主义生产方式导致世界经济危机时,马克思指出了资产阶级的辩护士不是致力研究经济危机的性质及其要素,而是采取掩耳盗铃的方式通过否认资本主义的基本矛盾来否认经济危机的存在。他们为了论证资本主义生产不会导致经济危机,而将危机的一切条件和形式规定都否定了,最终将资本主义生产本身都否定了。

马克思深入揭示了这些资产阶级辩护士们的论证方式。他指出这些辩护士们将单纯的使用价值仅仅视为商品,并以此来遮蔽商品所蕴含的使用价值与交换价值之间的矛盾与对立,并将商品交换转化为物与物之间的单纯交换,这就退回到了简单商品生产之前的阶段。这否定了资本主义生产的第一个条件,即商品必须通过形态的转变表现为货币,而且,他们将货币仅仅被当作商品交换的单纯媒介,而未将其视为必须表现为交换价值(一般社会劳动)的商品的一个具有独立性的、本质的存在形式。马克思将他们的论证方式归结为无视商品内在的矛盾并尽力遮蔽这些矛盾,在对立性面前硬说统一性③,从而否定、掩盖资本主义生产所导致的经济危机。

马克思立足于无产阶级立场对庸俗经济学家关于收入及其源泉的理论观点进行了批判。关于这些庸俗经济学家将土地视为地租的源泉,将资本视为利润的源泉,将劳动视为工资源泉的观点,马克思将其指斥为"现实的颠倒"或者"歪曲的形式",同时指出这些经济学家们不过是资本主义生产方式的代理人,或者实际上就是资本主义生产当事人的观念与动机的反映。他们将这些观念与动机"翻译"为空洞的语言,都是"从统治阶级即资本家的立场出发的"④。

以上马克思基于无产阶级价值立场对庸俗经济学关于剩余价值理论

---

① 马克思:《剩余价值学说史》(第2卷),北京:人民出版社1975年版,第123页。
② 马克思:《剩余价值学说史》(第2卷),北京:人民出版社1975年版,第124页。
③ 马克思:《剩余价值学说史》(第2卷),北京:人民出版社1975年版,第578—580页。
④ 马克思:《剩余价值学说史》(第3卷),北京:人民出版社1975年版,第513页。

的学说进行了严厉批判，同时阐明了自己具有鲜明阶级立场的剩余价值理论。他批判重农学派将剩余价值视为自然赠予的观点，指出他们抹杀了劳动者及其劳动在创造剩余价值中的作用。他批判了重商主义将剩余价值相对化而不能解释绝对剩余价值的来源，此种理论遮蔽了劳动者在创造剩余价值过程中的作用。马克思批判了亨利·斯托赫、纳骚·西尼耳、查尔麦斯和马尔萨斯等庸俗经济学家，指斥他们充当资产阶级的辩护士而无视无产阶级的悲惨处境，指斥他们为了献媚于统治阶级而捏造出歪曲的伪理论。马克思批判了庸俗经济学家关于经济危机的理论，他指出这些经济学家采取否定资本主义内在矛盾的方式来掩盖其经济危机爆发的必然性。马克思的这些批判都是立足于无产者的价值立场而做出的。在对庸俗经济学进行批判解构的同时，他逐步阐明了自己对于剩余价值理论的理解与认识。无产阶级的价值立场与价值取向在他的剩余价值理论中起到了内在支撑的奠基性作用。

第十章　马克思价值立场之于中国特色社会主义政治经济学的启示

马克思的政治经济学批判不仅体现出了坚定的人民立场、公平正义、自由自觉等求善的价值立场,也体现了求真的科学气质;不仅体现了马克思对资本主义异化劳动现实的关切,也体现了他基于此种社会现实而构建政治经济学理论的科学气质;不仅体现了马克思对资本主义古典经济学的批判反思,也体现了他对资本主义古典经济学的包容借鉴。马克思的价值立场对于当前中国特色社会主义政治经济学的建设提供了诸多启示。

第一节　价值立场与科学精神的辩证统一

我们当前建设中国特色社会主义政治经济学不仅要承接、持守马克思政治经济学的价值立场,也要继承、弘扬它的科学性。实际上,马克思并未将政治经济学中的价值立场与科学性截然分开,而是实现了两者的融合。因此,尤为重要的是我们要继承弘扬马克思价值批判方式体现出来的价值立场与科学性相统一的特质。

深入研究马克思价值立场是批判西方政治经济学,建设中国特色社会主义政治经济学的必要途径。就中国特色社会主义政治经济学而言,继承弘扬马克思价值立场,是应对西方经济学侵蚀,建设发展自身的必要途径。在 2015 年中共中央政治局第二十八次集体学习中,习近平总书记强调,要不断开拓当代中国马克思主义政治经济学新境界。[①] 在 2016 年经济形势专家座谈会上,他又指出,要坚持和发展中国特色社会主义

---

① 习近平:《习近平在中共中央政治局第二十八次集体学习时强调立足我国国情和我国发展实践　发展当代中国马克思主义政治经济学》,载《党建》,2015 年第 12 期,第 4 页。

政治经济学。① 2021年7月,习近平指出,"中国共产党将继续同一切爱好和平的国家和人民一道,弘扬和平、发展、公平、正义、民主、自由的全人类共同价值"②。2022年1月,习近平提出,"中国共产党执政的唯一选择就是为人民群众做好事,为人民群众幸福生活拼搏、奉献、服务。"③ 习近平先后提出了"美好生活"④ "中国梦"⑤ "人类命运共同体"⑥ 与"地球生命共同体"⑦ 等价值目标。以上价值目标不仅关乎人民与国家,而且关乎人类命运与地球生命,是对马克思主义价值立场与方法的守正创新。

当然,我们也不应忽视,中国马克思主义政治经济学受到"价值错位"的西方政治经济学长期侵蚀,而处于待新之势。自改革开放以来,西方政治经济学借"价值中立"或"价值无涉"的所谓科学性,逐步侵蚀中国马克思主义政治经济学的建设与发展阵地,进而使之边缘化。武力等认为,经过60多年现代化建设,特别是30多年改革开放,我国政治经济建设积累了诸多宝贵实践经验。但就政治经济学而言,对于这些经验的归纳总结基本上是局部零散的,没有很好地将其上升为系统理论。由于中国特色社会主义政治经济学理论建设滞后于经济建设实际,其在气象万千、生机勃勃的现实面前,往往表现为趑趄不前、嗫嚅无语,理论阵地不断被以资本财团利益为价值取向的西方经济学侵蚀。⑧ 刘国光指出,社会科学不同于自然科学,社会科学反映了不同社会集团、阶级的利益。社会科学的观点不可能脱离相应社会集团、阶级对经济、历史、制度的看法,不可能脱离相应的价值体系和文化系统。西方政治经济学极力掩盖自身的价值立场,宣扬自己的价值中立或价值无涉。但实质上,

---

① 习近平:《习近平主持召开经济形势专家座谈会强调坚定信心增强定力 坚定不移推进供给侧结构性改革》,载《人民日报》,2016年7月9日。
② 习近平:《在庆祝中国共产党成立100周年大会上的讲话》,北京:人民出版社2021年版,第16页。
③ 《习近平谈治国理政》(第4卷),北京:外文出版社2022年版,第67页。
④ 《习近平谈治国理政》(第1卷),北京:外文出版社2018年版,第4页。
⑤ 《习近平谈治国理政》(第1卷),北京:外文出版社2018年版,第49页。
⑥ 《习近平谈治国理政》(第2卷),北京:外文出版社2017年版,第522页。
⑦ 习近平:《共同构建地球生命共同体——在〈生物多样性公约〉第十五次缔约方大会领导人峰会上的主旨讲话》,载《人民日报》,2021年10月13日。
⑧ 武力、肖翔:《建设中国特色社会主义政治经济学的历史维度思考——从马克思主义广义政治经济学视角的探讨》,载《马克思主义研究》,2016年第7期,第5—12页。

他们是有自己的价值立场的。他们对经济人的假定、宣扬私有制永存、宣扬市场万能,如此等等,恰恰表明了自己的价值立场。①

实际上,在价值立场方面,西方政治经济学持有鲜明的服务于资本主义制度的价值取向,其与持有鲜明人民立场的马克思政治经济学是针锋相对的。因此,我们必须基于对西方政治经济学的反思,来建设发展中国特色社会主义政治经济学。有诸多学者提出了自己的看法:顾海良认为,对于与中国特色社会主义政治经济学异质的经济学理论,我们应该形成交流、交融和交锋等方式,既重于借鉴其精华之处,又善于批判其糟粕之处;我们不应当妄自菲薄,也不应当妄自尊大。这是中国特色社会主义政治经济学形成和发展的基本方法和主要原则。②程恩富认为中国特色社会主义政治经济学应深入到理论预设来进行研究,这样才能在同一层次与西方政治经济学对话。在坚持中国特色社会主义政治经济学基本精神与批判西方政治经济学假设基础上,我们应坚持新的活劳动创造价值假设、利己和利他经济人假设、资源和需要双约束假设、公平与效率互促同向变动假设。③他认为,我们应该坚持中国特色社会主义政治经济学的八个重大原则④:科技领先型的持续原则;民生导向型的生产原则;公有主体型的产权原则;劳动主体型的分配原则;国家主导型的市场原则;绩效优先型的速度原则;结构协调型的平衡原则;自力主导型的开放原则。刘永佶指出,西方政治经济学将自身观点美化为全人类的"普世价值"或普遍性的"经济规律",它将所有人都规定为拥有资本的理性经济人,都在追求利益最大化,借以为资本家的剥削压迫提供理论支持。⑤单凭他们政治经济学的主义,我们很难判定他们背后的研究主体及其价值取向。但通过对他们的观点进行分析,就不难发现他们的政治经济学就是资产阶级或资本财团经济利益及其价值立场的反映。杨圣明认为,跟马克思时代的政治经济学一样,当前我国社会主义

---

① 刘国光:《经济学教学和研究中的一些问题》,载《经济研究》,2005 年第 10 期,第 4—11 页。
② 顾海良:《开拓当代中国马克思主义政治经济学的新境界》,载《经济研究》,2016 年第 1 期,第 4—11 页。
③ 程恩富:《现代马克思主义政治经济学的四大理论假设》,载《中国社会科学》,2007 年第 1 期,第 16—29 页。
④ 程恩富:《政治经济学的八个重大原则》,载《经济纵横》,2016 年第 3 期,第 1—6 页。
⑤ 刘永佶:《中国政治经济学的建构:主体、主义、主题、主张》,载《当代经济研究》,2016 第 10 期,第 25—36 页。

政治经济学同样具有强烈的阶级性。① 这里边蕴含着"自由科学研究"与"复仇女神"之间的战斗。有人研究政治经济学是为工人阶级和广大劳动群众服务，而另一些人可能秉持西方政治经济学的观点，价值取向也迥异。杨承训基于对新自由主义经济学的片面性与虚伪性的揭示，提出了建设发展中国特色社会主义政治经济学，必须坚持人民立场，必须坚持为共产主义事业奋斗终生的忠贞信仰。② 他认为新自由主义经济学是对古典经济学的扭曲，其无以复加地强调个人利益，结果是对社会公共利益的漠视与侵害。它鼓励人们只关心个人短期利益，而不顾社会大众的整体长远利益。长此以往，社会公共利益失去保障，私人资本无限扩张，必然会造成经济混乱，其结果不可避免是剥夺与侵害普通劳动者的利益，使社会主义制度逐步瓦解。新自由主义经济学主要强调市场的经济功能，而忽视甚至否定政府的经济调控功能。实质上，市场一般都被垄断资本财团控制。其理论的目的无非就是强化垄断资本寡头对世界市场的控制，削弱代表人民利益的政府功能，让资本在全球横行霸道。由于资本寡头的需要，新自由主义经济学已经成为资本统治者意识，变成思想垄断工具和政策指针。现代国际超级垄断资本主义已把它变为侵略和统治世界的意识工具。新自由主义经济学代表哈耶克（Friedrich August von Hayek）最响亮的口号就是宣布社会主义是"通向奴役之路"。可见，新自由主义经济学已超越了学术本身，其政治倾向十分直白，俨然是一种瓦解社会主义的意识形态。

我们对新自由主义错误思潮不能听之任之，不能把阵地拱手让给他们。冥顽不化或图谋不轨的新自由主义者不会自动退出历史舞台，因此，我们应当以主动姿态和凌厉攻势，展开对新自由主义经济学的深入系统批判，有计划地打若干战役，巩固、加强、扩大中国特色社会主义政治经济学主流地位。

就西方马克思主义的发展而言，深刻揭示马克思价值立场是其批判理论史演进的必然趋势。具体而言，马克思价值立场主要被法兰克福学派继承，并得到很大程度的拓展与弘扬。这体现在马克斯·霍克海默

---

① 杨圣明：《关于创建中国特色政治经济学的几点建议》，载《全球化》，2016 年第 11 期，第 111—112 页。

② 杨承训：《马克思主义政治经济学主流地位不容撼动》，载《马克思主义研究》，2016 年第 1 期，第 5—11 页、第 86 页。

（Max Horkheimer）对社会批判理论的开创，也展现于尤尔根·哈贝马斯（Jürgen Habermas）的认知体系和阿克塞尔·霍耐特（Axel Honneth）的承认理论之中。从他们的学理脉络来看，霍克海默在他的社会批判理论中所凸显的批判性与马克思的价值批判思想有内在关联。他认为马克思主义的本质特征恰恰在于批判性，而且，马克思在他自己许多著作的标题与副标题中运用的"批判"二字，这也体现了其具有批判性的内在特征。霍克海默认为马克思主义是一种批判理论，并且，自己的理论也是一种批判理论。① 他们在批判性及其价值取向上是一脉相承的。霍克海默在《传统理论和批判理论》一文的注释中也说明了自己的批判理论与马克思主义的内在关联，他说，"我不是在唯心主义的纯粹理性批判的意义上来使用这个术语，而是在政治经济学的辩证批判的意义上来使用这个术语"②。哈贝马斯认为马克思主义的内在特质在于其批判精神，就此意义而言，他将自己视为马克思主义者。他从政治实践视角揭示了价值批判的必然性。他认为，政治实践不仅受到法律规范的制约，而且受到行为规范的制约，在介入自我反思的过程中，它不是价值虚无主义或者说不是"价值节欲主义"③。哈贝马斯的观点凸显了人们对价值预设的反思与批判，而对其进行反思与批判又与人们所秉持的价值判断、价值评价以及价值意识的介入紧密相关。霍耐特通过对伦理共同体预设和个体完整性预设等价值预设进行检视并借助于这些价值预设，构建出了自己的承认理论。他在承认理论研究中所体现出来的研究方式与马克思价值立场出场方式具有一致性。他不仅承接了马克思的这一批判方式，而且对其进行了深入拓展。

那么，在构建中国特色社会主义政治经济学的过程中，我们如何使价值立场与科学精神相统一呢？

第一，建设中国特色社会主义政治经济学必须旗帜鲜明地坚守、弘扬马克思政治经济学体现出来的价值立场、价值目标与价值准则。

马克思的价值批判方式体现出了"消灭剥削、共同富裕"的政治经

---

① 俞吾金、陈学明：《国外马克思主义哲学流派新编》（上册），上海：复旦大学出版社 2002 年版，第 133 页。

② 〔德〕霍克海默：《霍克海默集》，曹卫东编，上海：上海远东出版社 2004 年版，第 200 页。

③ 〔德〕〔德〕尤尔根·哈贝马斯：《理论与实践》，郭官义、李黎译，北京：社会科学文献出版社 2010 年版，第 91 页。

济学新诉求，体现了"自由自觉"的人类实践特征新认识，体现了"全面发展"的人类自身完善新设计，体现了共产主义的理想社会新蓝图。马克思的这一系列价值目标与价值准则是马克思主义政治经济学价值观与价值体系构建的源泉，是我们建设中国特色社会主义政治经济学必须全面深入理解、融会、继承和弘扬的。

首先，建设中国特色社会主义政治经济学必须持守"消灭剥削、共同富裕"的价值准则。中国政治经济学的价值立场不在于维护少数人的利益，不在于维护剥削体制与剥削制度，而是着眼于为大多数人民群众及其利益服务，着眼于坚决保护人民群众不受到剥削与压迫，在于消灭针对人民群众的剥削制度及其体制。

党的二十大精神体现了坚定的人民立场。习近平总书记在报告中指出，必须坚持人民至上。人民性就是马克思主义的本质属性。党的理论是源于人民，服务人民，造福人民的理论。人民群众的创造性实践是理论创新的不竭源泉。我们必须站稳人民立场、把握人民愿望、尊重人民创造、集中人民智慧，形成人民群众所喜爱、所认同、所拥有的理论，使之成为指导人民认识世界、改造世界的思想武器。[1]

习近平强调建设发展中国特色社会主义政治经济学的人民立场，正是对马克思价值批判方式体现出来的"消灭剥削、共同富裕"价值准则的继承与弘扬。人民立场的核心在于为人民服务，只有彻底消灭了剥削人民群众的制度和现实，才能实现人民群众的共同福祉，才能实现共同富裕。

中国特色社会主义政治经济学的人民立场主要体现在如下三个方面[2]：一是将人民群众当作目的，政治经济学必须为人民服务。中国特色社会主义政治经济学建设必须持守人民群众立场，而不能立于少数人立场，为维护有助于压迫、剥削老百姓的利益集团说话。二是将是否维护实现人民群众的根本利益，当作衡量是否是中国特色社会主义政治经济学的尺度。中国特色社会主义政治经济学是来源于人民群众的学问，它扎根人民群众，服务人民群众，着眼于实现人民群众的切身利益。三是认为人民群众是经济政治建设的主体。中国特色社会主义政治经济学

---

[1] 《习近平著作选读》（第一卷），北京：人民出版社2023年版，第16页。
[2] 韩庆祥：《习近平以人民为中心的政治经济学说》，载《人民论坛》，2016年第1期，第52—53页。

必须基于群众思想、群众路线、群众观点来研究群众反映突出的现实问题，必须尊重人民群众的首创精神，必须尊重人民群众在政治经济方面的伟大实践。

其次，建设中国特色社会主义政治经济学必须持守人民群众"自由自觉"的价值准则。"自由自觉"价值准则是马克思对于人类活动的新认识，他将其预设为人的类特性或类本质，并将其作为价值尺度来辨别、阐明资本主义雇佣劳动的异化现象。当前，构建中国特色社会主义政治经济学必须尊重、继承和弘扬这一价值准则。中国特色社会主义政治经济学的价值预设应持守自由自觉的价值取向。自由这一价值观在社会主义核心价值观的社会层面价值观得到了体现。习近平总书记指出，要"使社会主义核心价值观内化于心、外化于行"①。因此，自由这一价值观也需渗透在中国特色政治经济学理论构建之中。中国特色政治经济学必须是弘扬民主自由、保障民主自由为价值取向的学说或理论。

再次，建设中国特色社会主义政治经济学必须坚持实现人民群众"全面发展"的价值目标。马克思指出了资本主义雇佣制度下的工人，在机器"奴役"下，成了单向度的人，成了片面化发展的人。而在社会主义或共产主义制度下的政治经济学应为人民群众服务，而且必须为促进人民群众的全面发展进行理论探索、理论创新。人的全面发展是社会发展的价值取向，人的全面发展思想是马克思主义理论的重要组成部分。党的十八大以来，习近平总书记不仅继承、丰富和发展了马克思主义关于人的全面发展思想，而且要求不断推进人民群众的全面发展。习近平对于人的全面发展有深刻论述。他讲到，"必须在把情况搞清楚的基础上，统筹兼顾、综合平衡、突出重点、带动全局，有的时候要抓大放小、以大兼小，有的时候又要以小带大、小中见大，形象地说，就是要十个指头弹钢琴"②。可见，要实现人民群众的全面发展必须先搞清楚实际情况，然后根据实际情况和具体时机来制定合理战略战术，对于人民群众的全面发展，在不同时机、不同条件，应采取不同的战略战术。

中国特色社会主义政治经济学的构建应以人民群众的全面发展为价

---

① 中共中央宣传部编：《习近平总书记系列重要讲话读本》，北京：学习出版社 人民出版社2016年版，第190页。

② 中共中央宣传部编：《习近平总书记系列重要讲话读本》，北京：学习出版社 人民出版社2016年版，第49页。

值预设，要从理论、学说视角来论证、来阐明人民群众全面发展的理论渊源、理论意义和现实意义，要将人民群众全面发展的价值取向融入中国政治经济学，或者说是，要将群众观点、群众路线融入中国特色社会主义政治经济学，以从理论方面来凸显中国风格和中国气派。

最后，建设中国特色社会主义政治经济学必须坚持"共产主义"的价值目标。实现共产主义是我们党的最高纲领，我们的政治经济学必须基于这一价值目标来进行理论探讨与内容设计。习近平总书记在2012年11月提出了"中国梦"，这是中国未来发展的指引，是中国现时的价值目标与价值取向，是将来实现共产主义这一伟大理想的前奏，也是将来走向共产主义这一伟大目标的必要前提。

就构建中国特色社会主义政治经济学而言，一是要基于生产力与生产关系、经济基础与上层建筑之间的矛盾来揭示中国当前政治经济发展现实所面临的问题、发展动力和发展指向；二是要凸显人民群众在进行社会主义政治经济建设中的创造者地位，阐明人民群众在实现共产主义过程中的主体作用与主体地位，而不应一味强调资本的力量；三是阐明资本主义雇佣劳动制度、垄断发展的趋势必然是走向社会主义、共产主义；四是基于中国现实政治经济状况，来揭示走向共产主义的可能性与必然性。

第二，建设中国特色社会主义政治经济学必须旗帜鲜明地持守、弘扬马克思政治经济学体现出来的科学气质。中国政治经济学的建设不是纯粹意识形态的建设，它必须坚持一切从实际出发，基于中国政治经济建设的现实来进行，也必须结合"中国梦""全面建成小康社会"，以及实现"共产主义"这一系列的价值取向来进行。

中国特色社会主义政治经济学的科学气质应体现在如下方面：一是要实事求是地基于中国现实研究中国具体的突出问题。当前有的将中国现实中的一些负面问题以夸张、扩大的形式表现出来，有的甚至歪曲表述现实发展的主要事实、无视现实发展的主要趋势，有的用片面或错误理论来套用当前的中国现实问题。这些都无助于中国特色社会主义政治经济学的建设，而只能削弱其理论阵地，或者误导人民群众，造成不良社会影响。二是要揭示中国政治经济这一大千世界背后的发展规律、本质规律与具体发展趋势。当前中国政治经济发展处于新常态，具有复杂性。经济新常态主要表现在当前中国经济发展处于速度换挡期、质量效率发展方式转向期、存量结构调整并做优增量期、创新驱动动力转向期。① 与此相应，中国政治经济学的研究就必须扣紧这一主题，基于政治经济现象来揭示内在发展规律，同时基于马克思主义政治经济学的基本原理，来揭示中国经济新常态面临的实际问题。三是要自觉接受中国特色社会主义建设这一伟大实践的检验。建设中国政治经济学是一个过程，其中会有不少观点与思路经不起历史演进与政治经济发展实践的检验，而被淘汰，这本身就是政治经济学发展必然的、内在的规律。

第三，建设中国特色社会主义政治经济学必须实现价值立场与科学性两者之间的融合。

马克思对历史唯物主义、剩余价值理论等政治经济规律的揭示，都是融入了自身坚定的价值立场与价值目标的，或者说，马克思正是在自身价值立场、价值目标的指引下，才会有如此卓越的理论发现与理论贡献。

建设中国特色社会主义政治经济学也是如此，必须将马克思主义的价值取向与科学性、规律性结合起来，才能够有所建树。研究者必须自觉将马克思主义的一系列价值目标、价值准则和价值立场渗透在理论建构之中。中国特色社会主义政治经济学必须是人民群众的理论、是坚持人民群众观点、路线和立场的理论；必须是以实现人民群众自由发展、全面发展为价值目标的理论；必须是着眼消灭剥削、消灭压迫的理论；必须是致力于实现共产主义的理论。同时，要坚持中国特色社会主义政治经济学的科学性。研究者必须实事求是地研究中国新问题、新情况，研究揭示这些新问题、新情况背后的规律与本质，并基于实践的变化来拓深理论研究，矫正理论研究。

正如恩格斯所言，"科学越是毫无顾忌和大公无私，它就越符合工人的利益与愿望"②。中国特色社会主义政治经济学的建设也是如此，它越是毫无顾忌和大公无私，它就会越符合人民群众的利益与愿望。这样就能实现马克思主义价值立场与科学气质的辩证统一。

---

① 中共中央宣传部编：《习近平总书记系列重要讲话读本》，北京：学习出版社 人民出版社2016年版，第142—143页。
② 《马克思恩格斯选集》（第4卷），北京：人民出版社2012年版，第265页。

第二节　正视现实与理论抽象的辩证统一

马克思的价值批判方式既接资本主义社会异化现象的地气，又实现了思想史上的伟大变革。这体现了他的理论创造与社会现实的辩证统一。马克思把握的资本主义异化现实也就是他理论创造的实践基础。基于这一实践，马克思实现了伟大的理论创新。

继承彰显马克思价值立场，是解决现今社会人文价值缺失、应对经济全球化伴随与涌现的一系列价值冲突与碰撞的现实需要。政治经济学的批判研究在历史上不断被唤醒，有着人类为自觉推进社会转型、矫正社会价值观念、守护人性道德的现实诉求。[①] 进入 21 世纪以来，马克思政治经济学批判精神被再度唤醒，它直接导源于当代货币化生存世界的发展本质：信息、数字和网络的互渗，创意和人工智能的叠加，神话般地向传统财富创造原理提出了挑战。"物化—异化—幻化"的生存格律，加速了道德价值与资本逻辑的冲突，深层次地提出了人类实践过程中的价值诉求问题。从人的价值意识来反思被极端物象化、虚拟化的生活现实，它需要再度唤醒马克思的价值立场。

现今社会人文价值的缺失主要表现在工具理性伴随着"资本逻辑"盛行，而人文的价值关怀与道德底线在一定程度上萎缩成了可有可无的缀饰。工具理性强调有效性和目的性，追求用最低成本达至预定目的，并且，它总是促使人以"计算或计量"的手段去对待自然与他人，这就使人失去了人本身应具有的目的价值，而降低为物或降低为达到预期目的的工具。而马克思在价值批判理论中嵌入了人的目的价值，认为人应该作为目的，而非纯粹的工具或手段。可见，此种研究方法对当今人文价值的缺失有着极为重要的借鉴意义，而且可能由其引发出使工具理性与目的理性这两者相得益彰的可能解决路径。

当前经济、信息等快速全球化，使得其与社会价值规范、社会文化系统特别是与地方性文化传统之间的矛盾日趋复杂。如果仅停留于经济现象的表面来处理这些矛盾，只会使社会矛盾日趋加深，问题更趋复杂。而且，在任何一个社会矛盾背后都蕴含了相应的基于各自视角的文化参

[①] 张雄：《政治经济学批判：追求经济的"政治和哲学实现"》，载《中国社会科学》，2015 年第 1 期，第 4—22 页。

照体系与价值预设或价值理念。因此，如果仅仅用"价值中立"的科技理性或工具理性作为解决问题的方法或标准，这将不可避免地走向纯粹的虚无主义或相对主义，而这正是现代社会病态的内因和主因。马克思恰恰挖掘到了资本主义经济学相对于社会表面现象的内在价值预设或文化参照体系，并对这些价值预设或文化参照体系进行了深刻地、尖锐地反思和批判。这正是马克思主义理论研究者应该继承并大力弘扬的宝贵理论遗产。

与之相应，建设中国特色社会主义政治经济学必须实现理论与现实的辩证统一。我们要建设的中国特色社会主义政治经济学必须是对中国实践起到指导作用，能够引领中国实践健康发展的政治经济学理论。这样的理论必须基于实践经验来总结，并在中国实践中接受检验与发展。理论也只能源于实践并随着实践发展而不断地完善与深化。[1] 要建设好中国特色社会主义政治经济学，一是必须基于中国实际出发，基于中国的特殊性，把握住中国的特殊实际。此外，还必须基于世界的特殊性，把握世界发展的脉搏。二是必须坚持将马克思主义基本原理同中国实际相结合，这是我们的根本指导思想。三是在坚持这一指导思想的同时，还要结合国际发展形势，把握国际发展大局，深入扎实分析中国政治经济学问题与实际情况。

习近平总书记在主持中共中央政治局第二十八次集体学习时强调，"要立足我国国情和我国发展实践，揭示新特点新规律，提炼和总结我国经济发展实践的规律性成果，把实践经验上升为系统化的经济学说"[2]。中国特色社会主义政治经济学的理论建构离不开社会主义建设这一现实基础与活水源头，它必须基于这一伟大实践来提炼中国政治经济学的理论成果，它本身也就是，或将是中国特色社会主义建设的经验总结。中国特色社会主义政治经济学必须与中国道路结合起来，服务于中华民族伟大复兴中国梦的实现过程。它必须成为理论武器，尤其是成为人民群众的理论武器，这样才能发挥巨大的理论与实践作用。

第一，构建中国特色社会主义政治经济学必须总结、升华中国经验，

---

[1] 逄锦聚：《论马克思主义政治经济学理论创新——兼论政治经济学学科的发展方向》，载《经济学家》，2007年第1期，第5—10页。

[2] 习近平：《习近平在中共中央政治局第二十八次集体学习时强调立足我国国情和我国发展实践发展当代中国马克思主义政治经济学》，载《党建》，2015年第12期，第4、12页。

体现中国特色与中国气派，致力实现政治经济学理论与中国实际的辩证统一。

党的十一届三中全会以来，我们在建设中国特色社会主义政治经济学方面取得了诸多重要理论成果。这些成果的取得都是基于中国经验的提炼与总结归纳，体现了中国特色与中国气派，体现了中国特色社会主义政治经济学与中国实际的辩证统一。

邓小平的社会主义本质理论是对社会主义政治经济建设实践与理论探索实践遭受曲折与失误的经验总结，体现了中国特色社会主义政治经济学的理论智慧与理论特色。他抓住了以往遭受曲折与失误的关键问题，即"什么是社会主义，如何建设社会主义"这一主要矛盾。然后基于中国社会的现实条件来探讨、解决这一问题。如果不能明确解答社会主义是什么，就抓不住问题的实质与关键，建设社会主义就不可能取得好的成效。邓小平从生产力与生产关系这一对社会基本矛盾来探讨社会主义本质，抓住了社会主义建设的主要矛盾，抓住了这一矛盾的主要方面：它一方面在于生产力发展水平不高，生产能力还不够；另一方面在于生产关系所包含的核心问题，即生产资料归谁所有的问题。由此，邓小平基于生产力与生产关系的矛盾，抓住了社会主义本质的关键在于两个方面，即发展生产与共同富裕。① 因为生产力是全世界所有不同制度的国家都需要大力发展的，因此，邓小平强调，社会主义的最大优越性在于"共同富裕"，这是体现社会主义本质的东西。② 突出解放生产力、发展生产力在社会主义本质中的地位，是邓小平结合马克思主义政治经济学与社会主义建设实践内在统一基础上对中国特色社会主义政治经济学的创造与探索。它是在邓小平认真总结社会主义建设经验、历史经验，深刻把握中国特殊国情与时代特征的基础上提炼出来的。由于资本主义发展生产力是为少数人服务，就必然产生两极分化，剥削与压迫，而社会主义发展生产力是为人民群众服务，就必须消灭剥削与压迫，消除两极分化，最终实现共同富裕。

邓小平的社会主义本质理论不是仅仅停留于理论阐明层面，而是同时着眼社会主义建设这一现实问题。它实现了两者的辩证统一。社会主义本质理论在解说何为社会主义的同时，提出了社会主义的建设方式与

---

① 《邓小平文选》（第3卷），北京：人民出版社1993年版，第172页。
② 《邓小平文选》（第3卷），北京：人民出版社1993年版，第364页。

实施手段，体现了根本任务与发展手段的辩证统一。

党的十五大确立的社会主义基本经济制度体现了中国特色社会主义政治经济学理论与中国实际情况的辩证统一。过去以为社会主义所有制越纯越公就越好，越单一越好，但经济发展的现实表明，这样的制度导致干好干坏一个样，效率越来越低下，制度越来越僵化而缺乏活力。因此，纯粹的追求公平并不能发展好社会主义，而是要在公平与效率之间进行平衡与兼顾，要基于实际情况与现实条件来制定相应的发展策略与发展理论。

党的十五大第一次明确提出了公有制为主体、多种所有制共同发展的基本经济制度。此制度的提出，实现了中国特色社会主义政治经济学理论与社会主义初级阶段这一现实的辩证统一。一方面，公有制是社会主义国家生产资料所有制的根本特征与根本要求，也是中国特色社会主义政治经济学必须坚持的理论原则与价值取向。另一方面，多种所有制共同发展是结合社会主义发展现实条件与实际情况而提出来的。因为社会主义尚处于发展中阶段，还不成熟、不发达，还需要多种所有制来发展社会主义经济，来弥补生产能力的不足，来满足市场的需要。

党的十八届五中全会提出了创新、协调、绿色、开放和共享的发展理念，这体现了中国特色社会主义政治经济学理论的新突破，也是结合中国政治经济发展面临的瓶颈问题而做出的现实决策。其现实背景在于当前中国面临着全面建成小康社会决胜阶段复杂的国内外严峻形势，面临着经济社会发展的新机遇与新挑战。新发展理念是符合国情、顺应时代，着眼于破解中国发展难题，增强发展动力和发展优势的战略与举措。① 可见，新发展理念并非空中楼阁，而是有着坚实的现实前提条件与客观基础，它的提出体现了中国特色政治经济学与中国现实发展条件的有机结合与辩证统一。

就创新发展理念而言，其体现了中国特色社会主义政治经济学理论与中国经济社会发展实际的有机结合。创新发展理念是基于分析近代以来的世界发展进程，尤其是总结我国改革开放以来的成功经验而得出的结论，是着眼于增强发展动力，把握发展机会及主动权的根本策略。

就协调发展理念而言，它是针对这一系列经济社会发展的现实问题

---

① 中共中央宣传部编：《习近平总书记系列重要讲话读本》，北京：学习出版社 人民出版社2016年版，第127—136页。

而提出来的。它体现了我国在经济结构方面还存在的需要进一步优化调整的问题。当前,中国经济还存在区域、城乡、经济社会发展不平衡的问题,还存在资源配置不平衡的问题,还存在经济发展的短板问题,还存在经济发展机会不均等的问题,还存在行业发展不均衡的问题,等等。这些问题构成了协调发展理念提出的现实基础与理论的前提条件。

就绿色发展理念而言,其是针对当前中国生态环境遭受极大破坏这一现实问题而提出来的。当前,中国面临着严重的大气和水污染、生态循环失衡、环境破坏、资源粗放式开发及浪费等一系列资源环境问题。要改变这一现状,我们必须树立绿色发展理念,下功夫落实绿色发展理念。绿色发展理念也正是在这一现实问题背景下应运而生,其体现了中国特色社会主义政治经济学与中国实际的有机统一。

就开放发展理念而言,其提出是基于我国改革开放以来经验总结的理论创新。中国改革开放经验告诉我们:我们要发展壮大,就要主动适应经济全球化的发展趋势,要充分利用人类社会创造、发明的先进科技,要借鉴、学习他人的先进管理经验。当然,在改革开放过程中,我国经济体量增大,但是不够强,经济实力也未能转化为国际制度性优势。这一系列的问题使我们必须进一步进行深度改革开放。我们必须顺应我国经济深度融入全球化的趋势,必须奉行双赢互利,必须坚持内需和外需协调,必须保持进出口平衡,必须保障引资与引进技术并举,必须积极参与全球经济治理和公共产品供给,提高我国在全球经济治理过程中的制度性话语权。开放发展理念就是在此背景下产生的,它既基于现实基础,也是高度的政治经济学的理论概括与拓新。

就共享发展理念而言,其是对邓小平提出的"共同富裕"的社会主义本质思想的承接与提升,也是对当前社会贫富悬殊较大,两极分化较为严重这一现实问题的回应。当前,特定行业还存在较大程度的行业垄断,比如房产业、医药行业等,其配置、占有过多的社会资源,而造成其他行业,包括创新创业发展的不平衡,这使整个社会的资源配置扭曲,使整个社会两极分化愈来愈严重,使人与人之间的贫富悬殊越来越大。长此以往必然会演变为严重的社会问题,甚至社会危机。因此,我们必须提倡、树立共享发展理念,并下功夫落实共享发展理念,才能使社会资源得以更科学、更合理的配置,才能使各行各业得到平衡发展,减少行业垄断,促进公平竞争。

党的十八大以来，党中央做出了我国经济发展进入了新常态的战略判断。① 这是党中央综合分析世界经济发展的大周期与我国经济发展的阶段性特质及其相互关系、相互作用而做出的战略判断。新常态的提出体现了中国特色社会主义政治经济学与时俱进、不断与中国发展实际相结合的理论特质。从历史发展来看，我国古代农耕文明居于世界领先水平。工业革命之后，我国的发展开始滞后。新中国成立以来，我国开始进行大规模工业建设，但遭受挫折。改革开放以来，我国经历了一段快速发展，创造了世界发展的奇迹。但伴随经济体量增大，开始出现新问题。一是经济发展速度换挡，原来一直持续的高速增长不可能长期持续下去了。二是由于增速过快，调控未能及时跟上与落实，结构出现了不均衡发展的问题。低端产业产能过剩，中高端产业需要加快发展。三是低成本、低要素投入形成的经济驱动能力明显乏力，现阶段必须依靠创新来形成经济发展的驱动力。总体而言，当前中国经济处于速度换挡、结构调整和前期刺激经济消化的三期叠加期。基于此，党中央对其进行了"经济新常态"的理论概括与总结，并以其作为当前经济发展建设的指南，体现了中国特色社会主义政治经济学与中国现实、中国实际的有机结合与辩证统一。

社会主义市场经济理论的发展完善过程是一个与中国经济社会发展实际相结合的过程，这一发展过程体现了中国特色社会主义政治经济学理论与实际的有机结合与辩证统一。以往认为，社会主义的本质特征在于计划，而市场属于资本主义的本质特征。但是，在我们的经济发展建设过程中，是市场说了算，还是政府说了算，这一矛盾日益凸显。开始，党中央提出了计划为主、市场为辅的方针，接下来，又突破了将两者直接对立的思想，认为计划与市场只是经济发展与调控的手段，社会主义制度国家可以搞计划经济，也可以搞市场经济。党的十四大提出了建立社会主义市场经济体制目标；党的十五大提出了要使市场对资源配置起到基础性作用；党的十六大提出了在更大程度上发挥市场的基础性作用；党的十八大提出要使市场在更大程度、更广范围内发挥基础性作用；党的十八届三中全会提出要使市场对资源配置起到决定性作用。党的十九大提出，必须毫不动摇巩固发展公有制经济，毫不动摇鼓励、支持和引

---

① 中共中央宣传部编：《习近平总书记系列重要讲话读本》，北京：学习出版社 人民出版社 2016 年版，第 140—143 页。

导非公有制经济发展,使市场在资源配置中起到决定性作用。① 党的二十大提出,"充分发挥市场在资源配置中的决定性作用,更好发挥政府作用。"②

这里对市场决定性作用的认识是我们党对中国特色社会主义政治经济学的理论新突破,体现了政治经济学理论与中国实际的紧密结合。就经济学理论而言,市场决定资源配置是最有效的形式,是市场经济的本质规律。就经济发展建设的实际情况来看,一段时期以来,政府在一定程度上对资源配置管得过多,管得过死,抑制了企业与个人的创新活力与发展空间,降低了企业的生产效率,而且政府权力过大,产生了腐败温床及较为突出的腐败现象。因此,尊重市场配置资源的规律,尊重市场对资源配置的决定性作用,既是中国特色社会主义政治经济学的理论必然,也是中国发展实际所迫切需要解决的问题。

第二,中国特色社会主义政治经济学的理论研究必须与中国道路结合起来,实现两者的辩证统一。只有中国道路的经验才能产生中国特色社会主义政治经济学,也只有中国特色社会主义政治经济学才能引领中国道路。中国道路与中国特色社会主义政治经济学之间是相互耦合、辩证统一的关系。

一方面,中国道路需要中国特色社会主义政治经济学的理论指导。习近平总书记指出,党的十八大精神,就是坚持与发展中国特色社会主义。③ 这就是实现中华民族伟大复兴的中国道路。在20世纪90年代初,邓小平发表南方谈话,深入阐述了市场的本质、社会主义与市场之间的关系,极大解放了人们的思想,提升了认识。这次政治经济学的理论阐释是中国发展实际的迫切需要,解决了中国道路所遭遇的瓶颈问题。党的十八大以来,党中央提出的五大发展理念、经济新常态等一系列中国特色社会主义政治经济学的理论观点也是中国道路的现实需要。

另一方面,中国特色社会主义政治经济学必须服务于中国道路。如果立于资本家立场来构建政治经济学理论,那么,它的目标在于服务于

---

① 习近平:《决胜全面建成小康社会 夺取新时代中国特色社会主义伟大胜利——在中国共产党第十九次全国代表大会上的报告》,北京:人民出版社2017年版,第21页。
② 《习近平著作选读》(第一卷),北京:人民出版社2023年版,第24页。
③ 中共中央宣传部编:《习近平总书记系列重要讲话读本》,北京:学习出版社 人民出版社2016年版,第18页。

资产阶级，为资产阶级说话。中国特色社会主义政治经济学必须站在广大人民群众的立场上，为人民群众讲话。这就是中国道路的特色所在。在建设中国特色社会主义道路上，每每中国道路遇到挫折，中国政治经济学的理论创新都为中国道路矫正了失误，指明了方向。邓小平提出的以经济建设为中心，社会主义本质理论等为中国道路找到了改革开放的康庄大道。党的十八大以来，中国特色社会主义政治经济学的一系列创新也为中国道路注入了活力，增添了动力。

第三，中国特色社会主义政治经济学必须掌握人民群众，才能有所建树，有所作为。中国特色社会主义政治经济学必须成为人民群众日常生活、社会实践的有机组成部分，并进一步转化为社会存在，才能发挥它的应有作用。由于理论是无法推翻和摧毁落后、腐朽的物质力量的，因此，理论必须被人民群众掌握，才能发挥应有的作用，才能转化为物质力量，才能摧枯拉朽。

中国特色社会主义政治经济学要满足人民群众的现实需要，才能被人民群众接受。如果政治经济学理论脱离中国道路实际，脱离人民群众的利益，自说自话，或者是背离人民群众的利益，就会被人民群众毫不犹豫地唾弃。

因此，中国特色社会主义政治经济学不能照搬照抄西方政治经济学。主流西方政治经济学的核心价值取向在于为资产阶级辩护，在于维护资产阶级的权益，在价值立场上与我国社会主义政治经济学是背道而驰的。当然，西方政治经济学也具有其合理部分，这是我们应该汲取的。择其善者而从之，使之服务于中国道路，服务于中国人民，也是大有可为的。

中国特色社会主义政治经济学的形成与发展是中国政治经济演进史与理论发展逻辑的必然，是中国政治经济现实矛盾发展的内在要求。我们要基于政治经济历史与其内在矛盾来考察，它不是西方政治经济学"普遍真理"的中国化、具体化，或者嫁接品，而是由中国内在矛盾产生的，是内化而成的。

第三节　批判反思与借鉴吸收的辩证统一

批判性是马克思主义政治经济学的内在本质和理论特质。任何一种理论都会对以往理论进行批判与质疑，但马克思主义政治经济学的批判性并非止于此种意义的批判与质疑。它本身的批判性是内生的,是其本身的理论特质。如果撇开批判性,那么,马克思主义政治经济学就不是真正意义的马克思主义政治经济学了。此种批判性渗透在马克思主义的价值立场、研究方法和理论观点之中。① 它们紧密结合,构成一个严密的、系统的理论体系。当然,马克思主义政治经济学的批判也不是单纯地批判、为批判而批判,它的批判总是对以往学说的反思、审视,因此,它离不开对以往学术的包容借鉴。

建设中国特色社会主义政治经济学必须实现批判反思与包容借鉴的统一。建设中国特色社会主义政治经济学必须充分吸收人类社会创造的一切文明成果。马克思和恩格斯就曾吸收古典政治经济学的合理成分,创立了马克思主义政治经济学。当前,在社会主义与资本主义并存、竞争与合作的背景下,我们更应善于吸收人类文明的一切成果,来建设发展马克思主义政治经济学。其批判反思与包容借鉴的对象主要是以往马克思主义政治经济学、中国传统文化与近现代的西方政治经济学等。

那么,建设中国特色社会主义政治经济学为什么必须进行批判反思与包容借鉴?这与政治经济学的特殊性有内在关联。政治经济学的特殊性就体现为它的"国度性"。有学者对政治经济学的"国度性"与建设中国特色社会主义政治经济学的内在关联进行了研究。② 政治经济学肇始于欧洲民族国家,首次使用"政治经济学"的蒙克莱田就表示自己政治经济学是献给国王与皇后的。政治经济学的演进史也表明,其成立依据就在于它对主体的经济利益及其意识的研究。可见政治经济学本身蕴含经济利益的冲突,蕴含阶级意识及其所包含的意识形态的矛盾。政治经济学此种本质属性决定了我们建设中国特色社会主义政治经济学照搬照抄价值立场迥异的西方政治经济学是不可能取得成功的。

其他国家在传播、宣传其政治经济学时,往往刻意强调其"纯经济学"的普适性与优越性,试图造成一种唯我独尊的政治经济学文化氛围。譬如代表资本财团利益及其意识的美国政治经济学,试图控制操纵整个全球经济,而强调其政治经济学价值观的优越;苏联在宣传其政治经济

---

① 丰子义:《政治经济学批判功能的当代价值》,载《中国社会科学》,2016 年第 10 期,第 20—28 页。

② 本刊记者:《承继马克思原则,探索中国政治经济学方法论——访中央民族大学经济学院教授刘永佶》,载《马克思主义研究》,2016 年第 2 期,第 2—19 页。

学时，也是刻意强调其普遍性。中国在引进与学习诸国政治经济学过程中，吃过不少大亏，有些方面至今还在深受其害。当然，其他国家的政治经济学也并非一无是处，而是有诸多方面值得我们借鉴学习的。因此，我们建设中国特色社会主义政治经济学必须要发扬独立思考，对其他国家不同学派、不同时期的政治经济学要深刻反思，取其所长，兼容并蓄。

第一，对以往马克思主义政治经济学的批判反思。马克思主义政治经济学也可称之为社会主义政治经济学。它源于马克思对资本主义政治经济学的批判与揭露，基于唯物史观与剩余价值理论论证了资本主义必然灭亡与社会主义必然胜利的结论。对于马克思的政治经济学，恩格斯也曾指出其"特殊性"。有学者认为马克思的剩余价值理论同样适用于中国特色社会主义政治经济建设。① 一是马克思并非完全否定西方经济学家关于"经济人"的假设，在《资本论》中，马克思也论述了"人格化"的资本。二是马克思的劳动价值论包含对价格本质的揭示，还包含对价格背后"不自由"与"不平等"的揭示。三是马克思关于相对剩余价值的生产这一篇章实现了逻辑与历史的融合。四是马克思的交换理论与经济危机理论等将静态分析动态化，短期分析长期化，建立第一个经济增长模型。五是马克思对市场经济的资源配置做了更科学的论证。

后来，苏联政治经济学在诸国政治经济学中处于主导地位，它以"政治经济学一般规律"进行宣传与传播，那时便形成了一种苏联政治经济学就是社会主义政治经济学、社会主义政治经济学就是苏联政治经济学的错觉。所以，当前我们建设中国特色社会主义政治经济学，必须要对以往社会主义政治经济学进行反思批判，不能对其不加思考，就照搬过来。

第二，对中国传统文化合理基因的包容借鉴。中国特色社会主义政治经济学的建设发展离不开中华传统文化的氛围与滋养。中华文化的核心理念及伦理价值是构建中国特色社会主义政治经济学的内在支撑。一是中国以家庭为单位的家国模式形成的特有生活与行为模式对中国特色社会主义建设发展的影响。中华文化重视家庭观念与家族文化，因此，政治经济学必须涉及家庭及其所形成的家族经济利益及其意识的研究。中国不仅存在大量的家族企业，而且社会活动多以家庭为单位进行。因

---

① 王立胜、郭冠清：《论中国特色社会主义政治经济学理论来源》，载《经济学动态》，2016年第5期，第4—13页。

此，经济交往、消费模式和消费习惯与家族、家庭紧密相关。二是在中国传统文化的影响下，我国人民形成了节俭、积累、忍耐和追求长期生活稳定的心理与伦理模式。这会对中国经济产生潜在影响。基于此，建设中国特色社会主义政治经济学必须考察中国传统文化的特质及影响，并吸收中国传统文化的有益方面，使中国特色社会主义政治经济学更接地气、更趋完善。

第三，对近现代西方政治经济学的批判反思与包容借鉴。中国特色社会主义政治经济学的实践性与革命性使其本身具有自我革新的内在要求，批判借鉴西方政治经济学理论，能够增进我们政治经济学的先进性与科学性，也是我们政治经济学得以创新发展的现实任务。[①] 在经济全球化背景下，建设中国特色社会主义政治经济学离不开对西方政治经济学的批判反思与包容借鉴。我们对于西方政治经济学不能照搬，必须要对其进行扎实研究、深刻反思和包容借鉴。

一方面，相比于当前的中国特色社会主义政治经济学现状，西方政治经济学有其优势和特点，因此，我们需要去除盲目排外，搞关门主义的思想。

西方政治经济学的优势和特点主要表现在如下方面：西方发达国家市场经济发育程度、市场经济体制完善程度比我们高，综合国力比我们强。西方经济学作为对这种市场经济运行发展的理论概括，包含了一些科学与合理成分。伴随西方国家社会化大生产，他们对市场经济运行机制进行了三四百年的理论研究。西方经济学相应经历了从古典经济学、新古典经济学、凯恩斯经济学到新自由主义经济学的演进，并在此历程中不断完善，构建了完备市场、自由竞争、生产要素流动、供需弹性等诸多理论，在一定程度上增强了它的现实解释力。

当然，有的把马克思以后的西方经济学一概斥之为庸俗资产阶级经济学，只讲批判，不讲包容借鉴，全盘排斥。这种关门主义对中国特色社会主义政治经济学的建设是极为有害的。

要建设好中国特色社会主义政治经济学就必须包容借鉴西方政治经济学的精髓，做到洋为中用。西方政治经济学的优势与特点是我们值得包容借鉴的地方。

---

① 邵彦敏、白兮：《当代中国马克思主义政治经济学的拓展与创新》，载《调查发现》，2016年第5期，第16—19页。

一是可借鉴西方经济学分析工具来完善中国特色社会主义政治经济学的建设。西方政治经济学在"工具取向"方面具有较丰富的合理内容。西方经济学在方法上使用高等数学、图式、模型等工具，进行数量经济分析。这些都具有参考价值和借鉴作用。① 例如，我们可以将西方经济学一些稳定经济的分析工具，进行改造，纳入我国的宏观经济管理工具箱。我们对这些理论应当实事求是地加以分析，批判地吸收。

二是借鉴西方政治经济相关理论成果来丰富发展中国特色社会主义政治经济学。当代资本主义国家经过几百年的发展和不断调整，积累了发展市场经济的宝贵经验。西方经济学研究者从理论上反映和总结了现代经济运行的经验，概括了社会化大生产和现代市场经济发展的一般规律。例如，微观经济领域的现代企业管理理论、供求弹性理论、均衡价格理论、市场营销理论、市场垄断竞争理论、收入分配理论等；宏观经济领域的调控理论、货币政策、财政政策和产业政策理论、社会保障理论等；国际经济领域的国际金融贸易理论、国际分工理论、经济国际化、全球化、一体化理论等。有分析地借鉴这些科学的成分，为我所用，对我们发展社会主义市场经济是有益的。

另一方面，西方经济学也有其历史局限性，存在不可克服的、与生俱来的不足，这要求我们去除盲目崇洋、唯洋是从的思想。

一百多年以来，随着西学东渐，我国引进了西方大多数主要流派的政治经济学。在引进过程中，一般都认为西方政治经济学是可运用于中国政治经济实际情况的。但实际上事与愿违。

20世纪90年代以来，伴随着中国社会主义市场经济的建设，西方主流经济学在中国的传播势不可挡，它使马克思主义政治经济学处于被淡化、边缘化境地，甚至使诸多人对马克思主义和社会主义都产生怀疑，也使中国经济学界在某种程度上成了西方主流经济学指导下的小学生。在中国特色社会主义政治经济学的研究过程中。有的经济学家往往基于西方经济学惯用的演绎方式来推算中国的政治经济将如何发展，或者是基于较为粗略地比较来研究中国的政治经济；有的甚至一味推崇西方学说与理论，而忽视或无视中国本土的学说与理论；有的将西方经济学奉若神明，照抄照搬，甚至排斥马克思主义政治经济学，试图用西方经济

---

① 陈伯庚、陈承明：《创新与发展中国特色政治经济学》，载《毛泽东邓小平理论研究》，2015年第1期，第20—26页。

学取而代之；有的认为中国改革开放的理论基础是西方经济学。

就以上现象而言，我们必须透过现象看本质，西方经济学同样存在诸多不足。究其实质，西方主流经济学将资本主义视为永恒的美好制度是不符合实际情况和人类社会发展一般规律的；将市场视为万能钥匙已被实践证明是不正确的；完全排斥否定对经济的干预也是不符合现代市场经济发展要求的。它在重视所谓纯粹经济主体行为分析、解读经济运动现象的同时，却在逐步忽略政治、文化、价值观、经济制度等社会发展因素对经济的影响，弱化资本主义经济架构自身的内在审视及内在矛盾，回避经济活动中人与人的关系、人的发展等议题，而只是纯粹地借助于精致化的数理模型或分析工具来服务于经济发展，追求运行的效用。

事实表明，西方经济学在解决他们遭遇的现实经济矛盾方面，也是软弱无力的。尤为明显的是，没有一个西方经济学家预测到2008年美国次贷危机引发的国际金融危机。在危机扩展到全球之后，他们也没有能力开出有效的药方。基于这些表现，我们必须深刻认识西方经济学相对于中国特色社会主义政治经济学建设的不足。正因为西方经济学有这些不足，所以它不可能成为我国改革开放和现代化建设的指导思想。

在反思、借鉴西方经济学理论时，我们必须对其做到有取有舍、有用有弃，做到深入剖析、系统掌握，做到中国智慧与西方话语的有机结合，才能使其在建设中国特色社会主义政治经济学的过程中发挥应有作用。

总之，要凸显、构建社会主义政治经济学的中国特色、中国风格和中国气派，归根结底必须依托自身奋发图强的生动创造，必须承接人类社会创造的文明成果，必须扎根中国具体实际，必须坚定秉持马克思主义价值立场，独立思考，开辟自己的道路。

结　语

在对资本主义政治经济学进行批判的过程中，马克思融入了一系列价值目标与价值准则，这些价值预设是他进行理论研究与革命斗争的价值立场。

马克思政治经济学批判的价值立场是指马克思认识、研究和处理资本主义政治经济学及其反映的资本主义私有制度、异化现实等问题的道义立足点。马克思的价值立场凸显了四个方面的价值原则：一是将消灭剥削、共同富裕预设为分配正义的新诉求；二是将"自由自觉"预设为人类实践特征的新认识；三是将"全面发展"预设为人类完善自身的新设计；四是将"共产主义"预设为未来社会的新设想。当然，此处提到的四个"新"的内涵，是指马克思价值立场具有区别于以往思想家价值立场的特质，也就是说，此种价值立场奠基于唯物史观与剩余价值理论这一新的理论基石之上。

马克思价值立场出场方式是指马克思在异化劳动理论、剩余价值理论和共产主义理论等研究中，将自身所持的价值尺度和价值目标等通过反思、评判等方式融入经济事实，而对资本主义进行全面深刻批判的一种社会科学研究方法。它是马克思作为研究者与资本主义经济现实之间具有构成性、创造性特征的认知方式；是一种融合事实与价值的反思，一种基于解构的建构，一种否定之否定的扬弃。它一方面强调价值目标和价值尺度是通过社会现实发展趋势与发展规律而呈现出来；另一方面强调研究主体在认识、诠释事实过程中本身不可避免地持有价值目标与价值准则。

马克思对资本主义的批判不是基于价值预设的逻辑推演，也不是纯粹对资本主义经验材料的抽象归纳；不是对资本主义经济事实单纯的道德指斥，也不是对资本主义经济现实的绝对否定。马克思在政治经济学批判中朝着融合价值批判与历史批判两种研究方式的中间道路推进，此是一种克服唯物与唯心二元分立认识路径的可能性探索。此种研究方式不仅为西方社会批判理论承接彰显，也日益被确认为社会科学研究的基本思维方式。

对马克思的价值立场这一选题的探讨，承接了马克思关于事实与价值关系问题的处理方式，凸显了马克思批判资本主义的价值立场与价值目标和价值准则，回应了世界多极化带来的一系列普遍价值与地方性知识之间价值立场与价值选择的碰撞及冲突。

这一论题滥觞于休谟，其演进脉络主要体现于以下方面：就价值论或伦理学而言，对价值的认识历经了主观价值论、客观价值论、关系价值论和广义价值论等一系列发展演进；就政治哲学或社会哲学而言，历经了霍布斯、洛克、卢梭、康德和黑格尔到马克思的发展过程。后来，由法兰克福学派对马克思经典文本中凸显的批判性进行了进一步弘扬，形成了独具特色并对全世界产生极大影响的社会批判理论。虽然历史以来的不同学派和不同学者对事实与价值之间关系问题进行了多维探讨，提出了诸多解决方式，但始终未能取得一致共识。可见此论题不仅是理论演进史中深刻的基本问题，也是社会现实中需要不断反思、不断探究的实践问题。

马克思从四个维度对资本主义政治经济进行了全面系统的批判：生产关系批判是对资本主义经济基础的批判；拜物教批判是对资本主义上层建筑的批判；古典经济学批判是对资本主义经济理论的批判；异化劳动批判是对资本主义经济现实的批判。四个维度的经济批判构成了两组批判体系：对资本主义经济基础与上层建筑的批判；对资本主义经济理论与经济现实的批判。

此四个维度的批判具有自身独立性，又互为关联。首先是关于资本主义生产资料所有制、生产者在生产过程中的地位、生产劳动成果的分配制度等方面所构成的生产关系或经济基础的批判。马克思揭示了在雇佣劳动制度下劳动者的劳动产品并不能由劳动者来享有，而属于劳动者之外的资本家。劳动者的地位与其生产能力成反比，他生产愈多，地位反而愈低贱。同样，劳动者生产愈多，反而占有的生产资料愈少。这样，在资本主义生产条件下，形成了有产与无产之间、劳动与资本之间的深刻对立。其次是关于资本主义社会盲目崇拜货币、商品和资本这一社会现象及其造成这一现象相应的意识形态的批判。马克思的货币、商品和资本拜物教批判是有内在关联的系统性批判。他揭示了以商品、货币和资本为形式的物负载了人性与社会性，并具有了远远超越于人的力量，此种力量不仅引诱着人们对它进行崇拜，还使此种崇拜具有不可抗拒的强制性。甚至，此种拜物教成为人们所认同并内化为一种意识形态，而且，它在人们的社会生活中产生着实质性的作用及影响。再次是关于资本主义古典经济学理论前提、研究方法和理论价值取向的经济理论批判。马克思揭示了古典经济学停留于资产主义经济表象上"兜圈子"并刻意回避资本主义社会政治经济现实矛盾，也指出他们理论的价值目的在于为资产阶级及其现存制度竭力辩护。最后是经济的异化现象以及造成这一物化或异化现象的现实制度与现实生活的批判。他的异化劳动理论全面深刻地揭示了资本主义社会无产者的悲惨生活。在异化劳动理论中，他设立了"自由自觉"是人的类本质的价值原则，正是借助于这一价值尺度才说明资本主义社会现实的异化。在对德意志意识形态的批判中，他设立了"自主活动"这一价值尺度。在对政治经济学的批判中，他阐明了自由王国这一价值目标，自由王国与必然王国是辩证统一的，必然王国是自由王国的前提基础，而自由王国是必然王国的价值目标。在对资本主义经济事实进行诠释时，马克思基于资本主义经济事实导引出其价值准则或价值目标，又利用价值尺度与价值取向来揭示经济事实发展的趋向或发展的可能性。马克思在经济批判中紧扣资本主义异化经济事实的同时，又持守着一个平等、自由和公正的社会理想。他并未将两者视为相互分离的领域，而是在异化事实与价值目标之间的矛盾张力中来揭示雇佣劳动制度的内在困境，并凸显出现实社会向未来社会发展演进的必然规律。

在以上政治经济学批判中，并非如某些西方学者所言，只是对资本本性发展规律的研究，或者说是不关注资本主义人道与人性的价值中立或价值无涉的探讨。笔者认为，与此相反，马克思对资本主义经济进行的批判是持有鲜明价值立场、价值选择、价值判断、价值尺度和价值目标的。

马克思价值立场在西方马克思主义发展史方面的意义主要体现在法兰克福学派对其的继承与弘扬。法兰克福学派志在弘扬马克思对西方资本主义社会的批判。霍克海默认为马克思学说的本质在于批判性，而且，他认为自己的社会批判理论与之有深刻关联，是一脉相承的。哈贝马斯也认为马克思主义的价值目标在于批判，他不仅自称为"马克思主义者"，而且认为作为他思想核心的批判理论发端于马克思的历史唯物主义，并认为是其理论传统的延续。霍耐特认为马克思在"承认理论"的演进史上，对社会斗争做出了划时代的重要规定，是对人类历史产生了最大影响的思想家。

马克思的价值立场是马克思理论系统中的内在支撑，也是使其具有鲜明阶级或政治立场的内因。此种价值立场相对于马克思主义理论本身的意义主要体现于以下方面：一是赋予马克思主义以批判性。研究者的价值判断、价值选择和价值准则是其理论立场与政治取向的依据，只有坚定鲜明的阶级立场，才能使理论的批判更加具有力度，更加得到人民群众的认同。二是赋予马克思主义以人类解放目标与社会规律的统一。马克思在批判中所体现出来的无产阶级价值立场以及对无产者利益的维护是符合社会发展的内在趋势与规律的，此种研究方式构成了其解放全人类与社会发展规律统一的方法论基础。三是赋予马克思主义以理论研究与革命斗争的统一。马克思主义理论必须掌握人民群众。革命的、批判的社会实践要依据革命的理论来指导，革命理论要通过革命的、批判的社会实践才能创建出来。四是实现了马克思主义思想史上的伟大变革。实践唯物主义、历史唯物主义和剩余价值理论的阐发都嵌入了马克思价值观的理论，它们不是纯粹价值中立或价值无涉的理论。

马克思价值立场之于中国特色社会主义政治经济学的启示主要在于：

第一，必须实现价值立场与科学精神两者的辩证统一。构建中国特色社会主义政治经济学必须承接、持守马克思政治经济学的价值立场，也要继承、弘扬它的科学性。实际上，马克思并未将政治经济学中的价值立场与科学性截然分开，而是实现了两者的融合。因此，尤为重要的是，必须继承弘扬此种价值立场与科学性相统一的融合方式。掌握真理是坚持价值立场的必由之路，而价值立场又是探索、认识和发现真理的必要导引。马克思正是基于雇佣劳动制度内在矛盾的演绎，推演出资本主义社会革命必然发生的结论，并提出消灭私有制的价值目标。同时，在揭示资本主义制度的内在矛盾时，马克思秉持的无产阶级价值立场是其不可或缺的、内在的信仰支撑，只有在此种信仰的支撑下，他才能坚信资本主义的丧钟终会敲响。恩格斯也指出，"科学越是毫无顾忌和大公无私,它就越符合工人阶级的利益和愿望"①。这说明了科学真理与工人阶级的价值目标具有内在关联,是辩证统一的关系。卢卡奇也曾指出,如果对资本主义的腐朽本质认识愈深刻,那么无产阶级的力量就会愈增长。真理是无产者的革命武器,真理愈是义无反顾,无产阶级革命就愈容易取得胜利。②革命真理与革命理想具有内在关联,革命真理越是透彻,那么,它就越能聚集人民群众的磅礴力量,就越能推动革命运动向前发展,也就越能实现革命的价值目标。习近平总书记指出,"认识真理,掌握真理,信仰真理,捍卫真理,是坚定理想信念的精神前提。中国共产党人的理想信念,建立在马克思主义科学真理的基础之上"③。可见,科学真理是理解、把握、持守共产主义价值立场的理论前提,而共产党人的价值立场又奠基于科学真理之上,共产主义理想信念与科学真理是辩证统一的。

第二,必须实现正视现实与理论抽象两者的辩证统一。中国特色社会主义政治经济学必须能对中国实践起到指导作用,能够引领中国实践健康发展。其理论必须基于实践经验来总结,并在中国实践中接受检验与发展。要建设好中国特色社会主义政治经济学,必须从中国实际出发,基于中国特殊性,把握住中国特殊实际;必须坚持将马克思主义基本原理同中国实际相结合。

第三,必须实现批判反思与借鉴吸收两者的辩证统一。建设中国特色社会主义政治经济学必须充分吸收人类社会创造的一切文明成果。在当前社会主义与资本主义并存、竞争与合作的背景下,我们应善于吸收人类文明的一切成果,来建设发展好中国特色社会主义政治经济学。

第四,必须坚持研究方法与研究价值取向的辩证统一。研究方法是实现研究价值取向的途径,合理的研究方法可以更好地实现研究价值取向,研究价值取向是选择、使用研究方法的导向。

第五,必须坚持社会事实与价值目标的辩证统一。资本主义社会的经济事实是马克思得出私有制必然消亡这一价值目标的前提条件,消灭私有制这一价值目标又是准确认识、理解和判断资本主义社会经济事实

---

① 《马克思恩格斯选集》(第4卷),北京:人民出版社2012年版,第265页。
② 〔匈〕卢卡奇:《历史与阶级意识——关于马克思主义辩证法的研究》,杜章智等译,北京:商务印书馆2011年版,第134页。
③ 《习近平谈治国理政》(第2卷),北京:外文出版社2017年版,第50页。

的价值准则。站在资产阶级价值立场的庸俗经济学家，他们维护的是资本的利益，就必然会罔顾资本主义社会劳动过剩与财富过剩同时并存的社会事实，而得出对资本或者资本家有利的结论。如果基于社会现实，尊重社会事实，那么，就能够得出如下观点：由于财富集中到了资本家手中，而造成生产集中，大规模集中的社会化生产又被私人控制，其结果必然是生产过剩和劳动过剩带来的经济危机。因此，合理的价值目标奠基于正确认识、判断的事实，而正确认识、判断的事实又只有依赖于正确的价值立场，才能得以合理的阐明，才能抽象出反映事实的本质规律。

第六，坚持"批判旧世界"与"发现新世界"的辩证统一。批判致力于促使旧事物消亡、新事物产生。批判者秉持的价值取向或最终旨趣在于建构一个新世界，因此，也可以将批判视为一种否定式的建构。建构着眼于维持事物存在，其是对批判的回应或否定。建构者所秉持的价值取向在于对事物的肯定，其是一种认同、维持现存事物的努力。马克思曾指出，"我们的任务是要揭露旧世界，并为建立一个新世界而积极工作。事件的进程给能思想的人认识自己的状况的时间愈长，给受苦难的人进行团结的时间愈多，那末在现今社会里成熟着的果实就会愈甘美"①。马克思在这里阐明了新世界的建立，要基于对旧世界进行批判的积极工作，而且，酝酿改造旧世界的时间愈长，改造者团结起来的时间也就愈长，那么，未来建立的新世界也更加完美。马克思在此揭示了只有在批判旧世界中，才能发现新世界，才能在机会成熟的时候建立新世界。另如，霍克海默指出，马克思主义的阶级、剥削、剩余价值等范畴是其理论体系的有机组成部分，其意义不在于对旧社会的维护，而在于将旧社会转变成一种"正义社会"②。可见，霍克海默在此也揭示了在批判旧社会中建构一种"正义社会"的价值目标，此种价值目标及其实现根植于对以往社会的批判与扬弃之中。

就中国特色社会主义政治经济学而言，其演进不断推进着马克思主义价值观持续拓深。习近平总书记先后提出了"美好生活"③"中

---

① 《马克思恩格斯全集》(第1卷)，北京：人民出版社1956年版，第414—415页。
② 〔德〕马克斯·霍克海默：《批判理论》，李小兵等译，重庆：重庆出版社1989年版，第208页。
③ 《习近平谈治国理政》(第1卷)，北京：外文出版社2018年版，第4页。

国梦"①"人类命运共同体"②与"地球生命共同体"③等价值目标。2021年7月，习近平总书记指出，"中国共产党将继续同一切爱好和平的国家和人民一道，弘扬和平、发展、公平、正义、民主、自由的全人类共同价值"④。以上价值目标不仅关乎人民与国家，而且关乎人类命运与地球生命，构成了一个严密的、系统的价值体系。其是对马克思主义价值观的守正创新，也是批判西方虚伪的"普世价值"的有力武器。

由于本书涉及的知识范围甚广，理论功底要求较高，这使笔者在写作过程中深感诸多文献不能遍阅细读，诸多问题难以思考到位。

其一，虽然马克思的经典文本蕴含了丰富的价值论思想，但只是处于"碎片化"状态。他并未形成系统的价值论。对这一论题的探讨成了国内外诸多学者，甚至诸多学派所着力研究的问题。笔者虽致力于探讨马克思在政治经济学批判中如何处理事实与价值的关系这一论题，但发现此论题就事实与价值关系这一维度而言，至今并无定论。就马克思主义视域而言，一般是基于实践或历史维度来解决这一问题，但也未形成一致解决途径，或得出解决此问题的方法共识。

其二，如何准确把握马克思的价值立场与社会批判理论之间关系的问题。社会批判理论的核心代表很少系统或专门论述这一论题。此两者的关联主要体现于他们思想所表达的含义之中或体现于他们著作局部的零星探讨之中。虽然如哈贝马斯有专门探讨马克思历史唯物主义的论著《重建历史唯物主义》一书，但其意图并不在于发展马克思的价值论，或探讨马克思的价值立场，而是试图重建历史唯物主义以解释资本主义社会所面临的一系列现实问题。

其三，笔者将价值立场出场方式界定为马克思在对资本主义社会进行批判的过程中，将自身价值判断、价值取向和价值尺度等通过反思、评判或直接融入事实等方式，对资本主义异化现象进行全面深刻批判的一种社会科学研究方法。这虽阐明了马克思对资本主义批判中一种个性化研究方式，但此研究方式是否具有内在机理或内在规律，此种内在规

---

① 《习近平谈治国理政》（第1卷），北京：外文出版社2018年版，第49页。
② 《习近平谈治国理政》（第2卷），北京：外文出版社2017年版，第522页。
③ 习近平：《共同构建地球生命共同体——在〈生物多样性公约〉第十五次缔约方大会领导人峰会上的主旨讲话》，载《人民日报》，2021年10月13日。
④ 习近平：《在庆祝中国共产党成立100周年大会上的讲话》，北京：人民出版社2021年版，第16页。

律在马克思的经典文本中以何种形式体现出来？或者说马克思在运用此种研究方式的过程中是否体现了一定的发展阶段性或体现出了一些必然性的内在线索？关于这一系列问题，虽然笔者在一定程度上进行了思考与论述，但远未搔到痒处。

参考文献

一、经典著作类

《马克思恩格斯选集》(第1卷),北京:人民出版社2012年版。
《马克思恩格斯选集》(第2卷),北京:人民出版社2012年版。
《马克思恩格斯选集》(第3卷),北京:人民出版社2012年版。
《马克思恩格斯选集》(第4卷),北京:人民出版社2012年版。
《马克思恩格斯文集》(第1卷),北京:人民出版社2009年版。
《马克思恩格斯文集》(第2卷),北京:人民出版社2009年版。
《马克思恩格斯文集》(第3卷),北京:人民出版社2009年版。
《马克思恩格斯文集》(第4卷),北京:人民出版社2009年版。
《马克思恩格斯文集》(第8卷),北京:人民出版社2009年版。
《马克思恩格斯文集》(第10卷),北京:人民出版社2009年版。
《马克思恩格斯全集》(第1卷),北京:人民出版社1956年版。
《马克思恩格斯全集》(第3卷),北京:人民出版社2002年版。
《马克思恩格斯全集》(第11卷),北京:人民出版社1995年版。
《马克思恩格斯全集》(第12卷),北京:人民出版社1998年版。
《马克思恩格斯全集》(第16卷),北京:人民出版社2007年版。
《马克思恩格斯全集》(第19卷),北京:人民出版社2006年版。
《马克思恩格斯全集》(第21卷),北京:人民出版社2003年版。
《马克思恩格斯全集》(第25卷),北京:人民出版社2001年版。
《马克思恩格斯全集》(第30卷),北京:人民出版社1995年版。
《马克思恩格斯全集》(第31卷),北京:人民出版社1998年版。
《马克思恩格斯全集》(第32卷),北京:人民出版社1998年版。
《马克思恩格斯全集》(第33卷),北京:人民出版社2004年版。

马克思：《资本论》（第 1 卷），北京：人民出版社 2004 年版。
马克思：《资本论》（第 2 卷），北京：人民出版社 2004 年版。
马克思：《资本论》（第 3 卷），北京：人民出版社 2004 年版。
马克思：《剩余价值学说史》（第 1 卷），北京：人民出版社 1975 年版。
马克思：《剩余价值学说史》（第 2 卷），北京：人民出版社 1975 年版。
马克思：《剩余价值学说史》（第 3 卷），北京：人民出版社 1975 年版。
马克思：《1844 年经济学哲学手稿》，北京：人民出版社 2000 年版。
恩格斯：《反杜林论》，北京：人民出版社 1970 年版。
恩格斯：《路德维希·费尔巴哈和德国古典哲学的终结》，北京：人民出版社 1972 年版。
《列宁选集》（第 1 卷），北京：人民出版社 1995 年版。
《列宁全集》（第 1 卷），北京：人民出版社 1984 年版。
《列宁全集》（第 6 卷），北京：人民出版社 1986 年版。
《列宁全集》（第 13 卷），北京：人民出版社 1987 年版。
《列宁全集》（第 17 卷），北京：人民出版社 1988 年版。
《列宁全集》（第 18 卷），北京：人民出版社 1988 年版。
《列宁全集》（第 31 卷），北京：人民出版社 1985 年版。
《列宁全集》（第 35 卷），北京：人民出版社 1985 年版。
《邓小平文选》（第 3 卷），北京：人民出版社 1993 年版。
《列宁专题文集　论社会主义》，北京：人民出版社 2009 年版。

二、中文著作类

叶秀山：《叶秀山文集》，上海：上海辞书出版社 2005 年版。
冯达文、郭齐勇主编：《新编中国哲学史》（上），北京：人民出版社 2004 年版。
冯达文、郭齐勇主编：《新编中国哲学史》（下），北京：人民出版社 2004 年版。
黄楠森主编：《马克思主义哲学史》，北京：高等教育出版社 1999 年版。

顾海良主编：《马克思主义发展史》，北京：中国人民大学出版社 2007 年版。

罗国杰：《马克思主义伦理学》，北京：人民出版社 1982 年版。

俞吾金、陈学明：《国外马克思主义哲学流派新编》（上册），上海：复旦大学出版社 2002 年版。

八所高等师范院校编著：《马克思主义伦理学原理》，贵阳：贵州人民出版社 1987 年版。

张之沧等：《西方马克思主义伦理思想研究》，南京：南京师范大学出版社 2008 年版。

贺翠香：《劳动·交往·实践：论哈贝马斯对历史唯物论的重建》，北京：中国社会科学出版社 2005 年版。

王峰明：《〈资本论〉第 1 卷导读》（上册），北京：中国民主法制出版社 2012 年版。

李德顺：《价值论——一种主体性的研究》，北京：中国人民大学出版社 1987 年版。

李德顺：《价值论》，北京：中国人民大学出版社 2007 年版。

王玉樑：《价值哲学新探》，西安：陕西人民教育出版社 1993 年版。

王玉樑：《21 世纪价值哲学：从自发到自觉》，北京：人民出版社 2006 年版。

袁贵仁：《价值观的理论与实践——价值观若干问题的思考》，北京：北京师范大学出版社 2013 年版。

吴国盛主编：《自然哲学》（第 1 辑），北京：中国社会科学出版社 1994 年版。

刘大椿、刘永谋：《思想的攻防——另类科学哲学的兴起和演化》，北京：中国人民大学出版社 2010 年版。

毛崇杰：《颠覆与重建：后批评中的价值体系》，北京：社会科学文献出版社 2002 年版。

孙伟平：《事实与价值》，北京：中国社会科学出版社 2000 年版。

孙伟平：《价值论转向——现代哲学的困境与出路》，合肥：安徽人民出版社 2008 年版。

姜海波：《恩格斯〈国民经济学批判大纲〉研究读本》，北京：中央编译出版社 2014 年版。

邬焜、李建群主编：《价值哲学问题研究》，北京：中国社会科学出版社 2002 年版。

童世骏：《批判与实践：论哈贝马斯的批判理论》，北京：生活·读书·新知三联书店 2007 年版。

阮新邦：《批判诠释与知识重建——哈伯玛斯视野下的社会研究》，北京：社会科学文献出版社 1999 年版。

许崇正：《伦理经济学再论——经济选择与人的发展》，北京：中国财政经济出版社 2001 年版。

曹卫东：《思想的他者》，北京：北京大学出版社 2006 年版。

仇德辉：《统一价值论》，北京：中国科学技术出版社 1998 年版。

王宏维：《社会价值：统摄与驱动》，北京：人民出版社 1995 年版。

张书琛：《西方价值哲学思想简史》，北京：当代中国出版社 1998 年版。

吕世荣：《马克思社会发展理论研究》，北京：中国社会科学出版社 2001 年版。

冯平：《评价论》，北京：东方出版社 1995 年版。

潘自勉：《论价值规范》，北京：中国社会科学出版社 2006 年版。

刘放桐等：《新编现代西方哲学》，北京：人民出版社 2000 年版。

《西方哲学史》编写组：《西方哲学史》（第 2 版），北京：高等教育出版社 2019 年版。

三、译著类

〔德〕弗·梅林：《马克思传》，樊集译，北京：人民出版社 1965 年版。

〔英〕戴维·麦克莱伦：《马克思传》（第 4 版），王珍译，北京：中国人民大学出版社 2016 年版。

〔匈〕卢卡奇：《历史与阶级意识——关于马克思主义辩证法的研究》，杜章智等译，北京：商务印书馆 2011 年版。

〔德〕卡尔·科尔施：《马克思主义和哲学》，王南湜、荣新海译，重庆：重庆出版社 1989 年版。

〔意〕安东尼奥·葛兰西：《葛兰西文选》，李鹏程译，北京：人民出版社 2008 年版。

〔德〕考茨基：《资本论解说》，戴季陶、胡汉民译，北京：九州出版社 2012 年版。

〔法〕路易·阿尔都塞：《保卫马克思》，顾良译，北京：商务印书馆 2006 年版。

〔法〕路易·阿尔都塞、艾蒂安·巴里巴尔：《读〈资本论〉》，李其庆、冯文光译，北京：中央编译出版社 2008 年版。

上海社会科学院哲学研究所外国哲学研究室编：《法兰克福学派论著选辑》（上卷），北京：商务印书馆 1998 年版。

〔德〕霍克海默：《批判理论》，李小兵译，重庆：重庆出版社 1989 年版。

〔德〕霍克海默：《霍克海默集》，曹卫东编，上海：上海远东出版社 2004 年版。

〔德〕霍克海默、阿道尔诺：《启蒙辩证法——哲学断片》，渠敬东、曹卫东译，上海：上海人民出版社 2006 年版。

〔德〕哈贝马斯：《交往与社会进化》，张博树译，重庆：重庆出版社 1989 年版。

〔德〕哈贝马斯：《认识与兴趣》，郭官义、李黎译，上海：学林出版社 1999 年版。

〔德〕哈贝马斯：《作为"意识形态"的技术与科学》，李黎、郭官义译，上海：学林出版社 1999 年版。

〔德〕哈贝马斯：《理论与实践》，李黎、郭官义译，北京：社会科学文献出版社，2010 年版。

〔德〕哈贝马斯：《重建历史唯物主义》，郭官义译，北京：社会科学文献出版社 2013 年版。

〔德〕霍耐特：《为承认而斗争》，胡继华译，上海：上海人民出版社 2005 年版。

〔德〕霍耐特：《自由的权利》，王旭译，北京：社会科学文献出版社 2013 年版。

〔德〕阿尔布莱希特·韦尔默：《后形而上学现代性》，应奇、罗亚玲译，上海：上海译文出版社 2007 年版。

〔苏〕伊·谢·纳尔斯基：《异化与劳动》，冯申译，长沙：湖南人民出版社 1987 年版。

〔德〕费彻尔:《马克思与马克思主义:从经济学批判到世界观》,赵玉兰译,北京:北京师范大学出版社 2009 年版。

〔美〕奥尔曼:《异化:马克思论资本主义中人的概念》,王贵贤译,北京:北京师范大学出版社 2011 年版。

〔法〕鲍德里亚:《消费社会》,刘成富、全志钢译,南京:南京大学出版社 2008 年版。

〔法〕鲍德里亚:《生产之镜》,仰海峰译,北京:中央编译出版社 2005 年版。

〔美〕R. G. 佩弗:《马克思主义、道德与社会主义》,吕梁山等译,北京:高等教育出版社 2010 年版。

〔美〕约翰·E. 罗默:《在自由中丧失:马克思主义经济哲学导论》,段忠桥、刘磊译,北京:经济科学出版社 2003 年版。

〔苏〕л. м. 阿尔汉格尔斯基:《马克思主义伦理学》,郑裕人等译,北京:中国人民大学出版社 1989 年版。

〔苏〕в. п. 图加林诺夫:《马克思主义的价值论》,齐友译,北京:中国人民大学出版社 1989 年版。

〔法〕洛克莫尔:《历史唯物主义:哈贝马斯的重建》,孟丹译,北京:北京师范大学出版社 2009 年版。

〔古希腊〕柏拉图:《理想国》,张竹明译,南京:译林出版社 2014 年版。

〔英〕霍布斯:《利维坦》,黎思复、黎廷弼译,北京:商务印书馆 2009 年版。

〔英〕休谟:《人性论》(下篇),北京:商务印书馆 2005 年版。

〔英〕洛克:《政府论》(上篇),北京:商务印书馆 2011 年版。

〔英〕洛克:《政府论(下篇)——论政府的真正起源、范围和目的》,北京:商务印书馆 2011 年版。

〔法〕卢梭:《论人类不平等的起源和基础》,李常山译,北京:商务印书馆 1996 年版。

〔法〕卢梭:《爱弥儿:论教育》(下卷),北京:商务印书馆 2011 年版。

〔德〕康德:《道德形而上学原理》,上海:上海人民出版社 2012 年版。

〔德〕康德：《未来形而上学导论》，北京：中国人民大学出版社2013年版。

〔德〕黑格尔：《法哲学原理或自然法和国家学纲要》，北京：商务印书馆2009年版。

〔德〕黑格尔：《哲学史讲演录》（第2卷），贺麟译，北京：商务印书馆1960年版。

〔德〕黑格尔：《哲学史讲演录》（第3卷），贺麟译，北京：商务印书馆1959年版。

〔德〕费希特：《全部知识学的基础》，王玖兴译，北京：商务印书馆2009年版。

〔德〕胡塞尔：《逻辑研究》（第2卷），倪梁康译，上海：上海译文出版社2006年版。

〔德〕海德格尔：《海德格尔选集》（下册），孙周兴译，上海：上海三联书店1996年版。

〔德〕海德格尔：《存在与时间》，陈嘉映译，北京：读书·生活·新知三联书店2006年版。

〔德〕马克斯·舍勒：《伦理学中的形式主义与质料的价值伦理学》（上册），倪梁康译，北京：商务印书馆2011年版。

〔德〕伽达默尔：《诠释学Ⅰ：真理与方法》，洪汉鼎译，北京：商务印书馆2010年版。

〔德〕伽达默尔：《诠释学Ⅱ：真理与方法》，洪汉鼎译，北京：商务印书馆2010年版。

〔英〕乔治·摩尔：《伦理学原理》，长河译，上海：上海人民出版社2005年版。

〔英〕罗素：《宗教与科学》，徐奕春、林国夫译，北京：商务印书馆2010年版。

〔德〕韦伯：《社会科学方法论》，韩水法、莫茜译，北京：中央编译出版社2005年版。

〔英〕亨利·西季威克：《伦理学方法》，廖申白译，北京：中国社会科学出版社1993年版。

〔美〕约翰·罗尔斯：《正义论》，何怀宏等译，北京：中国社会科学出版社1988年版。

〔加〕查尔斯·泰勒：《自我的根源：现代认同的形成》，韩震等译，南京：译林出版社 2012 年版。

〔美〕麦金太尔：《追寻美德：道德理论研究》，宋继杰译，南京：译林出版社 2012 年版。

〔日〕广松涉：《物象化论的构图》，彭曦、庄倩译，南京：南京大学出版社 2002 年版。

〔英〕卡尔·波普尔：《波普尔思想自述》，赵月瑟译，上海：上海译文出版社 1988 年版。

〔英〕卡尔·波普尔：《开放社会及其敌人》（第 2 卷），陆衡等译，北京：中国社会科学出版社 1999 年版。

〔美〕马斯洛：《动机与人格》，许金声译，北京：中国人民大学出版社 2007 年版。

〔美〕马斯洛：《人性能达的境界》，林方译，昆明：云南人民出版社 1987 年版。

〔美〕威尔逊：《社会生物学——新的综合》，毛盛贤译，北京：北京理工大学出版社 2008 年版。

〔美〕希拉里·普特南：《事实与价值二分法的崩溃》，应奇译，北京：东方出版社 2006 年版。

〔美〕希拉里·普特南：《理性、真理与历史》，童世骏、李光程译，上海：上海译文出版社 2005 年版。

〔美〕梯利、伍德：《西方哲学史（增补修订版）》，葛力译，北京：商务印书馆 2004 年版。

〔美〕撒穆尔·伊诺克·斯通普夫、詹姆斯·菲泽：《西方哲学史》（第 7 版），邓晓芒等译，北京：中华书局 2004 年版。

〔美〕莱斯利·A. 豪：《哈贝马斯》，陈志刚译，北京：中华书局，2002 年版。

〔印度〕阿马蒂亚·森：《伦理学与经济学》，王宇、王文玉译，北京：商务印书馆 2000 年版。

〔法〕涂尔干：《孟德斯鸠与卢梭》，李鲁宁等译，上海：上海人民出版社 2003 年版。

〔古希腊〕亚里士多德：《尼各马可伦理学》，廖申白译，北京：商务印书馆 2017 年版。

北京大学哲学系、外国哲学史教研室编译：《西方哲学原著选读》（上卷），北京：商务印书馆1981年版。

〔美〕麦卡锡：《马克思与古人——古典伦理学、社会正义和19世纪政治经济学》，王文扬译，上海：华东师范大学出版社2011年版。

四、文件类

《习近平谈治国理政》（第1卷），北京：外文出版社2018年版。

《习近平谈治国理政》（第2卷），北京：外文出版社2017年版。

《习近平谈治国理政》（第3卷），北京：外文出版社2020年版。

《习近平谈治国理政》（第4卷），北京：外文出版社2022年版。

习近平：《高举中国特色社会主义伟大旗帜 为全面建设社会主义现代化国家而团结奋斗——在中国共产党第二十次全国代表大会上的报告》，载《人民日报》，2022年10月26日，第1版。

习近平：《决胜全面建成小康社会 夺取新时代中国特色社会主义伟大胜利——在中国共产党第十九次全国代表大会上的报告》，载《人民日报》，2017年10月28日第1版。

习近平：《共同构建地球生命共同体——在〈生物多样性公约〉第十五次缔约方大会领导人峰会上的主旨讲话》，载《人民日报》，2021年10月13日。

中共中央宣传部编：《习近平总书记系列重要讲话读本》，北京：学习出版社 人民出版社2016年版。

胡锦涛：《坚定不移沿着中国特色社会主义道路前进 为全面建成小康社会而奋斗——在中国共产党第十八次全国代表大会上的报告》，载《求是》，2012年第22期。

中共中央办公厅：《关于培育和践行社会主义核心价值观的意见》，载《党建》，2014年第1期。

习近平：《实现中国梦必须走中国道路》，载《党建》，2013年第4期。

习近平：《习近平在中共中央政治局第二十八次集体学习时强调立足我国国情和我国发展实践发展当代中国马克思主义政治经济学》，载《党建》，2015年第12期。

习近平：《习近平主持召开经济形势专家座谈会强调坚定信心增强定

力　坚定不移推进供给侧结构性改革》，载《人民日报》，2016 年 7 月 9 日。

习近平：《共同构建地球生命共同体——在〈生物多样性公约〉第十五次缔约方大会领导人峰会上的主旨讲话》，载《人民日报》，2021 年 10 月 13 日。

习近平：《在庆祝中国共产党成立 100 周年大会上的讲话》，北京：人民出版社 2021 年版。

五、论文集

中国社会科学院哲学研究所《国内哲学动态》编辑、补编：《人性、人道主义问题讨论集》，北京：人民出版社 1983 年版。

陆梅林、程代熙编选：《异化问题》（上册），北京：文化艺术出版社 1986 年版。

陆梅林、程代熙编选：《异化问题》（下册），北京：文化艺术出版社 1986 年版。

王玉樑、岩崎允胤：《中日价值哲学新论》，西安：陕西人民出版社 1994 年版。

六、期刊论文

李德顺、龙旭：《关于价值和"人的价值"》，载《中国社会科学》，1994 年第 5 期。

张奎良：《马克思共产主义思想的哲学意蕴》，载《哲学研究》，2003 年第 4 期。

张奎良：《作为"历史之谜"的异化及其评价尺度——与俞吾金先生切磋》，载《中国社会科学》，2003 年第 4 期。

张奎良：《三维境界的合一：马克思言说的共产主义》，载《社会科学战线》，2004 年第 4 期.

江畅：《现代西方哲学中事实与价值分离的来龙去脉》，载《湖北大学学报（哲学社会科学版）》，1992 年第 1 期。

黄顺基、陈振明：《西方科学哲学之我见》，载《自然辩证法研究》，1989 年第 4 期。

俞吾金：《从"道德评价优先"到"历史评价优先"——马克思异

化理论发展中的视角转换》，载《中国社会科学》，2003 年第 2 期。

仰海峰：《批判理论：从卢卡奇到法兰克福学派》，载《思想理论战线》，2022 年第 1 期。

仰海峰：《从价值悬设的伦理冲击到社会历史的现实解放马克思社会批判理论的逻辑转换》，载《中州学刊》，1998 年第 2 期。

何萍：《卢卡奇哲学的文化批判品格——以卢卡奇的现代性批判话语体系建构为中心》，载《国外理论动态》，2021 年第 4 期。

张渊：《霍克海默尔"社会批判理论"的实践唯物主义基础》，载《甘肃社会科学》，2021 年第 5 期。

刘光斌：《正义与辩护——论莱纳·弗斯特的正义批判理论》，载《中南大学学报（社会科学版）》，2020 年第 6 期。

杜丹：《西方社会批判理论的新路向和话语构建——"当代意大利批判理论研究暨第三届海峡两岸社会批判理论论坛"综述》，载《东岳论丛》，2019 年第 4 期。

张一兵：《反抗帝国：新的革命主体和社会主义战略——奈格里、哈特〈帝国〉解读》，载《东岳论丛》，2018 年第 5 期。

张一兵：《大写的"一"与"多"：一般智力与诸众——维尔诺的〈诸众的语法〉解读》，载《南京大学学报（哲学·人文科学·社会科学）》，2018 年第 3 期。

蒋洪生：《非物质劳动、"普遍智能"与"知识无产阶级"》，载《文艺理论与批评》，2018 年第 3 期。

王一成：《当代法国批判理论对〈资本论〉的误读》，载《中国社会科学报》，2022 年 2 月 24 日，第 5 版。

何林峰：《哈贝马斯政治经济学批判思想要义探析》，上海财经大学 2021 年博士学位论文。

景月楼：《霍耐特的自由理论研究》，辽宁大学 2020 年博士学位论文。

周爱民：《论霍耐特对马克思劳动解放学说的重构》，载《复旦学报（社会科学版）》，2022 年第 1 期。

宋建丽，王仪：《霍耐特对"劳动解放"的道德重构》，载《宁夏社会科学》，2022 年第 3 期。

陈良斌：《马克思政治经济学视域中的承认问题——兼论霍耐特对马

克思的误读》，载《国外理论动态》，2022 年第 3 期。

周爱民：《论霍耐特对马克思劳动解放学说的重构》，载《复旦学报（社会科学版）》，2022 年第 1 期。

李佃来：《阿伦特对马克思政治哲学的四个根本性误解》，载《学术月刊》，2018 年第 8 期。

何云峰、王绍梁：《鲍德里亚缘何误解马克思的劳动理论》，载《北京大学学报（哲学社会科学版）》，2021 年第 6 期。

张严：《西方马克思主义的"问题意识"》，载《国外马克思主义研究》，2017 年第 5 期。

袁银传、杨乐强：《西方马克思主义的批判路径及其启示》，载《中国社会科学》，2014 年第 5 期。

韩秋红、史森：《西方马克思主义研究的方法论价值与局限》，载《马克思主义研究》，2014 年第 8 期。

王丽颖：《马克思恩格斯社会革命思想及其现实启示》，载《马克思主义研究》，2020 年第 4 期。

常永强：《从苏格拉底转向看伦理学的性质与功能》，载《伦理学研究》，2021 年第 5 期。

田书峰：《苏格拉底论德性的双重本性》，载《现代哲学》，2021 年第 6 期。

田书峰：《"人该如何生活"作为苏格拉底伦理学的核心问题》，载《北京师范大学学报（社会科学版）》，2019 年第 6 期。

罗跃军：《柏拉图〈理想国〉中的正义观辨正》，载《哲学研究》，2012 年第 8 期。

谢文郁：《正义与真理——柏拉图〈理想国〉的问题、方法和思路》，载《中山大学学报（社会科学版）》，2017 年第 2 期。

陈庆超：《公正何以为"一切德性的总括"——亚里士多德公正观的内在理路探析》，载《道德与文明》，2021 年第 2 期。

许欢：《伊壁鸠鲁伦理学中的必然性、偶然性和道德责任》，载《哲学动态》，2021 年第 12 期。

白刚、那玉：《马克思〈博士论文〉：古希腊哲学思想通向〈资本论〉的桥梁》，载《马克思主义与现实》，2022 年第 2 期。

丁立群：《马克思与亚里士多德：实践理论范式的转换》，载《哲学研究》，2020 年第 6 期。

齐勇：《实践哲学古典理想的继承与超越：从亚里士多德到马克思》，载《社会科学辑刊》，2020 年第 4 期。

曹典顺：《唯物史观理论演进的研究范式》，载《中国社会科学》，2019 年第 8 期。

吴晓明：《唯物史观的阐释原则及其具体化运用》，载《中国社会科学》，2019 年第 10 期。

吴猛：《马克思政治经济学批判中的认识论变革——兼论阿尔都塞对〈资本论〉的认识论建构》，载《哲学研究》，2021 年第 2 期。

张盾：《马克思哲学革命中的认识论问题——以康德和黑格尔为背景》，载《哲学研究》，2021 年第 3 期。

胡莹、卢斯媛：《〈剩余价值理论〉与马克思主义经济思想史的研究方法》，载《思想教育研究》，2021 年第 9 期。

张雷声：《从异化劳动论到剩余价值论——马克思经济思想的科学变革》，载《马克思主义研究》，2022 年第 3 期。

邱海平：《中国政治经济学研究的主要缺陷与出路》，载《马克思主义研究》，2010 年第 6 期。

白永秀、吴丰华、王泽润：《政治经济学学科建设：现状与发展》，载《马克思主义研究》，2016 年第 8 期。

武力、肖翔：《建设中国特色社会主义政治经济学的历史维度思考——从马克思主义广义政治经济学视角的探讨》，载《马克思主义研究》，2016 年第 7 期。

刘国光：《经济学教学和研究中的一些问题》，载《经济研究》，2005 年第 10 期。

程恩富：《现代马克思主义政治经济学的四大理论假设》，载《中国社会科学》，2007 年第 1 期。

程恩富：《政治经济学的八个重大原则》，载《经济纵横》，2016 年第 3 期。

刘永佶：《中国政治经济学的建构：主体、主义、主题、主张》，载《当代经济研究》，2016 第 10 期。

杨圣明：《关于创建中国特色政治经济学的几点建议》，载《全球化》，2016 年第 11 期。

杨承训：《马克思主义政治经济学主流地位不容撼动》，载《马克思主义研究》，2016年第1期。

张雄：《政治经济学批判：追求经济的"政治和哲学实现"》，载《中国社会科学》，2015年第1期。

逄锦聚：《论马克思主义政治经济学理论创新——兼论政治经济学学科的发展方向》，载《经济学家》，2007年第1期。

龙佳解、黎昔柒：《论马克思异化劳动理论的价值介入研究方式》，载《湖南大学学报（社会科学版）》，2013年第9期。

邓晓芒：《劳动异化及其根源》，载《中国社会科学》，1983年第3期。

杨适：《关于评价马克思〈一八四四年经济学哲学手稿〉的一些问题》，载《中国社会科学》，1981年第6期。

张一兵：《一定的历史的暂时的：科学批判理论的新基点——解读〈马克思致安年柯夫信〉》，载《江汉论坛》，1997年第2期。

王晓升：《评鲍德里亚对马克思主义劳动概念的批判》，载《苏州大学学报（哲学社会科学版）》，2009年第1期。

顾海良：《马克思的〈资本论〉及其经济学手稿》，载《武汉大学学报（社会科学版）》，2003年第11期。

顾海良：《开拓当代中国马克思主义政治经济学的新境界》，载《经济研究》，2016年第1期。

陈嘉明：《事实与价值可分吗——以生态伦理学为视角》，载《学术月刊》，2011年第8期。

段忠桥：《马克思的异化概念与历史唯物主义——与俞吾金教授商榷》，载《江海学刊》，2009年第3期。

王玉樑：《论价值本质与价值标准》，载《哲学原理》，2003年第2期。

郁建兴：《关于马克思价值概念的商榷》，载《哲学研究》，1996年第8期。

张华夏：《广义价值论》，载《中国社会科学》，1998年第4期。

远志明、薛德震：《马克思主义的科学性与价值观》，载《哲学研究》，1983年第5期。

唐正东：《私有制条件下资本与劳动的分裂及其不合理性——青年恩

格斯的劳资关系思想及其评价》，载《广西师范大学学报（哲学社会科学版）》，2020年第1期。

金守庚：《马克思对古典政治经济学批判的前后变化说明了什么》，载《哲学研究》，1983年第9期。

刘卓红、陶日贵：《发展：在事实与价值之间——近代以来发展哲学的演变逻辑》，载《哲学研究》，2006年第11期。

宋朝龙：《马克思在异化问题上思想转变的实质——评张奎良与俞吾金的争论》，载《北京理工大学学报（社会科学版）》，2005年第10期。

杨建平：《马克思的社会批判理论在何种意义上具有人学旨趣——从马克思的经济学文本对人本主义马克思主义观的一种反驳》，载《南京社会科学》，2001年第4期。

胡云乔：《洛克和卢梭的契约政府理论比较》，载《北京大学学报（哲学社会科学版）》，2001年第6期。

龚群：《重新审视事实与价值的区分》，载《湖北大学学报（哲学社会科学版）》，2004年第1期。

孙美堂：《探索解决休谟问题的实践方式——读孙伟平〈事实与价值〉》，载《北京理工大学学报（社会科学版）》，2001年第8期。

彭金芝：《简析杜威对事实与价值关系问题的解决》，载《天津社会科学》，2010年第3期。

邓京力：《事实与价值的纠葛——试析历史认知与历史评价的关系问题》，载《求是学刊》，2004年第1期。

程仲棠：《拒斥事实与价值的混淆——兼答周茜蓉、程金生先生》，载《学术研究》，2004年第3期。

王艳秀：《事实与价值的关系——论寻求道德客观性的三种路径》，载《伦理学研究》，2011年第11期。

文兵：《普特南论事实与价值之分离之谬——普特南〈事实与价值二分法的崩溃〉述析》，载《南京社会科学》，2009年第10期。

丛杭青、程晓东：《论普特南对事实与价值二分法的批判》，载《自然辩证法研究》，2007年第4期。

张登巧、但昭明：《事实与价值的"创造性"融合——怀特海宇宙论的整体性思维探讨》，载《浙江社会科学》，2009年第6期。

陈真：《事实与价值之间——论史蒂文森的情感表达主义》，载《哲学研究》，2011 年第 6 期。

卞绍斌：《唯物史观：纯粹实证科学还是哲学的社会批判学说——马克思社会批判理论辨析》，载《理论探讨》，1998 年第 6 期。

罗骞：《马克思批判理论的几个基本特征——从与现代性和后现代性理论比较的视角来看》，载《教学与研究》，2009 年第 5 期。

商德文：《论马克思经济异化理论的形成及其特点》，载《北京大学学报（哲学社会科学版）》，1981 年第 1 期。

孙伟平：《论事实认知与价值评价的内在关系》，载《社会科学战线》，1997 年第 1 期。

刘时工：《专制的卢梭，还是自由的卢梭——对〈社会契约论〉的一种解读》，载《华东师范大学学报（哲学社会科学版）》，2014 年第 1 期。

曹宪忠：《社会契约理论：霍布斯与洛克之不同》，载《文史哲》，1999 年第 1 期。

欧阳英：《现代民主的发生机制与本质——由霍布斯与洛克社会契约论差异引发的思考》，载《哲学研究》，2005 年第 9 期。

陈德中：《"霍布斯条件"与"洛克条件"——论二者何以构成讨论正义问题的规范空间》，载《哲学动态》，2011 年第 2 期。

吕大吉：《洛克的政治学说简论》，载《哲学研究》，1979 年第 8 期。

许斗斗：《论共产主义运动的现实性和过程性——兼与张奎良先生商榷》，载《哲学研究》，2004 年第 1 期。

许斗斗：《消费现象的社会批判——对马克思与波德里亚之消费理论的比较分析》，载《马克思主义与现实》，2004 年第 6 期。

荆学民：《关于马克思主义和共产主义信仰的理论思考》，载《马克思主义研究》，1999 年第 5 期。

陈建洪：《论霍布斯的自然状态学说及其当代复活形式》，载《学术月刊》，2008 年第 6 期。

吴向东：《论马克思人的全面发展理论》，载《马克思主义研究》，2005 年第 1 期。

丁学良：《马克思的"人的全面发展观"概览》，载《中国社会科学》，1983 年第 3 期。

李楠：《马克思剩余价值理论与当代社会》，载《马克思主义研究》，

2003 年第 2 期。

郝立新：《历史唯物主义的理论本质和发展形态》，载《中国社会科学》，2012 年第 3 期。

安启念：《辩证唯物主义还是实践唯物主义——再读马克思》，载《学术月刊》，2011 年第 3 期。

倪志安：《"马克思主义是科学的方法论"新论》，载《探索》，2013 年第 2 期。

庞卓恒：《马克思社会形态理论的四次论说及历史哲学意义》，载《中国社会科学》，2011 年第 1 期。

刘同舫：《马克思人类解放理论的叙事结构及实现方式》，载《中国社会科学》，2012 年第 8 期。

田玉松、彭旭：《科学社会主义不是马克思主义的核心》，载《西南民族学院学报（哲学社会科学版）》，1990 年第 6 期。

高放：《科学社会主义不是马克思主义的核心吗？——兼谈马克思主义究竟有几个组成部分》，载《西南民族学院学报（哲学社会科学版）》，1987 年第 4 期。

胡代光：《马克思的经济危机理论和西方经济学者的评论》，载《世界经济》，1983 年第 3 期。

马艳：《马克思主义资本有机构成理论创新与实证分析》，载《学术月刊》，2009 年第 5 期。

吕庄、冯世新：《资本有机构成提高的规律在战后发生了"曲折"吗？——对〈资本主义积累的一般规律在当代〉的质疑》，载《中国社会科学》，1980 年第 5 期。

刘琳：《马克思经济价值批判解析》，载《河南社会科学》，2012 年第 5 期。

李怀涛：《马克思拜物教批判理论逻辑及启示》，载《哲学动态》，2010 年第 12 期。

唐正东：《马克思拜物教批判理论的辩证特性及其当代启示》，载《哲学研究》，2010 年第 7 期。

袁恩桢：《从异化到商品拜物教——重读马克思的商品拜物教理论》，载《毛泽东邓小平理论研究》，2007 年第 6 期。

韩庆祥：《关于马克思异化劳动理论的几个问题》，载《北京大学学报（哲学社会科学版）》，1988 年第 5 期。

李庆霞：《"现代性"批判的先声——重读马克思的异化劳动理论》，载《哲学研究》，2004 年第 6 期。

张西立：《马克思主义哲学的科学性不可否定——访黄楠森》，载《求是》，2001 年第 5 期。

魏小萍：《私有财产与异化现象的关系——对马克思早期关注问题的辨析》，载《马克思主义研究》，1998 年第 5 期。

卜祥记：《马克思经济批判的哲学境域》，载《哲学动态》，2006 年第 5 期。

杨泽波：《我们应当如何理解休谟伦理难题？——兼评孙伟平博士的新著〈事实与价值〉》，载《中州学刊》，2002 年第 7 期。

刘复兴：《人文社会科学研究中的事实与价值》，载《北京师范大学学报（社会科学版）》，2009 年第 1 期。

黄卫平：《关于价值与事实问题的几点思考》，载《江汉论坛》，1986 年第 3 期。

陈家琪：《伦理共同体与政治共同体——重读康德的〈单纯理性限度内的宗教〉》，载《同济大学学报（社会科学版）》，2008 年第 4 期。

陈伯庚、陈承明：《创新与发展中国特色政治经济学》，载《毛泽东邓小平理论研究》，2015 年第 1 期。

韩庆祥：《习近平以人民为中心的政治经济学说》，载《人民论坛》，2016 年第 1 期。

本刊记者：《承继马克思原则，探索中国政治经济学方法论——访中央民族大学经济学院教授刘永佶》，载《马克思主义研究》，2016 年第 2 期。

王立胜、郭冠清：《论中国特色社会主义政治经济学理论来源》，载《经济学动态》，2016 年第 5 期。

邵彦敏、白兮：《当代中国马克思主义政治经济学的拓展与创新》，载《调查发现》，2016 年第 5 期。

丰子义：《政治经济学批判功能的当代价值》，载《中国社会科学》，2016 年第 10 期。

七、外文文献

Howard Engelskirchen, *The Aristotelian Marx and Scientific Realism*：A

Perspective on Social Kinds in Social Theory, Dissertation of the Graduate School of Binghamton University State University of New York, 2007.

Nancy Sue Love, *Marx and Nietzsche: Critics of the "rational Society"*, New York: Cornell University, 1983.

Peter Thomas, and Michael R. Krätke, "Antonio Gramsci's Contribution to a Critical Economics", *Historical Materialism*, Vol. 19, No. 3, 2011, pp. 63 – 105.

Jürgen Habermas, "The Theory of Communicative Action (vol. 2): System and Lifeworld." *Cambridge: Polity*, 1987.

Louis Dupre, "Marx's Idea of Alienation Revisited", *Man and World*, Vol. 14, No. 4, 1981, pp. 387 – 410.

Werner Bonefeld, "Marx's Critique of Economics. On Lebowitz", *Historical Materialism*, Vol. 14, No. 2, 2006, pp. 83 – 94.

Hans-Jürgen Wagener, "Marx's Economics as a Theory of Economic Systems", *De Economist*, Vol. 124, No. 4, 1976, pp. 422 – 440.

Viktor E Dement'ev, and Iurii V. Sukhotin, "Property in the System of Socialist Production Relations", *Problems in Economics*, Vol. 31, No. 4, 1988, pp. 57 – 72.

Renzo Llorente, "Analytical Marxism and the Division of Labor", *Science & Society* Vol. 70, No. 2, 2006, pp. 232 – 251.

Tony Fluxman, "Marx, Rationalism and the Critique of the Market", *South African Journal of Philosophy* Vol. 28, No. 4, 2009, pp. 377 – 413.

Michael Quante, "Recognition in Capital", *Ethical Theory and Moral Practice*, No. 16, 2013, pp. 713 – 727.

James Furner, "Marx's Critique of Samuel Bailey", *Historical Materialism*, Vol. 12, No. 2, 2004, pp. 89 – 110.

Helmut Reichelt, "Marx's Critique of Economic Categories: Reflections on the Problem of Validity in the Dialectical Method of Presentation in Capital", *Historical Materialism*, Vol. 15, No. 4, 2007, pp. 3 – 52.

Jim Kincaid, "A Critique of Value-form Marxism", *Historical Materialism*, Vol. 13, No. 2, 2005, pp. 85 – 119.

Patrick Murray, "In Defense of the 'Third Thing Argument': A Reply to

James Furner's 'Marx's Critique of Samuel Bailey'", *Historical Materialism*, No. 14, 2006.

Philip J Kain, "The Young Marx and Kantian ethics", *Studies in Soviet thought*, Vol. 31, No. 4, 1986, pp. 277 – 301.

Paul Craig Roberts, and Matthew A. Stephenson. "On the Commodity Mode of Production: One More Time", *Journal of Economic Issues*, Vol. 9, No. 3, 1975, pp. 530 – 535.

Quentin Lewis, "Shopping with Karl: Commodity fetishism and the materiality of Marx's London", *Archaeologies*, No. 6, 2010, pp. 150 – 166.

Maurice A Finocchiaro, "Fetishism, Argument, and Judgement in Capital", *Studies in Soviet Thought*, Vol. 38, No. 3, 1989, pp. 237 – 244.

Kit R Christensen, "Marx, Human Nature, and the Fetishism of Concepts", *Studies in Soviet Thought*, Vol. 34, No. 3, 1987, pp. 135 – 171.

W. Peter Archibald, "Using Marx's Theory of Alienation Empirically." *Theory and Society*, Vol. 6, No. 1, 1978, pp. 119 – 132.

Harry Brighouse, "Should Marxists care about alienation?", *Topoi*, Vol. 2, Issue. 15, 1996, pp. 149 – 162.

David Hume, *A Treatise of Human Nature*, Oxford: The Clarendon Press, 1955.

David Hume, *Enquiry Concerning the Human Understanding and the Principles of Morals*, Oxford: The Clarendon Press, 1975.

Elijah Millgram, "Was Hume a Humean?", *Hume Studies*, Vol. 21, No. 1, 1995, pp. 75 – 93.

G. E. Moore, *Principia Ethica*, Cambridge: Cambridge University Press, 1933.

Rudolf Carnap, *The Unity of Science*, London: Kegan Paul, Trench, Hubner, 1934.

John T Goldthwait, "The Necessary Dichotomy of Fact and Value", *Value Inquiry*, No. 39, 2005, pp. 105.

Svend Brinkmann, "Psychology's Facts and Values: A Perennial Entanglement", *Philosophical Psychology*, Vol. 18, No. 6, 2005, pp. 749 – 765.

Joel J. Kupperman, "How Values Congeal into Facts", *Ratio*, Vol. 13,

No. 1, 2000, pp. 37 – 53.

Hilary Putnam, "Objectivity and the Science-ethics Distinction", *The quality of life*, 1993, pp. 143 – 157.

Hilary Putnam, "The Refutation of Conventionalism", *Noûs*, 1974, pp. 25 – 40.

Hilary Putnam, *The Collapse of Fact/Value Dichotomy*, Cambridge MA: Harvard University Press, 2002.

Charles Sanders Peirce, "Philosophy and the Sciences: a Classification", in Justus Bucher (ed), *The Philosophical Writings of Peirce*, New York: Dover, 1995.

Willard Van Quine, "Carnap and Logical Truth", *Synthese*, No. 12, 1960, pp. 350 – 374.

Vivian Walsh, "Philosophy and Economics." *The New Palgrave: a Dictionary of Economics*, No. 3, 1987, pp. 861 – 869.

George McCarthy, "Marx's Social Ethics and Critique of Traditional Morality", *Studies in Soviet Thought*, No. 29, 1985, pp. 177 – 199.

Holmes Rolston, "Are Values in Nature Subjective or Objective?" *Environmental Ethics*, Vol. 4, No. 2, 1982, pp. 125 – 151.

Samuel Knafo, "Political Marxism and Value Theory: Bridging the Gap between Theory and History", *Historical Materialism*, Vol. 15, No. 2, 2007, pp. 75 – 104.

Susan M. Easton, "Facts, Values and Marxism", *Studies in Soviet Thought*, No. 17, 1977, pp. 117 – 134.

Ben Fine, Heesang Jeon, and Gong H. Gimm. "Value Is as Value Does: Twixt Knowledge and the World Economy", *Capital & Class*, Vol. 34, No. 1, 2010, pp. 69 – 83.

William H Shaw, "Marxism, Business Ethics, and Corporate Social Responsibility", *Journal of Business Ethics*, No. 84, 2009, pp. 565 – 576.

J. Angelo Corlett, "A Marxist Approach to Business Ethics", *Journal of Business Ethics*, No. 17, 1998, pp. 99 – 103.

R. M. Hare, *The Language of Moral*, Oxford: The Clarendon Press, 1952.

后 记

本书是在我的博士毕业论文《论马克思经济批判的价值介入研究方式》基础上修改而成，系国家社会科学基金后期资助项目"马克思政治经济学批判的价值立场研究"（编号：21FZXB001）的研究成果。

自 2015 年博士毕业以来，我一直未曾放弃对马克思如何处理事实与价值之间的关系这一问题的思索与探讨。对于博士论文，我先后进行了三次较大修改。

第一次是从 2015 年毕业到 2020 年，在博士论文基础上做了如下修改：一是修正了研究题目。将原来博士论文题目"论马克思经济批判的价值介入研究方式"修改为"马克思政治经济学的价值批判方式研究"。二是厘清了逻辑线索，并在此基础上大幅调整了框架结构。删减了部分章节、增加了较多章节。三是拓展了研究范围，大幅充实了研究内容。比如，新增了第十章"马克思价值立场之于中国特色政治经济学的启示"等内容。四是深化了之前的研究，提出了一些研究观点。如异化劳动的根源等。五是修正了一些以往研究观点。如关于马克思政治经济学批判的价值立场及其出场方式的提法、马克思价值立场的意义等。

第二次修改是在 2021 年，主要有如下方面：一是修正了研究题目。将题目"马克思政治经济学的价值批判方式研究"进一步修改为"马克思政治经济学批判的价值立场研究"，以彰显和揭明马克思在对资本主义政治经济学进行批判过程中的价值目标和价值准则。二是修正了章、节、目题目，对相关内容进行了改写与完善。全文以"马克思的价值立场"为中心线索重新谋篇布局。三是删减了与马克思价值立场关联度不高的部分内容。四是深入思考，认真修改、核对了引文。

第三次修改是从 2022 年至 2023 年，主要有如下方面：一是将马克思价值立场的历史追溯延伸至古希腊，并阐明马克思对以往价值理念的承接与发展。二是阐明马克思关于"政治经济学批判"和"资本主义批判"之间的关系。三是重新提炼、归纳"消灭剥削、共同富裕""共产主义"等价值目标和价值原则。四是增补马克思价值立场的家庭背景。五是修改马克思关于异化劳动与私有制之间关系的转述。六是修改部分章节标题，统一章节标题的表述。七是厘清马克思政治经济学批判的价值立场与西方马克思主义社会批判理论家的价值立场之间的关系。八是完善统一文献标注格式。九是修改了成果的现实关切部分。十是完善了成果一些基本概念的表述。十一是阐明阶级立场与价值立场之间的关系。具体论述了"价值""立场""阶级""阶级立场""价值立场"等概念，阐明了阶级立场与价值立场之间的关系。

硕、博数年，常"朝乾夕惕""程门立雪"，方知学术不易，始知学问之难。博士论文于2021年修改后形成的成果"马克思政治经济学批判的价值立场研究"获得国家社会科学基金后期资助项目立项，如今成果得以出版，离不开众多前辈、同仁及亲友的诚挚之助。

衷心感谢博导龙佳解教授、硕导张扬教授、硕导易显飞教授的倾囊相授与鼎力支持，这使我视野得以开阔，思力得以增强，学业得以精进。

由衷感谢国家社会科学基金的资助。向对本成果进行评审的全国哲学社会科学规划办公室、初审专家、匿名通讯评审专家、会议评审专家和复审专家表示诚挚谢意！

由衷感谢彭庆红教授、彭福扬教授、柳礼泉教授、沈其新教授、张怀承教授、李建华教授、吴家庆教授、李佑新教授、陈宇翔教授、舒远招教授、刘晓玲教授、欧庭高教授、李培超教授、陈万求教授、唐土红教授、蒋晓东教授、许烨教授、张明海教授、阳桂红副教授、常立农副教授、刘红玉副教授、彭曼丽副教授、刘莉萍副教授、杨美新副教授、常红副教授等老师的关心与指点！对所有引用文献的国内外作者卓有成效的研究及对本研究产生的深刻启发，致以诚挚谢意！

感谢我的母校"千年学府"湖南大学！母校"传道济民、爱国务实、经世致用、兼容并蓄"的教育传统，使我深受熏陶。感谢我的母校长沙理工大学！其"博学力行、守正拓新"的校训时常勉励我前行。

感谢我所在的"百年师范、红色学府"长沙师范学院对我的诸多支持，感谢马克思主义学院同仁的关心和帮助。特别感谢罗婷教授、曹晓鲜教授、周明侠教授、伍春辉教授、皮军功教授、黄快林教授、徐庆军教授、段振榜教授、蔡海棠教授、许四海教授、胡海燕教授、周勇教授、刘炎飞教授、周若清副教授、欧阳询副教授、刘钊副教授、何玮副教授、赵世浩副教授、陈睿瑜副教授、易金华副教授、张黎副教授、罗少芳副教授、姚文佳博士、邓琼云博士、李颖博士、周碧波博士、马涛博士、李京津博士、孙聪博士、赵刚才博士、黄金梓博士、李海贵博士、许神恩老师、李翠云老师、陈晶晶老师、王琼老师、周萍老师、吴芳老师、楚京琴老师、谢慕冰老师、瞿振雄老师、李浩淼老师、陈智文老师、李陶老师等的支持与关心。

感谢中央编译出版社的各位老师,特别是高冀蒙老师对本书编辑出版所付出的努力与辛劳!

最后,我要特别感谢妻子与女儿。妻子执着地支持与细致入微的照顾,使我能够聚精会神地完成书稿。懂事的女儿时常以优异表现激励我前进。此外,衷心感谢其他亲友的关爱与支持。由衷感谢已谢世的父母自小严格的教育与挚爱。

"雄关漫道真如铁,而今迈步从头越。"学术一日千里,道阻且长。吾愿上下求索,做一颗承接弘扬为民服务价值取向的"螺丝钉"。